Peter Barfknecht

Auf der Jagd nach Erfolg

Führen unter Stress

Barfknecht, Peter: Auf der Jagd nach Erfolg. Führen unter Stress, Hamburg, Igel Verlag RWS 2022

Buch-ISBN: 978-3-95485-374-8
Druck/Herstellung: Igel Verlag RWS, Hamburg, 2022

Covermotiv: © Alfred Redwitz

Bibliografische Information der Deutschen Nationalbibliothek:
Die Deutsche Nationalbibliothek verzeichnet diese Publikation in der Deutschen Nationalbibliografie; detaillierte bibliografische Daten sind im Internet über http://dnb.d-nb.de abrufbar.

Das Werk einschließlich aller seiner Teile ist urheberrechtlich geschützt. Jede Verwertung außerhalb der Grenzen des Urheberrechtsgesetzes ist ohne Zustimmung des Verlages unzulässig und strafbar. Dies gilt insbesondere für Vervielfältigungen, Übersetzungen, Mikroverfilmungen und die Einspeicherung und Bearbeitung in elektronischen Systemen.

Die Wiedergabe von Gebrauchsnamen, Handelsnamen, Warenbezeichnungen usw. in diesem Werk berechtigt auch ohne besondere Kennzeichnung nicht zu der Annahme, dass solche Namen im Sinne der Warenzeichen- und Markenschutz-Gesetzgebung als frei zu betrachten wären und daher von jedermann benutzt werden dürften.

Die Informationen in diesem Werk wurden mit Sorgfalt erarbeitet. Dennoch können Fehler nicht vollständig ausgeschlossen werden und die Bedey & Thoms Media GmbH, die Autoren oder Übersetzer übernehmen keine juristische Verantwortung oder irgendeine Haftung für evtl. verbliebene fehlerhafte Angaben und deren Folgen.

Alle Rechte vorbehalten

© Igel Verlag RWS, Imprint der Bedey & Thoms Media GmbH
Hermannstal 119k, 22119 Hamburg
http://www.diplomica.de, Hamburg 2022
Printed in Germany

Inhaltsverzeichnis

1 Einleitung ... 1
   1.1 Ziele und Erfolg der Führungsperson ... 2
   1.2 Wissenschaftliche Einordnung ... 3
   1.3 Forschungsfrage und Zielsetzung der Analyse ... 3
   1.4 Zielpersonen der Analyse „Wissensarbeiter" ... 5
   1.5 Wissen als Kompetenzgrundlage ... 5
   1.6 Gliederung der Studie ... 6

2 Die Systemtheorie als Analysegrundlage ... 7
   2.1 Systembegriff und Beobachter ... 7
   2.2 Umweltbeziehung und Organisation ... 10
      2.2.1 Ordnungsbildung in Systemen ... 10
      2.2.2 Autopoiese ... 12
      2.2.3 Strukturelle Kopplung ... 12
   2.3 Soziale Systeme ... 13
      2.3.1 Kommunikationen als basale Einheit ... 14
      2.3.2 Was ist Kommunikation (Luhmann 1984)? ... 15
      2.3.3 Organisation und Interaktion ... 16
      2.3.4 System und Handlung ... 17
      2.3.5 Intervention in Systemen ... 19
   2.4 Die Rolle in der Unternehmung ... 20
      2.4.1 Die Rolle: Platzhalterin der Person im Unternehmen ... 22
      2.4.2 Erwartungsverteilung im Unternehmen ... 24
      2.4.3 Person und Organisation ... 25
      2.4.4 Übernahme von Unternehmenswerten ... 26
   2.5 Die Person ein psychisches System ... 27
      2.5.1 Das personale System ... 28
      2.5.2 Die Entstehung der Persönlichkeit ... 33
      2.5.3 Sozialisation nach Luhmann ... 35
      2.5.4 Die Theorie-Praxis-Einheit von Rupert Lay ... 36
      2.5.5 Persönliche Ziele der Person ... 37
   2.6 Lebensraum und Verhalten ... 37
      2.6.1 Das Verhalten im Lebensraum ... 39
      2.6.2 Ebenen des Lebensraums ... 40

	2.6.3	Bereiche	41
	2.6.4	Spannungsfeld	42
	2.6.5	Grenzen des Lebensraums	43
	2.6.6	Feldtheorie als System nach Lewin (1939 -1947, 1982)	44

3 Das Unternehmen als zielgerichtetes, soziales System 46

   3.1 Organisation und Funktion des Unternehmens 46
      3.1.1 „Viability" oder „Lebensfähigkeit"? viables Systemmanagement (VSM). 47
      3.1.2 Grundlagen der Steuerung von Organisationen 47
      3.1.3 Modell des lebensfähigen Systems 49
      3.1.4 Struktur des lebenden Systems 50
      3.1.5 Die Gesamtstruktur des lebensfähigen Systems 51
   3.2 Steuerung der Unternehmung 53
      3.2.1 Strukturelement Eins (SE1) – Lenkung der Leistungserbringung 53
      3.2.2 Strukturelement (SE2) – Koordination der Leistungserbringung 55
      3.2.3 Strukturelement (SE3) – Ressourcenallokation 56
      3.2.4 Strukturelement SE4 - Umweltinformationen 56
      3.2.5 Strukturelement SE5 - Unternehmenspolitik 57
   3.3 Zusammenfassung der Aufgaben der Struktureinheiten 57
   3.4 Auflösung der Unternehmensziele und Abgleich der Unternehmensergebnisse 57
   3.5 Unternehmung und Arbeitsteilung 59
   3.6 Technische Systeme als Arbeitsumfeld 60
   3.7 Die Person: Aufgabendurchführung 62
      3.7.1 Auslösen der Arbeitsstrategien 62
      3.7.2 Arbeitsdurchführung im professionellen Lebensraum 63
      3.7.3 Das Rollen-Script als Interface zwischen Rolle und Person 64
      3.7.4 „Arbeitsperson", Arbeitsdurchführung und Verantwortung 67
      3.7.5 Motive der Arbeitsperson 68
      3.7.6 Welche Motive sind in der Organisation maßgebend? 69
      3.7.7 Ziele als Wegweiser zum Erfolg 72

4 Führen in sozio-technischen Unternehmen 75

   4.1 Das Management viabler Systeme (VSM) 75
      4.1.1 Was bedeutet Steuerung und Management? 76
      4.1.2 Aufgaben des Managements nach EFQM 76
   4.2 Prinzipielle Managementfunktionen 79
      4.2.1 Problemlösung als Führungsaufgabe 80

    4.2.2   Treffen von Entscheidungen 81

    4.2.3   Zielerreichung durch Systemintervention 81

    4.2.4   Kontrolle der Arbeitsergebnisse als Führungsaufgabe 83

  4.3   Systemische Führung 84

    4.3.1   Erkenntnisprogramm: Sicht der Führungskraft auf ihre Aufgaben 86

    4.3.2   Kommunikationsprogramm: Aufbau einer Kommunikationsarchitektur .. 88

    4.3.3   Operationsprogramm: Führung durch Sprache 91

    4.3.4   Führung durch Sprachspiele 91

    4.3.5   Exkurs: Machtausübung durch Kommunikation 93

5 Herausforderung durch digitale Transformation 95

  5.1   Vom sozio-technischen System zum techno-sozialen System 97

  5.2   Die Auswirkung der digitalen Transformation in Unternehmen 98

    5.2.1   Informations- und Kommunikationssysteme (ITK) 98

    5.2.2   Informatisierung der Geschäftsprozesse 99

    5.2.3   Kommunikationsverlauf im viablen Management System (VMS) 100

    5.2.4   Informationsflüsse innerhalb der betrachteten Gruppe 101

    5.2.5   Beschreibung der Variablen: 102

    5.2.6   Steuerung des Informationsflusses im obigen Unternehmensmodell .. 103

    5.2.7   Ersatz von Wissensarbeit durch Digitalisierung 105

    5.2.8   Prinzipielle Akzeptanzprobleme der Digitalisierung 108

    5.2.9   Probleme der Systemeinführung 109

    5.2.10 Potenzielle Auswirkungen auf Arbeitspersonen 110

    5.2.11 Auswirkungen auf das Führungshandeln 111

    5.2.12 Führungskraft oder Führungsperson? 111

  5.3   Managementethik im techno-sozialen Unternehmen 112

    5.3.1   Die Verantwortung der Führungsperson 114

    5.3.2   Macht durch Kooperation und Vertrauen ersetzen 114

    5.3.3   Kompetenzen der Führungspersonen 115

    5.3.4   Ethische Rahmenrichtlinien 117

    5.3.5   Kontrollstrukturen 118

    5.3.6   Fazit zur Managementethik 119

6 Hindernisse auf dem Weg zum Erfolg 121

  6.1   Erkennen der Hindernisse 122

    6.1.1   Konsistenz und Konsistenzregulation 124

    6.1.2   Systemebene 124

- 6.1.3 Grundbedürfnisse 125
- 6.1.4 Motivationale Schemata... 125
- 6.1.5 Auswirkungen der Hindernisse auf das Verhalten 126
- 6.2 Das techno-soziale System als Lebensraum...................................... 127
  - 6.2.1 Führung im techno-sozialen Lebensraum................................. 128
  - 6.2.2 Hindernisse beim Führen 128
- 6.3 Stress als Ergebnis von Führung.. 131
- 6.4 Das transaktionale Stressmodell.. 134
- 6.5 Frustration als Stressfaktor 136
  - 6.5.1 Aggressionsforschung seit 1931 136
  - 6.5.2 Frustration bei Kurt Lewin 137
- 6.6 Konflikt als Stressfaktor 138
  - 6.6.1 Strukturelle Ebene: der Rollenkonflikt 139
  - 6.6.2 Interpersonelle Konflikte... 142
  - 6.6.3 Intrapsychische Konflikte 142
  - 6.6.4 Konfliktverlauf 143
- 6.7 Reaktionen auf Stress... 145
  - 6.7.1 Die kognitiv-motivationale-relationale Emotionstheorie von Lazarus ... 146
  - 6.7.2 Reaktion auf Frustration.. 155
  - 6.7.3 Reaktion auf Konflikte 156
- 6.8 Führungsstrategien zur Stressbewältigung.. 158
- 6.9 Ausüben von Macht 160
  - 6.9.1 Macht in Unternehmen.. 160
  - 6.9.2 Machtstruktur und Machtarten 162
  - 6.9.3 Machtgrundlagen 164
- 6.10 Kooperation im Unternehmen 164
  - 6.10.1 Vertrauen 166
  - 6.10.2 Auswirkung von Vertrauen auf das Unternehmen.................. 166
  - 6.10.3 Kooperation als Führungshandlung 168
  - 6.10.4 Bewältigungsstrategie als kommunikative Handlung 168
- 6.11 Führungsinterventionen durch persuasive Kommunikation 168

7 Zusammenfassung des theoretischen Rahmens 172
- 7.1 Theorie der sozialen Systeme 173
- 7.2 Kybernetische Steuerung im VMS 174
- 7.3 Lebensräume im Unternehmen.. 176
- 7.4 Führung von Systemen 177

8 Einführung in die Untersuchung 180
8.1 Konzentration auf die Person als handelndes, psychisches System 180
8.2 Handlung in vernetzten Lebensräumen 182

9 Grundlegende Überlegungen zur Erkenntnisgewinnung 184
9.1 Die Forschungsfrage als Problemstellung 184
9.2 Der „Radikale" Konstruktivismus als Erkenntnistheorie 186
9.3 Das wissenschaftliche Wissen 188
9.4 Design und Vorgehensweise dieser Untersuchung 189
9.4.1 Unterscheidungsmerkmale qualitativer und quantitativer Datenerhebung 190
9.4.2 Sprache als Grundlage wissenschaftlicher Erkenntnis 191
9.4.3 Warum ein qualitativer Ansatz? 192
9.5 Grundzüge einer Methodologie für eine qualitative Sozialforschung 193
9.5.1 Basistheorie zur generierenden Forschung 194
9.5.2 Entscheidung für „grounded theory" 196
9.5.3 Pragmatismus 197
9.5.4 Der Autor als Beobachter 198
9.5.5 Das Verstehen des Beobachters 199
9.6 Aufbau der Studie 200

10 Realisierung der qualitativen Untersuchung 203
10.1 Die Grounded Theory als Vorgehensweise 203
10.1.1 Daten erheben 204
10.1.2 Durchführung der Untersuchung 205
10.1.3 Beschreibung der Stichprobe 205
10.1.4 Relevanz der Interviews 206
10.1.5 Auswertung der durchgeführten Interviews 209
10.1.6 Matrix zum Vergleich 209
10.1.7 Kodierparadigma, angepasst an die Forschungsaufgabe 211
10.1.8 Codieren 214
10.1.9 Durchführung der Codierung 215
10.1.10 Arten der Kodierung 215
10.2 Ziel: eine Theorie zu konstruieren 217
10.2.1 Materiale und formale Theorien 218
10.2.2 Vergleichende Analyse – Comparative Analysis 220

10.3 Generierung der Hypothese durch Abduktion 222

    10.3.1 Hypothetisches Schlussfolgern 223

    10.3.2 Peirce und/oder Popper? 224

11 Beschreibung der Ergebnisse aus den Befragungen 226

  11.1 Führungsprozesse im Untersuchungsraum 226

    11.1.1 Von Situation zur Zielsetzung 227

    11.1.2 Vom Ziel zur Aufgaben-/Problemstellung 228

    11.1.3 Von der Aufgabe zum Ergebnis 228

    11.1.4 Vom Problem zum Ergebnis (Quelle: eigene Darstellung) 230

    11.1.5 Bearbeitung des Ergebnisses 230

    11.1.6 Fazit der Führungsprozess-Map-Analyse 231

  11.2 Ergebnisse der Gesamtbefragung 232

    11.2.1 Zusammenfassung zu Kategorien: 232

    11.2.2 Klassen zu Kategorien 234

    11.2.3 Kategorien, extrahiert aus den Interviews 234

    11.2.4 Beispielhafte Bearbeitung eines Interviews im Anhang 235

    11.2.5 Grafische Darstellung der Kategorien 235

12 Detaillierte Beschreibung der erarbeiteten Domänen 238

  12.1 Berufsentwurf 239

    12.1.1 Interpretation zum Berufsentwurf 240

    12.1.2 Wirkung des Berufsentwurfes 242

  12.2 Rollenverständnis 243

    12.2.1 Interpretation zum Rollenverständnis 244

    12.2.2 Wirkung des Rollenverständnisses 246

  12.3 Führungsarbeit 246

  12.4 Interpretation zur Führungsarbeit 248

  12.5 Führungsstrategien 250

    12.5.1 Enge Führung 251

    12.5.2 Kooperative Führung 251

  12.6 Wirkung der Führungsarbeit und Führungsstrategie 252

  12.7 Beschreibung der Stressfaktoren 253

  12.8 Exkurs: Ergänzung der Datenerhebung in den Jahren 2010 – 2019 255

- 12.9 Eine Fallstudie als Simulation der Realität (Automations - GmbH) 256
  - 12.9.1 Grunddaten 257
  - 12.9.2 Der Sachverhalt 257
  - 12.9.3 Gestellte Fragen: 258
- 12.10 Erhebung der Daten im Rahmen von Lehrveranstaltungen (2010-2019)... 258
  - 12.10.1 Zusatzfallstudie zum Thema „Konflikt" 260
  - 12.10.2 Detailbeschreibung der Aufgabe 260
  - 12.10.3 Auswertung der Fallstudie 2 262
  - 12.10.4 Zusammenfassung der zusätzlichen Ergebnisse und Gesamteinordnung 265
- 12.11 Strategien zur Stressbewältigung 266
  - 12.11.1 Interpretation der Bewältigungsstrategie 266
  - 12.11.2 Wirkung der Bewältigungsstrategie 271
  - 12.11.3 Vorläufige Hypothese: Stressbewältigung im professionellen Lebensraum 272
  - 12.11.4 Zusammenfassung der vorläufigen Ergebnisse 276

13 Ausarbeitung einer organisationspsychologischen Hypothese 278
- 13.1 Grundlagen der Hypothese 278
  - 13.1.1 Beschreibung des Führungsraums 279
- 13.2 Leistungserbringung und Führung im VMS und seinen Umwelten 280
  - 13.2.1 Beschreibung der Gruppenplanung 282
  - 13.2.2 Beschreibung der Leistungserbringung 282
- 13.3 Die Führungsperson als Beobachterin 283
  - 13.3.1 Beobachtungen der Führungsperson 283
  - 13.3.2 Berufsentwurf als mentale Schnittstelle zum Bewusstsein 284
  - 13.3.3 Führungsaufgabe 285
  - 13.3.4 Auswahl der Führungsstrategie 286
  - 13.3.5 Hindernisse bei der Realisierung 288
  - 13.3.6 Stress durch Hindernisse bei der Realisierung 289
  - 13.3.7 Auswahl der Bewältigungsstrategie 289
  - 13.3.8 Machtausübung als Realisierungsstrategie 291
  - 13.3.9 Prüfung von Zielen und Ergebnissen 292
  - 13.3.10 Stressbewältigung durch kommunikatives Handeln 296

- 13.4 Beantwortung der Forschungsfrage 297
  - 13.4.1 Definition der Bedingungen 298
  - 13.4.2 Bewältigungsart als Moderatorenvariable der Führungsstrategie 298
  - 13.4.3 Emotionsabbau durch Bewältigungsstrategien 300
  - 13.4.4 Die Auswahl der Bewältigungsstrategie 302
  - 13.4.5 Aufbau der Tabelle 304
- 13.5 Antwort auf die Forschungsfrage: 309
- 13.6 Reflexion der Datengrundlage und Forschungsmethode 311
- 13.7 Ergänzung der Datenerhebung und Forschungsschwerpunkt 2016 - heute .. 314

14 Ergebnissen für die Führungspraxis 316
- 14.1 Relevante Fragen für Unternehmen 316
- 14.2 Relevante Fragen für Führungspersonen 317
- 14.3 Relevante Fragen für die Geführten 318
- 14.4 Ausblick und weiterer Forschungsbedarf 320

15 Anlage 322
- 15.1 Beispielhafte Zusammenfassung eines Interviews 322
- 15.2 Tabellarische Darstellung des Interviews 322

16 Nachweise 331
- 16.1 Literaturnachweis 331
- 16.2 Bildnachweis 336

Abbildungen

Abbildung 1	Grundmodell der Synergetik	11
Abbildung 2	Kommunikationsmodell nach Luhmann	16
Abbildung 3	die Person als psychisches System	28
Abbildung 4	Bewusstsein im neurobiologischen Konstruktivismus	35
Abbildung 5	Vergleich menschliches ZNS und lebensfähiges System	52
Abbildung 6	Allgemeine Lenkungszusammenhänge des lebensfähigen Systems	52
Abbildung 7	Beispiel der Rekursivität im Unternehmen	54
Abbildung 8	Auflösung der Unternehmensziele	58
Abbildung 9	Arbeitsteilung	59
Abbildung 10	Arbeitsteilung im soziotechnischen System	61
Abbildung 11	Arbeitsablauf im professionellen Lebensraum	63
Abbildung 12	Handlung als zielgerichtetes Verhalten	73
Abbildung 13	Handlungsfelder und Kommunikationsprozesse im EFQM-Modell	79
Abbildung 14	Aufgaben der Führungskraft	80
Abbildung 15	Ergebniskontrolle	83
Abbildung 16	Zusammenfassende Darstellung der Steuerungsflüsse (Informationen) des viablen Managementsystems für eine Gruppe	101
Abbildung 17	von Industrie 1.0 zur Industrie 4.0 (nach aca)	106
Abbildung 18	Ideal-Gleichgewicht der Persönlichkeitsmerkmale einer Führungsperson dargestellt nach Lay (1999)	116
Abbildung 19	Konsistenzmodell nach Grawe (2004)	123
Abbildung 20	Stressbetroffene in Deutschland Auswertung Studie 2016 TK	130
Abbildung 21	Stress im psychischen System (Mensch)	131
Abbildung 22	Darstellung AAS-Syndrom	133
Abbildung 23	Das kognitiv-motivational-emotive System	148
Abbildung 24	Prozessmodell der Entscheidungsfindung nach dem kognitiv-emotionalen System	156
Abbildung 25	Arten des Konfliktverhaltens	157
Abbildung 26	Zusammenfassung der vorgestellten Theorien	176
Abbildung 27	Bezugsrahmen der Mitarbeiterführung	177
Abbildung 28	Rückspiegelung VMS-Person	181
Abbildung 29	Darstellung der Forschungsgrundlagen	184
Abbildung 30	Grounded Theory als Prozess	203
Abbildung 31	Paradigma zum Erstcodieren der restlichen Interviews	207
Abbildung 32	Kodierparadigma angepasst an die Forschungsaufgabe	211
Abbildung 33	Paradigma zum Erstcodieren der restlichen Interviews	212
Abbildung 34	Kodierparadigma bei Verhalten bei Misserfolg	214
Abbildung 35	Theoriezusammenhang	219
Abbildung 36	Ableiten der Theorie aus dem Interview	220
Abbildung 37	Schlussverfahren	223
Abbildung 38	von der Situation zur Aufgabenstellung	228
Abbildung 39	von der Aufgabe zum Ergebnis	229
Abbildung 40	vom Problem zum Ergebnis	230
Abbildung 41	Bearbeitung des Ergebnisses	231
Abbildung 42	grafische Darstellung der erarbeiteten Kategorien	234
Abbildung 43	Grafische Auswertung der Gesamte Kategorie-Nennungen	236
Abbildung 44	Darstellung der Domänen	237

Abbildung 45	Daten der Automation GmbH (Quelle: eigene Darstellung)	257
Abbildung 46	Auswirkungen auf die Emotionen der Studierenden	259
Abbildung 47	Auswirkungen auf die Grundbedürfnisse der Studierenden	260
Abbildung 48	Organigramm zu Fallstudie 2: Automations-GmbH	261
Abbildung 49	grafische Darstellung der Emotionen	263
Abbildung 50	Emotionen zusammengefasst	263
Abbildung 51	Darstellung der Einzeltätigkeiten (Einzelaussagen)	264
Abbildung 52	Darstellung der Aktionen als Bewältigungsstrategien	265
Abbildung 53	grafische Darstellung einer vorläufigen Hypothese zum professionellen Lebens¬raum	274
Abbildung 54	die Führungsperson als Beobachterin	281
Abbildung 55	Prozesse zur Auslösung der Bewältigungsstrategie	294
Abbildung 56	schematische Darstellung der Hypothese zur Bewältigungsart als Moderator	301
Abbildung 57	Portfolio zur Funktion E = F(Va, B)	304
Abbildung 58	Portfolio zur Funktion D = F(eA, DA)	305
Abbildung 59	Portfolio zur Funktion BS = F (E, B)	306
Abbildung 60	grafische Darstellung der Bewältigungsstrategie bei Änderung verschiedener Variablen und unter, Einfluss der Moderatorenvariable Rollendistanz, -diskrepanz, -akzeptanz	308

Tabellen

Tabelle 1	Systemvergleich nach Heinz von Foerster	8
Tabelle 2	Übernahme der Unternehmenswerte	27
Tabelle 3	Anregungsbedingungen und Ziele der Motive Anschluss, Leistung und Macht	70
Tabelle 4	Zusammenfassung der Motive Leistung, Anschluss und Macht dargestellt für Hoffnung und Furcht	71
Tabelle 5	nach EFQM und Zuordnung zu VMS	78
Tabelle 6	Vergleich Manager und Leader	112
Tabelle 7	Auswertung Studie TK 2016 Zahlen in %	130
Tabelle 8	Stufen der Konflikteskalation	144
Tabelle 9	Unterschiede zwischen Reflexen, physiologischen Trieben und Emotionen	146
Tabelle 10	Unterschiede zwischen Reflexen, physiologischen Trieben und Emotionen	151
Tabelle 11	Aufstellung der durchgeführten Interviews	206
Tabelle 12	„Grounded Theory" Theorieentwicklung aus Prozessen	210
Tabelle 13	Zusammenfassung der Codes zu Klassen	233
Tabelle 14	Zusammenfassung der Klassen zu Kategorien	234
Tabelle 15	Zusammenfassen der Kategorien aus obigem Interview (Vergleich allgemein)	235
Tabelle 16	Zusammenfassung der Kategorien zu Domänen	237
Tabelle 17	Stressfaktoren	255
Tabelle 18	Auswertung der Befragung zu obiger Studie	259
Tabelle 19	detaillierte Darstellung der Emotionen (Gefühle)	262
Tabelle 20	Ergebnisse der Aktivitäten mit einer Zusammenfassung zu Kategorien	264
Tabelle 21	Beschreibung der Prozesse zur Bewältigungsstrategie als tabellarischer Ablaufplan	296
Tabelle 22	Zusammenfassung der Bewältigungsstrategien	298
Tabelle 23	Entscheidungsart im Hinblick auf das Rollenverständnis	306
Tabelle 24	Entscheidungstabelle zur Ermittlung der Bewältigungsstrategie	307
Tabelle 25	Belegung der Variablen der Bewältigungsstrategien	308
Tabelle 26	Liste der abgesagten Interviewanfragen	312
Tabelle 27	Beispielhafte Darstellung eines kodierten Interviews	330

1 Einleitung

Führungspersonen genießen eine, ganz besondere Aufmerksamkeit. Es sind die vermeintlich Mächtigen, um die es sich in der Berichterstattung in fast allen Medien dreht, die Erfolgreichen, ob in Wirtschaft, Politik, in Verbänden oder im Sport. Unter dem Titel „Irre erfolgreich" beschreibt die ZEIT Nr. 34 vom 14.08.2013 (Kerstin Bund, Marcus Rohwetter), die in mehreren Studien untersuchten psychischen Defekte von erfolgreichen Führungspersonen, die gerade wegen dieser Defekte, so die Ausführung, überaus erfolgreich waren oder noch sind. Im weiteren Verlauf wird aus einem Buch zitiert „Psychopathen: Was man von Heiligen, Anwälten und Serienmördern lernen kann"[1]. Dabei kann der Leser zu dem Schluss kommen, dass eine gewisse Psychopathie beim Erringen des Erfolgs durchaus nützlich sein kann. „Psychopathen lieben Machtstrukturen, die sie manipulieren und kontrollieren können" (Zeit Nr. 34, S. 20) und weiter „die Kombination aus mangelnder Empathie und fehlender Angst vor den Folgen eigenen Handelns […]" (Zeit Nr. 34. S. 20). Beide Aussagen helfen, um erfolgreich zu sein. Allerdings helfen fehlende Empathie und Selbstverliebtheit (Narzissmus) nicht immer auf dem Weg nach oben, was das Beruhigende an dem zitierten Artikel ist.

Es ist hier nicht der Platz, die Aussagen im Einzelnen zu bewerten, die Beispiele in diesem Artikel zeigen allerdings, dass von Führungspersonen Erfolg erwartet wird. Deshalb werden auch bekannte Unternehmertypen in ihrer Eigenart beschrieben. Um diesen Erfolg zu erzielen, wird den Führungspersonen in Organisationen Macht übertragen, damit sie Einfluss auf die Personen ausüben können, die sie bei der Erfolgserreichung unterstützen sollen. Diese Erfolgserwartung ist nicht nur an die obersten Führungspersonen gerichtet, sondern auch an die Personen, die ihnen zuarbeiten. Hier wird die Erfolgserwartung nicht von außen, sondern von der Organisation an die Führungspersonen herangetragen und auch ihnen wird Macht verliehen, um die Entscheidungen, die auf dem Weg zum Erfolg getroffen werden müssen, zu treffen und deren Realisierung durchzusetzen. Damit wird das Verhältnis von Führung und Macht festgelegt. Beide bedingen sich gegenseitig. Eine Führungsposition ist nicht etwas, was einer Person zufliegt, auch wenn es hier gegenteilige Meinungen geben mag, sondern sie ist eng mit der Persönlichkeit der Person sowie

---

[1] Psychopathen: Was man von Heiligen, Anwälten und Serienmördern lernen kann. Dutton, Kevin Mai 2013, dtv Verlag.

der persönlichen Lebensplanung verknüpft und äußert sich in ihren persönlichen Zielen. Das bedeutet, dass der Führungserfolg mit der persönlichen Zielerreichung zusammenfallen sollte. Eine Diskrepanz zwischen den persönlichen Zielen und den Unternehmenszielen führt zu einem intrapersonalen Konflikt, der durch ein entsprechendes Führungshandeln beseitigt wird. Dieses Handeln wird nicht nur durch die Persönlichkeit der Person, sondern ganz besonders durch die Führungssituation bedingt. Diese wandelt sich ständig mit dem technologischen Wandel, in den letzten Jahrzehnten bedingt durch die, immer schneller zunehmende Digitalisierung der gesamten, globalen Gesellschaft. Was ist aber das wissenschaftliche Ziel?

1.1 Ziele und Erfolg der Führungsperson

Bei dieser Untersuchung geht es nicht darum, ein erwünschtes Führungsverhalten darzustellen, sondern die Frage zu klären, wann und warum Führungskräfte Macht einsetzen, um ihre Ziele zu verfolgen und welche psychologischen Ursachen die Auslöser dafür sind. Dazu ist zunächst die Frage zu klären, welches primäre Ziel eine Führungskraft antreibt. Dabei steht der Erfolg im Mittelpunkt. Er ist für die Karriere ausschlaggebend und dient dazu die persönlichen Ziele und Bedürfnisse zu befriedigen[2].

Persönliche Ziele sind Ziele, die im Rahmen des Lebensentwurfs von einer Person entwickelt werden und die sich im Laufe des Lebens an die gegebene Situation anpassen. Dabei beziehen sich einige der geplanten Ziele auf den, zum Betrachtungszeitpunkt, ausgeübten Beruf. Die Führungsperson übernimmt die, ihr zugewiesenen Teilunternehmensziele und sie hat eigene Ziele, die sie durch das geplante Ergebnis mit realisieren will. Wobei mit Teilunternehmenszielen, die Ziele gemeint sind, die das Aufgabenspektrum im Rahmen ihrer Führungsaufgaben darstellen. Der Erfolg einer Führungsperson, hängt eng mit dem Erreichen dieser Ziele zusammen. Wenn daher die Führungsperson den Eindruck hat, dass die Ziele nicht erreicht werden, heißt das nicht, dass erst das Ergebnis vorhanden sein muss, damit sie eingreift, wobei diese Handlung als Ausdruck der Macht oder der Kooperation verstanden werden kann, sondern sie beachtet auch den Zeitrahmen und die Methode, um abzuschätzen, ob das Ziel wie vorgesehen erreicht werden kann. Deshalb kann sie bei der Aufgabenbearbeitung (Zeit und Weg), abschätzen, wann ein Führungs-

---

[2] Siehe hierzu Klaus Grawe Neuropsychotherapie (Konsistenztheorie) 2004 Hogrefe Verlag.

handeln (Eingreifen) nötig ist oder nicht. Dabei stellen sich ihr die Fragen, ob der Weg zum Ziel erfolgsversprechend ist und auch der Zeitrahmen eingehalten werden kann.

1.2 Wissenschaftliche Einordnung

Wissenschaftlich ist diese Studie in die Organisationspsychologie eingeordnet, weil der Fokus der Analyse auf dem Verhalten von Personen in Organisationen liegt.
Wie oben bereits aufgeführt, befassen sich die meisten Veröffentlichungen mit Führungspersonen, die erfolgreich agieren. Ihr Scheitern wird oft nur betriebswirtschaftlich betrachtet und die Betroffenen kommen dabei zu kurz. Weil Scheitern, wie auch der Erfolg zum Führungsalltag gehören, soll untersucht werden, wie sich dieses Scheitern auf das Führungshandeln und somit auf die Geführten auswirkt. Die Untersuchung ist deshalb sinnvoll, weil die Mehrzahl der Personen in unserer Gesellschaft ein Großteil der Lebenszeit in Organisationen verbringt und mit solchen Problemen konfrontiert wird. Es ist aber auch für die Führungspersonen wichtig zu erkennen, welche Emotionen in diesem Fall ihr Verhalten auslösen kann und welchen Einfluss dies wiederum auf das Verhalten der Betroffenen hat. Aber auch, wie sich das gewählte Führungserhalten auf das Ergebnis auswirkt.

1.3 Forschungsfrage und Zielsetzung der Analyse

Die Frage, die in der Untersuchung beantwortet werden soll: **„Wie verhält sich eine Führungsperson, wenn sie feststellt, dass das geplante Ziel nicht erreicht wird, oder nicht erreicht werden kann und damit der erwartete Erfolg ausbleibt?"**
Dabei wird das reale Führungshandeln in den Blick genommen, weil davon ausgegangen wird, dass es sich an die jeweils gegebene Arbeitssituation anpasst. Es sollen dabei die psychologischen Ursachen, die der Auslöser des Verhaltens sind, geklärt werden, um entsprechende Führungsmodifikationen vorzuschlagen.
Aus den Ergebnissen soll eine Hypothese entwickelt werden, die Aussagen darüber machen kann, welche Handlungsmöglichkeiten Führungspersonen wählen, um auftretenden Hindernissen zu begegnen, damit die geplanten Ziele erreicht werden können. und welche psychologischen Ursachen die Auslöser hierfür sind.

Als Methode zur Sammlung entsprechender Informationen zur Hypothesenbildung wurde eine qualitative Untersuchung durchgeführt. In dieser Untersuchung kommen Führungspersonen aus mittleren Unternehmen zu Wort, und zwar auch solche, die eine Position unterhalb der Geschäftsleitung bekleiden und somit für die Realisierung der Unternehmensziele verantwortlich sind. Sie sind sowohl dem Druck von oben als auch von unten ausgesetzt und deshalb ganz besonders auf Erfolg und damit auf entsprechende Unterstützung der von ihnen Geführten angewiesen.

Dabei wurden in Anlehnung an die „grounded theory" über Beobachtung, qualitativen Interviews, und Quellenmaterial die Kategorien „Macht" und „Kooperation", die die Grundlage der Handlungsmöglichkeiten darstellen, in konkreten Führungssituationen, ermittelt. Die Erarbeitung dieser Kategorien erfolgte bei einer mir bekannten Verbundgruppe, die zur Zentralregulierung über eine eigene Bank verfügt. Nach der ersten Auswertung wurde geprüft, ob die erarbeiteten Kategorien auch in anderen Unternehmen (Handelskonzern, Pharmahandel, IT-Unternehmen) Anwendung finden.

Weil die Interviews bereits in den Jahren 2005 – 2008 geführt wurden, werden die Ergebnisse noch um Erkenntnisse und Befragungen aus durchgeführten PLV (praxisorientierten Lehrveranstaltungen) aus den Jahren 2012-2015 an der TH-Aschaffenburg erweitert.

Der Führungserfolg hängt in Zukunft im Wesentlichen von dem intelligenten Einsatz digitaler Technologien ab. Diese haben somit einen großen Einfluss auf das Führungshandeln, deshalb wurden auch neuere Studien und Erkenntnisse zur digitalen Transformation und dem damit einhergehenden Einsatz der künstlichen Intelligenz mit herangezogen. Dies deshalb, weil die sich abzeichnenden Veränderungen erheblichen Einfluss auf das Führungshandeln, speziell durch neue Arbeitsweisen wie Homeoffice, Videokonferenzen, verteilte Teams, die durch die äußeren Umstände schneller zur normalen Arbeitsumwelt wurden, haben werden. Letztlich wird die Führungsperson mit diesen und anderen Einflüssen auf den Führungserfolg umgehen müssen.

Wenn wir in der Organisationspsychologie das Handeln von Personen in Organisationen untersuchen wollen, dann müssen wir akzeptieren, dass hier die Informations- und Kommunikationstechnik eine tragende Rolle spielt und deshalb einen maßgeblichen Einfluss auf das psychische Befinden aller Personen hat. Deshalb ergänze ich Organisationspsychologie auch um Informatikpsychologie, weil Organisationen, zu digitalen sozialen Systeme werden und die Informatik somit schon einen großen Einfluss auf das Arbeitsleben und das Verhalten von Personen hat und im weit größeren Maße in der Zukunft noch haben wird.

1.4 Zielpersonen der Analyse „Wissensarbeiter"

Die Wissensarbeit als Fokus der Analyse zu nehmen hat zunächst seine Ursache darin, dass der Schwerpunkt meiner Arbeit schon immer aus Wissensarbeit besteht und deshalb mein Wissen über die Struktur und Organisation eine Grundlage der Analyse bilden kann. Demgegenüber ist bei mir so gut wie kein Wissen über Produktionsarbeit vorhanden. Diese Untersuchung befasst sich somit mit Wissensarbeit in Organisationen und Unternehmen, da bedeutet, dass der Fokus auf die unterstützende Geschäftsprozesse (Verwaltung etc.) und nicht auf die Produktionsprozesse gerichtet wird. Wobei diese Prozesse ebenfalls Teil der Leistungserbringung sind.

Der Begriff des Wissensarbeiter (Knowledgeworker) wurde bereits in den 1960 Jahren von Peter F. Drucker geprägt. Er sieht ihn als Gegensatz zum Industriearbeiter, der seit Jahrzehnten in den entwickelten Volkswirtschaften an Bedeutung verliert. Dabei weist er mehrmals darauf hin, dass die Produktivitätsverbesserung der Industriearbeit um das mehr als 50-ig fache den Grundstein zum Wohlstand gelegt hat. Den Begriff Wissensarbeit ergänzt er 1999 durch den Begriff „Technologe" und differenziert hierbei zwischen reiner Wissensarbeit und einer Mischung aus Wissens- und Industriearbeit (Drucker 1999). Wobei er als Technologen auch beispielsweise Chirurgen sieht, die ihre Arbeit auf hohem Niveau verrichten (gleiches gilt auch für IT-Spezialisten etc.). Ihm geht es hierbei um die Produktivität der Wissensarbeit, deren Verbesserung er als Herausforderung für das 21. Jahrhundert sieht. Er sieht den Wissensarbeiter als Garant des Wohlstands im 21. Jahrhundert

1.5 Wissen als Kompetenzgrundlage

Wissen wird, ebenso wie Informationen und Daten erst durch eine Darstellung in Symbolen der anderen Medien repräsentiert. Wissen ist an den Träger des Wissens gebunden und kann nur eingeschränkt von dieser Person losgelöst werden wie z. B. über Patente oder Schriftstücke. Damit führt das Ausscheiden eines Wissensarbeiters zu einem ideellen Vermögensverlust für die Unternehmung, nämlich durch den Verlust spezifischer Fähigkeiten. Die Stofflosigkeit von Wissen erschwert in hohem Maße Kontrolle, Messbarkeit und Steuerung von Wissensarbeit.

Es sei hier nochmals vermerkt, dass es sich nicht um Wissen per se handelt, sondern um Wissen, das für die Erledigung der gestellten Aufgaben notwendig ist. Ich schlage vor hier von Kompetenzen zu sprechen. Diese stellen sich dar

- in Fachkompetenz, das nötige Wissen, Wollen und die Erfahrung die gestellte Aufgabe zu lösen,
- in Methodenkompetenz nämlich über die geeignete Problemlösungsverfahren zu verfügen
- und in sozialer Kompetenz, dies in der Interaktion mit anderen Personen zu tun.

Wobei Wissen bedeutet, die Informationen aufzunehmen und in ein zu der relevanten Situation passendes Handeln umzuwandeln. Das bedeutet, dass Führung auch der Wissensarbeit zuzurechnen ist.

1.6 Gliederung der Studie

Die Studie ist in zwei Teile gliedert. Der erste Teil beschreibt sowohl den Menschen und die Organisationen als Systeme (Luhmann 1984). Dadurch wird die Systemtheorie die grundlegende theoretische Basis zur Erklärung der Funktionsweise, von Organisation wie Unternehmen als soziale Systeme, als auch der Menschen, als psychische Systeme. Dies wird ergänzt durch die Anwendung der Systemtheorie auf viable[3] Managementsysteme (Beer, Gomez, Pfiffner), die Unternehmenssteuerung durch Kommunikation thematisiert und so die Grundlage der informationstechnischen Betrachtung bietet. Im zweiten Teil wird die wissenschaftliche Basis der qualitativen Untersuchung dargelegt und die Untersuchungsergebnisse bezogen auf die Forschungsfrage erläutert und diese damit beantworten. Der Schluss gibt einen Ausblick auf die Möglichkeiten, die Erkenntnisse in der Praxis des Führungshandelns anzuwenden.

---

[3] Viable = überlebenslebensfähige

2 Die Systemtheorie als Analysegrundlage

Der Rahmen der Untersuchung legt fest, in welchem organisatorischen Umfeld die Führungsperson ihre Aufgaben erfüllt, um den Erwartungen, die an ihre Rolle gestellt werden, gerecht werden zu können. Er beschreibt somit auch den Analyseraum, in dem die Wechselwirkung zwischen Führungspersonen und ihrer Professions- und Organisationswelt stattfindet.

Die Grundlage dieser Beschreibung ist die Systemtheorie, wie sie von Niklas Luhmann definiert wurde. Um die Komplexität zu reduzieren, wird die Person in der Organisation, als einem zielgerichteten sozialen System, nicht analysiert, stattdessen wird als deren Platzhalter die Rolle definiert. Die Person wird als Umwelt des Unternehmens betrachtet. Die Unternehmung als gewinnorientierte Organisation wird auf strategischer und operativer Ebene von den jeweiligen Rolleninhabern gesteuert. Dabei werden Informationen (Erwartungen) der Rolle an die Person mitgeteilt und von dort wieder zurück übermittelt.

Die Aufgaben der Führung bilden den Handlungsrahmen, innerhalb dessen sich die Führung ausdrückt, während die Persönlichkeit des Führenden den natürlichen Rahmen bildet und die Grenzen absteckt, die das Handeln, verstanden als zielgerichtetes Verhalten, bestimmen. Führungsstile bilden eine Handlungsoption, die situationsspezifisch herangezogen werden kann, um Ziele zu erreichen. Im Folgenden soll es darum gehen, den Begriff System zu definieren und die Auswirkungen auf Organisation, Unternehmen und Person zu beschreiben.

2.1 Systembegriff und Beobachter

Es gibt Systeme. „Der Systembegriff steht (im Sprachgebrauch unserer Untersuchungen) immer für einen realen Sachverhalt. Wir meinen mit System nie ein nur analytisches System, eine bloße gedankliches Konstruktion, ein bloßes Modell" (Luhmann, 1987, S. 599). Damit meint Luhmann, dass die Systemtheorie die Realität beschreiben kann. Systeme werden üblicher Weise eingeteilt in gegenständliche Systeme (Ganzheitssysteme) und gedankliche Systeme (Begriffssysteme). Systeme zeichnen sich durch die Vielfalt der Komponenten, die untereinander eine Beziehung (Relation) haben, aus. Dabei ist das Ganze etwas anderes als die Summe seiner Teile (Synergieeffekt).

Eine weitere Systemunterscheidung kann in triviale und nichttriviale Maschinen getroffen werden (Heinz von Foerster, 1993). „Hier soll die Maschine nicht als eine Summe von ineinandergreifenden mechanischen oder elektronischen Teilen verstanden werden, sondern als begriffliche Struktur, die genau beschrieben und synthetisch definiert werden kann. Eine Maschine ist etwas, das ich oder wir im Zusammenspiel aufbauen können, weil wir die innere Struktur und den Plan dieser Maschine bestimmen können (Simon, 2006, S. 35)".

Bei einer trivialen Maschine ist der Output durch den Input definiert, d.h. bei einem bestimmten Input ergibt sich ein bestimmter Output, wobei die Verarbeitungsalgorithmen als Blackbox gesehen werden, die sich nicht ändern. Deshalb sind auch die komplexesten Computersysteme triviale Maschinen, die nach einem fest vorgegebenen Bauplan arbeiten.

Nichttriviale Maschinen haben einen Verarbeitungsalgorithmus, der sich ändern kann, sodass bei einem bestimmten Input der Output nicht vorhersagbar ist. Der Output kann muss aber nicht gleich sein.

Wenn man so will, sind lebende Organismen nichttriviale Maschinen. Dies trifft ganz besonders auf den Menschen und die, durch und mit ihm, entstandene sozialen Systeme zu. Es trifft nicht auf die von Menschen entwickelten technischen Systeme zu. Hierbei handelt es sich um triviale Systeme.

Diese beiden Typen von Maschinen oder auch weniger mechanistisch „Systemen" lassen sich wie folgt gegenüberstellen (Heinz von Foerster, 1988, S. 41):

Triviale Systeme	Nichttriviale Systeme
Synthetisch determiniert	Synthetisch determiniert
Analytisch bestimmbar	Analytisch unbestimmbar
vergangenheitsunabhängig	vergangenheitsabhängig
voraussagbar	nicht voraussagbar

Tabelle 1 Systemvergleich nach Heinz von Foerster

Zunächst muss festgestellt werden, wer etwas über Systeme aussagen kann. Dies kann wiederum nur ein System. Es wird **Beobachter** genannt.

„Alles was gesagt wird, wird vom Beobachter gesagt. Er ist eine Person und damit ein lebendes System. Alles was lebende Systeme kennzeichnet, kennzeichnet auch ihn. Der Beobachter betrachtet gleichzeitig den Gegenstand, den er analysiert und die Welt, in der dieser Gegenstand sich befindet" (Maturana 2000, S. 25).

Der Beobachter ist somit ein System, welches mindestens drei Prozesse (Operationen) durchführt. Den des Beobachtens, den der Differenzierung (Unterscheidung zwischen System und Umwelt)

und den des Berichtens über das Beobachtete. Dabei ist zu beachten, dass der Beobachter die Wirklichkeit konstruiert, die er berichtet (Konstruktivismus). Dabei muss zunächst eine Unterscheidung getroffen werden zwischen dem was beobachtet werden soll, und dem Rest.

Aufgabe des Beobachters:

- Beobachten eines Objektes (Wahrnehmung)
- Differenzierung des Beobachtungsobjektes (innen und außen)
- Berichten über das Beobachtete

Der Beobachter als System wählt aus vielen Möglichkeiten ein anderes System, bestimmt es zur Beobachtung und berichtet darüber. Er trifft somit eine Unterscheidung. Die Position gegenüber dem ausgewählten System kann außerhalb liegen, dann handelt es sich um Fremdbeobachtung oder innerhalb, dann handelt es sich um Eigenbeobachtung. Wenn es sich um Fremdbeobachtung handelt, weiß der Beobachter nicht, was in dem System vorgeht, wie es prozessiert. Somit hat er einen blinden Fleck. Dieser kann beseitigt werden, wenn er die Position innerhalb des Systems einnimmt. Dadurch wird der blinde Fleck aufgehoben. Durch diese Technik, die mehrmals wiederholt werden kann (Drilldown), können alle „blinde Flecken" des beobachteten Systems beseitigt werden, indem der Beobachter immer tiefer in das beobachtete System eindringt, bis keine blinden Flecken mehr vorhanden sind.

Dies soll am Beispiel Forscher und befragte Person verdeutlicht werden. Der Forscher fungiert als Beobachter der Person, die er befragt und ist Beobachter erster Ordnung. Er führt das Interview und fragt, was wann geschehen ist. Bei der Auswertung des Interviews (grounded theory) analysiert er das Ergebnis der Beobachtung, das Interview und wird Beobachter zweiter Ordnung. Dadurch verschwindet der „blinde Fleck" der dadurch entstanden ist, dass er aus der Perspektive des Beobachter 1. Ordnung wahrgenommen (beobachtet) hat.

Die Unterscheidung zwischen den jeweiligen Beobachtungsobjekten und der damit durchgeführte Perspektivenwechsel erlaubt eine Systemanalyse. In unserem Fall wird zunächst die Unterscheidung getroffen zwischen allen möglichen Handlungen, die die Person durchgeführt hat und jenen, die sich auf die Arbeit beziehen.

Dies geschieht aus einer Perspektive erster Ordnung, wobei die handelnde Person das zu beobachtende System ist und der Autor der Beobachter. Das Ergebnis ist ein Berichten über das Verhalten dieser Person und die Reaktion von Unternehmen auf diese Verhaltensweisen (Arbeitshandlungen). Dies ist die Art, wie im täglichen Leben die Daten über das Verhalten von Personen in ihrem professionellen Lebensraum erhoben und wahrgenommen werden. Erst der Perspektivenwechsel zum Beobachter zweiter Ordnung liefert durch die Analyse der Interviews Einsichten in die Struktur des psychischen Systems (befragte Person). Der Beobachter beobachtet und interagiert mit allen Gegenständen (Maturana u. Varela, 1970).

2.2 Umweltbeziehung und Organisation

Die kennzeichnenden Aspekte von Systemen sind ihre Umweltbeziehungen und ihre Organisation. Unter Umweltbeziehung versteht man den Austausch mit der Umwelt und trifft somit eine Entscheidung zwischen offenen und geschlossenen Systemen. Wobei offene Systeme Materie, Energie und Information mit der Umwelt austauschen, geschlossene nur Energie. Offene Systeme sind Neuem gegenüber offen, geschlossene Systeme sind das nicht.

Unter Organisation eines Systems versteht man die Verknüpfungsmuster, der in einem System ablaufenden Prozesse. In hierarchischen Systemen schließt jede Ebene die niedrigere Ebene in sich ein. Die Funktion beschreibt die Gesamtcharakteristik aller ablaufenden Prozesse (sowohl die Umweltbeziehung als auch die Organisation). Die Struktur in raumzeitlicher Hinsicht (Sicht) schließt die Funktion und damit auch die Organisation und die Umweltbeziehungen mit ein. Dabei sind zu unterscheiden Gleichgewichtsstrukturen und dissipative (zerstreuende) Strukturen. Eine Gleichgewichtsstruktur kann von Dauer sein. Alle irreversiblen Prozesse kommen zum Stillstand. Eine dissipative Struktur erneuert sich ständig und ist sozusagen auf dem Sprung in eine neue Struktur. Es handelt sich dabei um eine Folge von Strukturen und damit um eine strukturelle Evolution.

2.2.1 Ordnungsbildung in Systemen

Die selbstorganisierte Ordnungsbildung in Systemen wird in der Synergetik beschrieben (Haken 1997). Dabei richtet sich der Fokus auf die Beziehungen der

Elemente einer Mikroebene, die aufgrund ihrer Anzahl nur statistisch beschrieben werden können (z. B. Einstellungen von Personen einer Gruppe oder die Vielzahl der Möglichkeiten einer Problemlösung) und einer Makroebene, auf der Muster bzw. Ordnungszustände als kollektives Verhalten der Komponenten beobachtbar sind.

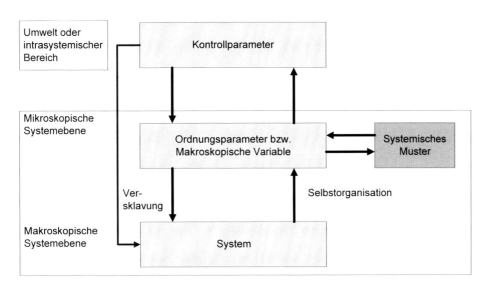

Abbildung 1 Grundmodell der Synergetik (Strunk und Schiepek 2006, S. 81)

„Selbstorganisation wird damit in der Synergetik als Wechselspiel von kohärenter Musterbildung durch Verhaltenssynchronisation von unten nach oben (also von der Mikroebene zur Makroebene) und Angleichung individueller Verhaltensweisen der Komponenten der Mikroebene an ein makroskopisches Muster von oben nach unten (so genannte Versklavung) beschrieben. Beide Aspekte Ordnungsbildung und Versklavung bedingen sich gegenseitig: „Zum einen kommt es zur Herausbildung synchronisierten Verhaltens der Elemente der Mikroebene, die auf der Makroebene als Ordnungsparameter beobachtet werden können, und zum anderen wird das Verhalten auf der Mikroebene erst durch den Ordnungsparameter erzwungen" (Strunk und Schiepek 2006, S. 80). Durch die Änderung der Kontrollparameter, d. h. durch die Energiezufuhr, kann sich das entstandene Muster wieder destabilisieren. Dies bedeutet, dass die Kontrollparameter das System beeinflussen.

Das Verhalten einzelner Systemteile wird durch wenige Ordnungsparameter bestimmt. Dadurch wird die Zahl der möglichen Verhaltensmöglichkeiten eines Systems drastisch eingeschränkt. Das bedeutet, dass hier eine Informationskompression vorliegt. Im Allgemeinen sind die Ordnungsparameter langsam veränderliche Größen, während sich die Veränderung auf die Mikroebene schnell fortpflanzt. Ändert sich der Kontrollparameter kontinuierlich, so durchläuft das System Phasen von verschiedenartigem Verhalten. Man kann Kontrollparameter als die unabhängigen Variablen eines Systems betrachten. Werden diese geändert, dann ändern sich auch die abhängigen Variablen, die Ordnungsparameter, was eine Änderung auf der Mikroebene bewirkt.

2.2.2 Autopoiese

Ein System, dessen Funktion darauf ausgerichtet ist, sich selbst zu erneuern nennt man autopoietisch. Im Gegensatz zu Selbstorganisationsprozessen in computersimulierten, komplexen Systemen oder auch bei dissipativen Strukturen, wo ein System seine Elemente zu einer Struktur ordnet, organisieren autopoietische Systeme nicht nur ihre Struktur, sondern erzeugen auch die Elemente, aus welchen die Strukturen gebildet werden. Die Organisationsform hält die Strukturen, als kritische (unabhängige) Variable, konstant. Sie ist das abstrakte Muster der Prozesse, die dafür sorgen, dass die Elemente reproduziert und in eine bestimmte Relation zueinander gebracht werden (Simon, 2006). Das System ist auf sich selbst bezogen also selbstreferentiell. Im Unterschied dazu bezieht sich ein allopoietisches[4] System auf Fremdfunktionen. Somit kann festgestellt werden, dass lebende Systeme als autopoietisch und Maschinen als allopoietisch bezeichnet werden können.

2.2.3 Strukturelle Kopplung

Jede Veränderung eines Systems setzt an den bestehenden Strukturen an. Sie ist durch die Funktionsregel des Systems bestimmt. Änderungen können von der Umwelt des Systems nur ausgelöst, aber nicht zielgerichtet festgelegt werden. Ereignisse in der Umwelt des Systems wirken als Perturbationen[5] auf dieses ein. Um diese Störungen zu verarbeiten, können vorhandene Handlungsstrategien und Prozesse eingesetzt werden. Ist dies nicht möglich, ist es nötig, interne Strukturen und Prozesse neu zu ordnen oder zu entwickeln (Assimilation und Akkommodation). Darauf wird mit der eigenen Funktionslogik reagiert. Ziel des Systems ist es, die

---

[4] Allopoietische Systeme erzeugen durch ihre Funktion etwas, das von ihnen selbst verschieden ist.
[5] Perturbation = Verwirrung, Störung. Die äußeren Auslöser für strukturdeterminierte Veränderungen werden als Perturbationen oder auch (speziell im soziologischen Kontext) als Irritation bezeichnet (Simon, 2006, S. 53)

Autopoiese aufrecht zu erhalten und sich entsprechend anzupassen. Es hat gelernt und sich weiterentwickelt. Die Irritation ist nicht einseitig, sondern wechselseitig. Dies bedeutet, dass sich auch die Umwelt anpasst. „Es lässt sich die Zirkularität der Wirkung feststellen, eine Kopplung der Entwicklung; Änderungen innen werden von Änderungen außen begleitet und umgekehrt" (Simon, 2006, S. 79). Für diese Art der Kopplung der Entwicklung zwischen einem autopoetischen System und seiner Umwelt hat Maturana den Begriff der „strukturellen Kopplung" geprägt. Als Beispiel können die körperlichen und psychischen Strukturen einer Person dienen. Aus systemtheoretischer Sicht empfiehlt es sich, diese Einheit als zwei strukturell miteinander gekoppelter autopoietischer Systeme darzustellen.

2.3 Soziale Systeme

Das Modell, welches annimmt, dass soziale Systeme aus Menschen bestünden, impliziert damit eine so hohe Komplexität, dass diese nicht oder sehr schwer analysierbar sind. Deshalb war es nötig ein alternatives Modell zu entwickeln, welches diese Komplexität der sozialen Vorgänge so reduziert, dass eine Analyse leicht möglich ist, jedoch ohne diese Abläufe unzulässig zu vereinfachen. Hier wird auf das Theoriegebäude von Niklas Luhmann zurückgegriffen, weil es nicht nur „den höchsten Erklärungswert hat […] sondern sich auch zur Grundlage von Handlungsstrategien machen lässt" (Simon 2006, S. 87). Diese Unterscheidung von Handlungsstrategien ist die Grundlage der durchgeführten Untersuchung. Das Modell schließt sich in seiner inneren Logik an die Selbstorganisationsmodelle von Humberto Maturana, Heinz von Foerster und den Konstruktivismus von Ernst von Glasersfeld an. Luhmanns Theoriegebäude gründet nicht auf einer Teil/Ganzes-, sondern auf einer System/ Umwelt - Unterscheidung. Er entfernt den Menschen (das Individuum) als Teil des Systems und macht ihn zur Umwelt desselben. Ein soziales System besteht aus Elementen (z. B. Kommunikationen und deren Relationen (Beziehungen)) zueinander. Damit sind die Elemente keine materiellen Einheiten, sondern Ereignisse. Simon (2006) vergleicht diese Ereignisse mit den Spielzügen eines Spiels.

„Die allgemeine Theorie autopoietischer Systeme verlangt eine genaue Angabe derjenigen Operationen, die die Autopoiesis des Systems durchführt und damit ein System gegenüber seiner Umwelt abgrenzt. Im Falle sozialer Systeme geschieht dies durch Kommunikation" (Luhmann 1997, S. 80).

2.3.1 Kommunikationen als basale Einheit

Luhmann vollzieht in seinem Theoriegebäude einen entscheidenden Schritt, in dem er nicht mehr die Unterscheidung zwischen Teil und Ganzem sondern zwischen System und Umwelt trifft. Um dies zu tun, entfernt er den „ganzen Menschen" (Simon, 2006, S. 87) aus seiner Theorie und betrachtet als basal kleinste Einheit eines sozialen Systems und damit auch als kleinste Einheit einer Unternehmung, die Kommunikation[6]. Soziale Systeme bestehen aus Kommunikationen, als deren Elemente. Gemäß Luhmann ist Kommunikation: „… eine genuin soziale (und die einzige genuin soziale) Operation. Sie ist genuin[7] sozial insofern, als sie zwar eine Mehrheit von mitwirkenden Bewusstseinssystemen voraussetzt, aber (eben deshalb) als Einheit keinem Einzelbewusstsein zugerechnet werden kann" (Luhmann, 1997, S. 81).

Biologische und/oder psychische Systeme (Menschen) sind die relevanten Umwelten von sozialen Systemen, die vorausgesetzt werden müssen. Sie begrenzen die Möglichkeiten der Strukturierung und Entwicklung von sozialen Systemen (Unternehmungen) Durch Irritation (Perturbation) regen sie die sozialen Systeme zur Entwicklung an, legen diese aber nicht fest (Simon, 2006, S. 89).

Zum Entstehen einer Kommunikation gehören immer mehrere Teilnehmer bzw. deren Operationen (Simon, 2006, S. 91). Kommunikation ist ein Ereignis oder ein Prozess, der durch die Aneinanderreihung von Ereignissen (ein Prozess schließt an den anderen an) entsteht. Er findet nur statt, wenn die Teilnehmer den Prozess, zur Kommunikation erklären. Dies können die Teilnehmer aber nur dann, wenn sie dem Verhalten des anderen/der anderen einen Sinn zuschreiben können und gleichzeitig wissen, dass der/die anderen seinem Verhalten einen Sinn zuschreiben. Jeder der sich an einer Kommunikation beteiligen will, muss eine Sozialisation durchlaufen haben, in deren Verlauf er gelernt hat, dass seinem Verhalten Sinn zugeschrieben werden kann oder muss. *„Unabhängig davon, wie ein Einzelner sich verhält, wird seinem Verhalten auf jeden Fall einen Sinn zugeschrieben, und es wird als Mitteilung von Informationen interpretiert, d. h. verstanden (selbst dann, wenn das Verhalten als „sinnlos" oder „unverständlich" gedeutet wird). Mit dieser Erwartung muss er rechnen, und diese Erwartung bzw. die wechsel-*

---

[6] Hierzu betont Simon: „Das sind keine Fragen nach dem „wahren Sein" von sozialen Systemen, sonder nach nützlichen Konstrukten, mit deren Hilfe man eine analytisch und für praktische Zwecke hilfreiche Theorie bauen kann.
[7] Rein, unverfälscht, echt, naturgemäß (Duden, 1999)

seitige Erwartung strukturiert das gegenseitige Verstehen. Diese drei Bestandteile – Information, Mitteilung und Verstehen- sind nötig, um Kommunikation zu realisieren" (Simon 2006, S. 93).

2.3.2 Was ist Kommunikation (Luhmann 1984)?

„Kommunikation hat alle dafür erforderliche Eigenschaften: Sie ist eine genuin soziale (und die einzige genuin soziale) Operation. Sie ist genuin sozial insofern, als sie zwar eine Mehrheit von mitwirkenden Bewusstseinssystemen voraussetzt, aber (eben deshalb) als Einheit keinem Einzelbewusstsein zugerechnet werden kann" (Luhmann 1997, S. 81). Kommunikation ist in diesem Zusammenhang nicht als die Handlung eines Einzelnen zu betrachten oder als dessen Fähigkeit (Kommunikationsfähigkeit) zu interpretieren, sondern als Kooperation. „Man kann nicht allein kommunizieren, handeln kann man allein - dies ist der Unterschied" (Simon 2006, S. 88). Um soziale Systeme von anderen Systemen abzugrenzen, schlägt Luhmann einen Kommunikationsbegriff vor, „der jede Bezugnahme auf Bewusstsein oder Leben, also auf andere Ebenen der Realisation autopoietischer Systeme, streng vermeidet" (Luhmann 1988, S. 20). Für ihn ist Kommunikation Realität und ein Sachverhalt. In einem autopoietischen System schließt Kommunikation an Kommunikation an, wie die Spielzüge in einem Spiel (siehe oben Simon (2006). Werden keine Spielzüge mehr durchgeführt, ist das Spiel zu Ende, wird nicht mehr kommuniziert findet das soziale System sein Ende.

Deshalb ist Kommunikation eine Handlung, die sich sozial vollzieht und demnach zum Unterschied einer Individualhandlung, eine Sozialhandlung genannt werden kann. Es kann vorausgesetzt werden, dass kommunizierende Personen eine eigene, individuelle Kommunikationstheorie besitzen, die sie anwenden, um eine Kommunikation zum Erfolg zu führen oder auch abzubrechen.

Kommunikation ist deshalb eine Sozialhandlung, weil immer mindestens zwei Personen daran teilnehmen müssen. Wenn man von Handlung spricht, bedeutet das, der Mensch handelt. Der handelnde Mensch verfolgt ein Ziel. Er ist sich aber nicht immer des Zieles auch bewusst. Dies bedeutet, dass man immer mit unbewussten Handlungen und ebensolchen Zielverfolgungen zu rechnen hat. Bei Luhmann besteht eine Kommunikation zuerst aus der Selektion von Informationen. Aus der Vielzahl der möglichen Informationen wird eine ausgewählt. Diese wird dem

Empfänger als Kommunikationspartner mitgeteilt. Dieser weist der Information einen Sinn zu was bedeutet, dass er versteht, was der Sender meint. Das bedeutet nicht, dass er mit dem Sinn einverstanden ist. Einen Sinn kann der Empfänger aber nur zuweisen, wenn er mit dem Sprachspiel des sozialen Systems vertraut ist.

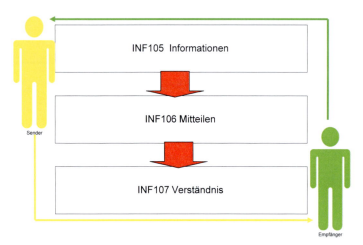

Abbildung 2 Kommunikationsmodell nach Luhmann

Bei Luhmann meint „Sinn" die Bedeutung, die irgendetwas für einen Betrachter hat. Der Sinnbegriff, der gemeint ist, wenn von Sinnlosigkeit die Rede ist, meint den Lebenssinn, dessen Verlust wiederum ein Werteverlust meint. In dieser Arbeit wird mit „Sinn", die Bedeutung, die eine Kommunikation von den Kommunikationsteilnehmern zugeschrieben wird, bezeichnet.

2.3.3 Organisation und Interaktion

Mit der Zugrundelegung von Kommunikation als elementarstem Baustein, lassen sich nach Luhmann zwei Arten von Systemen unterscheiden, nämlich Organisationssysteme und Interaktionssysteme. Interaktion entsteht als soziales System durch die Kommunikation unter körperlich Anwesenden (siehe hierzu Sprachspiel). Beobachter nehmen sich gegenseitig wahr und jeder weiß, dass er von dem anderen wahrgenommen wird. Somit entsteht die Situation der doppelten Kontingenz, denn jeder will von dem anderen in einer bestimmten Weise (Selbstbild) wahrgenommen werden, weiß aber nicht ob der andere ihn so wahrnimmt und umgekehrt. Er beobachtet, dass seine Mitteilung von Informationen aufgenommen wird, weiß aber nicht, ob sie in seinem Sinne verstanden wird. Verstanden wird sie auf jeden Fall, weil das Verstehen eben auch Missverstehen einschließt. Ein weiterer Typus sozialer

Systeme ist die Organisation. Sie ist ein zielgerichtetes soziales System. Dieses soziale System ist für die nachstehende Betrachtung besonders wichtig sowie für das Arbeitsleben der meisten Menschen. Organisationen sind z. B. Unternehmen, Institute, Behörde, Verbände, Kliniken, Parteien usw. Sie sind zur Erzielung eines Zwecks gegründet.

„Organisation ist, […], eine bestimmte Form des Umgangs mit doppelter Kontingenz. Jeder kann immer anders handeln und mag den Wünschen und Erwartungen entsprechen oder auch nicht – aber nicht als Mitglied einer Organisation. Hier hat er sich durch Eintritt gebunden und läuft in Gefahr, die Mitgliedschaft zu verlieren, wenn er sich hartnäckig querlegt. Die Mitgliedschaft in Organisationen ist mithin kein gesellschaftlich notwendiger (obwohl heute in vieler Hinsicht fast unvermeidlicher) Status. Sie wird durch Entscheidung (und hier typisch: eine Kombination aus Selbstselektion und Fremdselektion) erworben und Entscheidung (hier wieder Austritt oder Entlassung) verloren gehen. Sie betrifft auch nicht, wie in mittelalterlichen Kooperationen (Städten, Klöstern, Universitäten, usw.), die gesamte Person, sondern nur Ausschnitte ihres Verhaltens, nur eine Rolle neben anderen" (Luhmann 1997, S. 829).

Die Organisation ist das Ergebnis gesellschaftlicher Evolution. Durch sie wird es möglich, eine Arbeitsteilung durchzuführen, und es bedarf der Koordination, die geteilte Arbeit zu synchronisieren, um die angestrebten Ziele zu erreichen. Dies wird erreicht, indem Aufgaben definiert, diese unterschiedlichen Rollen zugewiesen und Kommunikationswege festgelegt werden. Neben der weiter oben besprochenen Interaktion tritt die asynchrone Kommunikation durch moderne Medien. Wobei „asynchrone Kommunikation" als Kommunikation unter körperlich nicht Anwesenden bezeichnet werden kann. Somit stehen nicht mehr die Person im Mittelpunkt der Kommunikation, sondern ihre Funktionen. Diese Formalisierung der Organisationen und ihrer Funktionen führt dazu, dass sich Rollen entwickeln bzw. entwickelt werden, die sich an den gestellten Aufgaben orientieren und nicht an den konkreten Rollenträgern. Die beteiligten Personen werden im Dienst dieser Aufgaben austauschbar (siehe hierzu 2.5).

2.3.4 System und Handlung

Innerhalb eines Systems sind die Möglichkeiten des Handelns durch das System begrenzt. Es lässt nichts anderes zu. Aber weil ein System gemacht (gedacht) ist, kann es im Zeitverlauf auch anders gemacht werden. Für das Handeln bedeutet das, dass ich nicht weiß, was der andere tut, und er weiß nicht was ich machen werde. Das bedeutet, dass Handlungen so oder auch anders ausfallen können. Hier muss die Frage gestellt werden, wie denn gemeinsames Handeln möglich sei. Luhmann gibt darauf zwei Antworten:

➢ Generalisierung von Erwartungen
➢ Ausdifferenzierung von Erwartungsstrukturen

Generalisierung von Erwartungen

Das gemeinsame Handeln beruht darauf, dass wir der Situation, in der die Handlung stattfindet, einen Sinn zuschreiben. Da wir wissen, dass die Zuschreibung auch anders möglich wäre, haben wir alle anderen Möglichkeiten ausgeklammert und das Erwartbare gewählt. Wenn sich diese Erwartung bestätigt, wird diese generalisiert, was bedeutet, dass wir ähnlichen Situationen den gleichen Sinn zuweisen, also die gleiche Erwartung über den Handlungsverlauf haben. Damit ist es möglich, die Komplexität zu reduzieren und gemeinsam zu handeln. Dazu schreibt Luhmann: „Die Generalisierung von Erwartungen auf Typisches oder Normatives hat […] eine Doppelfunktion; sie vollzieht einerseits eine Selektion aus der Gesamtheit angezeigter Möglichkeiten und reproduziert so die im Sinne angelegte Komplexität, ohne sie zu vernichten und sie überbrückt Diskontinuitäten in sachlicher, zeitlicher und sozialer Hinsicht, so dass eine Erwartung auch dann noch brauchbar ist, wenn die Situation sich geändert hat: „Das gebrannte Kind scheut jedes Feuer". Es liegt deshalb nahe, dass Selektion durch Bewährung erfolgt; dass also diejenigen Verweisungen zu Erwartungen verdichtet werden, die sich generalisieren und zur Überbrückung von Diskontinuitäten verwenden lassen" (Luhmann 1984, S. 140). Durch die Generalisierung von Erwartungen werden Strukturen geschaffen, welche die Kommunikation erleichtern. Da Kommunikation die basale Einheit von sozialen Systemen ist, sind deren Strukturen „generalisierte Verhaltenserwartungen" (Abels 2005, S. 245).

Ausdifferenzierung von Erwartungsstrukturen

Generalisierte Erwartungen erleichtern die Komplexitätsbeherrschung, aber sie machen nicht gewiss, denn sie bedeuten, eine relative Sinnfreiheit dadurch, dass verschiedenen Situationen ein identischer Sinn zugewiesen werden kann, um daraus ähnliche oder gleiche Konsequenzen zu ziehen. Sie erspart bzw. reduziert die Informationsbeschaffung und die ständige Neuorientierung im Einzelfall.

Außerdem werden durch diese Verallgemeinerungen die Möglichkeiten eines sinnorientierten Verhaltens nicht ausgenutzt, weil das Verhalten zwar erwartungsorientiert, aber nicht sinnorientiert stattfindet. Generalisierte Erwartungen sind Konstrukte und können somit „reine Hirngespinste sein", die eventuell nichts mit der gegebenen Situation zu tun haben oder das Falsche in der gegebenen Situation betreffen.

Dem wird entgegengewirkt durch die Erfassung und Reduktion von Komplexität. Dies bedeutet, dass soziale Systeme ab einer gewissen Komplexität nur dann noch sinnvoll weiterwachsen können, wenn sie Subsysteme bilden, die wiederum eigene Grenzen haben und in diesen eine gewisse Autonomie besitzen (Luhmann 1967 zit. nach Abels 2005, S. 247).

Das nennt Luhmann die Ausdifferenzierung von Erwartungsstrukturen, weil „soziale Strukturen nichts anderes sind als Erwartungsstrukturen" (Luhmann 1984, S. 397). Diese Ausdifferenzierung strukturiert immer kleine Ausschnitte aus der Komplexität und schafft damit eine relative Sicherheit. Die Erwartungen werden damit aber nicht sicherer. Eher ist das Gegenteil der Fall. Je genauer die Erwartungen sind, desto unsicherer werden sie (Beispiel: „das Versprechen genau um 15:36h da zu sein ist [...] hochgradig unsicher und gegen Störungen aus der Umwelt anfällig" (Abels 2005, S. 247)).

Die Frage ist immer noch, wie nun Handeln trotzdem möglich ist. Die Lösung liegt nach Luhmann darin, die logischen, gedanklichen, sprachlichen Detaillierungsmöglichkeiten nicht auszuschöpfen und Erwartungen nur so weit zu präzisieren, wie dies zu Sicherung von Anschlussverhalten nötig ist. Dies nennt man Ambiguisierung[8]. „Ambiguisierung steigert die Leistungsfähigkeit von Ketten des Handelns und Erlebens in sozialen Systemen" (Miesbach 1991, S. 301, zit. nach Abels 2005, S. 247). Dadurch ist es uns möglich mit Komplexität und Kontingenz zu leben.

2.3.5 Intervention in Systemen

Bei den hier besprochenen Systemen handelt es sich um autonome, selbstreferenzielle Systeme, die von außen nicht direkt beeinflusst werden können. Deshalb muss die Frage geklärt werden, wie denn eine Steuerung solcher Systeme

---

[8] Ambiguität: Doppeldeutigkeit von Wörtern, Symbolen oder Sachverhalten.

von außen möglich ist. Die Handlung die eine Einflussnahme von sozialen Systemen ermöglicht ist die Intervention. Dabei kommt es darauf an, die Intervention so durchzuführen, dass der gewünschte Effekt eintritt. Hierzu bemerkt Willke (1999): "Im Kern geht es darum, eine für das System externe Intervention so anzusetzen, dass sie sich in das innere Operationsgeflecht des Systems so einschleust und innerhalb seiner Operationsweise Veränderungen bewirkt, obwohl das System einer von außen kommenden Veränderung Widerstand entgegensetzen würde" (Willke,1999; S. 122). Dabei ist das intervenierende System ein Beobachter, der das soziale System beobachtet. Die Differenz, die er beobachtet oder beobachten will ist ein Problem, welches, aus Sicht dieses Beobachters, aufgetreten ist d. h. das System verhält sich anders, als von ihm erwartet. Wichtig ist, dass dieser Soll-Ist-Vergleich immer aus seiner Sicht durchgeführt wird. Das bedeutet, dass er weiß, wie sich das System in einem gewissen Kontext verhalten müsste, damit es einen Unterschied zwischen dem was ist und dem was sein soll auch feststellen kann (draw a distinction). Das heißt, dass eine Analyse des Ergebnisses eines bestimmten Verhaltens des Systems durchgeführt wird, um zu prüfen, ob es mit dem vom Beobachter erwarteten Ergebnis übereinstimmt. Erst wenn es nicht damit übereinstimmt, gibt es ein Problem. Was muss man als Beobachter vom System wissen ist somit die Frage? Das gefundene Problem ist zunächst die Beobachtung eines Beobachters. Es muss erst zurückübersetzt werden in die Funktionslogik des Systems selbst. Dabei muss die zuvor beschriebene Funktionslogik (siehe oben 2.2.1-2.2.4, 2.3, 2.4) beachtet werden, die für alle komplexen Systeme gilt. Interventionsstrategien müssen deshalb aus der Sicht des Systems entworfen werden, weil es der Operationsmodus des Systems ist, der über den Erfolg der Intervention entscheidet. Interventionen müssen sich auf die Operationsmodi des Systems beziehen, in welchem eine Intervention vorgenommen werden soll, nicht auf die Vorstellungen des Beobachters. Diese Vorgehensweise gilt gleichermaßen für soziale und psychische Systeme.

2.4 Die Rolle in der Unternehmung

In jeder Unternehmung gibt es verschiedene Rollen, die die Struktur der Leistungserbringung abbilden. Dabei drückt die Arbeitsrolle als abstrakte Rolle die Zugehörigkeit zu einem bestimmten Unternehmen aus und regelt so den Zugang zu allen möglichen Rollen im Unternehmen.

Mit jeder speziellen Rolle der Arbeitsperson in der Unternehmung sind spezifische Verhaltenserwartungen verbunden, die sowohl Rechte als auch Pflichten umfassen. Damit sind aber nicht alle denkbaren Verhaltenserwartungen abgedeckt, sondern es wird damit zum Ausdruck gebracht, dass die Unternehmung, die Regeln des Verhaltens unter bestimmten Bedingungen festlegt. Erfüllt die Person in einer speziellen Rolle die Erwartungen nicht, kann die Unternehmenszugehörigkeit von beiden Seiten aufgekündigt werden.

Die Kommunikation sowie die Beziehung der Personen untereinander und ihre externen Kontakte, werden durch die jeweilige Rolle der speziellen Person formalisiert (ähnlich bei Luhmann 1984). Diese Formalisierung legt gleichzeitig eine bestimmte Position in der Unternehmenshierarchie fest (siehe oben).

Dies bedeutet, dass die Erwartungen, die mit den Rollen verknüpft sind, nur in der Kombination mit der Mitgliedschaft in einem Unternehmen realisierbar werden können. Dabei sind auch Konflikte und Widersprüche denkbar.

Die Person kann in ihrer speziellen Rolle keine beliebige Anschlussmöglichkeit wählen. Ihr Handeln wird unter einen Erwartungsdruck gesetzt, was bedeutet, dass Verhalten als Entscheidung kommuniziert wird. „Das Handeln der Mitglieder (in der jeweiligen Arbeitsrolle d. Verf.) wird unter einen besonderen Erwartungsdruck gesetzt. In letzter Konsequenz bedeutet das, dass Verhalten in Organisationen (Unternehmen d. Verf.) als Entscheidung kommuniziert wird" (Luhmann 1997, S. 831). Dies bedeutet, dass die Person stets überlegen muss, ob sie den Erwartungen folgen will oder nicht. Dadurch soll sie ihr Verhalten immer darauf hin überprüfen, ob es im Sinne der Unternehmensziele erfolgt oder nicht.

Wo Arbeit (Arbeitsteilung, Handlung) aufgeteilt wird, bedarf es auch der Koordination oder Synchronisation, um die gewünschten Ziele zu erreichen. Dies ist dadurch zu erreichen, dass Aufgaben definiert und unterschiedliche Rollen sowie Kommunikationswege festgelegt werden oder dass diese sich spontan entwickeln und differenzieren, wie in der Geschichte zu beobachten ist. Es stehen jetzt nicht mehr die Personen im Mittelpunkt der Kommunikation, sondern ihre Funktionen. Es sind nicht mehr die Individuen, die in der Kooperation miteinander eine auf sich selbst zugeschnittene Rolle finden, sondern die Rolle entwickelt sich unabhängig und ohne konkrete Rollenträger. Die Akteure sind im Dienst der Aufgabe austauschbar. Dies alles sind die Ergebnisse von getroffenen Entscheidungen.

2.4.1 Die Rolle: Platzhalterin der Person im Unternehmen

„Der Mensch wird nicht mehr in seiner Ganzheit, d. h. mit all seinen physischen und psychischen Fähigkeiten, für die Erfüllung der Funktionen (Aufgaben) der Organisation benötigt, nicht mit seiner vollen Kreativität und seiner Nichttrivialität, sondern nur sehr selektiv und begrenzt. Als Arbeitsperson muss er durch sein spezifisches Verhalten, das beispielsweise durch seine Fachkompetenz ermöglicht wird, bestimmte Teilaspekte eines größeren organisierten Prozesses realisieren. Die Koordination der verschiedenen Verhaltensweisen und Akteure kann auf sehr unterschiedliche Weisen vollzogen werden; gemeinsam ist aber all diesen Koordinationen, dass sie Kommunikation voraussetzen und sicherstellen" stellt Simon (2006, S. 102) fest und bezieht sich auf die Theorie sozialer Systeme von Niklas Luhmann (1994). Unternehmungen unterscheiden sich von anderen sozialen Systemen dadurch, dass ein bestimmtes Verhalten der Mitglieder (Arbeitspersonen[9]) vorausgesetzt wird, um die hochkomplexen, arbeitsteiligen Prozesse durchführen zu können. Die Zugehörigkeit zu einem Unternehmen wird durch die Entscheidung geregelt, dem Unternehmen beizutreten. Diese Entscheidung geht nicht nur vom Unternehmen, sondern auch von der Person, die sich ebenfalls entschieden hat und sich immer wieder zu Fortsetzung der Zugehörigkeit entscheiden kann, aus. Diese doppelte Entscheidung führt dazu, dass sich der Handlungsspielraum der Person, auf die Rolle einer Arbeitsperson einengt.

Durch die Unternehmenszugehörigkeit akzeptiert die Person gewisse Beschränkungen ihres Freiraumes und die Übernahme von Leistungspflichten, die mit der Zuweisung und Übernahme einer oder mehrerer Rollen im Rahmen des Leistungsprozesses einer Unternehmung einhergehen. Dadurch wird das Verhalten in ein zielgerichtetes Verhalten innerhalb der arbeitsteiligen Prozessorganisation umgewandelt und somit für die Unternehmung nutzbar gemacht. Verhalten wird in ein Arbeitshandeln im Sinne der Unternehmung transformiert.

Die Beschränkungen, denen Unternehmungsangehörige unterworfen sind, werden durch die Attraktivität der Zugehörigkeit wieder aufgehoben. Diese Attraktivität kann in einer gesicherten Position, in Machtausübung oder in einer intrinsischen Motivation, hervorgerufen durch den Inhalt der Arbeitsaufgabe, bestehen. Es ist auf

---

[9] Unter Arbeitsperson wird das Mitglied einer Organisation in der Ausprägung Unternehmen/ Unternehmung verstanden

jeden Fall wichtig, dass neben einer System-Umwelt-Beziehung (wie bereits dargestellt) auch ein Zweck-Mittel-Verhältnis besteht.

„Für die Organisation ist der Mitarbeiter als notwendige Umwelt ein Mittel, um Aufgaben und Funktionen zu erfüllen, durch die sie definiert ist; für die Arbeitsperson ist sie eine relevante Umwelt, um ihre individuellen Ziele zu erreichen, seien sie sachlicher oder persönlicher Natur" (Simon 2006, S. 103).

Die Rollen werden innerhalb der Unternehmung entwickelt und sind unabhängig von den Rolleninhabern. Damit werden die beteiligten Personen bei der Erledigung von Aufgaben austauschbar und die Unternehmung von speziellen Personen unabhängig und damit lebensfähig.

Die Rolle wird vom Rollensender (Unternehmung) mit den entsprechenden Rechten ausgestattet, um die Pflichten, die dieser Rolle innewohnen, erfüllen zu können. Diese Pflichten ergeben sich aus den Erwartungen an die Rolle und den Regeln, die in der Unternehmung zu befolgen sind. Sie ergeben die Aufgaben, die durch die Rolle zu erledigen sind. Die Unternehmensregeln beschreiben die Wertmaßstäbe, die bei der Erledigung der Aufgaben noch beachtet werden müssen (Compliance).

Diese richten sich nach den Gesetzen und Vorschriften, die für diesen Teilbereich der Gesellschaft (siehe Funktionssystem) gelten, aber auch nach Grundsätzen, die sich die Unternehmung selbst auferlegt hat (Unternehmensstatut). Diese Erwartungen sind verknüpft mit zu erreichenden Zielen und den sozialen Regeln, die generell zwischen Personen gelten.

Die Rechte innerhalb der Rolle leiten sich ebenfalls aus den Erwartungen ab. Es sind die Rechte, die ein Rollenträger haben muss, um die Rollenerwartungen zu erfüllen. Diese Rechte begründen die Rollenmacht und finden ihren Ausdruck im Sanktionspotenzial, welches einer Rolle zugeschrieben werden kann. Wobei sich das Sanktionspotenzial auf Sanktionsgewicht und Sanktionsradius gründet.

Die Rolle differenziert die Anforderungen an Führungspersonen und Geführte über die Erwartungen, Pflichten und damit den eingeräumten Rechten, die die Machtzuordnung bilden. Diese zugewiesen Macht begründet die Verantwortung der Person den Rollensendern gegenüber.

Da der Mensch nicht in seiner Gesamtheit vom Unternehmen benötigt wird, sondern nur spezielle Fähigkeiten muss eine Verbindung zwischen Person und Unternehmen bestehen. Dieses Bindeglied zwischen Unternehmen und der Person ist die Rolle als deren Platzhalterin.

2.4.2 Erwartungsverteilung im Unternehmen

Um die Bedeutung des Menschen in und für die Unternehmung zu reflektieren, muss an den Erwartungen angeknüpft werden, die an Menschen gestellt werden. Erwartungen gelten als Zeitform, in denen Strukturen gebildet werden (Luhmann 1987, S. 411 ff). Der Mitarbeiter in einer Unternehmung muss wissen, was alles von ihm erwartet wird.

So wird das Verhalten mit den Erwartungen anderer innerhalb der Unternehmung abgestimmt. Durch ihre Reflektion kann sich die Selbstkontrolle ihrer bedienen. Der Mitarbeiter erwartet von sich selbst, bestimmte Erwartungen an andere Mitarbeiter und die Unternehmung zu haben. Wenn er ein Verhalten hinnimmt, das seine Erwartungen enttäuscht, muss er damit rechnen, dass die anderen ihr Verhalten entsprechend anpassen (Akkommodation).

Das bedeutet, dass der Erwartungssender seine Erwartungen anderen gegenüber klarmachen muss. Über die Erwartungshaltung wird das Verhalten gesteuert. Der Erwartung der einen Seite steht ein nicht unbedingt komplementäres Verhalten der anderen Seite gegenüber. Auf der Reflexionsebene wird das Schema Erwartung und Verhalten nämlich nochmals abgebildet. Auf dieser Ebene muss mit weiteren Verhaltensweisen gerechnet werden, dass der Erwartungsempfänger das Verhalten in dieser Situation auch akzeptieren muss. Hier ist es möglich Erwartungen und Verhalten zu manipulieren. Es gibt Möglichkeiten, Situationen herbeizuführen, wo der Partner auf ein Erwarten festgelegt wird, das er nicht gewollt hat, und dem er nun nachkommen muss, um nicht gegen sein vorheriges Handeln zu verstoßen und so berechtige Empörung auszulösen (Luhmann 1987, S. 414).

2.4.2.1 Erwartungserwartungen

„Erwartungserwartungen (Luhmann, 1987) veranlassen alle Mitarbeiter einer Unternehmung sich wechselseitig zeitübergreifender, struktureller Orientierung zu unterstellen" (Luhmann 1987, S. 414). Jede Person erwartet von der anderen, dass sie bestimmte Erwartungen in Bezug auf die Unternehmung (Organisation) hat. Diese „Erwartungserwartungen" werden durch die Ziele der Unternehmung strukturiert. Eine Möglichkeit, Erwartungen unabhängig zu etablieren, besteht in der Zuordnung. Erwartungen werden zugewiesen. Hierzu werden abstrakte Identifikationsgesichtspunkte benötigt. Diese Identifikation sieht Luhmann in Personen, Rollen, Programme und Werte (Luhmann 1987, S. 429).

2.4.3 Person und Organisation

Die Person wird nicht in ihrer Ganzheit, sondern sehr selektiv und begrenzt für die Erfüllung der Funktionen der Organisation benötigt. Deshalb muss sie durch ihre Zugehörigkeit gewisse Beschränkungen ihres Freiraumes einerseits und Leistungsverpflichtungen andererseits akzeptieren (Simon 2006, S. 102). Die Erwartung an ihre Rolle setzt nur ein eingeschränktes Verhalten voraus, aber die Person ist unteilbar und als solche Einheit auch der Fehlbarkeit unterworfen, die man bei der Rollenausführung gerne ausschließen möchte. Trotzdem strebt die Person nach Zielerreichung und sichert dadurch den Erfolg des Unternehmens ab. Es ist nun die Frage zu klären, wie es möglich ist, dass die Person ihre eigenen und die ihr vorgegebenen Ziele in einem sozialen System verfolgen und erreichen kann. Dies wird durch soziales Lernen (Sozialisation) erreicht.

2.4.3.1 Berufliche Sozialisation

Die Sozialisation zum Beruf fängt schon bereits in der Kindheit und der frühen Jugend an. Durch den ständigen Anpassungsprozess im Elternhaus kann das Kind bereits in die „richtigen" Bahnen[10] gelenkt werden. Diese werden dann durch die Wahl der schulischen Ausbildung weiter verfestigt. Auch hier ist es immer noch schichtspezifisch motiviert, ob und welche höhere Schule besucht wird, ob eine Lehre oder ein Studium folgt. Da es keine übergeordnete Instanz übernimmt (Schicksal, Vorsehung), verfolgt die Person ihren eigenen Lebensentwurf, nämlich den, der ihr verspricht, so zu werden wie sie sein will. Damit übernimmt sie auch die Verantwortung für sich selbst.

Die Sozialisation im Beruf besteht darin, dass, die Person die offenkundigen und untergründigen beruflichen Regeln und Usancen kennen lernt, übernimmt und damit ihr Bewusstsein so verändert, dass eine Passung zu den beruflichen Gegebenheiten entsteht. Dies bedeutet auch, dass das Verhalten im Beruf durch Beruf und durch das betriebliche Umfeld vorgegeben wird. Sie verhält sich so, wie es das soziale System (Unternehmung) vorgibt oder sie wird die Unternehmung früher oder später verlassen. Durch die so verstandene Sozialisation entwickelt die Person einen Berufsentwurf als Teil des Lebensentwurfs, nämlich den Plan was sie im Beruf erreichen will und kann. Der Berufsentwurf wird Teil ihres Selbstverständnisses.

---

[10] Jeweils aus Sicht des sozialen Milieus des Elternhauses

2.4.3.2 Sozialisation durch Kommunikation

Lay (2015) erklärt Kommunikation im Rahmen der Sozialisation wie folgt: „Das Sprachspiel entsteht mit der Annäherung der kommunikativ eingesetzten Worte an ähnliche Begriffe, die im Verlauf kommunikativer Aktivitäten, und damit verbunden mit der Bildung einer systemspezifischen Identität, zugeordnet werden. Aus einer Vielzahl individueller Konstrukte wird im Laufe der Zeit ein kollektives Konstrukt, insofern sich die individuellen an die kollektiven Konstrukte anpassen. Diese Anpassung ist eine für die Bildung sozialer Systeme unverzichtbare Voraussetzung. Soziale Systeme fordern von dem neu Hinzugekommenen das Erlernen, das Verstehen und das Verwenden der systemtypischen Inhalte der Begriffe. Worte erhalten ihre systemspezifischen Bedeutungen. Das gilt vor allem für politische, ökonomische, kulturelle, moralische Wertworte. Die Integration in ein soziales System, das auf einige Dauer angelegt ist, verlangt die Beherrschung der systemeigenen Sprache. Die Worte dieser Sprache benennen also systemtypisch die nach Inhalt und Umfang definierten Begriffe. Da Kommunikation sich selten auf den bloßen Austausch von Informationen beschränkt, sondern meist auch mit irgendwelchen Emotionen verbunden ist, ist dieser Aspekt bei der Konstruktbildung zu bedenken. Diese emotionale Besetzung hat zumeist ihren Grund in der Ersterfahrung, die zur Bildung des Konstruktes geführt hat" (Lay 2015, Position 341).

2.4.4 Übernahme von Unternehmenswerten

Die Übernahme von Werten eines sozialen Systems nennt man Internalisation. Dies bedeutet, dass die Personen in den verschiedenen Stufen der Sozialisation die Werte der Gesellschaft akzeptiert und für sich übernimmt. Hierbei handelt es sich um Werte, die beim Zusammenleben in einer Gemeinschaft für eben diese Gültigkeit haben.

Internalisation	Normen, Werte und Auffassungen übernehmen, sich zu eigen machen	Reaktion auf widrige Erfahrung	Gewissen
Inkorporation	unkritische Übernahme	schneller, oft unmotiviert erscheinenender Wechsel von Zu- und Abwendung	funktional
Introjektion	unbewusste Übernahme	einseitige, oft sehr stabile Zu- oder Abwendung	moralisch
Identifikation	bewusste Übernahme	kritische Zuwendung	sittlich

Tabelle 2 Übernahme der Unternehmenswerte (Quelle: eigene Darstellung)

Gleiches gilt für die Sozialisation zum und im Beruf. Hier gibt das Unternehmen Werte und Normen vor, die neben den allgemein gültigen der Gesellschaft, für ein bestimmtes Unternehmen Gültigkeit beanspruchen. Diese werden vom Unternehmen festgelegt und in der Unternehmenskultur gelebt. Für die Internalisation durch die Person gilt vorstehende Tabelle. Die Unternehmenswerte sind Teil der Erwartungen, die an jede Rolle gerichtet ist und bedeutet, dass die gesamte Aufgabenrealisierung im Sinne des Unternehmens erfolgt. Hierbei geht es nicht nur darum was gemacht werden soll, sondern auch wie.

2.5 Die Person ein psychisches System

Die Person kann als psychisches System betrachtet werden, welches aus zwei Systemen besteht, die durch strukturelle Kopplung (siehe 0) verbunden sind. Der Körper (Soma) gehört zur inneren Umwelt der Person und ist dem personalen System bekannt, sodass es keiner äußeren Schnittstelle bedarf, um Informationen auszutauschen. Die Wahrnehmungen werden über den Körper von der Umwelt aufgenommen (fünf Sinne). Er ist somit die Schnittstelle zur Umwelt. Die strukturelle Kopplung ist als Schnittstelle zum Gehirn zu betrachten.

Die Äußere Umwelt (Außenwelt nach Willke, 1991) umfasst alle externen Beziehungen eines Systems. In diesem Falle ist es die zu betrachtende Unternehmung als sozio-technisches System. Da es sich bei der Person um ein System handelt trifft alles zu, was bereits (siehe oben 2) zu Systemen geschrieben wurde. Da es sich um ein autonomes, geschlossenes System handelt, ist es von außen nicht zugänglich. Dies bedeutet, dass ein System unabhängig von seiner Umwelt hinsichtlich Tiefenstruktur und Selbststeuerung (Autopoiese) ist, aber abhängig bezüglich

Konstellationen und Ereignisse, aus welchen es Informationen und deren Bedeutung aus der Umwelt ableiten kann (Siehe Willke, 1999).

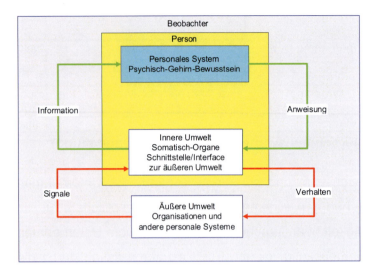

Abbildung 3 die Person als psychisches System (Quelle: eigene Darstellung)

Eine Kommunikation zwischen autonomen Systemen setzt wechselseitiges Verstehen voraus, was eine Operation des jeweils empfangenden Systems ist. Es kann also nur das verstehen, was durch seine innere Struktur und seinen Prozessen verstanden werden kann. Die Information muss durch das empfangende System ordnungsgemäß dekodiert werden (Schnittstelle - Interface). Die Schnittstelle zur äußeren Umwelt bildet das somatische System mit den fünf Sinnen. Hier werden die Signale empfangen und in Informationen für das personale System umgewandelt.

2.5.1 Das personale System

Das personale System verarbeitet diese Informationen. Zu Erklärung wird auf die Synergetik (siehe 0) zurückgegriffen, die für die Verarbeitung der Information im personalen System eine bessere Erklärung in Sinne der Psychologie anbietet. Deshalb sollen die Prozesse, die für das weitere Verständnis wichtig sind, hier kurz referiert werden.

Wahrnehmung

Verschiedene Phänomene im menschlichen Wahrnehmungsprozess lassen ihn nach Strunk + Schiepek (2006) als einen aktiven Struktur- und Ordnungsbildungsprozess erscheinen. Diese Phänomene wie

- aktive Konstruktion
- Prozess vs. Struktur
- charakteristische Ordnungsprozesse
- zyklisches Verhalten
- Hysterese Effekt

werden nachstehend beschrieben.

Aktive Konstruktion: Der radikale Konstruktivismus zeigt auf, dass Wahrnehmung eine Konstruktion des Beobachters ist. Diese Sichtweise nehmen Strunk + Schiepek ebenfalls auf und zeigen, dass der Mensch auch dort Ordnungsstrukturen entdeckt, wo keine vorhanden sind z. B. in den Sternbildern. „Die Frage, ob die Wirklichkeit außerhalb des wahrnehmenden Subjekts tatsächlich existiert, lässt sich nicht durch Beobachtung überprüfen […], die Wahrnehmung von Ordnung, Strukturen und Mustern (ist) ein Akt des wahrnehmenden Beobachters und nicht der wahrgenommenen Außensicht" (Strunk, Schiepek 2006, S. 244).

Prozess vs. Struktur: Die in einer „Wirklichkeit" vorhandenen Ordnungsstrukturen werden nicht über Sensoren (Augen) passiv vom Beobachter aufgenommen und ins Gehirn gespiegelt, sondern sie werden aktiv aus dem wahrgenommenen Material erarbeitet. Dies kommt der Er-Rechnung einer Wirklichkeit gleich (siehe hierzu Ernst von Foerster 1993). Für mehrdeutiges Stimulusmaterial zeigt sich, dass der Prozess als Ergebnis nicht eine eindeutige Ordnungsstruktur erzeugt, sondern das Ergebnis in eine andere Ordnungsstruktur umkippen kann (Beispiel: Kippfiguren). Haken schreibt (1979): „Wenn wir uns ein Muster anschauen, ist unser erster Eindruck, dass es etwas Statisches ist. Allerdings zeigt sich bei genauerem Nachdenken, dass Muster unmittelbar verknüpft sind mit Prozessen (Haken 1979, S. 2 zit. nach Strunk+ Schiepek 2006).

Ordnungsbildungsprozesse: Der menschlichen Wahrnehmung gelingt es auch dort eine Struktur zu identifizieren, wo keine vorhanden ist. Durch äußere Einflüsse kommt es zu einem Prozess der Selbstorganisation. Es setzt sich ein Ordnungsparameter durch, der die Mikroebene beeinflusst und so zu einer strukturierten Wahrnehmung führt.

Zyklisches Verhalten: Bei bistabilen Kippbildern (z. B. alte Frau-junges Mädchen) zeigt sich ein zyklisches Verhalten. Dieses wird bestimmt durch das Anschauungsmaterial (Art der Kippfiguren), Aufmerksamkeit des Betrachters sowie insbesondere dessen bisherige Lernerfahrung.

Hystereseeffekt: Der Begriff des Bassins bildet neben dem Ordnungsparameter „Attraktor" eine weitere Interpretationsbasis zum Verständnis der menschlichen Wahrnehmung. Als Bassin wird der Einzugsbereich um den Attraktor bezeichnet. Das System behält den aktuellen Attraktor bei, solange es nicht über das Bassin hinaus ausgelenkt wird. Erst dann kommt der andere Attraktor zum Tragen. Dies ist der Fall, wenn Figuren erst spät umkippen. Hier wird das System durch die erste Wahrnehmung geleitet und in einem Attraktor gehalten (vgl. hierzu Haken 1990b S. 23 zit. nach Strunk+Schiepek 2006, S. 245). Das Beharren des Systems im Ausgangsattraktor wird als Hysterese-Effekt bezeichnet und kommt auch in physikalischen Systemen vor z. B. Magnetismus (Strunk+Schiepek 2006, S. 245).

Diese Prozesse der Strukturbildung können auch den folgenden Gestaltungsprinzipien beschrieben werden, die aber nicht hier nicht näher detailliert werden sollen (Gestaltgesetze, Nichtlinearisierung, Struktursensibilität sowie Strukturverstärkung durch Prägnanztendenzen und Strukturbildung durch Lernerfahrung).

Kognition

Für die Fragestellungen kognitiver Prozesse, besonders im Hinblick auf die dort herrschende Dynamik, bieten sich Erklärungen an, wie sie von der Synergetik bereitgestellt werden (s. o.). Die einfache Gedächtnisleistung lässt sich nicht als Abrufen von exakt gespeicherten Informationen beschreiben, sondern als eine aktive Rekonstruktion. Ähnlich wie bei der beschriebenen Mustererkennung sieht es so aus, als ob das Gedächtnis bestimmten Gestaltgesetzen folgt. Aus wenigen „Ankerreizen" erfindet es einen Gedächtnisinhalt neu und projiziert ihn dann in die Vergangenheit (Strunk+ Schiepek 2006, S. 250). Die aktive Strukturierung unstrukturierter Informationen weist auf eine Selbstorganisation des kognitiven Systems hin. „Hier wird aktiv und sinnvoll selbst organisiert, was sich danach als reproduzierter Gedächtnisinhalt ausgibt" (Strunk+Schiepek 2006, S. 251). Es kann davon ausgegangen werden, dass alle Gedächtnisinhalte in Form eines nichtlinearen Musters codiert werden. Wenn ähnliche Kontrollparameter auftreten (z. B. ein Gemütszustand, der einer Stimmung in der Vergangenheit entspricht), dann werden entsprechende Erinnerungen rekonstruiert. Dies scheint nicht nur für emotionale Erinnerungen zu gelten, sondern ein

Rekonstruktionsprinzip zu sein, welches immer gilt. Erinnerungen werden somit als dynamische Muster codiert, die durch entsprechende Kontrollparameter, hervorgerufen durch innere oder äußere Einflüsse, rekonstruiert werden. Studien von Freeman et al. 1986 und 2000 (zit. nach Strunk + Schiepek 2006, S. 252) zeigen, dass durch jede neue Erfahrung die vorherigen Erfahrungen verändert und überarbeitet werden. Dies bedeutet, dass es auch bei der menschlichen Erfahrung nichts Beständigeres gibt als den Wandel (panta rhei). Dass Erkennen sowie Lernerfahrungen gemacht und konstruktiv genutzt werden, ist nur mit Bezug auf Selbstorganisationstheorien möglich. Gedächtnisinhalte werden als Ordnungsparameter codiert. Bei Reizkonfigurationen, die diesen Ordnungsparametern entsprechen, werden die entsprechenden Gedächtnisinhalte reproduziert. Muster werden vom erkennenden Subjekt erkannt, in dem Ordnungsparameter (Code) ausgebildet werden. Diese Ordnung wird durch Selbstorganisation erzeugt. Dies ist deshalb eine kognitive Leistung, weil nur einige Merkmale aus dem Stimulusmaterial genügen, um den Ordnungsparameter zu erzeugen. Dieser Ordnungsparameter beeinflusst die gesamte Wahrnehmung, indem er fehlende Merkmale ergänzt und abweichende verzerrt. Es kann dann nicht mehr entschieden werden ob Merkmale hinzuerfunden wurden, weil Mustererkennung auch Musterbildung bedeutet. Ein Beispiel hierfür sind Zeugenaussagen vor Gericht.

Lernen

In der Konzeption des Lernbegriffes ist der Schemabegriff von herausragender Bedeutung. Dieser wird von Bartlett (1932) wie folgt beschrieben: „Unter „Schema" verstehen wir eine aktive Organisation von vergangenen Reaktionen oder vergangenen Erfahrungen, von welcher wir annehmen, dass sie in jedem gut angepassten Organismus wirksam ist. Schon bei der kleinsten Ordnung oder Regelmäßigkeit des Verhaltens ist eine bestimmte Reaktion nur möglich, weil sie zu anderen ähnlichen in Beziehung steht. Die Reaktionen sind seriell organisiert, wirken jedoch nicht einfach als individuelle Glieder, eines nach dem anderen, sondern als einheitliche Masse. Dieses Bestimmt werden durch Schemata stellt die grundlegende Weise dar, in der wir durch zurückliegende Reaktionen und Erfahrungen beeinflusst werden. Alle hereingekommenen Impulse einer bestimmten Art oder einer bestimmten Gefühlslage bilden zusammen eine Ordnung: Auf relativ niedrigem Niveau organisieren sich visuelle und auditive Impulse sowie verschiedene Arten von Hautimpulsen usw. Auf einem höheren Niveau geschieht dasselbe mit allen Erfahrungen, welche durch gemeinsame Interessen verbunden sind:

Sport, Literatur, Geschichte, Kunst, Wissenschaft, Philosophie usw." (Bartlett 1932, zitiert nach Miller et al. 1973, S. 17 zit. nach Strunk + Schiepek, 2006, S. 262).

Piaget stellt die kognitive Entwicklung des Individuums als zirkuläre Prozesse dar, die in Auseinandersetzung mit seiner Umwelt generiert werden, die aber wiederum dieser Auseinandersetzung zu Grunde liegen, weil sie Wahrnehmung und Verhalten bedingen. Das Individuum bemüht sich neue Informationen in vorhandene Schemata einzupassen, zu assimilieren. Wenn die Erfahrung nicht eingepasst werden kann, weil sie den vorhandenen Erfahrungen zu sehr widerspricht, ist eine grundlegende Veränderung des vorhandenen Schemas notwendig, eine Akkommodation, wenn es dem Individuum auch weiterhin gelingen soll mit seiner Umwelt sinnvoll, im Sinne einer Zielerreichung, zu interagieren. Wenn eine solche Akkommodation aber essentielle Überzeugungen des Individuums in Frage stellt, „kommt es zu Phänomenen der Verleugnung, in den bestimmte Informationen ausgeblendet bleiben oder im Sinne bereits bestehender Schemata verzerrt werden" (Strunk + Schiepek 2006, S. 263). Ein wichtiger Aspekt ergibt sich hieraus für das Lernen als Akkommodationsprozess. Es kommt nur dann zu einem entsprechenden Prozess, wenn das Individuum durch den Leidensdruck einer fehlgeschlagenen Assimilation dazu motiviert wird, dieses Fehlverhalten und die Konsequenzen daraus in Zukunft zu vermeiden. Ansonsten besteht keine Veranlassung zu einer Weiterentwicklung. Dies wird bereits durch das alte Sprichwort „durch Schaden wird man klug" auf den Punkt gebracht. Ein Lernprozess kann somit „[…] als durch Verstörung ausgelöste Beseitigung einer als unangenehm erlebten Verunsicherung […]" (Strunk + Schiepek 2006 S. 263), angesehen werden. Dies setzt jedoch voraus, dass das Individuum bereit ist, sein Verhalten als nicht passend zu empfinden und zu ändern. Lernprozesse entstehen somit aus der Auseinandersetzung eines Individuums mit seiner Umwelt und lassen sich entgegen der Theorie des Behaviorismus nicht vorherbestimmen, da diese Auseinandersetzung durch die Schemata dieses Individuums gesteuert wird. „Der Umwelt kommt also eine Rolle zu, die umso weniger plan- und zielgerichtet manipulierbar wird, je mehr davon ausgegangen werden muss, dass diese Umwelt mit der Schemastruktur des die Umwelt beobachteten Individuums „erfunden" wird. Lernen und Entwicklung – sowohl von den kognitiven Funktionen als auch der Persönlichkeit – erscheint aus dieser Perspektive als aktive Selbstorganisationsleistung operational geschlossener Individuen" (Strunk + Schiepek 2006, S. 264). Diese Aussage stimmt mit der biologischen Realität nach Maturana überein und somit schließt sich der Kreis.

2.5.2 Die Entstehung der Persönlichkeit

Vollmer (1977) beschreibt die verschiedenen Ausprägungen der Identität, nämlich die Ich-Identität, die soziale Identität und die persönliche Identität, als verschiedene Seiten der Identität, wobei die soziale und die persönliche Identität von anderen zugewiesen werden.

"Die Theorie selbstreferentieller Systeme behauptet, dass eine Ausdifferenzierung von Systemen nur durch Selbstreferenz zustande kommen kann, das heißt dadurch, dass die Systeme in der Konstitution ihrer Elemente und ihrer elementaren Operationen auf sich selbst (sei es auf Elemente desselben Systems, sei es auf die Einheit desselben Systems) Bezug nehmen müssen." (Luhmann, 1984, S.25). Dies bedeutet, dass Systeme nur dann Bezug auf sich selbst nehmen, um sich selbst zu reproduzieren, wenn sie sich zuvor selbst erkennen können und so eine Beschreibung von sich selbst erzeugen. Das Bewusstsein ist für psychische Systeme die Voraussetzung zur Beobachtung und zur Selbstbeschreibung.

Da sowohl die neurobiologische als auch die systemische Sicht in dieser Arbeit zum Verständnis wichtig ist, werden beide Sichten nachstehen kurz referiert.

Die Persönlichkeit aus neurobiologischer Sicht

Ledoux (2003) erklärt die Entstehung der Persönlichkeit aus neurobiologischer Sicht. Man kann sehen, dass es eine Übereinstimmung zwischen den beiden Sichtweisen gibt und somit auf beide für spätere Erklärungen zurückgegriffen werden kann. Nachstehend eine Zusammenfassung der Aussagen, die hier von Interesse sind.

Die Gene, die den Bauplan des psychologischen Systems bilden bewirken biologisch gesehen zwei grundsätzliche Dinge. Sie machen alle gleich, alle sind Menschen, durch das gemeinsame Erbgut und sie machen alle verschieden durch das individuelle Erbgut. Das gemeinsame Erbgut bestimmt, dass die elementaren Systeme und Moleküle (LeDoux, 2003; S. 12) bei allen gleich sind, deshalb sind die grundlegenden Verhaltens- und Denkweisen bei allen Menschen (psychische Systeme) gleich. Durch die Abstammung hat jeder einzelne Mensch auch Gene, die seinem Gehirn eine einzigartige Ausprägung geben und ihn deshalb einzigartig machen. Die Einflüsse dieser genetischen Faktoren wirken sowohl auf die Persönlichkeitsmerkmale wie z. B. Kontaktfreudigkeit, Ängstlichkeit, Aggressivität als auch auf Gesundheitsrisiken wie Depression, Phobien und schizophrene Störungen.,

Wesentliche Aspekte der mentalen Vorgänge und des Verhaltens sind zwar vererbt, machen aber nur ca. 50% einer bestimmten Eigenschaft aus, d.h. Menschen (psychische Systeme) werden im Laufe ihres Lebens quasi zusammengebaut. Das Ergebnis ist bei jedem anders, weil:

➢ durch Herkunft und Geburt unterschiedliche Anlagen vererbt werden,

➢ unterschiedliche Erfahrungen im Laufe eines Lebens gemacht werden.

Anlage und Umwelt tragen somit zur einzigartigen Ausprägung der mentalen Vorgänge und des Verhaltens bei.

Der grundlegende Vorgang dabei ist die Verschaltung der Synapsen nach genetisch vorgegebenen Mustern und dadurch die Organisation der neuronalen Systeme. Die synaptischen Verbindungen im Gehirn eines Menschen bilden dadurch spezielle Muster, in welchen die Informationen zu den einzelnen Funktionen kodiert sind.

Die Persönlichkeit aus systemtheoretischer Sicht

Wenn man die Identität (Persönlichkeit) aus systemtheoretischer Sicht verstehen will, muss man sich von dem allgemeinen Verständnis verabschieden. Identität gehört somit nicht zum Menschen, sondern zu dem psychischen System.

Das Bewusstsein setzt sich zusammen aus der Abgrenzung des Systems von seiner Umwelt und der strukturellen Kopplung mit dieser, die durch die Sozialisation entsteht (siehe 0). Dies bedeutet, dass die Umwelt zwar Einfluss auf das Bewusstsein hat, aber sie ist nicht primär für die Entwicklung der Identität maßgeblich, sondern es sind die Prozesse der Autopoiese, die die Strukturen selbst produziert und reproduziert.

Im neurobiologischen Konstruktivismus (Stachura, 2011) wird das ICH als virtueller Akteur angesehen. Dabei bilden die unbewussten Prozesse im Gehirn die Grundlage für Fühlen, Denken und Handeln. „Das bewusste Ich wird im neurobiologischen Konstruktivismus als eine Konstruktion des realen Gehirns beschrieben" (Stachura, 2011; S. 61), dessen Aufgabe es ist, das Individuum zu einer handlungsfähigen Person zu machen. Eine der Grundlagen einer bewussten Personenkonstruktion, als virtuelle Akteurin, ist das autobiographische Gedächtnis (Markowitsch/Welzer, 2005). Es ist, neben den verschiedenen Gedächtnisarten, zusammengefasst als Arbeits- und Kurzzeitgedächtnis sowie Langzeitgedächtnis, keine weitere psychische Instanz, sondern eine Sicht auf die Inhalte, die sich auf die Entwicklung der Person, in ihren Umwelten, über den Lebenszeitraum bezieht. Die Konstruktion des Ich legt diese Informationen zu Grunde. Die Sozialisation und damit die Menschwerdung in der Gesellschaft finden hier ihren Niederschlag.

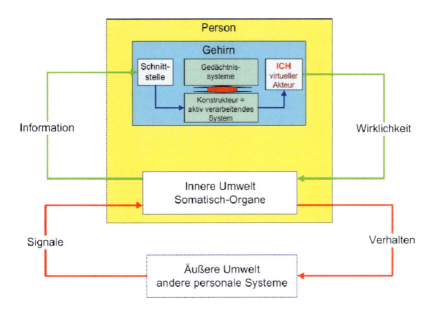

Abbildung 4 Bewusstsein im neurobiologischen Konstruktivismus
(Quelle: eigene Darstellung)

Im folgenden Kapitel wird die Sozialisation im Rahmen der Systemtheorie (Luhmann) auch mit Bezug auf Person und Unternehmen näher ausgeführt.

2.5.3 Sozialisation nach Luhmann

Die Frage, wie das Verhältnis von dem Menschen zu einem sozialen System zu Stande kommt, lässt sich durch Penetration und Interpenetration erklären. Penetration ist in diesem Zusammenhang dann gegeben, wenn das psychische System dem sozialen System seine Komplexität zur Verfügung stellt. Interpenetration liegt dann vor, wenn sich beide Systeme gegenseitig ermöglichen, in dem sie ihre eigene Komplexität in das jeweils andere einbringen. „Im Falle von Interpenetration wirkt das aufnehmende System auch auf die Strukturbildung der penetrierenden Systeme zurück; es greift als doppelt, von außen und innen, auf dieses ein" (Luhmann 1987, S. 290).

Im Rahmen dieser Betrachtung muss daran erinnert werden, dass Kommunikation das basale Element eines sozialen Systems darstellt und sich dadurch von der Handlung, als organisierendes Element eines Systems, unterscheidet. Menschen werden als Umwelt sozialer Systeme angesehen, die sie interpenetrieren. „Als Sozialisation wollen wir ganz pauschal, den Vorgang bezeichnen, der das psychische System und das dadurch kontrollierte Körperverhalten des Menschen durch

Interpenetration formt": (Luhmann 1987, S. 326). Diese Definition bedeutet, dass es bei einer so verstandenen Sozialisation sowohl positive als auch negative Aspekte gibt, die sich in konformen als auch abweichendem Verhalten realisieren können und somit in gesundem als auch in krankem. „Eine Theorie, die den Sozialisationsbegriff auf die Erzeugung von angepasstem, erwartungskonformen Verhalten festlegt, könnte die Entstehung gegenteiliger Verhaltensmuster nicht erklären, und sie wäre hilflos gegenüber Feststellungen wie der, dass gerade Anpassung neurotische Züge tragen kann und dass es Steigerungszusammenhänge von Anpassungen und Neurosen gibt" (Luhmann 1987, S. 326).

Der Grundvorgang der Sozialisation ist die selbstreferentielle Reproduktion des Systems (Luhmann 1987), welches sozialisiert wird. Dieser Prozess der „selbstreferentiellen Reproduktion" verändert die Struktur des sozialisierten Systems und damit das Bewusstsein. Hierbei handelt es sich um einen Lernprozess. Sozialisation bedeutet nichts anderes als ein lebenslanges Lernen in und von sozialen Systemen. Die Ergebnisse dieses Prozesses sind Werte, Normen, Wissen über soziale Rollen und über Sprachspiele, die die Grenzen des jeweiligen sozialen Systems definieren und die Mitglieder der Gesellschaft miteinander teilen. Die Theorie, die diesen Prozess in drei Teile einteilt, verwirft Luhmann, da es um einen ständigen evolutionären Prozess handelt.

2.5.4 Die Theorie-Praxis-Einheit von Rupert Lay

Das Ergebnis der Sozialisierung der Person ist eine Änderung in den Strukturen des Gehirns der betroffenen Person. Da es sich letztlich um einen lebenslangen Lern- bzw. Änderungsprozess handelt, werden die Strukturen entsprechend an die jeweilige Situation der an Frage kommenden Person angepasst und gespeichert. Rupert Lay nennt diese Strukturen (1989) „Theorie-Praxis-Einheit"(Lay, 1989 S. 67-75).

Er definiert diese Theorie-Praxis-Einheit (TPE) als eine Struktur (Synapsenverbindungen im Gehirn), die die psychologischen Informationen bereitstellen, die Grundlage jeder Erkenntnis und jedes Handelns bilden sowie die Rahmenbedingungen für sprachlich und emotional beherrschbare Wahrnehmungen bereitstellen.

2.5.5 Persönliche Ziele der Person

Unabhängig von den Einflüssen, denen die Person im Laufe Ihrer Sozialisation ausgesetzt ist, hat sie letztlich die Verantwortung dafür, was sie selbst aus ihrem Leben machen will. Durch Beobachtung ihrer Umwelt und ihren eigenen Wünschen entwirft sie ihr Leben auf ein Ziel hin. Dies ist nicht so zu verstehen, dass zu einem bestimmten Zeitpunkt ein genaues Ziel definiert wird, sondern im Laufe der frühen Lebensentwicklung werden zunächst viele Ziele ins Auge gefasst, wovon mehrere dann wieder in Vergessenheit geraten. Im Laufe der Schulausbildung kristallisieren sich dann diejenigen heraus, die Verfolgens wert sind und die letztlich durch Ausbildung oder Studium zu einem Beruf einerseits und Bildung einer Lebensbeziehung andererseits und somit zu einem sozialen Leben führen. Dabei ist wichtig, dass sich die Ziele im Lebensverlauf konkretisieren und anpassen können. Beim Lebensentwurf bedeutet es, dass die Person nur das sinnvoll wollen kann, dass auch mit ihrem Wissen und Können übereinstimmt. Der Lebensentwurf geschieht bewusst oder auch unbewusst und konstituiert den Lebenszweck der Person. Damit übernimmt sie die Verantwortung für ihr Leben, soweit es ihr möglich ist.

Nachstehend sollen die Verhaltensmöglichkeiten der Person näher erläutert werden, wobei hier die Einflüsse der Situation auf das Verhalten näher beschrieben werden.

2.6 Lebensraum und Verhalten

Eine frühe Studie Lewins über die Kriegslandschaft von 1917 kann als Grundlage des Konzeptes zum Lebensraum (Lewin 1982) betrachtet werden. Dabei werden drei theoretische Akzente gesetzt, die sich später wieder erkennen lassen. Erstens die Wichtigkeit und Bedeutung, des funktional gegliederten Umfeldes, welches eine Person oder eine Gruppe umgibt, zweitens die Charaktere, die den Änderungen des Verhaltens zugeordnet werden und die Valeurs (Werte) und Valenzen[11] dieses Umfeldes. Die Zuweisung zu einem Objekt entscheidet der jeweilige Kontext und daraus ergibt sich dann die entsprechende Änderung des Verhaltens. Drittens wird der

---

[11] Auslöser für eine bestimmte Bedürfnisposition, die eine Person zum Handeln aktiviert. Es gibt positive, negative und ambivalente Valenzen. Positiv bedeutet eine vorbewusste, emotionale Stimmung, die die rationale Erfassung und Verarbeitung der Wahrnehmung Wahrnehmungsobjekt) vorbelegt und während eine negative eine Barriere aufbaut. Bei einer ambivalenten Valenz werden keine Motiveaufgebaut.

konkrete Lebensraum (hier konkret der Überlebensraum) als strukturiert und dynamisch beschrieben (Graumann, 1982). Lewin definiert die grundlegenden Sätze der Feldtheorie im Bereich des Handelns wie folgt: „a) das Verhalten muss aus einer Gesamtheit der zugleich gegebenen Tatsachen abgeleitet werden; b) diese zugleich gegebenen Tatsachen sind insofern als ein „dynamisches Feld" aufzufassen, als der Zustand jedes Teils dieses Feldes von jedem anderen Teil abhängt. Der erste Satz (a) enthält die Behauptung, dass auch der Gegenstand der Psychologie vielfältig ist, so dass die in ihm gegebenen Beziehungen nicht ohne den Begriff des Raumes dargestellt werden können" (Lewin 1982, S. 65). Lewin bezeichnet diesen Raum als einen psychologischen Raum und nennt ihn den Lebensraum der Person und die psychologische Umwelt miteinschließt (Lewin 1982, S. 66).

Lewin führt die Dynamik eines Geschehens auf die Beziehung einer konkreten Person in einer konkreten Umwelt und auf die inneren Kräfte dieser Person zurück. Die inneren Kräfte sind die Systeme, die in der Person wirken (Bewusstsein, Ich). Er sieht das Feld als „eine Gesamtheit gleichzeitig bestehender Tatsachen, die als gegenseitig voneinander abhängig begriffen werden" (Lewin 1969, S. 273 zit. nach Hege 1996, S. 42) und stellt der Psychologie die Aufgabe, „den Lebensraum, der die Person und ihre Umwelt einschließt, als Feld zu betrachten" (Lewin 1969, S. 273 zit. nach Hege 1996, S. 42). Der Lebensraum ist somit ein Feld, bestehend aus Person und deren Umwelt. Zur Umwelt gehören physikalische Faktoren wie z. B. im Falle eines Unternehmens Räume, Klima, Technik und soziale Faktoren wie Kollegen, Untergebene, Kunden, Lieferanten. „Danach wäre die physikalische und soziale Umwelt insoweit und in der Art als psychologische Umwelt anzusetzen, wie sie von den betroffenen Individuen erlebt würde" (Lewin 1969, S.41). Lewin beschreibt die Wirklichkeit einer Person als „Wirklich ist was wirkt" (Lewin 1969, S. 41). Die physikalischen und sozialen Faktoren der Umwelt werden von der Person als „quasi" wahrgenommen, nämlich so, wie diese auf sie wirken (siehe hierzu Beispiel Hege 1998, S. 43).

Dieses Beispiel lässt sich auch auf den beruflichen Alltag übertragen, wo ein Besprechungszimmer von einer Führungsperson anders erlebt, wird als von einer Geführten, von einer Personalverantwortlichen anders als von einer Stellungssuchenden. Soziale Beziehungen sind in Begriffe eingebunden. Sie haben einen Bezug zu einem bestimmten Erlebnis und sind deshalb Teil des Lebensraums als „meine Meinung, meine Auffassung etc.". „Der Lebensraum ist somit eine subjektive

Deutung" (Hege 1998, S. 44). In der weiteren Beschreibung soll bereits auf die Zusammenhänge zwischen der Feldtheorie von Kurt Lewin und die Systemtheorie, wie oben beschrieben, hingewiesen werden. Diese werden am Ende dieses Kapitel zusammengefasst.

2.6.1 Das Verhalten im Lebensraum

Das Verhalten einer Person hängt weder von Vergangenheit noch Zukunft ab, sondern ist nach der Feldtheorie abhängig vom gegenwärtigen Feld, was bedeutet von der Person und ihrer Umwelt zum gegenwärtigen Zeitpunkt. Dennoch hat dieses Feld eine zeitliche Tiefe, nämlich in der psychologischen Vergangenheit, der psychologischen Zukunft und der psychologischen Gegenwart insofern sie auf die Dimensionen[12] des zu einem bestimmten Zeitpunkt betrachteten Lebensraumes wirken (Lewin 1982). Daraus ergibt sich, dass „das Verhalten (V) eine Funktion der Person (P) und der Umwelt (U) darstellt: $V = F(P, U)$, und dass P und U in dieser Formel wechselseitig abhängige Größen sind" (Lewin 1982, S. 66). Das Verhalten zum Zeitpunkt (t) hängt von der Situation (S) zu diesem Zeitpunkt ab, wobei S nach den psychologischen Bedingungen des Lebensraums bestimmt wird, der Person (P) und Umwelt (U) mit einschließt. Dadurch ist die zeitliche Bestimmung für das Verhalten $V(t) = F(S(t))$ möglich. Dabei kann der augenblickliche Zustand der Person zum Zeitpunkt (t) nur durch Beobachtung erschlossen werden ($S(t) = F(P(t), U(t))$). Dem Verhalten einer Person liegen Bedürfnisse zu Grunde, so wird es über das Erkennen, des zu dieser Zeit bestehenden Bedürfnisses ausgelöst. Soziale Bedürfnisse sind als Motiv vorhanden (Anschlussmotiv) oder werden von außen an die Person herangetragen.

Bei dem Umsetzen einer bestimmten Handlung, können Barrieren (in den LR[13] eingelagerte Faktoren), das Handeln verhindern. Barrieren sind keine hemmenden Kräfte, sondern Faktoren, also Einflussgrößen auf das Geschehen.

Wenn ein Subsystem im LR im Ungleichgewicht ist, entsteht eine Spannung, die durch Bedürfnisbefriedigung wieder abgebaut wird. Die Spannung entsteht durch Emotionen, Gemütsverfassungen oder äußere Einflüsse. Sie kann aber auch durch eine Zielsetzung entstehen „[…] wonach die Wirkung eines Vorsatzes der Erzeugung

---

[12] Dimension = Größensystem. Die Dimension einer Größe drückt die qualitativen Eigenschaften aus. Dies gilt auch für den psychologischen Raum.
[13] LR = Lebensraum

einer Spannung in der Person äquivalent ist" (Lewin 1982, S. 49). Es entsteht eine psychische Belastung (siehe EN ISO 10075), die auch Angst erzeugen kann. Aus dieser Spannung heraus ergibt sich ein Bedürfnis nach dem Ziel B→A(Z). Wobei eines der Bedürfnisse einer Führungsperson der Erfolg (Leistungsmotiv) darstellt, wie immer dieser auch definiert wird.

2.6.2 Ebenen des Lebensraums

Der Lebensraum ist komplex. Um diese Komplexität des Lebensraums im Sinne einer Systemtheorie zu verringern, unterscheidet Lewin zwischen Momentansituation und Lebenssituation und zwischen Vergangenheit und Zukunft. Damit wird der Lebensraum in Ebenen und Bereiche eingeteilt. Die Momentansituation ist die Situation im Betrachtungszeitraum. Die Lebenssituation dagegen bezieht sich auf einen längeren Zeitraum. Im Sinne der geführten Interviews ergibt sich die Momentansituation aus der Tatsache, dass ein Interview geführt wird und die Lebenssituation ergibt sich aus dem Inhalt des Gesagten. Daneben umfasst der Lebensraum eine zeitliche Dimension, nämlich die Dauer. „Es ist wichtig, sich zu vergegenwärtigen, dass die psychologische Vergangenheit und Zukunft gleichzeitig Teile des psychologischen Feldes sind, das zu einer bestimmten Zeit existiert" (Lewin 1969, S. 16).

Hier versteht Lewin nicht ein subjektives Zeitempfinden (Tage vergehen mit zunehmendem Alter schneller), sondern die in der Vergangenheit gemachten Erfahrungen, die einen Einfluss auf die gegenwärtige Situation haben. Dabei gilt zu beachten, dass das Vergangene zwar wirken kann, aber nicht zwangsläufig wirken muss. Die Erfahrungen in der Vergangenheit können bei einer Führungsentscheidung zwar eine Rolle spielen, dies muss aber nicht zwangsläufig so sein. „Diese Wirkung der Vorgeschichte ist aber unter dynamischen Gesichtspunkten als indirekt zu bezeichnen: ein Ereignis in der Vergangenheit kann auf gegenwärtiges Geschehen nicht Wirkungen im Sinne der Systematik ausüben, sondern es kann nur eine Stelle in der historischen Kausalkette einnehmen, deren Verschlingung die gegenwärtige Situation geschaffen haben. Dieser Sachverhalt ist, wie erwähnt, in der Psychologie häufig nicht genügend beachtet worden" (Lewin 1969, S. 56). Dazu schreibt Hege, 1998: „Auch hier gilt der Grundsatz: Wirklich ist was wirkt" (Hege 1998, S. 45).

Das gilt auch für die Zukunft, für das Geplante. Die Zukunft kann sowohl positiv als auch negativ betrachtet werden. Auf der einen Seite ein freudiges Ereignis, das sehnsüchtig erwartet wird, auf der anderen die Zukunftsangst, die Angst vor etwas nicht Planbarem. Dies Alles kann sich auf die Momentsituation auswirken. Die Zukunft ist somit, wie die Vergangenheit, dann Gegenstand des Lebensraums, wenn sie diesen mitbestimmt. Lewin schreibt in „Bezug auf Planung und Zielvorstellung" (Hege 1998, S. 46): „[...] das Ziel als psychologisches Faktum ist zweifellos ein gegenwärtiges Faktum, eine konkrete, in dem fraglichen Moment wirklich „existierende" psychologische Tatsache, die einen wesentlichen Bestandteil des gegenwärtigen Lebensraumes ausmacht. Dagegen ist der „Inhalt" des Zieles [...] als „objektives" soziales oder physikalisches Geschehen eines zukünftigen Ereignisses (zu betrachten)" (Lewin 1969, S. 57).

Dies bedeutet, dass die Vergangenheit (Einfluss der Sozialisation) als auch die Zukunft (Lebensentwurf) einen Einfluss auf den gegenwärtigen Lebensraum ausübt. Die Zukunft stellt sich als Ziel dar und ist eine psychologisch existierende Tatsache. Die Vergangenheit ist nicht im Sinne einer Historie zu sehen, sondern in Bezug auf ihre Wirkung in der Gegenwart (was wirkt). Somit können mit den verschiedenen Ebenen, unterschiedliche Differenzierungsgrade zeitlich dargestellt werden. Die Zukunft ist eine „Irrealitätsebene" je weiter die Zukunft zeitlich entfernt ist, desto irrealer wird die Planung. Hier sind „Grenzen passierbar und die Bereiche vereinfacht (Hege 1998, S. 46). Dies gilt auch für die Planung innerhalb einer Unternehmung. Hier können in der „Zukunftsphantasie" (Hege 1998, S. 46) Grenzen überwunden werden, die sich dann, wenn die Zukunft sich der Gegenwart nähert als unpassierbar darstellen. Ein Beispiel hierfür ist die Planung eines größeren, länger dauernden Projektes (Softwareentwicklung, Infrastruktur, Militär, Digitalisierung).

2.6.3 Bereiche

Neben der Untergliederung in Ebenen ist der Lebensraum auch in Bereiche untergliedert. Die Weite und Enge des Lebensraums wird durch die Anzahl der Differenzierungen bestimmt (Hege 1998, S. 47). Arbeit und Freizeit sind Bereiche, die für die weitere Betrachtung wichtig sind. Dadurch kann man einen professionellen Lebensraum definieren, der den Bereich Arbeit umfasst und der gegen andere Lebensräume abgegrenzt ist. Bereichsbestimmung: „Ein physischer Bereich kann durch seine qualitativen Eigenschaften und durch die topologischen Beziehungen des Bereiches oder seiner Grenze zu anderen Bereichen bestimmt werden; die Bestimmung ist ferner durch psychische Vorgänge möglich, insbesondere durch Lokomotionen und Kommunikationen, die verschiedene Punkte verbinden" (Lewin 1969, S. 222). Dabei ist zu bedenken, dass der Bewegungsspielraum, den eine Person hat, über die Durchlässigkeit der Grenzen bestimmt wird. Dies gilt von dem definierten professionellen Lebensraum (PLR), der keineswegs durch die Räume des Unternehmens beschränkt ist. Je nach Rollenposition kann sich der PLR auch auf andere Lokationen ausdehnen (Geschäftsessen, Seminare, Kundenbesuche etc.). „Grenzen (Grenzzonen), die psychologischer Lokomotion Widerstand leisten, nennen wir „Barrieren". Entsprechend dem Grad des Widerstandes sprechen wir von Barrieren verschiedener Stärke" (Lewin 1969, S. 139). Der Ausdehnung des PLR in die Freizeit können auch Grenzen gesetzt werden, nämlich durch die Familie, die ihre Ansprüche an Mutter oder Vater, Ehefrau oder Ehemann geltend macht.

2.6.4 Spannungsfeld

Lewin beschreibt das Feld „als Spannungsfeld von Kräften, die sich durch positive oder negative Valenzen unterscheiden" (Hege 1998, S. 47). Valenz bedeutet in diesem Sinn genutzt „Aufforderungscharakter" und bestimmt die Stärke der Kräfte in Richtung oder in Gegenrichtung eines Ziels. „Die Valenz entspricht einem Kraftfeld, das nach Art des Zentralfeldes strukturiert ist. Man kann positive und negativen Aufforderungscharakter unterscheiden" (Lewin 1969, S. 226). Damit ist das Verhalten mit der Lokomotion (Bewegung) in Richtung der Kraft auf ein Ziel gleichgesetzt und ist somit zielgerichtet. Treibende Kräfte sind von negativen auf positive Valenzen gerichtet, dadurch kann die Lokomotion durch Widerstände aufgehalten werden. Durch die hemmenden Kräfte werden Barrieren aufgebaut. Erst wenn sich die Kräfte aufheben (ausgleichen) entsteht ein Gleichgewicht (Äquiliberation) und die Spannung wird aufgehoben (Zeigarnik-Effekt). Wenn die Kräfte gleich stark sind, entsteht ein Konflikt. „[…] Konflikt verweist nicht auf ein Kraftfeld, sondern auf die Überschneidung von mindestens zwei Kraftfeldern" (Lewin 1982, S. 82). Durch Konflikte entsteht Frustration, die wiederum zu einer Art der Aggression führt. Die Feldtheorie Lewins beschäftigt sich eingehend mit dem Verhältnis der Teile zum Ganzen, wie in der Beschreibung des Lebensraums dargestellt. Lewin fasst die Beschreibung der Feldtheorie zusammen:

„1. Die Feldtheorie geht von der Annahme aus, dass das Verhalten, welches jede Art von Handeln, von Affekt oder Denken umfasst, von einer Vielzahl gleichzeitig vorliegender Faktoren abhängt, die das psychologische „Feld" ausmachen. Dieses Feld enthält solche Tatsachen, wie etwa die Bedürfnisse der handelnden Person, die Ziele und Wünsche des Individuums; die Art und Weise, wie das Individuum Vergangenheit und Zukunft sieht; die Art und Lage der Schwierigkeiten, ferner die Gruppen, zu denen das Individuum gehört; seine Freunde und seine eigene Position unter ihnen. Das Feld ist demnach kein „abstraktes" Bezugssystem, wie etwa die graphische Darstellung der Relation von Eigenschaften (z. B. Gewicht und Alter); hierbei steht jede Koordinate für ein Kontinuum von Ähnlichkeiten. Vielmehr repräsentiert es eine Vielzahl von Bereichen, die alle zur gleichen Zeit existieren und untereinander in Wechselwirkung stehen. Die graphische Darstellung eines Feldes bringt die „räumliche" Beziehungen (also die relativen Positionen) dieser Bereiche, wie sie zu einem bestimmten Zeitpunkt bestehen, zum Ausdruck. Eine solche Darstellung macht nicht notwendigerweise von Koordinaten Gebrauch.

2. Jedem Individuum entspricht zu einem bestimmten Zeitpunkt ein anderes psychologisches Feld, das wir den Lebensraum dieses Individuums nennen. Es schließe sowohl die Person wie die Umwelt ein, wie sie das Individuum sieht.

3. Die Veränderung in einem Teil des Feldes beeinflusst bis zu einem gewissen Grad jeden anderen Teil des Feldes. Jede Veränderung innerhalb des Feldes hängt von der Konstellation des Gesamtfeldes ab.

4. Veränderung in einem Feld können durch psychologische oder nichtpsychologische Einwirkungen hervorgerufen werden. Der Stein, der den Kopf einer Person trifft, oder der Reiz eines Lichtstrahls auf der Retina sind solche nichtpsychologische „fremde" Faktoren, welche das psychologische Feld beeinflussen, ohne selbst das Resultat psychologischer Vorgänge zu sein. Es handelt sich hierbei um Determinanten, die wir als „Randbedingungen des Lebensraums" bezeichnen können" (Lewin 1982, S. 25-26).

Dazu bemerkt Hege: „An der Beschreibung des Lebensraums kann verdeutlicht werden, dass die Feldtheorie sich ausführlich beschäftigt mit dem Verhältnis von den Teilen zum Ganzen" (Hege 1998, S. 48). Es entspricht damit dem Paradigma, wonach eine Systemtheorie über den Zusammenhang von Teilen und seinem Ganzen Auskunft zu geben habe (Willke 1996).

2.6.5 Grenzen des Lebensraums

Der Lebensraum kann als strukturdeterminiert gedacht werden, was bedeutet, dass die Struktur der Person als auch die der Umwelt Grenzen aufzeigen. Diese sind bei der Person zum einen durch die Vererbung (Genotyp) als auch durch die Sozialisation (Phänotyp) vorgegeben. Hier stößt die Person in Bezug auf Wahrnehmung und Kognition an ihre Grenzen. Die Person kann nur das wahrnehmen und einordnen, was in ihr Weltbild passt. Auf der anderen Seite ist die Umwelt zu sehen, die der Person in ihrer Wirksamkeit Grenzen setzt. Zu denken ist hier zunächst an die gesellschaftlichen Bedingungen, aber auch an die der Organisation.

Im Bereich des Lebensraums ist hier an die Erwartungen zu denken. die an die Person in einer bestimmten Rolle gestellt werden. Diese Erwartungen werden von folgenden Seiten an die Person gerichtet: „von anderen handelnden Personen, von der Organisation und auch von der Person selbst". Wobei unter handelnden Personen im Falle einer Führungsrolle sowohl die Vorgesetzten, die Kollegen als auch die Geführten verstanden werden. Die Erwartungen, die von einer Organisation, an eine Person gestellt werden sind in den Unternehmensregeln (Normativität) und letztlich in der Unternehmenskultur festgelegt. Die Erwartungen, der Person an sich selbst äußern sich im Anspruchsniveau, was für die Verarbeitung von Erfolg und Misserfolg ausschlaggebend ist und somit auch für Konflikte innerhalb des Lebensraums, also für Spannungsabbau (Erfolg) oder Frustration (Misserfolg). Was dabei in den verhaltenssteuernden Systemen des Gehirns geschieht, wird von Grawe (2004) neurobiologisch erklärt und nachfolgend kurz dargestellt (siehe Abbildung 19).

2.6.6 Feldtheorie als System nach Lewin (1939 -1947, 1982)

Wenn man die Voraussetzungen zusammenfasst, die ein System ausmachen und sie mit dem Feld im Sinne Lewins vergleicht, so müssen diese Voraussetzungen geben sein, damit die Feldtheorie auch als Systemtheorie betrachtet werden kann. Anders ausgedrückt, wenn das Feld (Feldtheorie nach Lewin) ein System ist dann können die Erklärungen der Feldtheorie für das Verhalten, für die Abläufe in einem System herangezogen werden.

Dabei werden die Paradigmen von Willke (1996) zu Grunde gelegt, die sich auch in der Systemtheorie von Luhmann (1984) wieder finden.

Das Ganze und seine Teile. Ein System hat über den Zusammenhang von Teilen und Ganzem Auskunft zugeben (Organisation). Mit seiner Theorie beantwortet Lewin die Frage nach der Beziehung von Teilen zum Ganzen.

System und Umwelt. Systeme bilden sich in Abgrenzung von der Umwelt. Eine Systemtheorie muss Auskunft geben zu den Austauschprozessen zwischen System und Umwelt (Umweltbeziehung), ob es sich um ein offenes oder um ein geschlossenes System handelt. Mit den Untersuchungen zur Bedürfnisspannung und Wahrnehmung, vor allem mit der Aussage zum Verhalten als Funktion von Person und Umwelt, wird die Abhängigkeit von System und Umwelt betont.

Selbstreferenz (Autopoiese) oder Fremdreferenz. Hier wird die Frage behandelt, wie sich ein System steuert. Ob selbstreferentiell aus sich selbst heraus oder fremdreferentiell von außen. Der Lebensraum ist ein selbstreferentielles System, dessen Aufbau aus sich selbst heraus geschieht. Die Umwelt gibt nur Anstöße (Disturbation).

Konstruktivismus. Jede Wahrnehmung in oder von Systemen ist zugleich auch eine Interpretation durch das System. Die Wirklichkeit wird nicht erkannt, sondern konstruiert, oder nach Heinz von Foerster (1993) errechnet. Die Frage nach der Wirklichkeit wird von Lewin mit dem Satz beantwortet „wirklich ist was wirkt". Der Lebensraum ist somit eine subjektiv konstruierte Wirklichkeit, die selbst nicht psychologischen Gesetzmäßigkeiten entspricht (siehe hierzu Wilke, 1996 und Hege, 1998).

3 Das Unternehmen als zielgerichtetes, soziales System

Das Unternehmen ist ein zweckgerichtetes, soziales System (Organisation) dessen allgemeiner Zweck es ist Gewinn zu erwirtschaften, und zwar so viel, dass es in seiner Unternehmensumwelt (Markt) überleben kann. Weil es sich um ein soziales System handelt, gilt für das Unternehmen, was zuvor von Systemen allgemein und von sozialen Systemen im Speziellen gesagt wurde. Damit ist auch die Kommunikation das basale Element einer Unternehmung und die Person, als Mitglied und somit als Arbeitsperson dieses sozialen Systems „Unternehmung" als Umwelt zu sehen, die mit ihm strukturell gekoppelt ist (siehe unten). Da Unternehmen Teil der Gesellschaft sind, sind die dazugehörigen Funktionssysteme insbesondere Wirtschaft, Recht, Wissenschaft und das Bildungswesen ebenfalls zu beachten.

3.1 Organisation und Funktion des Unternehmens

Die Unternehmung ist ein Typus sozialer Systeme, der für die Menschen von spezieller Bedeutung ist (Simon, 2006, S. 101). Sie ist das Ergebnis gesellschaftlicher Evolution, die eine Arbeitsteilung erst ermöglicht. Wo Arbeit aufgeteilt wird, bedarf es auch der Koordination oder Synchronisation, um die gewünschten Ziele zu erreichen. Dies ist dadurch zu erreichen, dass

➢ Aufgaben definiert und
➢ unterschiedliche Rollen sowie
➢ Kommunikationswege festgelegt

werden oder dass sie sich spontan entwickeln und differenzieren, wie in der Geschichte zu beobachten. Es stehen jetzt nicht mehr die Personen im Mittelpunkt der Kommunikation, sondern ihre Funktionen. Es sind nicht mehr die Individuen, die in der Kooperation miteinander eine auf sich selbst zugeschnittene Rolle finden, sondern die Rolle entwickelt sich unabhängig und ohne konkrete Rollenträger. Die Akteure sind im Dienst der Aufgabe austauschbar. Nachstehend wird aufgezeigt, welche Funktionen benötigt werden, um ein soziales System vom Typus Unternehmen zu lenken und zu steuern.

3.1.1 „Viability" oder „Lebensfähigkeit"? viables Systemmanagement (VSM)

Die Grundlage der nachstehenden Beschreibung ist das Buch „The Brain fo the firm" von Stafford Beer 1972. Hierbei beziehe ich mich auf die Beschreibungen von Dr. Peter Gomez (1978) und Dr. Martin Pfiffner (2020).

Lebensfähig ist ein System dann, wenn es sich unabhängig von seiner Art (sozial, psychisch) selbst so lange in seiner Umwelt erhalten kann, bis sein Zweck erfüllt ist. Die Grundlagen der Lebensfähigkeit befassen sich mit der dynamischen Struktur, die die adaptive (anpassungsfähige) Verbindung ihrer Teile bestimmt. Mit den Axiomen, Theoremen, Prinzipien und Gesetzen der lebensfähigen Organisation, wie sie im Viable System Model enthalten sind, können soziale Systeme (z. B. Unternehmen u.a.) entsprechend ihrer Umwelt und Situation gestaltet werden. Daher ist das Viable System Model ein flexibles und skalierbares Organisationsdesign, für alles was ein lebensfähiges System benötigt. Das Design ändert sich im Lebenszyklus nicht, sondern bleibt über die gesamte Dauer gleich (siehe hierzu Pfiffner 2020,). Anhand dieses Modells soll dargestellt werden wie ein soziales System, speziell eine Unternehmung, organisiert werden sollte, um langfristig am Markt und in der Gesellschaft (Umwelt) erfolgreich bestehen zu können.

3.1.2 Grundlagen der Steuerung von Organisationen

Die Frage, die sich nun stellt, ist was Steuerung des Unternehmens als spezielle Organisation bedeutet. Es bedeutet, die Geschäftsprozesse so zu gestalten, dass die Unternehmensziele, d. h. die gewünschten Ergebnisse erreicht werden. Deshalb muss die Struktur so gestaltet werden, dass Zielabweichungen rechtzeitig erkannt und entsprechend nachgesteuert werden können, damit das Ziel doch noch erreicht werden kann. Die Wissenschaft, die sich damit beschäftigt und letztlich auch die Grundlage der Systemtheorie bildet ist die Kybernetik.

Die „Theorie der Kommunikation und der Steuerungs- und Regelungsvorgängen in Maschinen und lebenden Organismen" wurde 1948 von Norbert Wiener veröffentlich. Dabei wurde versucht nachrichtentechnische, psychologische, biologische und medizinische Erkenntnisse zu vereinigen.

Die Lebensfähigkeit eines Unternehmens, liegt in ihrer Steuerung und Kommunikation. Dabei wird der

Steuerungsprozess durch Ergebnisse der Vergangenheit bestimmt, um die Ziele in der Zukunft zu erreichen.

Die wichtigsten Erkenntnisse hierzu sind Rückkopplungs-Prinzip und Prinzip der Selbst-Organisation. Ein soziales System. Sie beschreiben wie die Unternehmen gestaltet werden müssen, dass sie sich selbst organisieren, steuern und aus Fehlern lernen können.

Jedes Element des Systems steuert sich selbst mittels Feedback-Prinzip was bedeutet, dass es ein Ziel verfolgt und die Differenz zwischen Ist-Ergebnis und Soll-Ergebnis prüft und bei einer negativen Differenz das Handeln entsprechend anpasst. So werden Zielwerte selbst in hoch dynamischen und komplexen Umgebungen erreicht.

Dazu benötigt jedes lebensfähige System, sowohl eine horizontale als auch eine vertikale Steuerungsachse für sein Funktionieren. Das Unternehmen (als soziales System) benötigt auf der einen Seite Agilität und Flexibilität, auf der anderen Seite aber auch Kontinuität und Zusammenhalt.

Ob etwas funktioniert, hängt nicht davon ab, ob es hierarchisch oder autonom gesteuert ist, sondern ob das Steuerungssystem an sich funktioniert (Pfiffner, 2020).

Dies bedeutet, dass die Informationen, die mitgeteilt werden Ergebnisse aus den relevanten Geschäftsprozessen (Handlungen) sein müssen.

Dazu wird ein Modell der Steuerung und der dazu nötigen Kommunikation benötigt mit folgenden Voraussetzungen:

➢ Es sollte wissenschaftlichen Maßstäben standhalten und generelle Gültigkeit haben.
➢ Es sollte alle Steuerungsstrukturen anwendbar sein,
    o auf Menschen,
    o auf Maschinen wie auch
    o auf soziale Organisationen, und dort auf
        ▪ große wie auch auf kleine Unternehmen,
        ▪ auf Ministerien,
        ▪ auf Teams,
        ▪ Projekte oder auf
        ▪ ganze Staaten.
➢ Das Modell musste unabhängig vom Zweck der Organisation sein.
➢ Es sollte alles beinhalten, was für eine leistungsfähige Steuerung nötig ist,

> Es sollte übersichtlich sein (Pfiffner, 2020)

Ein solches Modell wurde mit dem „viablen System Model (VSM)" von Stafford Beer vor ca. 60 Jahren entwickelt (Pfiffner, 2020, S. 3-4). Nachfolgend eine Beschreibung des Systems.

3.1.3 Modell des lebensfähigen Systems

Das Paradigma[14] des betrachteten Systems ist der lebende Organismus. In ständiger Interaktion mit seiner Umwelt entwickelt er sich, lernt und kommt so in ein Fließgleichgewicht[15] mit seiner Umgebung. Das Paradigma der Lenkung eines solchen Systems ist das Zentralnervensystem (ZNS) einschließlich des Gehirns zu seinen jeweiligen Ausprägungen auf den unterschiedlichen Entwicklungsstufen (Bewusstsein).

Die Organisation als Beispiel eines lebenden Systems ist am ehesten in einer kleinen Unternehmung zu suchen, welche vom Unternehmer selbst geführt wird. Die Lenkung des Systems ist ganzheitlich, unteilbar, und die Aufgabe muss mit großer Effizienz ausgeführt werden, weil die Probleme noch von einem Einzelnen oder einem Managementteam gelöst werden können. Mit dem Übergang zu einer arbeitsteilig geführten Unternehmung, wird eine Komplexitätsbarriere überschritten.

Bei zunehmender Komplexität der inneren und äußeren Situation, muss die Führung von vielen wahrgenommen werden. Es entsteht das Problem des Aufteilens der Funktionen auf mehrere Personen und damit der Delegation. Diese Aufteilung machen die Aufgaben unabhängig von denen, die sie letztlich ausführen, den Personen.

Dies bringt eine völlige Änderung der Führungsaufgaben mit sich. Wenn die Komplexität zunimmt, wird eine geänderte Führung benötigt. Die Führungsaufgaben ändern sich völlig. Führung und Organisation werden zum entscheidenden Problem und damit auch zum Erfolgsfaktor. Jetzt erfordert Management (Führung) mehr als Intuition, Erfahrung und Fingerspitzengefühl.

Führung wird eine Aufgabe, die sich als Erwartungen in der Führungsrolle wiederfindet. Die Wissenschaftstheorie, die sich mit der Beherrschung der Komplexität

---

[14] Denkmuster, das das wissenschaftliche Weltbild prägt.
[15] Das Fliessgleichgewicht ist so zu verstehen, dass Perturbationen (Störungen) in einem System durch Äquilibration eliminiert werden und somit das Gleichgewicht wieder hergestellt wird, d. h. das System hat einen neuen Attraktor aufgesucht.

auseinandersetzt, ist die Systemtheorie. Das hervorragende Merkmal der zu untersuchenden Systeme ist die Komplexität, die auch die Kapazitätsgrenzen des Gehirns überschreitet. Diese Komplexität lässt sich durch eine entsprechende Anzahl von Variablen ausdrücken, die das System (Unternehmung) charakterisieren. Für die Führenden bedeutet das, sie verfügen **nicht** über

- ausreichende Informationen
- genügend Wissen
- genügend Kenntnisse und Fertigkeiten

um die Unternehmung im Detail zu steuern und zu gestalten. Dies auch deshalb, weil die Informationen schon verändert sind, wenn die Führungskräfte sie erhalten. Durch generelle Entscheidungen und dem Setzen von Regeln, die einen Handlungsrahmen herstellen, können die Führungskräfte der Unternehmung eine Verhaltensrichtung geben. Das Modell des lebensfähigen (viablen) Systems soll nun die generelle Lenkungsstruktur herausarbeiten. „Da es sich dabei um eine sich selbst organisierende und selbst regulierende Eigenschaften des Systems übersteigende Gestaltung und Lenkung des Systems handelt, kann man auch von einer Metaorganisation oder –Lenkung im logischen Sinne sprechen" (Gomez, 1976, S, 23).

3.1.4 Struktur des lebenden Systems

Jedes lebensfähige System weist eine invariante[16] Struktur auf. Dabei ist die Lebensfähigkeit in einem übertragenen Sinn zu begreifen. Es ist nicht nur die biologisch-organisatorische Lebensfähigkeit gemeint, sondern die Anpassung eines Systems an seine Umwelt, um das Überleben sicherzustellen. Überleben meint in diesem Zusammenhang das Lernen, also das Aufnehmen und Erweitern von Erfahrungen (Assimilation[17], Akkommodation[18],) um sich zu entwickeln und die Identität zu bewahren. Der entscheidende Faktor ist hierbei die Struktur der Komponenten

---

[16] Unveränderliche Struktur

[17] „Kein Verhalten, auch wenn es für das Individuum neu ist, bedeutet einen absoluten Anfang. Es wird stets einem schon vorhandenen Schema eingefügt und entspricht daher der Assimilation neuer Elemente an eine bereits konstruierte Struktur (angeborene, wie es Reflexe sind oder zuvor erworbene)" (Piaget 1976, a; S. 17).

[18] Erzeugt eine Aktivität (Handlung) ein unerwartetes Ergebnis, welches der Organismus zu assimilieren versucht. Ist er dazu nicht im Stande, dann entsteht Perturbation. War das Ergebnis für den Organismus negativ, werden die Bedingungen geändert, die die Handlung auslösen, um das negative Ergebnis zu vermeiden. War das Ergebnis für den Organismus positiv, dann wird bei der auslösenden Bedingung das positive Ergebnis erwartet. Dies nennt man Akkomodation.

(Elemente), die das System bilden und nicht die Komponenten selbst. Die relevanten Eigenschaften von Systemen sind somit nicht im System lokalisiert, sondern sind das Ergebnis ihrer (System) Struktur. Die Struktur wird dem System als Ganzes zugeschrieben. Sie ergibt sich als Eigenschaft der im System realisierten Verknüpfung der einzelnen Elemente. „Daraus folgt, dass dieselbe Organisationsstruktur in verschiedenartigen Systemen mit verschiedenartigen Komponenten realisiert sein kann, und dass mit Bezug auf die Gleichartigkeit der Organisationsstruktur diese, unter anderen Gesichtspunkten verschiedene Systeme, in ein und derselben Klasse zusammengefasst werden können" (Gomez 1978, S.21).

3.1.5 Die Gesamtstruktur des lebensfähigen Systems

Der Ausgangspunkt der nachfolgenden Überlegungen ist das menschliche ZNS. Das menschliche Zentralnervensystem ist so komplex, dass es sogar Bewusstsein für sich selbst generieren kann – was keinem anderen Steuerungssystem bisher gelungen ist.

Ähnlich wie das menschliche ZNS hat das Modell zwei Steuerungsachsen. Eine auf der lateralen (horizontalen) und eine auf der vertikalen Ebene. Die laterale Steuerungsachse erlaubt es Angelegenheiten selbständig zu regeln und diese lokale Aktivität aber gleichzeitig auf der vertikalen Achse in eine organische Balance zu bringen. Die vertikale Steuerungsachse sorgt für die willkürliche (geplante) Steuerung des Ganzen, damit es auf eine sinnvolle Art zusammenwirken kann. Die Kommunikation zwischen den Steuerungselementen findet über diese Achsen statt, die entsprechend ausgestaltet werden. Hierbei wird die Information sowohl analog (sprachlich) als auch digital über entsprechende ITK-Systeme übertragen (mitgeteilt). Wobei hier auf die entsprechenden Kommunikationskanäle, die Kanalkapazität, die Verständlichkeit und die Zeitgerechtigkeit der Inhalte geachtet werden muss. Die vertikalen Achsen sind die Kommunikationsachsen zwischen den Strukturelementen der Unternehmensführung (Seniormanagement) und die laterale Achse ist der Leistungserbringung der Unternehmung vorbehalten. Dies bedeutet, dass die Subsidiarität gewahrt werden muss und das Seniormanagement nur im Notfall in die Leistungserbringung eingreifen, sollte (siehe 0).

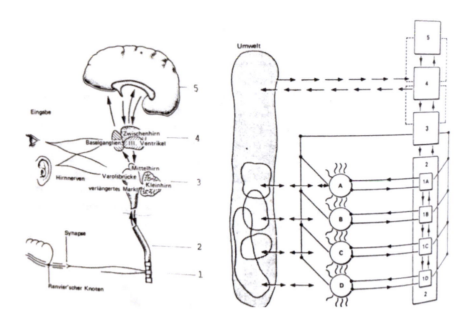

Abbildung 5 Vergleich menschliches ZNS und lebensfähiges System (aus Gomez 1978, S. 24)

Wie nachstehend detailliert beschrieben werden fünf Strukturelemente unterschieden (Gomez, 1976, S. 24). In nachstehender Zeichnung sind diese Strukturelemente schematisch dargestellt und stellen den Lenkungszusammenhang eines viablen Systems dar. Ein System ist dann viabel, wenn es sich evolutionär an seine Umwelt so anpassen kann, dass sein Überleben in dieser Umwelt gewährleistet ist. Das Überleben ist nur dann gewährleistet, wenn es sich selbst und aus sich heraus erneuern kann (Autopoiese).

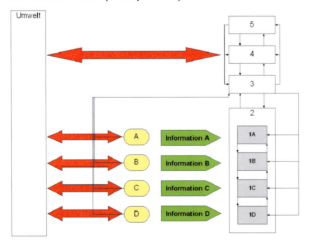

Abbildung 6 Allgemeine Lenkungszusammenhänge des lebensfähigen Systems (Quelle: eigene Darstellung)

Die Strukturelemente sind jeweils durch rechteckige Symbole dargestellt. Die operativen Aktivitäten als Ovale, die mit A, B, C und D gekennzeichnet sind. Diese Aktivitäten entsprechen im menschlichen Körper den Organen und Gliedern, einem Teil des physischen Systems. In der Unternehmung entsprechen sie einzelnen Divisionen oder Bereichen. Jede dieser Aktivität wird in einer für sie relevanten Umwelt vollzogen. Diese kann wiederum mit anderen Umwelten verknüpft sein. Darüber hinaus ist sie Teil der für das System relevanten Umwelt und mit Strukturelement vier (SE4) strukturell gekoppelt.

3.2 Steuerung der Unternehmung

Die nachstehende Beschreibung der verschiedenen Strukturelemente und deren Lenkungsaufgaben innerhalb des Systems „Unternehmung" definiert auch die Grundlagen der Managementaufgaben eines sozialen Systems vom Typ „Unternehmung".

3.2.1 Strukturelement Eins (SE1) – Lenkung der Leistungserbringung

Die Strukturelemente SE1 zusammengenommen entsprechen der Erbringung der Marktleistung einer Unternehmung. Als Äquivalent im menschlichen Körper sind die physischen Prozesse anzusehen, die wiederum von den 31 Wirbeln der Wirbelsäule gelenkt werden. Ebenso verhält es sich mit den Lenkungsinstanzen eins. Sie lenken die Hauptaktivitäten (Geschäftsprozesse, Unterstützungsprozesse) einer Unternehmung. Die Gliederung einer Unternehmung in die Struktureinheit eins wird bestimmt durch

➢ die Lebensfähigkeit und
➢ das Prinzip der Rekursion.[19]

Bei einer Unternehmung bedeutet Lebensfähigkeit, dass sie sich an ihre Umwelt anpasst und Leistungen erbringt, die von dieser Umwelt angenommen wird. Wobei die Umwelt wiederum bereit ist Leistung in Form von Unterstützung und Human Capital an das Unternehmen abzugeben.

---

[19] Das Rekursivitätsprinzip besagt, dass in jeder Systemhierarchie bestehend aus Systemen, Supersystemen und Subsystemen jedes System, gleichgültig auf welcher Ebene es sich befindet, dieselbe Struktur aufweist (Gomez, 1976, S.103).

Das System muss fähig sich selbst zu erneuern. Dies bedeutet, dass es strukturell so gegliedert sein muss, dass sich selbst erneuern kann (Change). Dazu sagt Simon, 2006: „Die Elemente (z. B. die Zellen eines menschlichen Körpers) sterben ab und werden neu gebildet; die Strukturen, bestehend aus den Elementen und ihre Relationen zueinander, können sich wandeln (durch Wachstum-, Heilungs- und Degenerationsprozesse usw.); was konstant bleibt, ist das abstrakte Muster der Prozesse, die dafür sorgen, dass die Elemente reproduziert und in eine bestimmte Relation zueinander gebracht werden, d. h. ihre **Organisation**" (Simon, 2006, S. 32). Wenn Gomez davon spricht. „Jedes lebensfähige Subsystem ist die lebensfähige Kopie jenes lebensfähigen Systems, dessen Teil es ist" (Gomez, 1976, S.) so meint er, dass in jedem Teilsystem die gleichen Prozessarten ablaufen. Die Lenkungsaufgabe lässt sich mit **Management der Geschäfte** umschreiben oder auch mit Geschäftsprozessmanagement (GPM).

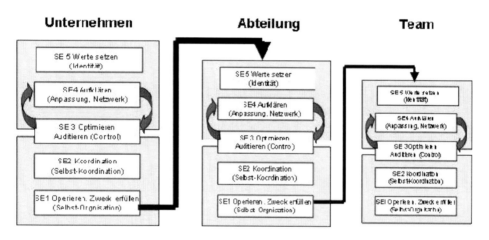

Abbildung 7 Beispiel der Rekursivität im Unternehmen
(Quelle: eigene Darstellung)

Die Entwicklung von Indikatoren zur Entdeckung von Störungen spielt bei der Definition von Strukturelement Eins (SE1) eine maßgebliche Rolle. Hierbei handelt es sich um neutrale Messeinheiten, die keine Dimensionen haben. Sie bewegen sich immer zwischen 0 und 1, da sie das Verhältnis zwischen einer möglichen und einer tatsächlichen Leistung abbilden. (Gomez, 1976, S. 50). Es werden (Beer) drei verschiedenen Erreichungsgrade unterschieden, die untereinander ins Verhältnis gesetzt werden:

- Realität: Was bei gegebenen Mittel und Rahmenbedingen tatsächlich erreicht wird.
- Kapabilität: Was bei gegebenen Mitteln und Rahmenbedingungen momentan erreich werden könnte, wenn jede Möglichkeit ausgeschöpft ist.
- Potenzialität: Was bei bestmöglicher Ausnutzung und Weiterentwicklung der eigenen Mittel und Beseitigung hindernder Bedingungen im Rahmen des praktisch Realisierbarem erreicht werden könnte.

Daraus ergeben sich drei Indices, die über die Störung der Strukturelemente (SE) Auskunft geben können.

Produktivität = Realität: Kapabilität
Latenz = Kapabilität: Potenzialität
Gesamtleistung = Latenz X Produktivität

3.2.2 Strukturelement (SE2) – Koordination der Leistungserbringung

Strukturelement SE2 übt eine Koordinationsfunktion im Hinblick auf alle Strukturelemente SE1 aus.

Dies bedeutet, dass die Elemente SE1 prinzipiell unabhängig in der Zielerreichung sind. Da sie aber dem Gesamtziel verpflichtet sind, koordiniert Strukturelement SE2 die Leistungserbringung im Hinblick auf das Unternehmensziel. Hierzu schreibt Gomez: „...Diese Störungen, egal welche Ursachen und Quellen sie haben, durch interdivisionale Koordination so gut wie möglich auszugleichen, ist Aufgabe von Systemelement SE2, das durch seine Funktion dazu beitragen soll, Synergieeffekte zu erreichen, die durch die Gesamtplanung und durch die Vorgaben und die Divisionen von der Unternehmung als Ganzes angestrebt werden (Gomez, 1976, S. 27)". Gomez setzt dies in einen divisionalen Zusammenhang und sieht die Komplexität nur bei großen Organisationen gegeben. Letzten Endes gilt dies aber auch für kleinere Organisationen. Als Koordinationsinstrumente sind alle Möglichkeiten der vertikalen Kommunikation denkbar:

- Meeting
- Planung
- Budgetierung
- Etc.

Als Grundlage der Koordination dienen die Ergebnisse, die aus den Geschäftsprozessen der Strukturelement SE1 entstehen und mit den Zielen (Plänen) abgeglichen werden.

3.2.3 Strukturelement (SE3) – Ressourcenallokation

Die Aufgabe von Strukturelement SE3 ist es sicherzustellen, dass die Zusammenarbeit aller Strukturelemente SE1 effektiver ist als die jedes Strukturelementes für sich. Das Strukturelement hat die Aufgabe einen Gesamtplan zu erarbeiten, unter Einbezug der Informationen aus das Strukturelementen SE4 und SE5 und den Ergebnissen der Strukturelementen SE1. Dadurch hat Strukturelement SE3 die Aufgabe der Ressourcenallokation und die Zuteilung an die produzierenden Elemente SE1 und die Überwachung ihrer planmäßigen Verwendung. Um diese Aufgabe zu erfüllen, stehen folgende Informationen zu Verfügung.

Ein vertikaler Informationsstrang, der zu jeder Struktureinheit Eins läuft. Die Informationen, die transportiert werden, sind die Ziele der Unternehmung, die auf Strukturelementsebene herunter gebrochen wird. So erhalten die produzierenden Strukturelemente ihre Zielvorgaben.

Ein weiterer Informationsstrang, der mit Strukturelement SE2 verbunden ist. Es werden hier die Ergebnisse der produzierenden Einheiten an Strukturelement SE3 gegeben, wo die verbrauchten Ressourcen und den erreichten Zielen verglichen werden.

Der dritte Informationsstrang ist direkt mit den produzierenden Strukturelementen verbunden. Hier werden die benötigten Ressourcen bereitgestellt mit der Terminplanung wann welche Ressource in welcher Menge benötigt wird, um die Ziele zu erreichen.

3.2.4 Strukturelement SE4 - Umweltinformationen

Während Strukturelement SE1 Umweltbeziehungen pflegt, die sich mit Güter- und Leistungsaustausch befassen, pflegt Struktureinheit Vier die übergeordneten Umweltbeziehungen, die die gesamte Unternehmung betreffen. Diese Umweltinformationen gelangen nur via Struktureinheit Vier in das System. Analog hierzu sind beim Individuum die Hauptsinnesorgane, deren Signale erst nach komplexen Verarbeitungsprozessen an andere Gehirnteile weitergeleitet werden (Gomez, 1976, S. 29). Die gewonnenen Informationen werden sowohl an SE5 als auch an SE3 weitergeleitet. Die Funktionen gehen weit über eine normale Informationsverarbeitung hinaus. Es geht um Bereitstellung von Informationen, die für die Anpassung an die Umwelt nötig sind, um auch in Zukunft noch bestehen zu können. Hierbei handelt es sich um strategische Informationen.

3.2.5 Strukturelement SE5 - Unternehmenspolitik

Diese Struktureinheit legt die Unternehmenspolitik also Vision und Mission der Unternehmung fest. Des Weiteren werden hier die Unternehmensregeln festgelegt in Bezug auf generelle Verhaltensalternativen im Sinne einer aktiven Zukunftsgestaltung des Systems (Gomez, 1976, S. 29). All das geschieht in enger Abstimmung mit den SE3 und SE4

3.3 Zusammenfassung der Aufgaben der Struktureinheiten

Nachstehend eine Zusammenfassung der Aufgaben der Strukturelemente EINS bis FÜNF.
SE EINS: Lenkung eines abgrenzten Bereiches von Unternehmensaktivitäten, die zu einem viablen Bereich zusammengefasst wurden.
SE ZWEI: Koordination des Bereiches zur Erreichung von Synergieeffekten.
SE DREI: Aufrechterhaltung der internen Stabilität und Optimierung der internen Gesamtleistung in einem vorgegebenen Rahmen.
SE VIER: Integration von Informationen über die Unternehmensumwelt zur Herstellung der externen Stabilität.
SE FÜNF: Festlegen der grundlegenden Normen und Regeln für alle anderen Systeme (Gomez, 1976, S. 102)

3.4 Auflösung der Unternehmensziele und Abgleich der Unternehmensergebnisse

Im ersten Schritt werden durch die Strukturelement SE5, die Regeln festgelegt, die für die Überlebensfähigkeit der Unternehmung wichtig sind. In der betriebswirtschaftlichen Literatur und in den daraus entwickelten Modellen wird hier vom Festlegen von Mission und Vision des Unternehmens gesprochen. Aus Mission und Vision wird eine Strategie abgeleitet, die in den entsprechenden operativen Einheiten durch die Geschäfts- und Hilfsprozesse umgesetzt wird, um die Geschäftsergebnisse zu erzielen.

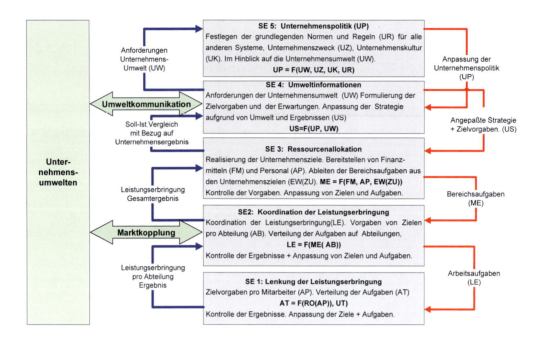

Abbildung 8 Auflösung der Unternehmensziele (Quelle: eigene Darstellung)

In obiger Abbildung wird die Auflösung schematisch über fünf Struktureinheiten dargestellt. Dies bedeutet, dass die Strategie in der Unternehmung kommuniziert wird. Hierbei handelt es sich um formalisierte Kommunikationsprozesse. Die Ergebnisse werden dabei in Form von lang-, mittel und kurzfristigen Plänen und der entsprechenden Ressourcenzuteilung weitergegeben und dienen den entsprechenden Struktureinheiten als Eingabe für ihre Prozesse. Im nächsten Schritt müssen die in den Strukturelementen SE1 (Geschäftsprozessen) erbrachten Ergebnissen zur Steuerung und Koordination weitergeleitet werden. Man kann hier von zwei verknüpften Kommunikationsarchitekturen sprechen. Zunächst einer vertikalen Kommunikationsarchitektur, die die Kommunikation zwischen den verschiedenen Strukturelementen regelt. Außerdem von einer horizontalen Kommunikationsarchitektur, die die Kommunikation innerhalb der Strukturelemente regelt. Hier ist in jeder Struktureinheit festgelegt, welche Prozessergebnisse an eine andere Struktureinheit weitergeleitet werden muss, genauso wie festgelegt ist, was mit dem Ergebnis passieren soll.

Die Grundlage für die reibungslose Erzeugung von relevanten Informationen zu den einzelnen Ergebnissen sowie dem Weiterleiten stellt die Informationstechnologie in

Form von differenzierten IT-Systemen dar. Hierbei handelt es sich um triviale Maschinen, bei welchen der gleiche Input immer auch den gleichen Output erzeugt. Zusammengefasst werden diese in dem so genannten „Enterprise Architectur Model" (Zachman) welches die IT-Systeme für eine Unternehmung dokumentiert. Dies ist jedoch nicht Gegenstand dieser Betrachtung und wird hier nicht weiter ausgeführt.

3.5 Unternehmung und Arbeitsteilung

Die Unternehmung wurde vorstehend als eine Organisation und als viables, autopoietisches, soziales System beschrieben, welches seine Elemente selbst produziert und dessen Ziel die Bedürfnisbefriedigung ihrer Kunden ist. Daraus leiten sich die Strategien sowie die Struktur des Unternehmens ab, die eine Durchführung ermöglichen sollen. Es wird damit der Zweck des Unternehmens festgelegt und entsprechende Produkte bestimmt sowie die Märkte, die mit diesen Produkten beliefert werden sollen. Nicht zuletzt werden aus dem übergeordneten Ziel Unterziele abgeleitet. Sie bilden die Basis der Aufgaben, die die Kriterien darstellen, nach welchen die technische Infrastruktur (Maschinen, Anlagen, ITK) bereit- und Personal eingestellt wird. In der Struktur oder der Organisation (das Unternehmen hat eine Organisation) wird festgelegt wo (Aufbauorganisation) und wie (Ablauflauforganisation) die Aufgaben durchgeführt werden sollen. Für die Unternehmung ist es essenziell, dass die Unternehmensziele erreicht werden, damit das System erhalten bleibt.

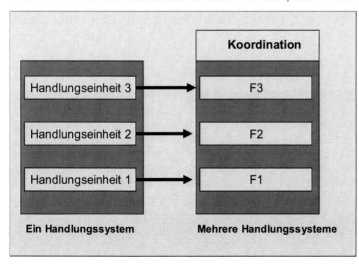

Abbildung 9 Arbeitsteilung (entnommen Ropohl 2009)

Aus diesem Grund ist es wichtig, dass die vereinbarten Ziele auf jeder Stufe der Unternehmensorganisation erreicht werden. Jede Arbeitsrolle muss deshalb die ihr zugewiesenen Aufgaben erfolgreich bewältigen. Die erfolgreiche Bewältigung bedeutet Zielerreichung und somit Erfolg. Grundlage hierfür ist eine durchdachte Arbeitsteilung.

Das Prinzip der *Arbeitsteilung besteht darin,* die Handlungs- oder Arbeitsfunktionen, die zunächst in einem gedachten oder wirklichen Handlungssystem vereint sind, derart zu zerlegen, dass jede für sich, einem eigenen Handlungssystem übertragen und dann freilich mit geeigneter Koordination wieder zur Gesamtfunktion verbunden werden. Nach vollzogener Arbeitsteilung müssen zahlreiche verschiedene, auf Teilfunktionen spezialisierte Handlungssysteme nach einem Koordinationsprinzip miteinander kooperieren und interagieren (siehe hierzu Ropohl 1991).

3.6 Technische Systeme als Arbeitsumfeld

Die zuvor beschriebenen Aufgaben werden in Arbeitsgruppen (Teams) in einem hochkomplexen, arbeitsteiligen Prozess, mit Hilfe von technischen Systemen (z. B. IT-Systeme, Maschinen, Werkzeugmaschinen, Roboter) die, die Arbeitspersonen in der täglichen Arbeit unterstützen, um so die geplanten Ziele zu erreichen, bewältigt. Deshalb ist die Unternehmung ein sozio-technisches System. Ein sozio-technisches System ist eine Produktionseinheit, die aus voneinander abhängigen technologischen, organisatorischen und personellen Teilsystemen besteht, wobei das technologische Teilsystem die Gestaltungsmöglichkeiten der beiden anderen Teilsysteme einschränkt. Diese weisen eigenständige soziale und arbeitspsychologische Eigenschaften auf, die wiederum auf die Funktionsweise des technologischen Teilsystems zurückwirken. Zudem steht das Gesamtsystem stets in enger Wechselwirkung mit seinen Umwelten (Hirsch-Kreinsen, 2014 S.) Dabei ist ein solches System nicht auf ein Produktionssystem (z. B. Maschinenbau) beschränkt, sondern findet auch in Unternehmens-, Kommunal- und Bundesverwaltungen Anwendung.

Bei der Gestaltung des Technikeinsatzes kann von zwei Automatisierungskonzepten ausgegangen werden, die unterscheidbar sind. Das technologiezentrierte und das komplementäre.

Das technologiezentriertes Automatisierungskonzept ersetzt die vorher bestehenden Arbeitsprozesse durch IT-Systeme (IKT). Dadurch hat das menschliche Arbeitshandeln nur kompensatorischen Charakter. Die verbleibenden Aufgaben sind schwer oder gar nicht zu automatisieren und umfassen generelle Überwachungsaufgaben. Es sind somit Lückenbüßerfunktionen, weil der angestrebte Endzustand eines solchen Systems die vollständige Automation der Arbeitsprozesse vorsieht.

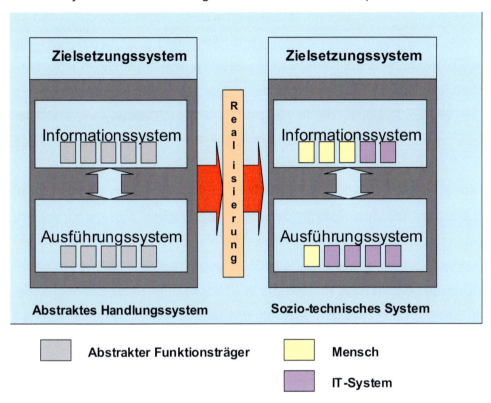

**Abbildung 10 Arbeitsteilung im soziotechnischen System
(entnommen Ropohl 2009)**

Das komplementäre Automatisierungskonzept sieht eine Aufgabenteilung zwischen Mensch und Maschine vor, die eine Funktionsfähigkeit des Gesamtsystems gewährleisten soll. Dabei wird eine ganzheitliche Zusammenarbeit vorausgesetzt, die spezifischen Stärken von menschlicher Arbeit und technischer Automatisierung ausnutzt. Die menschlichen Schwächen werden durch das technische System behoben. Der Einsatz solcher Systeme ersetzt (technologiezentriert) und ändert den Einsatz von Arbeit (komplementär) und somit deren Sozialstruktur.

3.7 Die Person: Aufgabendurchführung

Wenn wir im Rahmen dieser Betrachtungen, den Fokus auf die Person richten heißt das, dass wir als Beobachter erster Ordnung das Zusammenspiel des techno-sozialen mit dem psychischen System analysieren wollen. Beide Systeme treffen im professionellen Lebensraum aufeinander (siehe Abbildung 11). Lewin führt die Dynamik eines Geschehens auf die Beziehung einer konkreten Person in einer konkreten Umwelt und auf deren inneren Kräfte zurück. Die inneren Kräfte sind, die Verhalten steuernden Systeme, die in der Person wirken (Bewusstsein, Ich). Der professionelle Lebensraum ist somit das Umfeld der Person (P) und schließt diese mit ein.

In diesem sozialen Rahmen findet auch die berufliche Sozialisation statt (siehe 0). Dabei lernt sie nicht nur ihre Rolle in dem sozio-technischen System zu spielen, sondern baut sukzessive ein Berufswissen sowie Verhaltens- und Handlungsmöglichkeiten auf, die es ermöglichen die Erwartungen an ihre Rolle zu erfüllen. Diese Sozialisation beginnt nicht erst mit der Ausbildung zum Beruf, sondern findet schon in der Familie, (Schulauswahl, Auswahl des Studienfachs und gegebenenfalls einer speziellen Förderung) statt. Die Ausbildung im Beruf wird dann durch die Sozialisation in Unternehmen (dort in verschiedenen Abteilungen) weitergeführt, was zu einer Verbesserung der Leistungskompetenz in einem ausgewählten Arbeitsbereich führt.

Im Laufe der beruflichen Entwicklung kristallisieren sich die persönlichen, berufsbezogenen Ziele heraus und die Werte und Normen, nach welchen sie den gewählten Beruf ausüben kann.

Durch die Unternehmenstechnik (IuK-Systeme, Maschinen, Anlagen) wird die Arbeit als ein technisch-soziales Handlungssystem beschrieben. Bei Handlungen, selbst bei den einfachsten, ist sowohl das innere als auch das äußere Umfeld zu beachten. Wobei jetzt das innere Umfeld durch das Rollenscript und das äußere durch die Rolle repräsentiert wird.

3.7.1 Auslösen der Arbeitsstrategien

Die Arbeitsperson (AP), wie sie oben beschrieben ist, hat neben den beruflichen auch persönliche Ziele (PZ), die sie durch berufliche Tätigkeiten erreichen will, sowie die Motive (MO) und die entsprechenden Qualifikationen (QU), aber auch die erlernten Zielerreichungsstrategien (ZS), um diese auch zu erreichen. Die Arbeitsperson hat sich diese Strategien im Laufe der beruflichen Sozialisation angeeignet, weil diese sich als erfolgreich sowohl beim Erreichen der persönlichen als auch der Unternehmensziele, herausgestellt haben. Wobei die Motive, je nach Sozialisationsverlauf entweder eine aufsuchende oder eine vermeidende Tendenz aufweisen.

Diese sind als Struktur im Gehirn abgespeichert. Wobei Struktur abspeichern meint, dass in den Gedächtnissystemen des Gehirns Informationen und Verhaltensweisen als Netze abgespeichert werden. Dabei werden auch die damit verknüpften emotionalen Aspekte gespeichert. Nach Grawe (2004) kann man diese, gespeicherten, Verhaltensweisen als motivationale Schemata bezeichnen. Es handelt sich somit um Bewusstseinsinhalte, die autobiographisch abgespeichert werden und die der Kognition bei Bedarf zur Verfügung stehen. Diese ergänzen somit das Rollenscript (siehe 0), bei der Ausführung von Rollenerwartungen.

3.7.2 Arbeitsdurchführung im professionellen Lebensraum

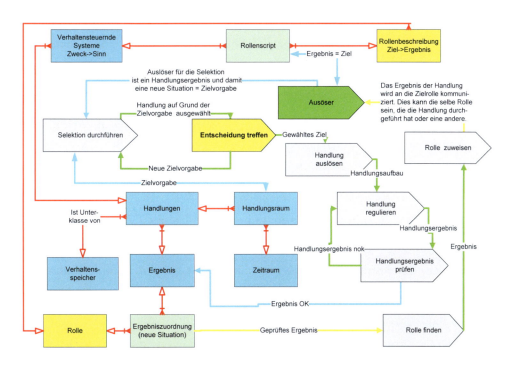

Abbildung 11 Arbeitsablauf im professionellen Lebensraum
(Quelle: eigene Darstellung)

Diese Überlegungen sind zuvor nochmals grafisch dargestellt. Die Arbeitsdurchführung wird durch die Handlung dargestellt, wobei das jeweilige Ergebnis die nächste Handlung initiiert.

3.7.3 Das Rollen-Script als Interface zwischen Rolle und Person

Die Erwartungen legen fest, was eine bestimmte Rolle „spielen" soll. Dies sind die Vorgaben aus der Sicht des Drehbuchautors, des Unternehmens, welcher durch die Definition der Erwartungen festlegt, welches Verhalten in bestimmten Situationen „erwartet" wird. Über die Erwartungen hinaus, die sich auf die Erreichung der Ziele beziehen, wird durch Unternehmensregeln und –normen festgelegt, wie diese Ziele zu erreichen sind (siehe oben). Auf der anderen Seite wird die Rolle dem Handeln der Person zugrunde gelegt, wobei sie ebenfalls damit Erwartungen verbindet. Zuletzt sind es noch die Mitarbeiter und Kollegen, die ebenfalls Erwartungen an die Rolle adressieren.

Es sind die Erwartungen an die spezifische Rolle, umgesetzt in Vorgaben, die die Rolleninhaberin/der Rolleninhaber bei dem „Rollenspiel" beachten muss (Rollenbeschreibung, Organisationshandbuch, Prozessdefinitionen).

Das Interface zwischen der Rolle im Unternehmen und den das Verhalten steuernden Systemen der Person (Gehirn) als Rolleninhaber wird von mir Rollenscript genannt. „Scripte (Drehbücher) sind Schemata bezüglich des angemessenen Verlaufs von Ereignissen und Verhaltensweisen" (Thomae 1988, S. 22). Solche Scripts entstehen oft in der Kindheit und halten sich bis ins Erwachsenenalter, wenn diese aus emotional betonten Situationen entstehen. (Thomae 1988). Dabei kommt es darauf an, wer denn der Autor des Drehbuches ist. „Dieses Drehbuch wird im Wesentlichen von der Gesellschaft geschrieben, aber auch durch Zielsetzungen [...]" (Thomae 1988, S. 22) der handelnden Personen „in Bezug auf den Eintritt bestimmter Ereignisse" (Thomae 1988, S. 22).

Bei einem Script sind die Drehbuchautoren alle Rollensender die Erwartungen an diese bestimmte Rolle haben. Es werden die Handlungsweisen, die für das Rollenspiel benötigt werden, d. h. welche Aufgaben und Verhaltensweise, die sich aus den verschiedenen Erwartungen ergeben, festgelegt. Das Rollenscript als Interface stellt die Innensicht des Rollenspielers da. Es verknüpft die vorhandenen und benötigten Schemata zu einem Netz. Dieses stellt die Möglichkeit dar, wie das „Rollenspiel" von Arbeitsperson zum Betrachtungszeitpunkt gespielt werden kann. Die Grundlage ist die bisherige, berufliche Sozialisation (Wissen, Kenntnisse) sowie die psychologische Einstellung. Wobei das Spiel darin besteht, dass der Akteur die Erwartungen in den Grenzen seiner Möglichkeiten erfüllt, also erfolgreich agiert.

Die erfolgreiche Realisierung des Scripts verstanden als Rollendrehbuch hängt somit von den beruflichen Kompetenzen, den organisatorischen Gegebenheiten (Unternehmenskultur) und den eigenen beruflichen Zielen ab, sowie dem Willen und der Möglichkeit entsprechende Schemata situationsgerecht zu assimilieren oder wo nötig neue zu akkommodieren (Piaget 1896-1980).

Die Informationen hierzu sind in den Strukturen des Gehirns gespeichert nach Lay (1989) in einer Theorie-Praxis-Einheit (TPE), die die psychologischen Informationen (Erfahrungen, Triebschicksalen, Einstellungen, Bedürfnissen, Interessen, Besetzungen) bereitstellen, die Grundlage jeder Erkenntnis und jedes Handelns bilden sowie die Rahmenbedingungen für sprachlich und emotional beherrschbare Wahrnehmungen bereitstellen (Lay 1989, S. 67-75).

Wird eine Rolle übernommen, muss der/die Rollenträger/in sich über den Rollenzweck im Klaren sein und wissen, ob er/sie über die nötigen Kenntnisse und Fertigkeiten verfügt, um diesen zu erfüllen. Dazu zählt auch die Möglichkeit sich schnell in die Materie einzuarbeiten und Fehlendes zu ergänzen (siehe hierzu Searle, 2006). Dies ist die prinzipielle Verantwortung des Rollenspielers, dem Unternehmen und den Rollensendern gegenüber. Sie spiegelt sich im Rollenverständnis wider.

Beim Rollenverständnis werden auch die Erwartungen, die die Arbeitsperson selbst an ihre jetzige Rolle hat, mit bedacht. Diese Erwartungen werden von ihr übernommen, entsprechend emotional bewertet und in den Gedächtnissystemen abgespeichert. Es handelt sich hierbei ebenfalls um Bewusstseinsinhalte, die mit anderen Personen des Bereichs geteilt werden, aber ohne deren emotionalen Bewertungen, die jede Person für sich selbst vornimmt. Man kann dies als einen Teil des Unternehmens- oder eines kollektiven Bewusstseins betrachten. Das kollektive Bewusstsein kann man als einen Durchschnitt von Merkmalen bestimmen, der Menschen innerhalb eines techno-sozialen Systems gemeinsam ist. Sie bilden so etwas wie eine „soziologische Art" die nur begrenzt mit Sprachspielen anderer techno-sozialen Systemen umgehen kann (Lay 1989, S. 71).

3.7.3.1 Rollenverständnis

Obige Ausführungen über Rolle und Rollenscript kann man als „Rollenverständnis" zusammenfassen, nämlich die Art und Weise wie eine Person, in diesem Fall die Führungsperson, ihre Rolle versteht und somit „spielt" hat Einfluss auf ihr Führungshandeln bei Erfolg und Misserfolg.

Das **Rollenverständnis RV = f(EW(U), EW(HP), EW(AP)**[20] gibt somit die Rollenbeschreibung wieder, wie sie von der Arbeitsperson interpretiert wird.

Identifiziert sich eine Person stark mit ihrer Rolle, wird sie diese Rolle als „selbstverständlich", „unproblematisch" und legitim ansehen. Die kritisch reflexive Distanz wird im Allgemeinen eher gering sein. Die Person wird sich für diese Rolle engagieren und es ist zu erwarten, dass diese Rolle durch Ausstrahlungs-, Generalisierungs- und Transfereffekte, andere ähnliche Rollen beeinflusst. Andere Rollen, die als alternative Verhaltensmuster, mit dieser in Konkurrenz stehen, werden weniger attraktiv erscheinen. Das Selbstbild des/der Rolleninhabers/in wird von einer erfolgreichen Ausübung (z. B. Anerkennung) abhängen und die Bewältigung von Situationen, die Einschränkungen oder eine frustrierende Modifikation der Rolle verlangen, wird für ihn schwierig (Wiswede, 1977, S. 169/170).

Rollendistanz im Sinne einer kritisch-reflexiven Handlung ist umso ausgeprägter, je mehr „Ich-Leistungen" erbracht werden müssen, um eine Rolle angemessen zu spielen. Wenn die Rolle häufiger ausgehandelt oder neu interpretiert werden muss, handelt es sich um eine lediglich transitionale Rolle. Die unternehmensspezifische Legitimitäts- und Modernitätsansprüche dieser Rolle im Bewusstsein des Handelnden sind problematischer und fragwürdiger. Sie enthalten im Urteil des Handelnden weniger traditionale und habituelle Elemente zugunsten „rationaler" um Einsicht appellierender Komponenten. (Wiswede, 1977, S.172).

Rollenakzeptanz die Erwartungen des Unternehmens werden exekutiert, was bedeutet, dass im Falle eines Misserfolgs die zur Verfügung stehenden Machtmittel ausgeschöpft und im Sinne der Unternehmensziele angewendet werden. Bei der Rollendistanz werden sowohl die Erwartungen als auch die Machtmittel kritisch hinterfragt und somit im Falle eines Misserfolgs entsprechend zögerlicher angewendet.

---

[20] EW = Erwartung, U = Unternehmen, HP = handelnde Personen, AP = Arbeitsperson

Rollendiskrepanz: Rollendiskrepanz liegt dann vor, wenn sich die Ziele der Arbeitsperson nicht mit der ihr zugewiesen Rolle, also mit den Erwartungen, die an sie gestellt werden, decken. Es kommt zum Rollenkonflikt in dessen Verlauf sich der Rollenträger von der Rolle zurückzieht. Er sieht die Rolle nicht mehr als die Garantie, seine beruflichen Ziele zu erreichen. Es werden die Machtmittel, die der Person zur Verfügung stehen nur in dem Umfang ausgenutzt, wie diese dem beruflichen Ziel förderlich sind.

3.7.4 „Arbeitsperson", Arbeitsdurchführung und Verantwortung

Das Rollenkonzept (siehe 0). ist die Grundlage einer Beschreibung der Arbeitsdurchführung Die Verbindung zwischen Unternehmen und Person wird dabei als professioneller Lebensraum, als Teil- Lebensraum (siehe 0), begriffen, der durch die Mitgliedschaft in Form des Arbeitsvertrags definiert wird. Durch diesen Arbeitsvertrag wird die Person Mitglied eines sozialen Systems „Organisation" und dadurch zur Arbeitsperson. Dieser Status ist die Voraussetzung dafür, in der Organisation verschiedene Rollen (siehe 0) auszuführen. Für die Beschreibung der sozialen Beziehung zwischen dem Unternehmen und den handelnden Personen, gilt was in der Feldtheorie von Kurt Lewin darüber ausgesagt wird. Diese Betrachtungen werden, wo nötig, durch aktuelle Forschungsergebnisse ergänzt.

Wie bereits oben beschrieben, gilt für alle Personen des Unternehmens die Arbeitsrolle als Metarolle. Diese wird durch die Art des Arbeitsvertrags näher definiert und so Position (Rolle) und Aufgaben (Rollenbeschreibung) in der Organisationsstruktur festgelegt. Entsprechend ihrer Organisationsposition und dem Aufgabenspektrum kann sie mehrere Rollen, innerhalb ihres professionellen Lebensraums, spielen. Diese Rollenpositionierung stellt die Aufbauorganisation und das jeweilige „Rollenspiel", die Abläufe innerhalb des Unternehmens dar.

Die Verantwortung der jeweiligen Rollenträgerin (AP) besteht darin den Unternehmenszweck mit zu erfüllen. Diese Erfüllung entspricht den Zielen, die mit den Aufgaben verknüpft sind und das Erreichen entspricht den Erwartungen, die die einzelnen Rollen definieren. Die Erwartungen (siehe 0) an die Rolle bedeuten, dass die Rollensender (senden Erwartungen an die Rolle) von den Rollenträgern Erfolg erwarten. Erfolg bedeutet für die Person, bei der Bearbeitung der Aufgaben brauchbare Ergebnisse zu erzielen. Dies ist der Rollenzweck und das Rollenscript gibt an ob und wie die Person hierzu in der Lage ist. Der Erfolg kann demnach nur so groß sein, wie es das Rollenscript im Zeitverlauf zulässt. Der Erfolg des Unternehmens ist identisch mit dem Zielerreichungsgrad der Unternehmensstrategie, d. h. inwieweit die Struktur des technisch-sozialen Systems „Unternehmung" in der Lage ist die Funktionen und Prozesse mit den psychischen und technischen Systemen so abzustimmen, dass alle erzielten Ergebnisse dem geplanten Ziel entsprechen.

Kurt Lewin (1895 – 1947) hat in seinem Konzept des „Lebensraums" einen vergleichbaren Ansatz zur Beschreibung systemischer Strukturen und Prozesse vorgelegt. Er erklärt aus sozial-psychologischer Sicht das Verhalten von Personen unter Einfluss der im Lebensraum herrschenden Umstände. Wobei hier der berufliche oder professionelle Lebensraum gemeint ist, der sich aus den Rollenerwartungen auf Seiten des Unternehmens und der handelnden Personen zusammensetzt. Zum Konzept „Lebensraum von Kurt Lewin" (siehe 0).

3.7.5 Motive der Arbeitsperson

Bei der Auswahl und Verfolgung von Zielen bestehen große Unterschiede zwischen einzelnen Personen. Dies kann auf Motive als „Persönlichkeitskonstrukte" zurückgeführt werden. Motive sagen etwas darüber aus, wie eine bestimmte Person gewisse Situationen, Tätigkeiten und Ziele von Handlungen bewertet. Dadurch ist sie in der Lage bestimmte Dinge wahrzunehmen und Emotionen zu spüren. Dies veranlasst sie zu einer bestimmten Handlung oder zu dem Verlangen eine bestimmte Handlung auszuführen.

Im Unterschied zum Bedürfnis, welches eine Befriedigung dadurch erzielt, dass es ein Ungleichgewicht zum Gleichgewicht macht, bestimmt ein Motiv wie wichtig eine bestimmte Art von Zielen für eine Person ist. Motive sind deshalb immer noch da, auch wenn das aktuelle Bedürfnis befriedigt ist. Im weiteren Sinne verstanden, können Bedürfnis und Motiv durchaus ineinander übergehen.

Man kann zwei Motivarten unterscheiden, primäre (biogene) und sekundäre (soziogene). Biogene Motive sind angeboren. Sie haben eine genetische Grundlage und eine stammesgeschichtliche Entwicklung. Es gilt heute als sicher, dass die Umwelt auch angeborene Motive beeinflusst und somit prägt. Soziogene Motive werden im Rahmen der Sozialisation erlernt. Deren individuelle Ausprägung erfolgt durch Einflüsse während der ersten Lebensjahre (primäre Sozialisation). Beide Motivarten treten meist zusammen auf, etwa beim Hunger, der zwar vorwiegend biogen ist, soziogen jedoch, wenn er gegen die Mittagszeit auftritt und nur auf bestimmte Nahrungsmittel gerichtet ist.

Die grundlegenden Motive dienen dem Überleben und der Fortpflanzung und sind daher allgemeingültig. Weil sie dem Überleben und der Fortpflanzung dienen, sind sie über alle Kulturen hinweg vorhanden und treten nicht nur beim Menschen, sondern auch bei anderen Säugetieren auf.

Menschen handeln nicht ausschließlich motivational. Sie rechnen sowohl fördernde und als auch hemmende Umstände mit ein. Deshalb setzt sich die Intensität eines Motivs, in einem bestimmten Einzelfall, neben der Grundmotivation aus zwei weiteren Faktoren zusammen, nämlich aus dem Wert des Ziels für die handelnde Person sowie den angenommenen Erfolgsaussichten zur Zielerreichung.

3.7.6 Welche Motive sind in der Organisation maßgebend?

Schon seit Jahren wird von Motivationspsychologen zu klären versucht, welche Motive beim Menschen als grundlegend angenommen werden können. Dabei kristallisieren sich einige heraus, die auf Grund ihrer phylogenetischen Entwicklung und somit ihrer Anpassung an die Umwelt, für den Menschen als grundlegend gelten können. Das frühkindliche Bedürfnis nach Selbermachen kann als Vorläufermotiv des Leistungsmotivs angesehen werden. Ebenso kann als wahrscheinlich angenommen werden, dass Vorläufermotive, die genetisch bedingt sind, für Neugier- oder Explorationsverhalten, existieren. Da bereits in Tiergesellschaften, für die ein individuelles Erkennen existiert, Rang- und Dominanzhierarchien zu erkennen sind, kann daraus geschlossen werden, dass hier das Machtmotiv seine genetische Basis, im Sinne eines Vorgängermotivs, hat. Für das Anschlussmotiv kann, auf Grund der Bedeutung sozialer Beziehungen schon bei Primaten sowie für das heranwachsende Kleinkind, eine phylogenetische Basis, als Vorgängermotiv, angenommen werden. Auf dieser Basis, abhängig von den jeweiligen Sozialisationserfahrungen, bilden sich entsprechende, individuelle Motivausprägungen bei erwachsenen Personen heraus.

Bei einer entstehenden aufsuchenden Motivation, wird gleichzeitig eine meidende mit angeregt, die in derselben Situation aktiviert wird. So steht jedem Hoffnungsmotiv ein entsprechendes Furchtmotiv gegenüber. Wobei Fürchte das Kontrollsystem zu aufsuchendem Verhalten darstellen. Die Aufgabe des Kontrollsystems ist es die Informationsverarbeitung selektiv auf potenzielle Gefahrenquellen auszurichten (Schmalt, Sokolowski, Langens 2010).

3.7.6.1 Motivbeschreibung

„Lewin (1935) hat sehr anschaulich die motivationale Dynamik in solchen Situationen beschrieben, in denen ein Ziel gleichermaßen sowohl Verlockungs- als auch Bedrohungscharakter besitzt. Die Berücksichtigung von Hoffnungs- und Furchtkomponenten der drei Motive spiegelt interindividuelle Unterschiede in der bevorzugten Ausrichtung des Verhaltens und Erlebens auf solche Bedrohungs- oder Verlockungsaspekte wider"(Schmalt, Sokolowski, Langens 2010, S. 4).

Die drei grundlegenden Motive Anschluss-, Leistungs- und Machtmotiv gehen letztlich auf McClelland (1985) zurück. Nachfolgende Aufstellung fasst diese zusammen.

	Anschlussmotiv	**Leistungsmotiv**	**Machtmotiv**
Anregung	Situationen, in denen mit fremden oder wenig bekannten Personen Kontakt aufgenommen werden kann.	Situationen, die einen Gütemaßstab zur Bewertung von Handlungsergebnissen (Erfolg/Misserfolg) besitzen.	Situationen, in der andere Personen kontrolliert werden können.
Ziele	Die Herstellung einer wechselseitigen positiven Beziehung / Zurückweisung meiden	Erfolg bei der Auseinandersetzung mit einem Gütemaßstab / Misserfolg vermeiden	Das Erleben und Verhalten anderer zu kontrollieren oder zu beeinflussen/ Kontroll-verlust vermeiden.

Tabelle 3 Anregungsbedingungen und Ziele der Motive Anschluss, Leistung und Macht (Schmalt, Sokolowski, Langens 2010, S. 5)

Hoffnungen stellen den Organismus auf die positiven Folgen einer Zielerreichung und Furcht auf die negativen Folgen eines möglichen Zielverfehlung ein. Hierbei handelt es sich um ein aufsuchendes oder meidendes Verhalten. Bei aufsuchenden Verhalten geht es darum, die Distanz zum erhofften Zielzustand abzubauen und beim meidenden, darum die Distanz zu dem befürchteten Zielzustand zu vergrößern. Nachstehend sind die Ausprägungen der drei Motive Anschluss, Leistung und Macht mit Hoffnung und Furcht dargestellt.

Leistung	Hoffnung auf Erfolg	Furcht vor Misserfolg
	Suchen die Auseinandersetzung mit Gütemaßstäben. Wollen etwas besser machen und versuchen sich und andere zu übertreffen.	Haben häufig Angst zu versagen, in Situationen in denen die Leistung mit anderen verglichen wird. Sie bemühen sich daher um besondere Sorgfalt, bemühen sich keine Fehler zu machen.
Anschluss	**Hoffnung auf Anschluss**	**Furcht vor Zurückweisung**
	Suchen Kontakt mit fremden oder wenig bekannten Menschen. Auf andere Menschen hinterlassen sie oft einen guten Eindruck.	Werden in Situationen, in denen sie auf unbekannte Menschen treffen unsicher und nervös. Ihre Unsicherheit wirkt häufig ansteckend, so dass zu einer für beide Seiten unbefriedigende und zumeist auch sehr kurze Interaktion kommt.
Macht	**Hoffnung auf Kontrolle**	**Furcht vor Kontrollverlust**
	Fühlen sich zu Positionen hingezogen, in denen sie das Verhalten anderer Menschen beeinflussen und kontrollieren können. Sie demonstrieren gerne Kompetenzen und Stärken und stehen gerne im Mittelpunkt der Aufmerksamkeit.	Äußert sich ebenfalls bevorzugt in Situationen, die sich durch Dominanzstrukturen auszeichnen. Sie richten sich darauf den Verlust von Kontrolle, Einfluss und Prestige zu vermeiden.

Tabelle 4 Zusammenfassung der Motive Leistung, Anschluss und Macht dargestellt für Hoffnung und Furcht (Schmalt, Sokolowski, Langens 2010, S. 5)

Die kurze Beschreibung der drei, für die Untersuchung maßgeblichen Motive Leistung, Anschluss und Macht soll das geschriebene zusammenfassen. Den Schluss bildet eine kurze Überlegung zur Motivation.

3.7.6.2 Motivation

Motivation entsteht dann, wenn durch situationsbedingte Reize ein Motiv aktiviert wird. Motivation stellt einen Systemzustand dar, der Aspekte beinhaltet wie Energetisierungsaspekt, Steuerungs- und Kontrollaspekt und selektive Informationsverarbeitung. Sie sind nicht ineinander überführbar, unterliegen aber einer Verarbeitungslogik.

Regelungs- und Kontrollsystem, die Bereitstellung von Energie und die Zielgenerierung sind mit einer selektiven und zielbezogenen Informationsverarbeitung verknüpft. Wenn das Ziel gebildet wird, ändert sich das Gesamtsystem und gerät unter „Spannung" (siehe oben). Erst wenn sich Systemzustände verändern, werden eine selektive Informationsverarbeitung und eine daraus resultierende Steuerung sinnvoll. Daraus ergibt sich auch die angestrebte Veränderung als Auslöser für eine motivierte Handlung. Die Intensität und die Ausdauer des, von außen mess- und beobachtbaren, Verhaltens sind sowohl auf Energetisierungsaspekte als auch auf physiologische Aktivierungsparameter zurückzuführen. Die Steuerung und Kontrolle des Verhaltens bezieht sich auf Aspekte des Handlungserfolgs, wo festgestellt wird, ob das Ziel mit dem Ergebnis übereinstimmt. Was auch auf für die Führungshandlung zutrifft. Die selektive Informationsverarbeitung bezieht sich auf die typischen Wahrnehmungs-, Aufmerksamkeits-, Gedächtnisinhalte und Gedächtnisleistungen, die sich aus der aktuellen Motivation ergibt (Schmalt, Sokolowski, Langens 2010, S. 3).

Bezogen auf die oben beschriebenen Motive werden eine aufsuchende und gleichzeitig eine meidende Motivation angeregt. Dies bedeutet: „Jedem Hoffnungsmotiv ist deshalb ein spezifisches Furchtmotiv zuzuordnen, das in derselben Situation aktiviert wird. Fürchte stellen das natürliche Gegenkontrollsystem für das aufsuchende Verhalten dar. Die Aufgabe von Fürchten ist darin zu sehen, die negativ valenzierten Erfahrungen in spezifischen Themenbereichen zu aktualisieren und die Informationsverarbeitung selektiv auf potentielle Gefahrensignale hin auszurichten" (Schmalt, Sokolowski, Langens 2010, S. 4).

3.7.7 Ziele als Wegweiser zum Erfolg

Das Handeln zeichnet sich vor allen anderen menschlichen Verhaltensweisen dadurch aus, dass es darauf gerichtet ist, Ziele zu erreichen (Ropohl, 2009; S. 153). Wobei das Ziel das mögliche Ergebnis, welches erstrebt wird vorwegnimmt. Dieses kann ein Zustand, ein Produkt oder eine Leistung sein. Auf jeden Fall ist es der Auslöser für weitere Handlungen oder Prozesse.

Der Zielsatz besteht immer aus zwei Teilen:
1. Aus der Beschreibung des Ergebnisses, d. h. des Zustandes der erreicht werden soll.
2. Aus der Motivation (d. h. den Motiven) mit welchen der gewünschte Zustand erstrebt wird.

Von einem Zweck wird dann gesprochen, wenn das Ziel mit bestimmten Mittel erreicht werden soll. Da eine Führungsperson nicht nur ein Ziel, sondern mehrere verfolgt, kann man hier von einem Zielsystem sprechen. Dieses besteht aus einer Menge von Zielen und deren Relationen untereinander.

3.7.7.1 Handeln als zielgerichtetes Verhalten

Handeln ist als zielgerichtetes Verhalten definiert und unterscheidet sich dadurch vom Verhalten. Es ist intentional, bewusst und der Verlauf der Handlung ist – wenigstens zum Teil – kontrollierbar; daraus folgt, dass das Subjekt für sein Tun verantwortlich ist, was emotionale (Stolz, Scham) oder juristische (Schuld) Konsequenzen haben kann. Das Handeln findet bei Unternehmen innerhalb eines vorgegebenen Regelwerks oder Ablaufplans statt. Dies macht dem Beobachter das Kategorisieren und Wiedererkennen der Handlung leichter und er kann ihr somit einen Sinn zuweisen.

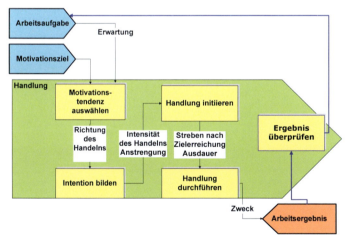

Abbildung 12 Handlung als zielgerichtetes Verhalten
(Quelle: eigene Darstellung)

Handeln ist von der Situation und von der Motivstruktur abhängig und hat letztlich den Zweck, der handelnden Person das Überleben zu ermöglichen, wobei hier Überleben nicht in einem existenziellen Sinn verstanden werden soll, sondern im

Sinne von „aus einer gegebenen Situation unbeschadet herauskommen". Dabei spielen folgende Bedürfnisse eine Rolle, nämlich existenzielle Bedürfnisse (Hunger, Durst, Unversehrtheit), Bedürfnis nach Gruppenzugehörigkeit (siehe auch Anschlussmotiv), Bestimmtheit (Bedürfnis nach Vorhersehbarkeit) und Kompetenz (Bedürfnis nach Wirksamkeit, d. h. Einwirken auf die Umgebung).

Handlungsregulation bezeichnet den psychischen Prozess, der es ermöglicht das Handeln den äußeren Handlungsbedingungen (Situation) anzupassen. Diese psychischen Prozesse betreffen die Zielbestimmung, die Handlungsplanung, Verarbeitung der Rückmeldungen zu Handlungsergebnis und die sensomotorische Durchführung der geplanten Handlungen. Die Ziele der Handlung richten sich nach dem Grad der Bedürfnisbefriedigung.

In Unternehmen werden jedoch Arbeitsziele vorgegeben, die Arbeitsaufgaben festlegen. Dies bedeutet, dass der allgemeine Handlungsbegriff auf den betrieblichen Alltag begrenzt werden muss und hier auf den Alltag einer Führungsperson. Dabei muss bedacht werden, dass es sich bei einer Führungsaufgabe um die Koordination von arbeitsteiligen Prozessen handelt, die zu einem Ergebnis beitragen. Dazu schreibt Ropohl (2004). „das Prinzip der Arbeitsteilung [besteht][21] darin, Handlungs- und Arbeitsfunktionen, die zunächst in einem […] wirklichen Handlungssystem vereint sind, derart zu zerlegen, dass sie, jede, einem eigenen Handlungssystem übertragen und dann freilich mit geeigneter Koordination wieder zur Gesamtfunktion verbunden werden" (Ropohl, 2004; S. 135).

---

[21] Einfügung des Autors

4 Führen in sozio-technischen Unternehmen

Unternehmung und Person wurden zuvor als Systeme beschrieben deren basales Element die Kommunikation und damit Informationsverarbeitung ist. Die Frage, die sich jetzt stellt, ist wie solche Systeme geführt werden können, da ein direkter Eingriff nicht möglich und Führung deshalb nur durch Perturbation (Irritation) erfolgen kann. Diese Untersuchung will klären, ob eine solche Beeinflussung durch Kommunikation, durch Machtausübung oder Kooperation zum Erfolg führt, besonders dann, wenn das Führungshandeln zu scheitern droht. Hierzu zunächst folgende Aussage: „Führung ist ein faszinierendes Phänomen. Es thematisiert die Macht des Menschen über den Menschen und damit zugleich die Abhängigkeit der Menschen untereinander. [...] Sie produziert Gefolgschaft und Gegnerschaft, Fügsamkeit und Widerstand, Anerkennung und Ablehnung" (Wiendieck 1994, S. 213). Ob diese Aussage auch in Zeiten des Wandels, wie in unserer durch eine umfangreiche digitale Transformation noch stimmt oder ob sie ergänzt werden muss durch: „Die Macht der Digitaltechnik über Menschen und dadurch die Abhängigkeit der Gesellschaft von dieser Technik", ist die zu klärende Frage.

4.1 Das Management viabler Systeme (VSM)

Im Modell lebensfähiger Systeme (kurz: VSM – Viable System Model) wird ein Satz von Managementfunktionen spezifiziert, die Beer als notwendige und hinreichende Bedingungen für die Lebensfähigkeit von Organisationen bezeichnet. Daraus ergeben sich zwei grundsätzliche Aufgaben des Managements.
➢ Strategisches Management
➢ Operations-Management[22]

Die dazugehörigen Steuerungsfunktionen wurden bereits ausgiebig beschrieben.

Da es um die Steuerung des sozialen Systems „Unternehmung" geht, werden solche Rollen festgelegt, die die Lenkungsaufgaben der Struktureinheiten durchführen. Dazu werden sie mit den entsprechenden Ressourcen sowie Rechten und Pflichten

---

[22] Unter Operation wird die Leistungserstellung in einer Organisation verstanden, d.h. die Leistung, die den Zweck des Unternehmens begründet. Deshalb wir auch die Produktion als Leistungserstellung bezeichnet, d. h. die Erstellung aller Unternehmensprodukte, die den Unternehmenszweck bilden.

ausgestattet. Es sind Führungsrollen, die entweder dem strategischen -oder dem Operations–Management zugeordnet werden. Die Realisierung obliegt immer den dafür ausgewählten Arbeitspersonen.

4.1.1 Was bedeutet Steuerung und Management?

Unter Punkt (0) wurde die kybernetische Steuerung umrissen. Dies bedeutet, dass anhand der konkreten Ergebnisdaten immer ein Delta zu dem geplanten Ziel ermittelt wird (Abbildung 8). Die Differenz ist die Grundlage für weitere Maßnahmen. Ist die Differenz positiv, dann können die diese gedämpft, ist sie negativ müssen sie verstärkt werden. Das heißt aber auch, dass es nicht ausreichend ist, nur die Abweichung, eventuell als Prozentsatz oder numerisch, zu kommunizieren (siehe 0), sondern es muss auch eine Analyse der Abweichung mitkommuniziert werden, damit die richtigen Entscheidungen getroffen werden können.

4.1.2 Aufgaben des Managements nach EFQM

Aus den beschriebenen Lenkungsaufgaben und deren Durchführung (Prozesse) ergeben sich Erwartungen, Pflichten und Rechte an die entsprechenden Rollen. Im Folgenden werden, um die Aufgaben zuordnen zu können, die Strukturelemente mit Rollen gleichgesetzt (Rolle = SE[23]). Die Erwartungen an diese Rollen werden in Aufgaben manifestiert und in den zur Erledigung der Aufgaben benötigten Rechte (zur generellen Beschreibung der Rolle siehe 0). Aus den oben beschriebenen Prozessen lassen sich folgende Handlungsfelder zusammenfassen, die die Steuerung der Unternehmen betreffen. Dies sind nach der European Foundation of Quality Management (EFQM) folgende Handlungs- und Ergebnisfelder, die in einem Modell zusammengefasst sind:

- Führung
- Strategie und Politik
- Partnerschaften und Ressourcen
- Mitarbeiter
- Prozesse mit folgenden Ergebnissen
  - mitarbeiterbezogene Ergebnisse

---

[23] Hierbei handelt es sich um Meta-Rollen, die je nach Unternehmensstruktur ausdifferenziert werden.

- kundenbezogene Ergebnisse
- gesellschaftsbezogene Ergebnisse
- organisationsbezogene Ergebnisse

Bei einer Zuordnung der zuvor beschriebenen Funktionen des viablen Modells zu dem Modell der EFQM[24] ergibt sich nachstehende Matrix.

SE	Aufgabe	Prozesse	Rollenbezeichnung
Eins	Optimierung der Leistungserbringung	systematische Verbesserung der Prozesse, Entstehung von Produkten und Dienstleistungen, Erstellen und Betreuen von Produkten und Dienstleistungen	Prozessmanager
Zwei	Koordination der Aktivitäten der Leistungserbringung durch: Information, Kommunikation und entsprechendem Eingreifen und Ändern der entsprechenden Plänen.	Mitarbeitermotivation und Anerkennung von Leistungen Erhalt und Weiterentwicklung der Kompetenzen und Fähigkeiten der Mitarbeiter Beteiligung und Autorisierung der Mitarbeiter Anerkennung und Belohnung der Mitarbeiter Gestaltung und Management von Prozessen Management von Kundenbeziehungen	Koordinator
Drei	Gewährleistung eines Gesamt- optimums zwischen den Einheiten der Leistungserbringung	Kontinuierliche Verbesserung des Managementsystems, Umsetzung der Politik und Strategie in Schlüsselprozesse, Kommunikation und Einführung der Politik und Strategie Mitarbeiterressourcen werden geplant, gemanagt und verbessert	Controller

---

[24] European Foundation of Quality Management

SE	Aufgabe	Prozesse	Rollenbezeichnung
		Kommunikation zwischen Mitarbeiter und Unternehmen Management der finanziellen Ressourcen Management von Gebäuden, Einrichtungen und Material Management von Technologie Management von Information und Wissen	
Vier	**Umfassende Außen- und langfristige Zukunftsorientierung,**	Engagement bei Partner, Kunden der Gesellschaft Aufbau von Politik + Strategie auf den Bedürfnissen der Interessengruppen Faktenorientierte Grundlage der Politik und Strategie Externe Partnerschaften werden gemanagt	Stratege
Fünf	**Stabilisierung des Systems aus interner und externer Perspektive, Moderation der Interaktionen zwischen den Systemen 3 und 4 durch Festsetzen der Vision, der Mission und der dazugehörigen Unternehmensregeln.**	Vorbildverhalten und Erarbeiten von Mission, Vision und Werten Entwicklung, Überprüfung und Aktualisierung von Politik und Strategie	Politiker

Tabelle 5 nach EFQM und Zuordnung zu VMS (Quelle: eigene Darstellung)

Unabhängig von den Schwerpunkten kehren zwei Handlungsfelder auf allen Strukturebenen wieder

Führung und Mitarbeiter. Dies bedeutet, dass eine überzeugende Führung und die Entwicklung der Mitarbeiter für eine viable Unternehmung unerlässlich sind. Daraus ergeben sich die Aufgaben der Führungskräfte. Da es bei dieser Untersuchung nicht darum geht welche Aufgaben eine Führungsperson konkret hat und wie diese realisiert werden, sondern darum, nach welchen Kriterien geführt (d. h. wie geführt wird) und welche psychologischen und ethischen Probleme dabei auftauchen können und berücksichtigt werden sollten, dies auch im Hinblick auf den oben angesprochenen Technologieeinsatz. Beim Führungshandeln in sozialen Systemen (Organisationen, Unternehmen) geht es darum. Gemeinsam, die Erwartungen zu erfüllen und die geplanten Ziele zu erreichen. Da dies in sozialen Systemen nur durch Kommunikation erreicht werden kann (siehe 0), wird nachstehend der Zusammenhang zwischen Handlungsfeldern, Kommunikation und Ergebnissen beim EFQM-Modell dargestellt.

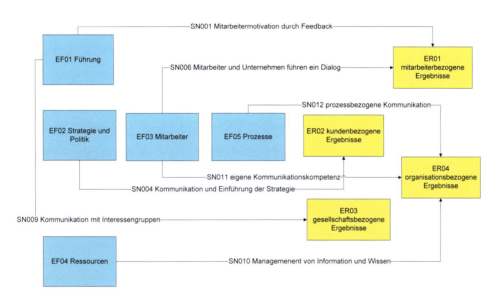

Abbildung 13 Handlungsfelder und Kommunikationsprozesse im EFQM-Modell (Quelle: eigene Darstellung)

Diese Darstellung unterstreicht die generelle Wichtigkeit der zielgerichteten Kommunikation, auch bei der Anwendung des EFQM-Modells.

4.2 Prinzipielle Managementfunktionen

Die wichtigste Managementfunktion besteht nach Rupert Lay (1996) in der Vermittlung zwischen den Interessen von Kapital und Arbeit einerseits und zwischen denen des Systems „Unternehmung" mit seiner inneren und äußeren Umgebung andererseits (Lay, 1996, S. 135). Damit ist zunächst die Beziehung zu den

Shareholdern (äußere Umwelt) auf der einen und die Beziehung zu den Mitarbeitern (Geführten = innere Umwelt) auf der anderen Seite, gemeint.

Diese Vermittlungsfunktion bringt unweigerlich Konflikte mit sich, weil verschiedene Standpunkte, in der Regel konkurrierende Interessen, zusammengeführt werden müssen. Führen bedeutet daher grundsätzlich eine zweifache Optimierungsstrategie mit dem Ziel, ein gestelltes Problem optimal zu lösen und/oder Ziele zu erreichen und/oder Aufgaben zu erfüllen und ein personales Verhältnis zwischen allen beteiligten Personen aufzubauen. Dabei muss sowohl das funktionale System in Form von Geschäftsprozessen als auch das soziale System optimiert werden. Diese Optimierungsstrategie bedingt das Verhalten der Führungsperson.

Damit ist noch nicht geklärt was „Führungshandeln" überhaupt ist, welche Aufgaben alle Führungskräfte prinzipiell erfüllen müssen. In nachstehender Abbildung ist Führungshandeln dargestellt.

Beispiel: Es ist eine Aufgabe zu erfüllen, die dem Team zugewiesen ist. Dabei ist zu beachten, dass die meisten Aufgaben ohne das Zutun der Führungskraft zu lösen sind. Die Führungskraft, muss aber sowohl den funktionalen als auch den Aufwand des sozialen Systems optimieren, dies bedeutet sie muss Erfolg haben und die zugewiesenen oder vereinbarten Ziele (in time, in quality und in budget) erreichen.

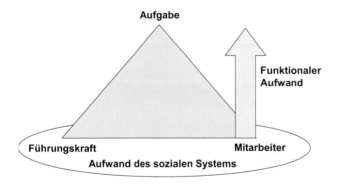

Abbildung 14 Aufgaben der Führungskraft (Quelle: eigene Darstellung)

4.2.1 Problemlösung als Führungsaufgabe

Um Probleme zu lösen, benötigt eine Führungskraft Wissen und die entsprechende Lösungsmethoden. Dörner (1976) beschreibt in Anlehnung an Duncker (1935) "Problemlösen" als eine mentale Umwandlung der gegebenen Situation und Sachverhalte (Ausgangs- oder Ist-Zustand) in die angestrebte Situation (End- oder

Zielzustand) mit Hilfe bestimmter Operationen. Die zentrale Herausforderung des Problemlösens besteht im Auffinden eines vorher nicht bekannten Weges von einem gegebenen Ausgangszustand zu einem gewünschten und mehr oder minder genau bekannten Endzustand.

4.2.2 Treffen von Entscheidungen

Jeder Mensch muss ständig Entscheidungen treffen, welche Handlung in der gegebenen Situation durchgeführt werden soll. Für die Führungskraft geht es dabei, um die Entscheidung, welche Vorgehensweise für die Lösung eines Problems die richtige ist. Dabei muss zunächst zwischen zwei Problemarten entschieden werden. Wenn es um nichts anderes als um die Lösung von Problemen geht, bei denen die Bedingungen der Situation und den Anforderungen, denen die Lösung genügen muss, bekannt sind und eindeutig feststehen, handelt es sich um taktische Entscheidungen. Das Ergebnis muss bei einem minimalen Aufwand und ohne Unruhe herbeigeführt werden können (Drucker 1972, S. 368). Die wichtigen Entscheidungen sind strategischer Art. Bei der Lösung solcher Probleme geht es zunächst darum, die Situation zu klären oder zu ändern. Bei der Änderung muss festgestellt werden, welche Mittel für die Änderung nötig sind. Dabei gilt es zunächst die richtigen Fragen zu stellen, um dann die entsprechende Lösung zu finden. Bei den Entscheidungen kommt es darauf an, diese in die Praxis umzusetzen.

„Und bei allen Entscheidungen ist es mit am wichtigsten, dafür zu sorgen, dass die Entscheidungen, die in den verschiedenen Teilen des Unternehmens und in den verschiedenen Rängen des Managements getroffen werden, sich miteinander vertragen und mit den Zielen des Gesamtunternehmens übereinstimmen" (Drucker 1972, S. 369).

4.2.3 Zielerreichung durch Systemintervention

Führung zielt darauf ab Veränderungen herbeizuführen, und zwar dadurch, dass Führungsverhalten zielgerichtet auf das Verhalten der Geführten einwirkt. Im Sinne einer systemischen Führung, in der die Führungskraft als Umwelt des zu führenden psychischen Systems zu verstehen ist, kann dieses Einwirken nur durch Disturbation (Störung) erklärt werden, die das zu führende psychische System dazu veranlassen soll sich zu verändern, und zwar im Sinne des disturbierenden Systems. Führungshandeln ist somit eine Intervention in das zu führende System (siehe hierzu 0). Zur Erklärung des Einwirkens kann die Forschung von Kurt Lewin (1982) herangezogen werden.

Dieses Einwirken begründet Lewin durch induzierte Kräfte, die in einer anderen Person ausgelöst werden. Eine Instruktion, was eine Einwirkung auf eine andere Person darstellt, lässt „ein Quasi-Bedürfnis mit der entsprechenden Spannung [...] und der Kraft (ik) [...] entstehen [...]. Das stellt einfach eine weitere Anwendung von (A1)[25] und (A3)[26] auf die Tätigkeit des Reproduzierens dar" (Lewin 1982, S. 58). Diese Aussage wurde im Zusammenhang mit dem Zeigarnik Experiment gemacht und beschreibt das Einwirken eines Versuchsleiters auf einen Probanden. Das Gleiche gilt zunächst für das Einwirken einer Führungskraft auf Geführte, auch hier wird eine Kraft induziert und so eine Spannung erzeugt, die erst dann gelöst wird, wenn dem Einwirken Folge geleistet wird. Dieses Einwirken auf andere geschieht bei einer Führungsperson in Folge der Aufgabenerfüllung. Auch hier gelten die beiden Annahmen (A1) und (A3), wobei jetzt auch noch die Annahme (A3a)[27] aus der genannten Beschreibung hinzukommt. Das bedeutet allgemein und somit auch im Falle einer Führungsperson, dass die Spannung so lange bestehen bleibt, bis das Ziel erreicht wird. Bei der betrachteten Führung geht es nicht darum, dass die Aufgabe durch die Führungskraft selbst gelöst wird, sondern dass Ziele gemeinsam, d.h. mit Hilfe der geführten Personen, erreicht werden müssen. Führung wird somit als Menschenführung betrachtet. Wichtig ist in diesem Zusammenhang, dass letztlich Bedürfnisse, als Motive angesehen werden, die gebündelt als Motivation einer Handlung die Richtung geben. Deshalb wird hier auf Motive und Motivation, die oben

---

[25] (A1) Annahme 1: Der Vorsatz, ein bestimmtes Ziel Z zu erreichen (eine nach Z hinführende Handlung auszuführen), entspricht einer Spannung (s) in einem bestimmten System (SZ) innerhalb einer Person (P), wobei s(SZ) > 0. Diese Annahme ordnet ein dynamisches Konstrukt (System in Spannung) einem beobachtbaren Syndrom zu, welches man gemeinhin „Vorsatz" nennt (Lewin 1982, S. 49)

[26] (A3) Annahme 3: Einem Bedürfnis nach Z entspricht eine Kraft kp(Z), welche auf eine Person wirkt und eine Tendenz der Lokomotion in Richtung Z verursacht: wenn s(SZ) > 0 dann kp, Z >0
Diese Annahme bestimmt die Beziehung zwischen Bedürfnissen und Lokomotion. Anders gesagt, beschreibt sie ein Konstrukt der Kraft zur Lokomotion in der Umwelt (Lewin 1982, S. 50)

[27] A(3a) Annahme 3a: Ein Bedürfnis bewirkt nicht nur eine Tendenz zu tatsächlichen Lokomotion auf die Zielregion hin, sondern es führt auch zu Gedanken über die fragliche Tätigkeit; mit anderen Worten, die Kraft kp, Z wirkt nicht nur auf die Ebene des Tun (der Realität), sondern auch auf der Ebene des Denkens (der Irrealität): wenn s(Sz) > 0 dann kp, B > 0, wobei B Behalten, Wiedererinnern bedeutet (Lewin 1982, S. 50).

ausführlich diskutiert wurden (siehe 0 und 0), verwiesen. Das dort beschriebene gilt auch für Führungspersonen.

4.2.4 Kontrolle der Arbeitsergebnisse als Führungsaufgabe

Die Führungshandlung wird durch nachstehende Grafik als ein Handlungssystem dargestellt, welches die Arbeit der Geführten koordiniert. Die Kontrolle erfolgt anhand der Ergebnisse verschiedener Handlungssysteme (Geführten), die der Führungsperson übermittelt werden. Sie werden, letztlich, daraufhin überprüft, inwieweit sie zum geplanten Gesamtarbeitsergebnis beitragen.

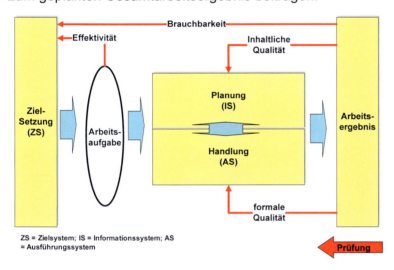

Abbildung 15 Ergebniskontrolle (Quelle: eigene Darstellung)

Die Zielsetzung ist die Kontrolle der Arbeitsergebnisse der Geführten, wobei sich die Führungsperson, als Wissensarbeiter, im Rahmen ihres Selbstmanagements, ebenfalls kontrolliert. Das Arbeitsergebnis ist das Kontrollergebnis. Grundlage dieser Kontrolle sind die eingetragenen Qualitätskriterien, die nachstehend kurz beschrieben werden Dies ist somit die nähere Definition der unabhängigen Variablen ZG (siehe 0)

Hierbei ist **Effektivität** von entscheidender Bedeutung. Es bedeutet das Sicherstellen der Kongruenz von Aufgabe und Zielstellung, das Festlegen des richtigen Lösungsweges und das Weglassen nicht zielführender Arbeit. Für die Führungsperson heißt das, das Prüfen des Arbeitsprozesses vor Beginn der Leistungserstellung auf eventuelle Rückschleifen und dann die Anpassung vor Arbeitsbeginn. Bei der Planung und Ausführung kann durch Standardisierungen und Vereinfachungen von Arbeitsabläufen sowie dem Einsatz von Hilfsmitteln und Instrumenten eine Leistungssteigerung (**Effizienz**) erreicht werden. Quantitative Kriterien sind für eine Bewertung von Führungsarbeit nur ungenügend verwendbar. Das Arbeitsergebnis muss deshalb hinsichtlich **formaler und inhaltlicher Qualität** überprüft werden. Wobei die formale Qualität die Einhaltung der im Unternehmen gültigen Normen und Werte beschreibt, nämlich wie die Planung des Prozesses diese berücksichtigt hat und die inhaltliche Qualität, die richtige Durchführung, die zu dem angestrebten Ergebnis führt. Wird tatsächlich ein Beitrag zur ursprünglichen Zielsetzung geleistet? Stellt sich die Frage nach der **Brauchbarkeit** des Ergebnisses. Diese Überprüfung kann mit starker, zeitlicher Verzögerung auftreten. Deshalb wird der Gesamtprozess kontinuierlich überprüft. Aus dieser Überprüfung werden Maßnahmen für den weiteren Prozess bzw. für das Wirkungsgefüge, in dem er sich bewegt, definiert und durchgeführt. Negative Ergebnisse aus den verschiedenen Prüfungen werden als Hindernisse für die Zielerreichung empfunden und üben Einflüsse auf das Führungshandeln aus.

4.3 Systemische Führung

Führung von Systemen bedeutet eine Intervention (siehe 0) so durchzuführen, dass das „geführte System" das Verhalten zeigt, welches es im Sinne der Zielerreichung zeigen sollte. Dies bedeutet, dass die Führungsperson einschätzen kann, wie ihre Intervention in einem komplexen System wirkt. Dabei ist zu beachten, dass komplexe Systeme nicht linear vernetzt sind, sondern räumlich und zeitlich, sachlich und sozial, variabel und verwickelt verbunden sind. Sie reagieren auf die Veränderung vieler Parameter gering, aber auf die mancher stark[28]. Dazu muss die Systemdynamik untersucht werden. Mit dem Menschenverstand kann man die Komplexität nur ungenügend bis gar nicht erfassen. Direktes Eingreifen vergrößert nur den Missstand. Zur Bewertung der ablaufenden Kommunikationsprozesse müssen die verschachtelten Regelsysteme beachtet werden, die in einem ausgewogenen Verhältnis zueinanderstehen. „Die Kunst der Intervention besteht demnach darin, mittels geeigneter Instrumente die empfindlichen und kritischen Parameter und Prozesse eines Systems ausfindig zu machen" (Willke,1999; S. 75). Dies, stellt die Herausforderung von systemischer Führung dar.

---

[28] So genannte Druckpunkte

Systemische Führung bedeutet, dass ein System, welches sich selbst organisiert von seiner Umwelt, nämlich der Führungskraft so disturbiert (gestört) wird, dass das gewünschte Ergebnis eintritt. Dabei ist die Führungsperson als Beobachterin zu sehen, die ein soziales System beobachtet und ist somit Umwelt für das beobachtete System. Das Ziel der Beobachtung ist, zu erkennen, ob das geplante Ziel erreicht worden ist oder in Zukunft erreicht werden wird. Im Rahmen des Führungsprozesses erkennt die Führungsperson anhand der kommunizierten Ergebnisse, ob die Ziele erreicht wurden oder erreicht, werden können. Darauf baut sie ihr Führungshandeln auf. Sie beobachtet das soziale System „Abteilung" oder das psychische System „Arbeitsperson". Neuberger (2002) unterteilt seine „Auseinandersetzung mit systemischer Führung" (Neuberger 2002, S. 597) in drei Teile, und zwar in Erkenntnisprogramm, Kommunikationsprogramm und Operationsprogramm. Dieser Dreiteilung werde ich folgen, wobei die bereits oben gemachten Aussagen zur Systemtheorie zu Grunde gelegt werden. Wo nötig werden diese um Details ergänzt.

Das **Erkenntnisprogramm** beschreibt die Konzepte, die der radikale Konstruktivismus als Erkenntnistheorie für das Bilden und Verarbeiten von Informationen zur Verfügung stellt. Dies bedeutet, dass der Beobachter die Wirklichkeit im Moment der Beobachtung für sich selbst rekonstruiert und so erschafft. Nur durch diese Re-Konstruktion der Wirklichkeit ist es den handelnden Personen möglich, in der Wirklichkeit zu Recht zu kommen.

Das **Kommunikationsprogramm** beschreibt, wie Kommunikation „zum Aufbau von Beziehungen, Strukturen, Orientierungsmuster etc. genutzt" (Neuberger 2002, S. 608) wird. Bei einer Kommunikation ist das Missverstehen der mitgeteilten Information relativ hoch, deshalb müssen besondere Anstrengungen unternommen werden, damit das Verstehen sichergestellt wird und es zu einer Anschlusshandlung kommt. Wenn Kommunikation funktionieren soll, muss nicht nur der Kanal stark genug sein, um die Nachricht übermitteln zu können, sondern die Nachricht muss auch auf beiden Seiten verständlich ausgedrückt oder gelesen, also umgewandelt werden (siehe 0).

Das **Operationsprogramm** stellt die Intervention durch Handeln in den Mittelpunkt. Dabei gilt für das Handeln im Unternehmen, was für das Handeln in Systemen (siehe 0) auch gilt. Dies wurde bereits oben ausführlich beschrieben und braucht hier nicht wiederholt zu werden. „Führung im klassischen Sinne ist Allopoiese (Fremdgestaltung), Formung eines Prozesses durch externen Einfluss" (Neuberger 2002, S. 629), während Autopoiese), die Selbst-erschaffung, ein wesentliches Merkmal von Systemen darstellt. Als Grundlage für das Operationsprogramm, dient das Rollenscript, welches die Rolle mit der Person verbindet (siehe 0).

Weil Führungskräfte Beobachter des Systems sind und zur Umwelt desselben gehören, bleibt ihnen, als einwirkendem System nur, die Rahmenbedingungen zu ändern, „die das selbstgesteuerte Operieren vom System anstoßen und orientieren. „Das Einwirken erfolgt somit über „Konditionierung" – ganz wörtlich genommen: Schaffung von Bedingungen, die es für das zu beeinflussende System attraktiv oder unausweichlich erscheinen lassen, eine selbstgenerierte Veränderung vorzunehmen. Solche Bedingungen können gesteigerter Problemdruck, in Aussicht gestellte Anreize oder Sanktionen, Handlungsbarrieren etc. sein" (Neuberger 2002, S. 632).

Dazu ist es für die Führungskraft zunächst wichtig, über die Wahrnehmung das Problem zu erkennen (siehe Erkenntnisprogramm), immer eingedenk der Tatsache, dass diese Erkenntnis nicht die Wirklichkeit ist, sondern eine Konstruktion derselben darstellt, um dann über das Operationsprogramm entsprechende Konditionen festzulegen und über Kommunikation (siehe Kommunikationsprogramm) einzuwirken. Dieses Einwirken geschieht als kommunikative Handlung sowohl als technische als auch sprachliche Kommunikation.

4.3.1 Erkenntnisprogramm: Sicht der Führungskraft auf ihre Aufgaben

Beim Erkennen der Führungskraft geht es zunächst nicht darum, was sie überhaupt, im Sinne des Konstruktivismus (siehe oben und Teil 2), erkennen kann, sondern es geht darum welche Signale sie erkennen muss, um zu wissen, wann sie wie intervenieren sollte. Da sie als Beobachterin des Systems (Abteilung, Gruppe oder Team) fungiert, ist sie durch strukturelle Kopplung in das Gesamtsystem eingebunden. Das ist eine Voraussetzung, um überhaupt erkennen zu können. Denn dadurch ist sie in der Lage, den Informationen, ob technischer oder sprachlicher Art einen Sinn zuzuordnen und so den Erwartungen zu entsprechen.

Erwartungen an die Rollen (siehe 0) sind die ordnungsgemäße Bearbeitung der sich daraus ergebenden Aufgaben. Ordnungsgemäß bedeutet hierbei, dass brauchbare

Ergebnisse erarbeitet werden (siehe 0) unter Einhaltung der bestimmten Qualitätskriterien, des Zeitrahmens und des zugeteilten Budgets sowie der Werte und Normen des Unternehmens.

Es geht hierbei nicht um eine spezifische Führungsaufgabe gemäß den Handlungsfeldern nach EFQM (0), sondern um Aufgabenerfüllung, d. h. um die Koordination verschiedener Handlungssysteme aus der Arbeitsteilung zum Erreichen des gemeinsamen Zieles. Die Wirklichkeit, der sich eine Führungskraft immer stellen muss, besteht aus der Frage: „Was muss ich in der gegebenen Situation tun, um meiner Verantwortung als Führungskraft gerecht zu werden?" Es geht nicht um das Erkennen als solches, sondern um das Erkennen der eigenen Verantwortung, dem Unternehmen, der geführten Personen, der Stakeholder und der Shareholder und sich selbst gegenüber. Um dieser Verantwortung gerecht werden zu können, sollte sie folgende Fragen beantworten:

1. Welche Aufgaben muss ich konkret erfüllen und welche Ergebnisse werden von mir erwartet?
2. Kann ich meinen Teil der Aufgaben (Führung) erfüllen oder welche Hilfe benötige ich noch dazu?
3. Welche Personen, mit welchen Kompetenzen, brauche ich, um die Aufgaben erfolgreich durchzuführen und welche Unterstützung benötigen diese von mir um brauchbare Ergebnisse zu erzielen.
4. Welche IT-Systeme stehen als Hilfsmittel zu verfügen und können sie
    a. die Aufgaben optimal Unterstützen (Arbeitsprozesse),
    b. die richtigen Informationen zur richtigen Zeit bereitstellen (Kommunikation),
    c. dem Team unterstützende Vernetzung sicherstellen (verteilte Teams. Homeoffice).
    d. wird die Sicherheit und Korrektheit der Daten garantiert (Datenschutz)

Da es sich bei Unternehmen um Informationen verarbeitende Systeme handelt ist eine gut funktionierende IT-Infrastruktur für eine erfolgreiche Aufgabendurchführung unabdingbar.

Dieses Erkennen setzt voraus, dass sich eine Führungskraft vor Aufgabenübernahme mit sich selbst und mit allen beteiligten Personen intensiv auseinandersetzt. Erst dann kann sie auch die Verantwortung für sich selbst und die geführten Personen übernehmen. Denn eine wirksame Kontrolle und ständige Verbesserung der Arbeitsprozesse ist nur dann möglich, wenn die Führungskraft durch Beobachtung ihres Aufgabenbereichs Abweichungen von den Zielen rechtzeitig erkennt (Differenz), die nötige Kompetenz besitzt, um die Fehlerquelle zu erkennen, die Selbsterkenntnis auch ihre eigenen Fehler zu erkennen und über entsprechende Kommunikationstechniken verfügt dies entsprechend zu kommunizieren.

Bei der Aufgabenübernahme muss sie sich nicht nur darüber im Klaren sein, ob sie die geforderten Kompetenzen mitbringt, sondern ob sie bestimmte Aufgaben auch erfüllen will. Dies gilt nicht nur für Unternehmen, sondern auch für alle Arten von Organisationen. Dabei wird die technische Aufgabenabwicklung verlassen und es werden ethische Fragen aufgeworfen, die jede Führungskraft und jede geführte Person für sich immer wieder selbst beantworten muss.

Da auf jeder Führungsebene das Prinzip der Rekursivität (Abbildung 7) gilt, sind auch hier komplexe Kommunikationsbeziehungen in jedem techno-sozialen Subsystem (Systemelement), wenn auch mit anderem Informationsinhalten, zu beachten. Dies gilt auch für die Führungskraft und die geführten Personen, als psychische Systeme, die über die Rekursivität ebenfalls diese Struktur aufweisen (Abbildung 6). Deshalb ist es für Führungskräfte wichtig eine entsprechende Kommunikationsarchitektur für ihren gesamten Bereich aufzubauen und mit anderen abzustimmen.

4.3.2 Kommunikationsprogramm: Aufbau einer Kommunikationsarchitektur

Wie schon weiter oben betont funktioniert die Kommunikation nur dann, wenn der Sinn der Mitteilung dem Empfänger auch klar ist. Daher zum Aufbau der Kommunikation noch einige Anmerkungen.

Die Kommunikationsleistung besteht aus drei Elementen (siehe M. Pfiffner, 2020):

Der Kanalkapazität beantwortet der Frage, wie viel Information mitgeteilt werden kann. Daraus ergibt sich wie stark muss der Kanal sein muss, damit er die Informationen richtig übermitteln kann, d. h. verfügt er über die erforderliche Varietät, um die Information verständlich und zeitgerecht darzustellen.

4.3.2.1 Kanalkapazität (Beispiele siehe Pfiffner, 2020)

Manche Aufgaben lassen sich mit einer schriftlichen Anweisung beschreiben (elektronisch: SMS, MSS oder Email), für komplexerer ist eine mündliche, ein

Gespräch oder eine Sitzung sinnvoll und für noch komplexere Themen ein Seminar, ein Workshop oder die Unterstützung durch ein IT-System.

Beispiele anhand des viablen Management Systems (siehe 0)

Für das Produktionsziel für den laufenden Monat von (System 3 nach 1) genügt eine Sitzung. Aber für die Überführung des Ziels in einen Produktionsplan von (System 3 nach 2) wird ein komplexes Produktionssteuerungssystem (IT-PPS) benötigt, welches für jede Schicht die Maschinenbelegung festlegt. Dieser Kanal muss über etwas mehr Varietät verfügen, d. h. es müssen redundante Informationen (in Form von Erklärungen, Wiederholungen, Beispielen) mitgeteilt werden, damit keine Unklarheiten in Form von Lücken, Missverständnissen, Fehlern oder Mehrdeutigkeiten entstehen.

4.3.2.2 Verständlichkeit der Information

Zu oft wird keine Kommunikation aufgebaut, weil Datenfriedhöfe (Information besteht aus Daten) produziert werden, die den Empfänger nicht wirklich informieren, Berichte geschrieben werden, die vieles beinhalten, aber nicht das, was von Interesse ist. Es ist ein allgemeines Problem der Zeit, welches auch in Unternehmen auftritt, dass gesprochen und geschrieben wird, ohne vorher darüber nachzudenken, was denn mit der Kommunikation erreicht werden soll, damit der Empfänger den Sinn auch verstehen kann. Dies führt zu einem schlechten Verständnis der Information und deshalb zu Rückfragen oder Irrtümern.

In jeder Kommunikation stellt sich die Frage: „wie gelingt es, die wichtigen Inhalte so zu präsentieren, dass diese vom Empfänger verstanden werden und nützlich für ihn sind". Wenn die Information nicht richtig interpretiert werden kann, kommt keine Information zu Stande („erst wenn ich die Antwort höre, weiß ich was ich gefragt habe" (L. Wittgenstein, 2001)).

4.3.2.3 Zeitgerechtigkeit

Das Steuerungssystem muss so gestaltet werden, dass es synchron zu den Prozessinformationen arbeitet, wie sie in der Umwelt und in der Aufgabendurchführung tatsächlich entstehen.

Jede operative Einheit hat ihre eigene Dynamik und deshalb genießt die Führung auch relative Autonomie bei der Informationsweitergabe.

Die generelle Dynamik der Kommunikation (von SE zu SE) des zu betrachtenden Systems ergibt sich indessen aus den zeitlichen Informationsbedürfnissen innerhalb der Unternehmenshierarchie. Über diese Kommunikation kann ein Unternehmen beschleunigt oder abgebremst werden.

Bei der Festlegung der Kommunikationskanäle muss auch auf ihre Informationsweitergabe geachtet werden. Muss sie in Echtzeit kommunizieren und führen Verzögerungen zu Problemen? Es muss gesichert sein, dass eine Planungsänderung nahezu in Echtzeit erfolgen kann. Feste Planungszeiträume stimmen nicht mit den tatsächlichen Veränderungen in der Umwelt und in der Leistungserbringung überein. Deshalb ist die Steuerung ein Prozess, der sich ständig an die Gegebenheiten anpassen muss. Das erfordert, dass reagiert werden muss, wenn ein relevantes Ereignis eintritt. Die Reaktion darauf muss nicht sofort sein, darf aber nicht zu Verzögerungen führen.

Das Steuerungssystem muss deshalb mit annähernden Echtzeit-Informationen versorgt werden.

4.3.2.4 Kommunikationssicherheit bedeutet Rückmeldung der Information

Neben den drei beschriebenen Elementen der Kommunikationsleistung muss noch die Sicherheit der Kommunikation gewährleistet werden.

Wie bereits oben bemerkt entsteht Kommunikation beim Empfänger. Die häufigste kommunikative Störung ist das Missverständnis, denn eine Information besteht nie aus einer Botschaft, sondern immer aus einer Menge an möglichen Botschaften (Informationen).

Deshalb ist der Sender dafür verantwortlich, den richtigen Kommunikationskanal zu wählen und muss entscheiden wie sich ein Thema mitteilen lässt (E-Mail, Telefon. Sitzung), noch weitere Personen involviert oder informiert werden müssen und ob der Zeitpunkt gut gewählt ist.

Außerdem ist er für die **Verständlichkeit**, also für die verstehbare Darbietung der Informationen verantwortlich, die empfängergerecht gestaltet werden müssen. Dabei kommt es auch inhaltlich darauf an, in der Sprache des Empfängers zu sprechen. und die Informationen so zu gestalten, dass der Empfänger einen Sinn zuweisen kann, d. h. er muss wissen, was bis wann von ihm erwartet wird (siehe hierzu Pfiffner, 2020). Dazu ist es erforderlich, dass eine Rückmeldung vom Empfänger an den Sender erfolgt in welcher die angekommene Information, dem Sender bestätigt wird, damit dieser weiß, dass er verstanden wurde.

4.3.3 Operationsprogramm: Führung durch Sprache

Bei Führung handelt es um eine Intervention in ein fremdes psychisches System. Da es sich bei diesen Systemen um ein autopoietisches System handelt (siehe 0), das von außen nicht zugänglich ist. ist nur eine Intervention durch Kommunikation möglich. Im Sinne der systemischen Führung ist damit das Kommunikationsprogramm involviert (siehe 0). Hierzu meint Willke: „Im Kern geht es darum, für das System die externe Intervention so anzusetzen, dass sie sich in das innere Operationsgeflecht des Systems so einschleust und innerhalb seiner Operationsweise Veränderungen bewirkt, obwohl das System einer von außen kommenden Veränderung Widerstand entgegensetzen würde" (Willke,1999; S. 122). Dies bedeutet, dass ein Einwirken nur durch Kommunikation stattfinden kann, also durch Bitten, Befehlen, Anweisungen, Überzeugung usw. Da es sich bei dem intervenierenden und dem System, bei dem die Intervention erfolgen soll, jeweils um psychische Systeme handelt, muss die Codierung der Information in Sprache und Handeln, also einem Sprachspiel erfolgen. Außerdem muss bekannt sein, wie das psychische System zum Handeln in der Lage ist (Operationsgeflecht), um dieses zu beeinflussen. Dabei kann die Führungskraft davon ausgehen, dass diese kommunikative Handlung (Intervention) von den Geführten verstanden wird, weil sie sich in dem gleichen sozio-technischen System (Unternehmung) bewegen, deshalb sind allen die Sprachspiele bekannt. Zunächst muss geklärt werden, was ein Sprachspiel ist und warum diese in einem sozio-technischen System allen bekannt sind.

4.3.4 Führung durch Sprachspiele

Diese „Führungskommunikation" wird als Sprachspiel realisiert. Wittgensteins Frage: „Wie kann ich wissen, was ich meine, wenn ich etwas sage?" ist nur innerhalb eines spezifischen Sprachspiels zu beantworten. Er definiert Sprachspiel: „Ich werde auch das Ganze: der Sprache und der Tätigkeiten, mit denen sie verwoben ist, das „Sprachspiel" nennen." Wittgenstein, 2001, S. 247). Sprachspiele werden innerhalb sozialer Systeme gebildet und bilden gleichzeitig die Grenzen des sozialen Systems. Dies gilt selbstverständlich auch für die Unternehmung als soziales System. Die primären Strukturen innerhalb eines Sprachspiels sind Regeln und Bedeutungen (siehe Lay 2015).

Nachstehende detaillierte Beschreibung orientiert sich ebenfalls an Lay, 2015. Ein Sprachspiel entsteht dadurch, dass ähnliche Begriffe im Lauf der Kommunikation in einem sozio-technischen System, im Laufe der Zeit zu kollektiven Begriffen werden. Die nur in diesem so genutzt werden. Jedes Systemmitglied weiß was dieser Begriff inhaltlich bedeutet. Diese Anpassung von Begriffen ist für die Bildung von sozio-technischen Systemen unverzichtbar und führt zu einer systemeigenen Sprache. Die Integration in ein bestehendes System verlangt auch die Beherrschung dieser Sprache. „Die Worte dieser Sprache benennen also systemtypisch die nach Inhalt und Umfang definierten Begriffe" (Lay, 2015 Pos.349).

Regel: Eine Regel ist ein Wegweiser. Einer Regel folgen meint, innerhalb eines sozialen Systems Regeln anwenden, die die einzelnen sozialen Handlungen (Interaktionen), als Elemente des Sprachspiel, so miteinander verbinden, dass Anschlusshandlungen möglich sind. Nur eine einzige Handlung darf nicht anschlussfähig sein, auch wenn sie Regeln folgen muss: Es ist dies die das Sprachspiel beendende Handlung (Beispiel: Abpfiff eines Fußballspiels). Bei diesen Regeln handelt es sich zum einen, um die Regeln und Werte, die die Führungskraft ihrem Handeln zu Grunde legt und zum anderen um die Unternehmenskultur, die festlegt nach welchen Regeln und Werte im Unternehmen gehandelt wird. Gleiches wird auch von dem System erwartet in welches interveniert werden soll. Regeln werden dann richtig angewandt, wenn in einer bestimmten Situation ein angemessenes Sprachspiel „gespielt" wird.

Bedeutung: Hierbei handelt es sich um die Bedeutung von Interaktionen, nicht die von Worten. Im Unternehmenskontext werden bestimmte Begriffe mit bestimmten Bedeutungen versehen, die nur für die Teilnehmer des Sprachspiels in der entsprechenden Situation sinnvoll sind. Dadurch wird das Sprachspiel auf die Führungssituation abgestimmt. Regel und Bedeutungen werden nicht von Subjekten (Personen oder sprachlichen Systemen) geschaffen, sondern von der Unternehmung oder der Gruppe als Subsystem und Organisationseinheit.

Elemente des Sprachspiels: Die Elemente eines Sprachspiels sind Interaktionen, als Sprech-, Tat- und Ausdruckshandlungen (Lay, 1989; S. 174). Eine Handlung ist genau dann eine Interaktion, wenn sie eine Anschlusshandlung bedingt oder einen Spielabbruch intendiert. Es ist zu beachten, dass mehrere Elemente hintereinander von einem Spieler realisiert werden können. In einem Sprachspiel gibt es keinen Sender und Empfänger von Informationen. Alle Beteiligte sind aktive Mitspieler, die gemeinsam Informationen produzieren und verarbeiten (siehe Lay, 1989; S. 175).

Sprachspiele sind Siegspiele. Es geht bei Führung darum, dass ein Sieg errungen wird, in dem Sinn, dass bestehende Hindernisse zum Erfolg im Rahmen des Sprachspiels beseitigt werden. Hierbei kommt es auf die Führungsperson an, ob andere besiegt (Durchsetzen der eignen Meinung) werden oder das bessere Argument zum Tragen kommt. Auch die bessere Problemlösung ist ein „Sieg".

Macht und Kooperation in Sprachspielen: Da die Regeln und Bedeutungen von Sprachspielen nicht von Subjekten, sondern von sozialen Systemen gemacht werden, bedingt die Art des sozialen Systems, ob ein Sprachspiel eher von Macht oder von Kooperation getragen wird. Dies bedeutet, dass durch diese vorgegebenen Strukturen des Unternehmens auch die Regeln und Bedeutungen festgelegt und somit einer Macht unterworfen sind. In der Regel handelt es sich bei Gruppen (Organisationseinheiten) innerhalb einer Unternehmung, um solche mit einer fest vorgegebener, hierarchischer Kommunikationsstruktur. Lay (1989) stellt diesen Kommunikationsgemeinschaften gegenüber, bei welchen die Strukturen nicht vorgegeben, sondern erst spontan bei der Ausführung des Sprachspiel erzeugt, werden. Hierbei handelt es sich um sprachliche Kooperation innerhalb der Gruppe. Diese Organisationsform bildet die Grundlage von Teams innerhalb einer Unternehmung.

Nachstehend soll konkreter auf Intervention durch Kommunikation eingegangen werden. Als Beispiel dient die persuasive Kommunikation, als eine der Möglichkeiten der kommunikativen Intervention.

4.3.5 Exkurs: Machtausübung durch Kommunikation

Da Führung nicht nur in Teams stattfindet, sondern auch in Face to Face-Kommunikation realisiert werden muss, speziell wenn über Erfolg oder Misserfolg gesprochen wird, gilt es eine Kommunikationsform zu finden, die einer solche Situation gerecht wird. Hierbei soll nachstehend die persuasive Kommunikation in den Diskurs eingeführt werden.

Persuasive[29]Kommunikation liegt dann vor, wenn eine Person (Führungsperson = FP) möchte, dass eine andere Person (geführte Person = GP) eine bestimmte Handlung mit Erfolg durchführt. Dazu reicht es nicht aus, wenn FP die Handlung nennt, damit GP diese ausführt und FP sich durchsetzt. Sondern FP wählt verschiedenen Handlungsmöglichkeiten der Kommunikation, um sich durchzusetzen.

---

[29] Persuasion = überredend, zum Überreden, Überzeugen geeignet

Die verbale Kommunikation wird direkt durchgeführt, um das Wissen an GP mitzuteilen, damit sie sich zur richtigen Arbeitshandlung entschließt. Das Ziel der kommunikativen Handlung ist, GP dazu bringen, diese Arbeitshandlung so durchzuführen, dass das gewünschte Ziel erreicht wird. Dazu wird von FP eine bestimmte Kommunikationsstrategie eingesetzt und somit ein Kommunikationsplan umgesetzt. Für FP stellt sich die Situation als Syllogismus[30] dar:

Prämisse 1: GP sollte eine Handlung durchführen. Diese wird nicht ordnungsgemäß durchgeführt.

Prämisse 2: Wenn ich meinen Kommunikationsplan durchführe, wird GP ordnungsgemäß handeln.

Konklusion: Also führe ich diesen Plan aus.

Aus der ersten Prämisse folgt, dass es bereits eine vorhergehende Kommunikationshandlung gegeben hat, in deren Verlauf GP zu erkennen gegeben hat, dass mit der von ihm vorgesehenen Arbeitshandlung, das vereinbarte Ziel nicht erreicht wird. Dies wird vorausgesetzt, denn nur, bei einem solchen Fall, ist eine persuasive Kommunikation überhaupt erforderlich. Diese hat den Zweck, dass die gewünschte Arbeitshandlung durchgeführt wird und somit den Charakter einer Anweisung, wie zum Beispiel Befehl, Wunsch oder Vorschlag. Hierbei handelt es sich um einen Sprechakt. Bei der zweiten Prämisse ist zu fragen, welches der nächstliegende Zweck nach dem Kommunikationsziel ist. In diesem Fall muss GP den Sinn der ihm mitgeteilten Informationen verstehen und deren Richtigkeit anerkennen. Dies ist das erste Ziel dieser Kommunikation obwohl die Anerkennung der Handlungsanweisung diese noch nicht erzwingt, weil eventuell andere Schwierigkeiten aus dem Weg geräumt werden müssen. Bei der hier beschriebenen Persuasion handelt es sich um eine Kommunikation, die über ihr Ziel hinaus Kommunikationszwecke erreichen will. Die Unterschiede der persuasiven Kommunikation zur normalen Kommunikation liegen in der Durchführung einer Kommunikationsstrategie, die den Erfolg bringen soll. Hier sind zwei Vorgehensweisen denkbar, die der Überredung und die der Überzeugung.

Beide persuasiven Kommunikationshandlungen kommen in ihrer reinen Form nicht vor, sondern nur in unterschiedlicher Stärke vermischt. Dies hat Auswirkungen auf die Kommunikationspraxis, da die Elemente beider Typen noch leicht zu identifizieren sind.

---

[30] Syllogismus bedeutet ein aus zwei Prämissen gezogener, logischer Schluss, vom Allgemeinen auf das Besondere

5 Herausforderung durch digitale Transformation

Durch die rasante Digitalisierung von Wirtschaft und Gesellschaft wird auch die Führung komplexer Systeme eine Herausforderung sowohl für Führende als auch Geführte. Deshalb sollen diese Herausforderungen mit den daraus folgenden Problemen hier näher beleuchtet werden.

Durch die digitale Transformation sollen die bisherigen technologischen und wirtschaftlichen Grenzen der Automatisierung angesichts steigender Flexibilitätsanforderungen hinausgeschoben werden. Daraus ergibt sich eine neue Sozialstruktur der Arbeit. Die Leistungssteigerung ergibt sich durch eine qualitative Rationalisierung und Organisation der Arbeit. Die organisatorischen Maßnahmen beziehen sich auf die Arbeitsteilung und den Einsatz von Arbeit. Der Einsatz von Sachmittel als technischen Maßnahmen auf den Ersatz von Arbeit. Einsatz und Ersatz von Arbeit bedeutet aber auch Einsatz und Ersatz von Menschen. Damit werden soziale Strukturen, soziale Abhängigkeiten und Einflussmöglichkeiten geprägt, sowohl gesamtwirtschaftlich als auch innerhalb einzelner Organisationen. Diese sind innerhalb der Gesellschaft schon immer vorhanden.

Was aber neu hinzukommt ist die Erfindung der Turing-Maschine (Alan Turing 1912-1954) und deren Anwendung durch die oben beschriebene Elektronik auf Grundlage der binären Codierungsmöglichkeit jeder Information. Das Unternehmen kann somit als ein informationverarbeitendes System angesehen werden. Jede eingehende Information kann digital beschrieben und jede erbrachte Leistung ebenfalls. Luciano Floridi (2010) schreibt: "This is the informational environment constituted by all informational processes, services, and entities, thus including informational agents as well as their properties, interactions and mutual relations. If we need a representative scientist for the fourth revolution, this should be Alan Turing (1912-1954) "(Floridi, 2010, S. 9). Mit dieser vierten Revolution spielt er auf die „drei vorherigen Kränkungen des Menschen nach S.Freud an" (1. heliozentrisches Weltbild von Galiläi, 2. Evolutionstheorie von Darwin, 3. Unbewusstes von Freud). Dabei wird die Stellung des Menschen innerhalb der Welt thematisiert und er sieht durch die Forschungsergebnisse von Turing, speziell im Bereich der künstlichen Intelligenz (Turingtest), die herausragende Stellung des Menschen auf Grund seiner Intelligenz, als bedroht an.

Was neu ist, ist die Art der Sachmittel, die jetzt durch die Informations- und Kommunikationstechnik (IKT und Vernetzungstechnik) bestimmt werden, als Ergebnis und Weiterentwicklung der „Turing-" Forschung. Damit wurde die Grundlage für eine digitale Transformation der Gesellschaft gelegt, wodurch sich ein neues Automationsniveau ergibt.

Dieses basiert auf einer laufenden Selbstoptimierung[31] intelligenter, dezentraler Systemkomponenten und ihre autonome Anpassungsfähigkeit, die in Echtzeit erfolgt. Dadurch wird es möglich sich wandelnden externen Bedingungen in den Absatzmärkten, in der Produktions- und Lieferkette oder von Umweltanforderungen, dynamisch anzupassen. Das generelle Ziel dieser Konzeption ist wachsenden Flexibilitätsanforderungen der Absatzmärkte, mit einer zunehmenden Individualisierung der Produkte, kürzer werdende Produktlebenszyklen sowie einer steigenden Komplexität der Prozessabläufe und Produkte, durch eine entsprechende Automationstechnologie zu begegnen (nach aca-tech 2011). Dadurch wird die bisherige Kostenoptimierung der Logistikkette, um die Geschwindigkeitsoptimierung ergänzt. Das neue Ziel ist die Schnelligkeit der Marktpräsenz bei attraktiven Marktpreisen.

Auf der Grundlage der länderübergreifenden Vernetzung (Internet) ist es nicht nur möglich diverse Teams (Diversity) über mehre Länder und Kontinente hinweg zu bilden, um komplexe Probleme zu bearbeiten, sondern auch neue Arbeitsweisen wie z. B. Homeoffice und damit einhergehenden Einsparungsmöglichkeiten (Beispiel: Einsparung von Büroflächen).

Davon betroffen ist nicht nur die Wirtschaft, sondern die Digitalisierung betrifft alle Subsysteme der Gesellschaft wie Bildung (Schulen und Universitäten, Lehre und Forschung), Gesundheitswesen, Verkehrswesen, öffentliche Verwaltung (insgesamt) und die Ökologie, die letztlich den Ausbau der Infrastruktur verkraften muss und durch den erheblichen Mehrverbrauch von Energie nicht unerheblich belastet wird.

Dadurch, ergeben sich für Führungskräfte neue Probleme und Hindernisse, die Emotionen auslösen und sich auf das Verhalten von Arbeitspersonen insgesamt und dadurch auch auf Führungsverhalten auswirken.

---

[31] Durch den Einsatz künstlicher Intelligenz (KI, maschinelles Lernen, Big Data)

5.1 Vom sozio-technischen System zum techno-sozialen System

Bei einem sozio-technischen System werden Technologieeinsatz und die Geschäftsprozesse gemeinsam optimiert. Dabei soll das Entstehen von technischen „Sachzwängen" verhindert werden, die sich dann ergeben, wenn technische Systeme die Geschäftsprozesse nicht angemessen berücksichtigen und dadurch diese der Technik angepasst werden müssen (siehe Ulich 2011). Dabei müssen die verschiedenen Arbeitstätigkeiten in einer Organisationseinheit einen inhaltlichen Zusammenhang aufweisen, damit das Bewusstsein einer gemeinsamen Aufgabe entsteht und gegenseitige Unterstützung nahegelegt wird.

Hierbei habe ich sozio-technisch bei Ulich erweitert und meine damit ein soziales System in dem Sachmittel zwar Personen ersetzen und Aufgaben übernehmen, die Personen nicht ausführen können, die konkrete Person, als Rollenspielerin, letztlich aber die eingesetzte Technik steuert. Durch die digitale Transformation wird die strukturelle Kopplung zwischen Rolle und Person, nicht nur durch die Sprache, sondern auch durch digitalisierte Information hergestellt. Das Unternehmen kann nun als Organisation betrachtet werden, die eingehende Information über mehrere Stufen zu Ausgangsinformationen verarbeitet. Wobei jede Leistung und auch jedes Produkt digital darstellbar ist. Das binäre (digitale)System kann alles was existiert durch Manipulation von Nullen und Einsen erzeugen „(O)mnibus ex nihilo ducendis"[32].

Bei der angesprochenen Digitalisierungsstrategie ist die Führung durch den Menschen jetzt oft nicht mehr der Fall. Die Geschäftsprozesse werden so gestaltet, dass sie optimal durch entsprechende IKT-Systeme unterstützt werden können. Ganze Geschäftsmodelle werden an die zur Verfügung stehende Technik angepasst oder entstehen durch diese erst. Dadurch, dass neue, digitale Geschäftsmodelle entwickelt werden, die an die oben besprochenen Möglichkeiten der IKT-Systeme angepasst sind, geben diese praktisch die Arbeitsprozesse vor. Die IKT-Systeme wirken nicht nur komplementär, sondern jetzt auch direktiv (nicht nur im Falle von künstlicher Intelligenz). Dabei werden einige Arbeitsrollen, als Platzhalter für psychische Systeme in Frage gestellt und es ist die wirtschaftliche Machbarkeit und politische Zulässigkeit der Digitalisierung, bis zu welchem Grad psychische Systeme,

---

[32] Leibnitz, Gottfried Wilhelm: „Neue Abhandlungen über den menschlichen Verstand" (ca. 1705) Leipzig 1904.

durch technische Systeme ersetzt werden können. Wobei es hier nicht nur um das technisch machbare, sondern auch um das gesellschaftlich gewollte gehen muss.

5.2 Die Auswirkung der digitalen Transformation in Unternehmen

Neben die Kommunikation als Interaktion und sozialer oder kommunikativer Handlung tritt, in techno-sozialen Systemen, die technische Kommunikation. Die Grundlage hierfür sind die Unternehmensdaten als Grundlage der Informations- und Kommunikationstechnologie (IKT oder kurz IT), die die Daten entsprechend verarbeitet und weiterleitet.

Hier wird besonders evident, dass es die Informationsweitergabe und deren Sinnzuschreibung ist, die Unternehmen als Organisationen funktionieren lässt. Diese Kommunikationsform soll im Folgenden technische Kommunikation genannt werden und wird gegen Kommunikation als soziale Handlung abgegrenzt, weil die Interaktion zwischen dem Sender und Empfänger asynchron verläuft, somit entfallen die Einflussnahme der Persönlichkeit von Sender und Empfänger sowie die der Kommunikationssituation.

Wenn man vom geschriebenen Wort als Nachricht absieht, werden speziell in Unternehmen folgende Kommunikationsarten angewandt:
- Mensch-Mensch-Kommunikation (soziale Handlung)
- Mensch-Maschine-Kommunikation (asynchrone Kommunikation)
- Maschine-Mensch-Kommunikation (asynchrone Kommunikation)
- Maschine-Maschine-Kommunikation (technische Handlung)

Die Mensch-Mensch-Kommunikation, wie beschrieben, nimmt auch hier einen großen Raum ein und wurde bereits detailliert erörtert (siehe 0). Bei diesen Ausführungen soll die Wichtigkeit der technischen Kommunikation für Unternehmen unterstrichen werden.

5.2.1 Informations- und Kommunikationssysteme (ITK)

Technisch werden diese Prozesse durch entsprechende ITK-Systeme unterstützt. Diese bestehen aus Vernetzungstechnologien, Datenhaltungssystemen, den Datenbanken und den darauf operierenden Programmen (Digitalisierung) sowie der entsprechenden Elektronik. Der Prozess der „Informatisierung der Arbeitsprozesse" ist eine Folge der Miniaturisierung der Elektronik, die zu einer ständig steigenden Speicherkapazität bei gleichzeitigem Preisverfall führt (Mooresches Gesetz[33]). Die Folge davon ist eine Durchdringung der Wirtschaft mit Computersystemen, deren Vernetzung ca. 1989 zum Internet[34] führt. Die sozio-technischen Unternehmen werden so zu technisch-sozialen Systemen.

Die Durchdringung mit ITK-Systemen bezieht sich nun auf die gesamte, internationale Gesellschaft. Die durch das Internet geschaffene Vernetzung von Computersystemen macht es jeder Person möglich über soziale Medien (Facebook, Twitter etc.) ihre Meinung zu verbreiten und gibt ihr damit die theoretische Möglichkeit Einfluss auf die Entscheidungen von Institutionen (Wirtschaft, Politik, Wissenschaft, Erziehung etc.) zu nehmen. Dies war die eigentliche Intention des Erfinders, nämlich die mögliche Teilhabe von Vielen an demokratischen Entscheidungen, d.h., auch eine Demokratisierung der Informationsbeschaffung (jeder sollte sich die Information beschaffen können, die für wichtige Entscheidungen des täglichen Lebens nötig waren).

Da es bei dieser Analyse nicht um die mögliche Vernetzung geht, sondern um die elektronische Unterstützung der Arbeitsprozesse, will ich nachstehend zum VMS zurückkehren, um die technische Kommunikation in diesem Modell beispielhaft zu untersuchen. Da schon eine grundlegende Beschreibung des Kommunikationsflusses im VMS bereits in Abbildung 8 dargestellt ist, soll nachstehend die Rekursion auf die Leistungsebene erfolgen, und zwar auf eine Gruppe, als technisch-sozialem System, das eine Marktleistung erbringt, weil Führung in Gruppen stattfindet.

5.2.2 Informatisierung der Geschäftsprozesse

Der technischen Kommunikation geht die Informatisierung der Geschäftsprozesse voraus, die abstrakte Beschreibung von Handlungen (Prozessplan) die als Grundlage, zur Strukturierung realer Prozesse, unabhängig der konkreten Ausführung, dienen.

Diese Informationsebene (Zusammenfassung von Prozessplänen) übernimmt zunehmend die Steuerung realer (Arbeits-) Prozesse, die zuvor von den Arbeitskräften auf Grund ihres Produktionswissens strukturiert wurden. Der technologische Aspekt

---

[33] Die Komplexität integrierter Schaltkreise (IC) verdoppelt sich alle, (je nach Quelle) alle 12, 18 oder 24 Monate bei minimalen Komponentenkosten.
[34] Tim Berners-Lee entwickelte ca. 1989 am CERN (europ. Organisation für Kernforschung in Schweiz) die Grundlagen des World Wide Web (**www**).

interessiert hier nur insoweit, als immer infrage steht, in welchem Ausmaß und in welcher Weise technische Artefakte die Prozesse übernehmen können – also in Bezug darauf, was Technologien ermöglichen. Diese Technologien selbst bleiben aber in dieser Perspektive letztlich immer Mittel zum Zweck der Gestaltung von Arbeitsprozessen. Bei den fortgeschrittenen IT-Systemen werden im Einführungsprozess die vorhanden IT-Prozesse an die beschriebenen Arbeitsprozesse angepasst (Customizing) und wo dies nicht möglich ist, die Arbeitsprozesse durch Schulung der Mitarbeiter an die Technik angepasst (siehe oben).

Dies ist kein Phänomen, welches erst durch den Computereinsatz auftritt, sondern die Anweisung zur Herstellung von Gütern wurden schon seit dem Beginn der Industrialisierung schriftlich festgelegt und die Buchhaltung, letztlich die finanzielle Dokumentation der Geschäfte wurde bereits 1494 durch Luca Pacioli[35] beschrieben. Nachstehend wird die Auflösung der Unternehmensziele dargestellt in Abbildung 8 weiter detailliert und das VMS auf Gruppenebene angewendet. Wobei eine Gruppe ein technisch-soziales System ist, welches von einer Führungsperson geführt wird und eine definierte Leistung im Rahmen der Unternehmensstrategieverfolgung erbringen muss.

5.2.3 Kommunikationsverlauf im viablen Management System (VMS)

Im VMS werden die Systemelemente als Aufgabenträger definiert. Von ihnen wird die erfolgreiche Erfüllung der Aufgaben erwartet. Wie ausgeführt, weist jedes Systemelement die gleiche Struktur auf (Rekursivität) und somit ist in jedem System(element) auch das Systemelement (SE1) für die Realisierung der Aufgaben (Operations) zuständig (siehe Abbildung 7). Da es in dieser Untersuchung um das Verhalten von Personen geht, die führen und geführt werden, definiere ich die Systemelemente als Meta-Rollen, die mit den Personen, als psychische Systeme strukturell gekoppelt sind. Dabei wird die Rolle als die Trägerin der Aufgaben (Erwartungen) betrachtet, deren Realisierung durch ihre Umwelt erfolgt, mit der sie strukturell gekoppelt ist. Die strukturelle Kopplung erfolgt durch Kommunikation d. h. Informationsaustausch, wobei hier die Schnittstelle zwischen den Systemen beiden Seiten bekannt ist.

---

[35] Siehe hierzu Artikel Wikipedia www//de.wikipedia.org>wiki<Luca Pacioli

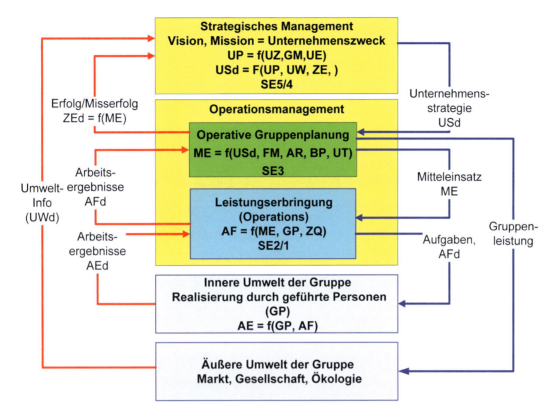

Abbildung 16 Zusammenfassende Darstellung der Steuerungsflüsse (Informationen) des viablen Managementsystems für eine Gruppe (Quelle: eigene Darstellung).

Obige Abbildung beschreibt den Informationsfluss zwischen dem strategischen (gelb) und dem operativen Systemelements (Metarolle SE1-SE3= grün/blau) eines Unternehmens. Es wird dargestellt, wie die Aufgabendurchführung, d. h. der Erfüllung der Erwartungen durch diese Arbeitspersonen erfolgt und wie die kybernetische Steuerung sichergestellt wird. Es werden die Daten aus Abbildung 8 übernommen und weiter detailliert, um die Aufgaben (AF) pro Team darzustellen.

5.2.4 Informationsflüsse innerhalb der betrachteten Gruppe

Die Grundlage jeder Kommunikation sind Daten, die als Information gewonnen, gespeichert, bearbeitet, selektiert und mitgeteilt werden. Bei der technischen Kommunikation handelt es sich um Informationen, die bei den Unternehmensprozessen entstehen und in Datenbanken gespeichert werden. Daten stellen somit den dokumentierten

Wissensbestand eines Unternehmens dar, soweit sich dieser nicht in den Köpfen der agierenden Personen (Agenten) befindet. Dabei werden nicht nur die digitalisierten Dokumente angesprochen, sondern auch die Daten, die in Aktenarchiven schlummern. Da es sich hierbei nicht nur um Arbeitsinformationen des Unternehmens sondern auch um solche der Unternehmensplanung handelt, sind diese von größtem Wert. Sie werden ständig ergänzt durch Umweltdaten (z. B. Social Media, Presseberichten, Umfragen, Veröffentlichungen etc.) und dienen so als Grundlage von Entscheidungen. Neben solchen, umweltbezogenen Daten werden auch interne, prozessbezogene Daten gesammelt und abgespeichert. Sie dienen der Steuerung und Verbesserung der Leistungsprozesse. Beide Datenarten zusammen beschreiben die Geschäftsprozesse eines Unternehmens und sind somit die Grundlage der Unternehmenskommunikation.

Das Unternehmen ist durch die Unternehmenszweck und der daraus folgenden Geschäftsprozesse definiert, wobei ein Prozess an den anderen anschließt. Dabei werden die jeweiligen Prozess-ergebnisse als Auslöser der Folgeprozesse weitergegeben. Letztlich kann so die Leistungserbringung, als Informationsverarbeitung definiert werden. Alle Informationsverarbeitung (Kommunikation) ist somit die treibende Kraft des betrieblichen Geschehens. Deshalb kann man ein Unternehmen auch als eine informationsverarbeitende Maschine ansehen, deren Digitalisierung darauf abzielt die Leistungserbringung weitgehend durch Automation zu rationalisieren (siehe hierzu Pfiffner, 2020). Dies ist der der Grund, warum das viable Systemmanagement detailliert behandelt wird, weil es m. E. die Grundlage für eine weitgehende Automatisierung der Geschäftsprozesse bildet.

5.2.5 Beschreibung der Variablen

Mit den nachstehend beschriebenen Variablen sind Endergebnisse von Prozessen beschrieben, die als Auslöser weitergeben werden und so für die Prozessverknüpfung innerhalb des Unternehmens sorgen.

UWd = Situation der Umwelt eines bestimmten Unternehmensteils

UP = Unternehmenspolitik

UZ = Unternehmenszweck

GM = Geschäftsmodell wie der Unternehmenszweck realisiert werden soll

UE = Unternehmensethik beinhaltet die Normen und Werte, die im Unternehmen gelten. Sie sind eine Funktion von UE =F(UK, UR) siehe hierzu Abbildung 8

USd = Unternehmensstrategie abgestimmt auf einen bestimmten Unternehmensteil

ZU = Unternehmensziele

ME = Mitteleinsatz der zur Verfügung steht (Budget in Geldeinheiten (GE))

EW = Erwartungen, die an die Rollen gerichtet werden.

BP = Geschäftsprozesse = Business Process (Realisierung der Arbeitshandlungen)

AR = spezifische Arbeitsrolle(n) (Element)

GP = spezifische Person(en)= geführte Person

UT = Unternehmenstechnik (Maschinen, ITK)

ZQ = Erwartete Qualität und Zeiteinhaltung der Arbeitsergebnisse

FM = Finanzmittel

AF = Aufgabe der einer speziellen Arbeiterperson zugeordnet ist

AE = Arbeitsergebnis aus einer speziellen Arbeitsaufgabe

ZE = Zielerreichung

d = distinkt (klar, abgegrenzt) eine klare Zuordnung

5.2.6 Steuerung des Informationsflusses im obigen Unternehmensmodell

Nachstehend die Hauptvariablen, die sich aus den Ausführungen zum viablen Management-System (VMS) ergeben. Hierbei handelt es sich um abhängige Variablen, die letztlich durch Prozesse definiert werden, wobei man deren Funktion als Prozess verstehen kann, dessen Auslöser, die unabhängigen Variablen sind.

Der Zweck eines Unternehmens ist Gewinn zu erwirtschaften, und zwar den Gewinn, den es für sein Überlebensziel benötigt. Dies bedeutet, dass es die gesteckten Ziele erreichen muss. Diese müssen auf allen Unternehmensebenen und von jeder Arbeitsperson erbracht werden. Deshalb ist deren Erreichung auch der Unternehmenszweck. Die nachstehende Beschreibung basiert auf Pfiffner, 2020.

5.2.6.1 Strategisches Management (Strukturelemente SE5/4)

Diese Strukturlemente geben den normativen Rahmen für das technisch-soziale System vor, der auf dieses System als Teil der gesamten Unternehmung angepasst ist. Deshalb wird auch nur ein Teil als abgegrenzte(d) Unternehmensumwelt und des Geschäftsmodells, die hier relevant sind, betrachtet und die abgegrenzte(d) Zielerreichung für diesen Teil vorgegeben (UZd, GMd, UWd, ZEd).

Unternehmenspolitik: $UP = F(UZd, GMd, UE)$

Unternehmensstrategie: $US = F(UP, UWd, ZEd)$

5.2.6.2 Operatives Management (Strukturelemente 3/2/1)

Gleiches gilt auch für vorgenannte Strukturelemente. Diese sind auf einen Teil der Leistungserbringung zugeschnitten und entsprechend werden Mengeneinheiten (Ressourcen) budgediert und den Arbeitseinheiten (AFd die benötigten Personen zugordnet. Wobei die Struktureinheit SE2 die Planungssysteme für das gesamte technisch-soziale System bereitstellt und auch die Unternehmenstechnik zuordnet.

Mitteleinsatz: ME = F(USd, FM, AR, GP, UT)
Distinkte Arbeitsaufgabe: AFd = F(ME, EW, AP, ZQ)
Kybernetische Steuerung

Um die Unternehmung im Sinne des VSM zu steuern, muss eine ständige Rückkopplung stattfinden, die auch die abgegrenzten Umweltdaten (Markt, Gesellschaft, Umwelt,) mit einbezieht. Dies wird auch in dem gewählten Modell beschrieben.

5.2.6.3 Voraussetzung des Arbeitshandelns

Hier noch einige Erklärungen zur obigen Abbildung. Ich halte mich bei der Beschreibung an die Feldtheorie von Kurt Lewin (Werkausgabe 1982), die eine Erklärung für den oben beschriebenen Lebensraum bietet. Dabei werden Funktionen benutzt wobei die abhänge Variable von der/den unabhängige/n Variable/n definiert wird. Es gilt somit AV = F (UV). Das Ziel dieser Beschreibung ist zu zeigen, dass die Steuerung des Unternehmens auf Kommunikation beruht und die dazu benötigten Informationen durch Funktionen (F) d. h. als Ergebnisse von Geschäftsprozessen gewonnen werden.

Die jeweils ausführende Arbeitsperson (AP) meldet ihr erarbeitet Ergebnis (AEd) zur verantwortlichen Führungsperson, die alle Ergebnisse zusammenfasst (AF) und zum Operativen Management weiterleitet. Dort werden diese als aktuelles Zielergebnis (ZE) berechnet und an das strategische Management weitergegeben, um dort zusammen mit der aktuellen Umweltsituation UW) als aktuelles Zwischenergebnis in die Unternehmensstrategie einzufließen. Der Kreislauf beginnt von Neuem.

Die vorgenannten Variablen sind jeweils Ergebnisse aus Geschäftprozessen bzw. Prozessbündeln, die wiederum zu auslösenden Ereignissen eines Folgeprozesses werden. Somit schließt sich Prozess an Prozess an, eine Bedingung der Überlebensfähigkeit von Systemen.

Dies gilt natürlich auch für die Arbeitsperson, als psychischem System und kann als Herleitung der Funktion von Kurt Lewin **V = F(P,U)** betrachtet werden. Denn auch im VSM ist es immer der Mensch, der handelt oder unterlässt.

In der Organisation von Luhmann (1984) und auch beim viablen Managementsystem (VMS) ist die Rolle der Träger der Erwartungen. Die Realisierung wird im Strukturelement (SE2) durchgeführt, d. h. durch die Rekursion wird in jeder Struktureinheit eine strukturelle Kopplung mit der Person aufgebaut, die letztlich die Erwartung erfüllt und so wird das Modell VMS aus Abbildung 6 auf die realisierende Person zurück gespiegelt und damit strukturell gekoppelt. Das Interface dieser Kopplung ist das Rollenscript (siehe 0) und so betritt die Arbeitsperson, als Spielerin die Bühne, die für sie einen Teil ihres Lebens darstellt, den Lewin den Lebensraum nennt.

Dies ist der neue organisationspsychologische Kontext, in welchem die Person als Rollenspielerin eigene berufliche und die vorgegebenen Ziele des Unternehmens verfolgen und erreichen will, muss und kann, obwohl IKT-Systeme vielfach das Handeln bestimmen und auch übernehmen.

Der Personenkreis, der hier betrachtet wird, wurde auf den der „Wissensarbeiter" eingegrenzt (siehe 1.4), der nach der Meinung des Management-Gurus Peter F. Drucker (1909-2005) für den Wohlstand der Industriestaaten sorgen wird und dessen Vorteil in der Umsetzung seines Wissens in Leistung besteht. Zu diesem Personenkreis zählen selbstverständlich auch Führungspersonen, aber auch die Personen, die solche Systeme erstellen (IT-Spezialisten). Die angesprochene Leistung, besteht in der eigenständigen, erfolgreichen Durchführung von Arbeitsprozessen. Erfolgreich sind diese dann, wenn brauchbare Ergebnisse erzielt werden (0).

Diese Ergebniserzielung wird nun weitgehend unterstützt durch ITK-Systeme d. h. das technischer Ergebnis TE = F(UT, TAF) d. h. ein distinktes Ergebnis, welches durch die Unternehmenstechnik, in diesem Fall IT-Systeme erzeugt und als Basis für das distinkte Arbeitsergebnis (AFd) dient.

Deshalb auch diese weitschweifige Herleitung. Nun soll es mit der Person als Rollenspielerin weitergehen.

5.2.7 Ersatz von Wissensarbeit durch Digitalisierung

Schon seit Jahren findet eine fortschreitende Automatisierung von Routineaufgaben der Beschäftigten statt. Dadurch ergibt sich auch eine deutliche Abnahme von einfacher Sachbearbeitung, weil solche standardisierte, langfristig planbare Aufgaben IT-maschinell bewältigt werden. Für Arbeitspersonen bleiben individuelle oder unvorhersehbare Anforderungen, sowie traditionelle Arbeitsbereiche wie körperliche und manuelle Arbeit auf Grund spezifischer, nur schwer standardisierbarer Produktionsbedingungen erhalten. Nachstehende Abbildung zeigt die verschiedenen Automationsschübe von der industriellen Revolution im 18. Jahrhundert bis heute (21. Jahrhundert) und deren Auswirkungen auf Industrie- und Wissensarbeit.

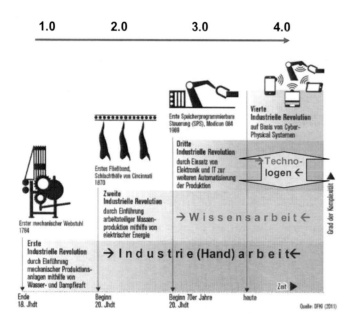

Abbildung 17 von Industrie 1.0 zur Industrie 4.0 (nach aca)

Die Wirtschaft 4.0 hat eine neue Qualität angenommen. Es geht jetzt nicht mehr um die Ersetzung von körperlich schwerer Arbeit, oder einfacher Sachbearbeitung durch Maschinen, sondern die Informationstechnik ist in der Lage einen Großteil der Wissensarbeit und somit auch Führungsarbeit zu ersetzen. Auf der Ebene der Geführten werden die Technologen, also Wissensarbeiter die sowohl Wissensarbeit als auch Handarbeit auf hohem Niveau verrichten (z. B. Chirurg und bei der hier besprochenen Digitalisierung die IT-Spezialisten als die am System Tätigen), sowie die Führungsarbeit die sich mit Entscheidungen unter Unsicherheit, kreativen Entwicklungen und Menschenführung durch Kommunikation mit der technischen Zukunft des Unternehmens befasst, weiterhin von Menschen verrichtet werden. Zunächst soll festgehalten werden, wie welche Aufgaben von der Digitalisierung betroffen sind:

1. Auf der Ebene der reinen Industriearbeit, **die Arbeiten, die sich nicht automatisieren** lassen oder die **nicht lohnt** sie zu **automatisieren.**
2. Die Ebenen der **Planungs- und Managementbereiche** sind noch nicht direkt von der Systemeinführung betroffen, allenfalls kann man von durchaus widersprüchlichen Auswirkungen auf diese hierarchische Ebenen sprechen.
3. Die **Entscheidungskompetenzen der technischen Experten** und des mittleren Operationsmanagements sind von folgenden Trends betroffen:
    a. ein Teil der ausgeführten Planungs- und Steuerungsfunktionen werden „nach unten" abgegeben,
    b. erweiterte und **neue Planungsaufgaben** werden auf diese Bereiche zukommen
4. **Planungs- und Managementebene** früher getrennte Aufgaben und Kompetenzen, beispielsweise IT- und Operationskompetenzen verschmelzen
    a. die informationstechnische Abbildung realer Geschäftsprozesse eröffnen dem Operationsmanagement neue Möglichkeiten zur Kontrolle und zur Störungsdiagnose.
5. **Kosten- und Technikbarrieren**, die früher die Sammlung und Auswertung vollständiger Informationen verhinderten, sind durch den Einsatz entsprechender IT-Systeme (Big Data) zunehmend überwunden:
    a. Dadurch können betriebswirtschaftliche Entscheidungen vermehrt auf der Basis genauer Echtzeitdaten getroffen werden.
    b. Gleichzeitig müssen neue Probleme der Speicherung und Auswertung von so großen Datenmengen behoben werden.
6. **die Wissensarbeiter, die unterstützende Leistungen erbringen** (Verwaltung), die heute bereits ohne IT-Systeme, die Aufgaben nicht durchführen, könnten dem Einsatz von künstlicher Intelligenz (KI) zum Opfer fallen.

Das oben beschriebene Szenario ist nicht neu. Wie aus Abbildung 17 ersichtlich wurde seit der ersten industriellen Revolution (Industrie 1.0) die Industrie (Hand)-arbeit durch die Wissensarbeit ergänzt und durch Maschinen ersetzt. Gleiches gilt für die Wissensarbeit im 20. Jahrhundert, durch die Einführung der Informationstechnik, die sich durch eine Digitalisierungsoffensive jetzt fortsetzt.

Führungskräfte und Geführte waren immer einem Druck ausgesetzt und sind es immer noch. Er äußert sich in Furcht vor einer ungewissen Zukunft, wegen des Fortfalls von Arbeitsplätzen und wie die Geschichte zeigt durchaus zurecht.

Diese Phase hat aber eine andere Dimension. Wie oben beschrieben werden nicht nur einige „ausführende Arbeitsplätze" sondern der Mensch als Arbeitsperson zur Disposition gestellt. Als Luhmann (1984) die Rolle (siehe 0) eingeführt hat, letztlich als Platzhalter der Arbeitsperson, deren spezielle Kompetenzen für das Unternehmen benötigt werden, hat er sicherlich noch nicht erkannt, dass viele dieser Fähigkeiten von ITK-Systemen jetzt schon oder in Zukunft übernommen werden können. Was bleibt dann? Und welche Auswirkungen haben diese Aussichten schon heute auf die Arbeitspersonen, sowohl auf Geführte als auch Führende, auch dann, wenn manche Vorhersagen sich als *„science fiction"* erweisen. An den Universitäten und Instituten weltweit wird über „künstliche Intelligenz" und auch „künstliches Leben" geforscht und es ist eine Frage der Zeit, bis hier ein Durchbruch zur Superintelligenz erzielt wird. Deren Auswirkungen sind aber noch zu weit in der Zukunft. Es geht um das hier und heute der Möglichkeiten und die geben den betroffenen Arbeitspersonen allen Grund zur Besorgnis.

5.2.8 Prinzipielle Akzeptanzprobleme der Digitalisierung

Wie gegenüber allen Änderungen, gibt es auch eine verbreitete, skeptische Haltung gegenüber den Automatisierungs- und Effizienzversprechen der Digitalisierung. Diese Vorbehalte werden begründet durch die bisherigen, oft langjährigen praktischen und widersprüchlichen Automatisierungserfahrungen beim Einsatz von IT-Systemen, sowohl in der Leistungserbringung (Produktion) als auch Verwaltung. Außerdem widersprechen die technologischen Prinzipien der dezentralen automatisierten Selbstorganisation, den weit verbreiteten organisatorischen Konzepten der Standardisierung und der durchgeführten Prozessoptimierung, mit denen vielfach eine nachhaltige Effizienzsteigerung und eine Erhöhung des Steuerungspotentials von Prozessen bereits heute schon realisiert wird. Das vorgeschlagene Konzept widerspricht außerdem den vielfach vorherrschenden Leitbildern über die Gestaltung eines effizienten Unternehmens (Organisation).

Daneben gibt es Befürchtungen wegen der Zugriffssicherheit auf die komplexen Datenbestände, die der geplanten Digitalisierung zugrunde liegen und verarbeitet werden müssen. Deren Sicherheit, gegenüber Zugriffen Dritter kann wie schon öfters berichtet, nicht generell gewährleistet werden.

Durch den Umbau der betrieblichen Planungs- und Steuerungsbereiche wird eine geänderte Kompetenzverteilung zwischen IT und Leistungserbringung generell befürchtet, wobei IT-Kompetenzen massiv an Bedeutung gewinnen und mit weiteren herkömmlichen Geschäfts-Prozess- Kompetenzen verschmolzen werden. Dadurch entstehen (Unterschiede zwischen den am System (IT) und den im System (Geschäftsprozesse) beschäftigten Arbeitspersonen.

Da durch diese Veränderungen viele Experten (Wissensarbeiter) und Führungspersonen betroffen sind, können diese Betroffenen ihre bisherige einflussreiche Position nutzen, um den schnellen Wandel zu bremsen oder gar zu blockieren.

Diese Abwehr des Kompetenzverlustes wird verstärkt durch die Furcht vor dem Kontrollpotential der digitalen Systeme und der Gefahr nun endgültig zum „gläsernen Mitarbeiter" zu werden (auch das hat die bisherige Erfahrung gezeigt). Außerdem stehen diverse Arbeitsplätze zur Disposition deren jetzige Inhaber einer ungewissen Zukunft entgegensehen.

5.2.9 Probleme der Systemeinführung

Es wird nur selten der Fall eintreten, dass die Digitalisierung eines Unternehmen (zum intelligenten Unternehmen), als Gesamtkonzept realisiert wird. Die meisten dieser autonomen, digitalen Systeme werden zunächst als Insellösungen, innerhalb bestimmter Leistungssegmente in bestehende technisch-organisatorischen Strukturen von Unternehmen, integriert. Im konkreten Einführungsfall ergibt sich dadurch ein langwieriger und aufwendiger Abstimmungsprozess zwischen den neuen Systemen, der bestehenden IT-Infrastruktur und den dafür Verantwortlichen; wobei diese Differenzen durch viele Diskussionen und den sich daraus ergebenden, komplexen Interfaces beseitigt werden müssen. Die dafür gewählte Vorgehensweise hat einen großen Einfluss auf den Entwicklungs- und Gestaltungsprozess neuer IT-Systeme und deren Einführungsprozesse bei Anwenderbetrieben. Denn erst im Verlauf der Systemeinführung konkretisiert sich in der Regel die Systemanpassung in arbeitsorganisatorischer und personeller Hinsicht. Die Einführungsprozesse für technologiezentrierte Automationskonzepte der betrieblichen Leistungserstellung, werden in der Regel vom mittleren Management initiiert und vorangetrieben.

Dieses verfolgt positions- und kompetenzbedingt bei der Systemrealisierung das Ziel, die eigenen technischen Vorstellungen zu realisieren und aufwendige Abstimmungsprozesse mit weiteren betrieblichen Bereichen oder dem Betriebsrat möglichst zu vermeiden, was zum einen die Qualität der Umsetzung beeinflusst und zum anderen die Akzeptanz der Betroffenen (Barfknecht, 2005).

5.2.10 Potenzielle Auswirkungen auf Arbeitspersonen

Wir oben bereits beschrieben wird der Mensch durch Vertrag Mitglied in dem sozialen System „Organisation" und so zur Arbeitsperson, die sich dadurch sowohl Rechte als auch Pflichten erwirbt. Durch diesen Vertrag gibt sie die zeitweise Herrschaft und damit die Macht über sich selbst an die Organisation ab. Die Vertragserfüllung geschieht in einem arbeitsteiligen Prozess, mit Hilfe technischer Systeme (z. B. IT-Systeme (allgemein), CNC-Maschinen, Roboter). Diese unterstützen die tägliche Arbeitsdurchführung, damit die geplanten Ziele erreicht werden können. Dies ist die Sicht des Unternehmens als techno-soziales System.

Aus der Sicht des Menschen, der so zur Arbeitsperson wird, stellt das Unternehmen die Möglichkeit dar, seine Existenz zu sichern und so seinen Lebensentwurf zu realisieren. Durch den Arbeitsvertrag bindet er sich an das Unternehmen und unterwirft sich für die Arbeitszeit den Werten und Normen, d. h. er gibt in dieser Zeit seine Freiheit an das Unternehmen ab. Dadurch, dass er sich quasi unterwirft, erwartet er im Gegenzug seine Zukunftssicherung. Er fordert die Sicherheit, die das Unternehmen durch eine erfolgreiche Vergangenheit suggeriert, auch für seine Zukunft ein und je länger er für das Unternehmen gearbeitet hat, desto mehr verlässt er sich auf diese vermeintliche Sicherheit. Je nach Standort des Unternehmens, Ausbildung und Alter der Arbeitsperson wird diese auch immer wichtiger, weil auch die gesellschaftlichen Sicherungssysteme (Politik, BfA, Gewerkschaft etc.) keine Sicherheit bieten können, sondern bestens Falls den Missstand aufzeigen. Unter diesen Umständen ist es natürlich, dass unter den Betroffenen oder vermeintlich Betroffenen die „Furcht vor der Zukunft" um sich greift, zumal die begleitende Kommunikation zu Digitalisierungsprojekten nicht immer optimal gestaltet wird. Die Folge davon, sind nicht nur negative Emotionen (von Furcht bis Wut) sondern auch ein Leistungsabfall der sich auf die Realisierung der Systeme und dann auch auf die erwarteten Ergebnisse auswirkt, die nicht wie geplant ausfallen. Nach Damasio (2003) dienen diese Reaktionen dazu, der Person ein Überleben in einem Zustand des Wohlbefindens, d. h. ohne körperliche oder seelische Schmerzen, zu sichern (Damasio, 2003 S. 49-50).

5.2.11 Auswirkungen auf das Führungshandeln

Da diese Reaktionen für alle betroffenen Arbeitspersonen gleichermaßen gilt wirken sie sich ebenfalls auf das Führungshandeln aus. Dabei muss bedacht werden, dass die Führungskraft dafür sorgen muss, dass die Ziele ihres Bereiches erreicht werden. Ihre Zielerreichung hängt somit größtenteils von den Arbeitsergebnissen der Geführten ab. Wobei nach Lewin (1982) die Ziele als Quasi-Bedürfnisse angesehen werden können. Geht man davon aus, dass die Zielerreichung für die Führungskraft mindestens für die Erfüllung des Arbeitsvertrages, wichtig ist, können folgende Situationen eintreten:

Der Führungskraft werden Ziele zugeordnet, die sie persönlich im Rahmen ihrer Führungsrolle nicht erreichen kann oder will, und es entsteht ein Zielkonflikt mit den Vorgesetzten. Die Führungskraft wird bei ihrer Zielerreichung von den Kollegen (Peers) nicht unterstützt oder behindert oder die Geführten können oder wollen die ihnen zugeordneten Ziele nicht erreichen. Die Frage, die sich dann stellt, ist, wie die Führungskraft darauf reagiert. Zunächst muss hierbei festgestellt werden, dass es sich bei der Führungskraft um eine Person handelt, die sich so verhalten wird, wie andere Personen auch, wenn sie vor einer Barriere (Hindernis) stehen, die eine Zielerreichung in Frage stellt. Deshalb können zunächst die allgemeinen Forschungsergebnisse auch auf diese Situation angewendet werden.

Zusätzlich stellen sich für die Führungskraft, bedingt durch die digitale Transformation und durch die daraus resultierenden Organisationsanpassungen, neue zusätzliche Herausforderungen. Diese sind als Additiv, zu den bereits vorhandenen Problemen zu sehen.

5.2.12 Führungskraft oder Führungsperson?

Im angloamerikanischen Sprachgebrauch wird zwischen Manager und Leader unterschieden. Im Deutschen ist die Übersetzung von Leader missverständlich, denn sie bedeutet Führer für die Person und Führerschaft (Leadership) für die Durchführung des „Führens". Im Deutschen meint Führer nicht die Autorität die einen „Führer" als Mensch auszeichnen kann, sondern eine autoritäre bis diktatorische

Führungsweise (der starke Mann). Deshalb wähle ich als Übersetzung für Manager den Begriff „Führungskraft" und für Leader den Begriff „Führungsperson". Nachstehende Tabelle soll die Unterschiede von Management und Leadership deutlich machen,

Beschreibung	Management	Leadership
Beziehung	Subjekt-Objekt	Subjekt-Subjekt
Beziehungsart	asymmetrisch	symmetrisch
Basis	Machtausübung	Kooperation
Beziehungsposition	ist immanent und kann genau dargelegt werden	transzendent und es ist nicht möglich diese genau dazulegen.
Basisannahmen	Strategie, Dominanz, Controlling, Führung, Instruktion, Frage, Anweisungen, Befehle und Drohungen, Gehorchen, Übernahme, Akzeptanz der Autorität, Ungleichheit.	Dialog, Unterrichten, Frage, Anreiz, Übereinkunft, Einfühlungsvermögen, Identifizierung mit, Verstehen, Gegenseitigkeit, Solidarität
Legitimation	wenige Fragen zur Legitimation	Legitimation kann absolut hinterfragt werden
Handlungsraum	eingegrenzt, formatiert	freier Handlungsraum
Handlungszeit	streng eingegrenzt (autoritative Logistik)	offene, freie, interessante Zeit (organische Logistik)
Organisation	formal	informell
Herkunft	naturwissenschaftlich	sozialwissenschaftlich

Tabelle 6 Vergleich Manager und Leader (siehe Kirkeby, 2000)

Wobei ich Führungskraft durch einen durchgängig eher autoritären Führungsstil mit Macheinsatz kennzeichne (Anweisung, Befehl und Gehorsam, Militär) die Führungsperson dagegen durch einen kooperativen (Erklärung, Diskussion, Lernen, Moderation, Demokratie). Da sowohl Persönlichkeit, Sozialisation als auch die gegebene Führungssituation über den Führungsstil entscheidet muss auf den dominierenden Führungsstil abgehoben werden. Das bedeutet, dass jede Arbeitsperson mit Führungsaufgaben sowohl autoritäre als auch demokratische Anteile im situativen Führungsstil zeigt. Es kommt darauf an, welche prinzipiell dominieren. Bei der Führungskraft (Manager) dominieren die autoritären und bei der Führungsperson (Leader) die demokratischen in kritischen Situationen. Deshalb beziehe ich mich in weiteren Verlauf der Analyse auf Führungspersonen, weil in einer techno-sozialen Organisation ein autoritärer Führungsstil langfristig gesehen, scheitern wird.

5.3 Managementethik im techno-sozialen Unternehmen

Es ist noch die Frage zu klären, wie es möglich gemacht werden kann, zum einen moralische Normen zu formulieren, die in einem viablen Unternehmen befolgt werden sollen, und zum anderen das Handeln im Unternehmen (wirtschaftliches Handeln) und speziell das Führungshandeln durch diese Werte und Normen zu steuern. Dabei soll die Ethik als Orientierungsphilosophie zur Lösung von Entscheidungsproblemen dienen, was bedeutet, dass zunächst das oberste Prinzip der Ethik festgelegt werden muss, das auf jeden Fall befolgt werden soll. Hierbei muss zwischen Moral und Ethik unterschieden werden. Moral ist das Einhalten von Gesetzen und Regeln. Ethik ist ein selbst gewähltes Grundprinzip, das in jeder Entscheidung zur Anwendung gebracht wird, was aber jeweils zusätzlichen Energieeinsatz erfordert.

Dabei muss die Aufgabe der Führungskraft zu Grunde gelegt werden, die darin besteht eine doppelte Optimierungsstrategie zu verfolgen (siehe 0). Sie muss den funktionalen Aufwand ihres Bereiches und gleichzeitig auch den sozialen, der durch Menschenführung entsteht, optimieren. Den Aufwand, das funktionalen Systems zu optimieren geschieht nach Brauchbarkeitserwägungen und den des sozialen Systems nach Nützlichkeitsaspekten. Diese beiden Begriffe müssen näher definiert werden.

Brauchbarkeit ist Ausprägung der instrumentellen Vernunft (Rationalität) wobei ein Minimum an Aufwand ein Optimum an Ertrag erbringen soll. Daraus ergibt sich der Auftrag zur Rationalisierung und Automation durch digitale Transformation. Nützlichkeit ist die Ausprägung der kritischen Vernunft (Sozialität). Hier ist das Kriterium die Unterscheidung zwischen, tatsächlichem und vermeintlichem Guten.

„Ethisch gut ist die Eigenschaft eines Systems, einer Person, einer Entscheidung, eines Handelns, einer Orientierung oder einer Weltanschauung etc., die insgesamt eher Leben in allen Dimensionen (physisch, sozial, emotional, rational religiös etc.) mehrt und freisetzt als es mindert:" „Wir brechen mit diesem Biophilie-Postulat als dem universellsten inhaltlich ethischen Prinzip mit der europäischen Tradition der Neuzeit (der „Moderne"), die in ihrem individualphilosophischen Ansatz die menschliche Person zum Selbstzweck alles ethischen Handels machte" (Lay 1989, S. 16).

Es geht also nicht nur darum, dass der Mensch moralisch gut handelt, sondern dass das soziale System, in diesem Fall die Unternehmung, Sorge dafür trägt, dass ein moralisches Verhalten, in dem oben genannten Sinne, überhaupt möglich ist und auch entsprechend gesteuert werden kann. Was bedeutet dies jedoch für die anstehende digitale Transformation, die die Aufgabe hat, das Unternehmen zukunftsfähig zu machen und es dabei in ein techno-soziales System umzuwandeln. Wenn hier das oben genannte Biophiliepostulat (Rupert Lay, 1989) angewendet werden soll, muss folgendes überlegt werden: *„Wie können wir die unternehmerische Zukunft (siehe 5) gestalten, um sowohl für Mitarbeiter und als auch für das Unternehmen* *zufrieden stellende Lösungen zu schaffen"?* Damit werden die Interessen der Mitarbeiter und des Unternehmens gewahrt, aber auch Grenzen gezogen. Zunächst soll zuvor das „wie" des Führens nachstehend kurz angesprochen werden.

5.3.1 Die Verantwortung der Führungsperson

Aus dem zuvor Gesagten ergeben sich für die Führungspersonen eines Unternehmens Aufgaben, die die oben besprochene doppelte Optimierungsstrategie ergänzen, um so ein moralisches Wirtschaftshandeln sicherzustellen. Dabei wird davon ausgegangen, dass die Führungsperson die Unternehmung als technosoziales System ansieht und dementsprechend führt. Das oben besprochene „Biophilie-Postulat" soll als oberstes Ethikprinzip gelten und die Führungsperson hat die Verantwortung dafür zu sorgen, dass es, in ihrem Bereich, umgesetzt werden kann. Dies bedeutet, dass Unternehmensethik (UE) in der Unternehmenskultur (UK) verankert und mit der Unternehmenspolitik (UP) umgesetzt wird (siehe Abbildung 8) Generell müssen dabei folgende Punkte umgesetzt werden.

1. Führungspersonen müssen Macht abgeben und die Eigenverantwortung und Autonomie der Geführten fördern
2. Gezielte Auswahl der Führungspersonen, die neben den fachlichen und qualitativen Kompetenzen auch die sozialen Kompetenzen berücksichtigt.
3. Erstellung von ethischen Rahmenrichtlinien, die, ähnlich einen QMS, verbindliche Regeln für das ethische Verhalten aller und besonders der Führungskräfte festlegen.
4. Strukturen aufbauen, die sowohl die Zielerreichung als auch ein ethisches Verhalten möglich machen und Fehlverhalten bestrafen (Compliance/Integrity).

Die Umsetzung der vorgenannten Punkte initiiert einen Wandel innerhalb des Unternehmens und es muss dabei immer die doppelte Optimierungsstrategie beachtet, nämlich sowohl die Brauchbarkeit als auch die Nützlichkeit eines erzielten Ergebnisses gewährleistet werden.

5.3.2 Macht durch Kooperation und Vertrauen ersetzen

Durch die Digitalisierung wird es für Führungspersonen zunehmend schwerer, das für eine Aufgabendurchführung relevante Wissen zu besitzen, um Geführte im Detail anleiten und kontrollieren zu können. Es ist außerordentlich schwer, geeignete

Arbeitspersonen zu rekrutieren und für Unternehmen in ihrer jetzigen Organisationsstruktur zu begeistern. Deshalb ist es nötig, Geführte stärker denn je dazu zu befähigen, selbstständig zu arbeiten. Dies erfordert zunächst einmal Vertrauen in die Geführten.

Es müssen Strukturen eingeführt werden, die allen Arbeitspersonen Einfluss auf das Unternehmen, die Arbeit im Unternehmen und die Formen der Zusammenarbeit gewähren. Geführte sollen an (strategischen) Entscheidungen beteiligt werden, ihre Führungspersonen selbst wählen, aber sie sind auch, finanziell am Unternehmen beteiligt.

Auch andere Facetten organisationaler Demokratie, wie beispielsweise die Mitgestaltung betrieblicher Rahmenbedingungen durch Ausschüsse oder eine hohe Arbeitsgestaltungsautonomie, werden überaus positiv bewertet.

Das bedeutet eine zunehmende Bedeutung von Inspiration, Motivation und Vorbildfunktion von Führungspersonen und das ausgediente „Command-and-Control" als Führungsprinzip wird durch kooperative Führung ersetzt, wobei die Führungsperson den Sinn der Arbeit nach außen transportieren und mit bestem Wissen und Gewissen vorleben sollte. Dies bedeutet kooperative Führung als eine Anforderung an Führungspersonen der digitalen Zukunft.

5.3.3 Kompetenzen der Führungspersonen

Bei der Auswahl der Führungsperson muss deshalb neben der fachlichen Qualifikation und der Erfahrung auch die soziale Kompetenz treten, was bedeutet, dass auch die Persönlichkeitsmerkmale wie Ausgeglichenheit, Teamfähigkeit, Führungsmotivation und Kommunikations- und Konfliktfähigkeit geprüft werden müssen.

Da es sich bei der Unternehmung um ein techno-soziales System handelt und daher das basale Element des Systems die Kommunikation ist, ist Kommunikations- und Konfliktfähigkeit unabdingbar, auch vor dem Hintergrund, dass Geführte nur über entsprechende Kommunikation zum Erfolg geleitet werden können.

Dieser Erfolg kann nur über Teamarbeit erzielt werden, wobei die Führungsperson auch die entsprechende Motivation mitbringen muss, ständig die Teamprozesse im Hinblick auf Brauchbarkeit und Nützlichkeit zu optimieren.

Neben der herkömmlichen Face to Face Führung, wird durch die Digitalisierung die Führung auf Distanz immer relevanter, weil Geführte ihren Arbeitsalltag flexibler gestalten und im Homeoffice oder sonst wo arbeiten können, Konzerne immer internationaler werden und daher Teams öfters rund um den Globus verstreut sind. Es sind jetzt Teams zu koordinieren und zu steuern, mit denen man sich nicht einfach kurz face-to-face treffen kann. Das bringt neue Herausforderungen mit sich, wie die höhere Notwendigkeit von „Zeitzonenmanagement" und die Frage, über welche Kanäle gerade schwierige Themen an die Teammitglieder kommuniziert werden sollten.

Der Aufbau von Loyalität und Bindung zwischen den oft weit voneinander entfernten Teammitgliedern stellt besondere Anforderungen an Führungskräfte. Durch die notwendige Kommunikation über verschiedene Medien spielen bei Führung auf Distanz auch die IT-Kompetenzen von Führungskräften

eine immer wichtigere Rolle. Nachstehend werden die Anforderungen an die Kompetenzen der Führungsperson dargestellt.

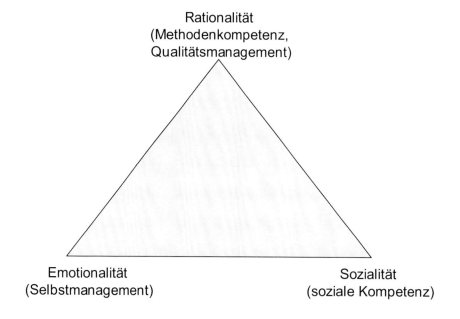

Abbildung 18 Ideal-Gleichgewicht der Persönlichkeitsmerkmale einer Führungsperson dargestellt nach Lay (1999)

Rationalität: Neben der Methodenkompetenz und des Qualitätsmanagements muss ein grundlegendes Verständnis für die Informationstechnik (Informatik) vorhanden sein, was nicht bedeutet, dass ein MINT-Studium oder Programmierkenntnisse vorhanden sein müssen, aber ein intensives Befassen mit den Grundlagen der Informationsverarbeitung ist notwendig.

Emotionalität: Damit ist zunächst die wertschätzende Hinwendung zu den Geführten aber auch zu sich selbst gemeint. Dies führt dann zum Selbstmanagement, welches dazu dient, die Dauer und Intensivität der eigenen Arbeit als Führungsperson einzuschätzen, aber auch die Grenzen des eigenen Wissens zu erkennen, zu akzeptieren und ständig zu erweitern.

Sozialität: Führung ohne soziale Kompetenz ist in der Zeit des Wandels durch digitale Transformation und deren Auswirkungen nicht mehr denkbar. Dies zielt vor allem auf die kommunikative Kompetenz ab, die umso wichtiger wird, je weniger körperliche Anwesenheit, der am kommunikativen Prozess Beteiligten (Team), möglich ist (Homeoffice, Videokonferenzen etc.) (siehe 0). Deshalb muss hier nochmals die Wertschätzung gegenüber allen Personen (Stakeholder, Shareholder, Arbeitspersonen) betont werden.

Um den gewünschten Führungsstil im Unternehmen zu entwickeln, können Führungspersonen in psychologischen Assessments getestet werden, inwieweit die gewünschten Merkmale bereits vorhanden sind. Aufbauend auf diesen Ergebnissen werden dann entsprechende Trainings-Programme als Workshops oder Einzelunterweisungen durchgeführt werden, um die bebötigten Kompetenzen bei Führungspersonen gleichmäßig zu entwickeln.

5.3.4 Ethische Rahmenrichtlinien

Die ISO 26000 ist ein Leitfaden, der Orientierung und Empfehlungen gibt, wie sich Organisationen jeglicher Art verhalten sollten, damit sie als gesellschaftlich verantwortlich angesehen werden können.

Als wesentliche Praktiken zur Verankerung gesellschaftlicher Verantwortung macht die ISO 26000 zwei Punkte aus, zum einen die Anerkennung der gesellschaftlichen Verantwortung und zum anderen die Identifizierung und Einbringung der Anspruchsgruppen.

Aus diesen Punkten werden die Kernpunkte abgeleitet, die nach dem Wirkungsverhältnis (innen/außen) gegliedert sind. Im Innenverhältnis liegen die Schwerpunkte auf Organisationsführung, Beachtung der Menschenrechte und der Arbeitspraktiken. Im Außenverhältnis müssen Umweltverträglichkeit, faire Betriebs- und Geschäftspraktiken, Konsumentenanliegen, und die Einbindung und Entwicklung der Gemeinschaft beachtet werden.

Das Kernthema Organisationsführung nimmt insoweit eine Sonderstellung ein, dass es selbst Kernthema ist und andererseits aber auch Voraussetzung für die anderen sechs Kernthemen. Zu jedem Kernthema führt die ISO 26000 Handlungsfelder an und stellt dazu entsprechende Handlungserwartungen an gesellschaftlich verantwortliche Organisationen auf.

Um ein solches Wertmanagementsystem einzuführen, müssen folgende Prozesse durchgeführt werden.

Es müssen zunächst Verhaltensstandards definiert, ein Unternehmensleitbild beschrieben und der Geschäftsbericht um ethische Aspekte ergänzt (Transparenz) werden. Die Ergebnisse werden dann zu einem Wertemanagementsystem verknüpft. Dabei werden entsprechende Regeln und Werte der relevanten Institutionen und des kollektiven Bewusstseins mit in die Unternehmensverfassung/das Wertmanagementsystem integriert, sowie die bereits bestehenden Regeln und Werte der Unternehmung, die durch die ISO-Vorgaben entsprechend strukturiert werden.

5.3.5 Kontrollstrukturen

Es reicht bei weitem nicht aus, eine Unternehmensverfassung (Code of Conduct) oder Ähnliches zu entwickeln. Die Unternehmung muss die Möglichkeit haben die Einhaltung der zuvor beschriebenen Regeln zu erzwingen, indem bei Nichtbeachtung negative Sanktionen verhängt werden können.

Deshalb muss regelmäßig überprüft werden, ob die Regeln, die in der Unternehmensverfassung festgeschrieben sind, von den Führungs- und Arbeitspersonen auch eingehalten werden. Hierzu kann auf die Konzepte von Compliance oder Integrity zurückgegriffen werden.

Compliance bedeutet Regelkonformität und wird verwendet, um die Einhaltung der rechtlichen Normen und der eigenen (Unternehmens-) Regeln zu kontrollieren. Die Sicherstellung erfolgt durch organisatorische Maßnahmen. Compliance stützt sich auf deontologische Ethik („Deon" bedeutet das Erforderliche, die Pflicht) und wird realisiert in der formalen Ethik von Kant. Dementsprechend muss Handlung an sich moralisch sein.

Integrity oder Integrität bedeutet die Fähigkeit und die Bereitschaft zu eigenem verantwortlichem Handeln der Arbeitspersonen. Integrity ist gegenüber Compliance bei der teleologischen Ethik angesiedelt („Telos", das Ziel). Es handelt sich um eine materiale Ethik, wie sie von Aristoteles vertreten wurde. Hierbei steht das zu erreichende Ziel im Vordergrund des Handelns.

Der Compliance Ansatz setzt somit an äußeren Vorgaben und Beschränkungen (Gebote und Verbote) an und nicht an Handlungsgründen. Damit wird kein Klima vorbildlichen Verhaltens gefördert, sondern eine Kultur, die ethischen Fragen letztlich gleichgültig gegenübersteht.

Das Integrity-Konzept verfolgt das Gegenteil des Compliance-Ansatzes und setzt auf intrinsische Motivation, d.h. die Werte der Mitarbeiter werden als Grundlage für Entscheidungen im Unternehmen herangezogen. Dadurch wird das bereits bestehende moralische Verhalten herangezogen, um es in den Unternehmenswerten zu verankern, dazu werden organisatorische Maßnahmen getroffen, die zu moralischem Handeln führen sollen.

Zu einer „Integritätsstrategie" gehört es, „Compliance-Aktivitäten zu überwachen", was bedeutet, dass Integrity Compliance braucht, womit klar wird, dass die Sicherstellung der Einhaltung geltenden Rechts selbstverständlich auch im Integrity-Ansatz nicht etwa überflüssig wird.

5.3.6 Fazit zur Managementethik

Die Managementethik geht davon aus, dass das wirtschaftliche Handeln auch ethischen Prinzipien folgen muss, wenn die Entscheidung zwischen Gütern zu treffen ist, wovon mindestens eines ein moralisches sein muss (z. B. Personalentscheidung).

Jede Führungsperson, in ihrer Beispielsfunktion, ist zunächst in der Pflicht nach dem höchsten ethischen Gut, nämlich der Menschenwürde (Wertschätzung) zu handeln, was sich in dem vorgenannten „Biophilie-Postulat" ausdrückt und muss dafür sorgen, dass dieses Ethikprinzip in ihrem Führungsbereich umgesetzt wird. Dadurch wird gewährleistet, dass es im gesamten Unternehmen durchgesetzt wird.

Dies beginnt bei der Personalauswahl, wobei das spätere moralische Verhalten nicht exakt vorhergesagt werden kann. Testergebnisse bringen jedoch ein sinnvolles Ergebnis, wenn sie durch entsprechende Interviews verifiziert werden. Allerdings gilt es auch hier die Entscheidung zu treffen, ob die fachliche Expertise für die entsprechende Position nicht wichtiger ist als soziale Kompetenz, die dann später noch entwickelt werden kann.

Den ethischen Richtlinien kann die Norm ISO-DIN 26000 zu Grunde gelegt werden, um alle Kernthemen abzudecken, wobei hier der Unternehmensführung eine hervorragende Rolle zugedacht ist. Niedergelegt werden die Werte und Normen in der Unternehmensverfassung (Wertmanagement, Leitlinien). Diesen Werten und Normen ist das Handeln im Unternehmen verpflichtet und sie prägen letztlich auch die Unternehmenskultur.

Letztlich ist es die Person, die handelt oder unterlässt und es muss sichergestellt werden, dass sich alle an die festgelegten Normen und Werte anpassen und in ihren Entscheidungen auch die ethische Dimension nicht vergessen, gerade dann nicht, wenn der eigene Erfolg von einer solchen Entscheidung abhängt. Deshalb muss die Befolgung dieser Normen und Werte auch kontrolliert werden. Dazu wurden die Konzepte der Compliance und Integrity vorgestellt, wobei das eine ohne das andere nicht sein kann.

Denkbar wäre hier ein Ansatz, der in einem Prozess der ständigen Verbesserung (SVP), auch die ethischen Aspekte bei der Prozessoptimierung mit bedenkt und sich der Frage stellt, welche Auswirkungen die Optimierung der Prozesse auf die Managementethik haben.

Denn Managementethik ist die schwierige Kunst, Ökonomie und Moral in der Entscheidung der Unternehmen so zu balancieren, dass man das, was man moralisch wollen soll, auch ökonomisch wollen kann und umgekehrt. Viel häufiger als auf das schlechthin Gute und Schöne wird man dabei auf Dilemmata und tragische Entscheidungen stoßen. Nicht das schlechthin Gute ist das Ziel der Managementethik, sondern das moralisch Bessere (Wieland, 2001).

6 Hindernisse auf dem Weg zum Erfolg

Bisher wurde die Theorie des Unternehmens als viables System entfaltet, das nach kybernetischen Grundsätzen konstruiert ist und somit die Basis für die Kommunikationsarchitektur und die digitale Transformation der Organisationen bildet. Der Mensch als psychosoziales System bildet eine seiner Umwelten. Bei der Beschreibung des „viablen Management-System VMS" steht das System Unternehmen im Mittelpunkt der Überlegungen. Der Mensch als Person wird dabei ausgeblendet.

Die Systemelemente kumulieren die Erwartungen auf die jeweiligen Elemente. Diese entsprechen somit den Rollen, wie von Luhmann (1984) definiert (siehe 0) und bereits oben beschrieben.

Die Rollenposition definiert welche Position die Rolle im Unternehmen einnimmt. Deren theoretische Grundlage und Funktionen wird ebenfalls beschrieben (siehe 0 und 0),

Die fünf Struktur-Elemente (SE) bilden mit den Relationen (Beziehungen) zueinander die Informationsverarbeitung innerhalb der Organisation ab. Damit definiert das VMS nicht nur die Rollenpositionen, sondern auch die Rollenbeziehungen, als kommunikative Verknüpfung (siehe 0) zwischen den einzelnen Systemelementen. Da die Erwartungen der Rollen durch die jeweilige Rolleninhaberinnen erfüllt werden müssen, definieren diese Verknüpfungen auch gleichzeitig die professionellen Lebensräume der handelnden Personen (siehe hierzu Abbildung 11). Wie zuvor beschrieben und aus vorgenannter Abbildung hervorgeht, werden jetzt schon viele Aufgaben von IT-Systemen durchgeführt.

Durch die Rekursivität wiederholt sich diese Struktur auf jeder Ebene. Die jeweiligen Realisierungselemente (SE1) stellen die strukturelle Kopplung (Rückspiegelung) zu den jeweiligen Rolleninhabern (Rollenspieler) her und bilden den Übergang zu den agierenden Personen.

Für diese ergeben sich die Aufgaben aus der Rolle und den Erwartungen, die an diese gerichtet sind (siehe 0). Damit richtet sich jetzt das Augenmerk auf die Person und ihr Denken, Fühlen und Handeln beim Führen, d. h. Spielen der Rolle, besonders dann, wenn bei der Zielerreichung Schwierigkeiten auftreten.

Die fünf Struktur-Elemente (SE) bilden mit den Relationen (Beziehungen) zueinander die Informationsverarbeitung innerhalb der Organisation ab. Das VMS definiert so nicht nur die Rollenposition, sondern auch die Rollenbeziehungen, als kommunikative Verknüpfung (siehe 0) zwischen den einzelnen Systemelementen. Da die Erwartungen der Rollen durch die jeweilige Rolleninhaberinnen erfüllt werden müssen, definieren diese Verknüpfungen auch gleichzeitig die professionellen Lebensräume der handelnden Personen (siehe hierzu Abbildung 11).

Führungspersonen agieren in einem dynamischen Kraftfeld und sind daher stets mehreren teils konvergierenden, teils divergierenden Kräften unterschiedlicher Stärke ausgesetzt. Ihr Bemühen, ihre Ziele zu erreichen wird daher von den jeweiligen Zuständen dieses Kraftfelds beeinflusst. Diese Einflüsse können hinderlich oder förderlich sein (siehe Lewin 1982). Im Rahmen dieser Studie interessieren die hinderlichen Einflüsse. Hier sollen zwei Hindernisformen unterschieden werden. Einerseits Hindernisse, die in den Aufgabenstellungen, d. h. den zu erreichenden Zielen liegen und andererseits solche die in der Führungsperson begründet sind. Das Verhalten hängt gemäß der Feldtheorie (Lewin, 1982) weder von der Vergangenheit noch von der Zukunft ab, sondern von dem gegenwärtigen Feld. Dieses hat jedoch eine zeitliche Tiefe und schließt damit die psychologische Vergangenheit (Sozialisation), Gegenwart (Situation) und Zukunft (Lebensentwurf, Ziele) mit ein, wenn sie eine Dimension des Lebensraumes bilden (siehe Lewin, 1982, S. 68). Da ich für das Verhalten, (hier: Führungsverhalten = Führungshandeln), die Formel von Lewin **V = F (P, U)** zu Grunde lege, stellen beides Barrieren in ihrem Erfolgsstreben dar. Im ersten Fall liegt das Hindernis in der Umwelt, im zweiten in der Person selbst. Deshalb soll zunächst geklärt werden, wie Hindernisse erkannt werden und welches Verhalten sie auslösen können. Eine mögliche Erklärung bietet die nachfolgend kurz beschriebene Konsistenztheorie von Klaus Grawe (2004).

6.1 Erkennen der Hindernisse

Grawe (2004) geht davon aus, dass jede Person nach der Erfüllung ihrer Grundbedürfnisse strebt und somit ihr Verhalten, ob bewusst oder unbewusst darauf ausrichtet. Dabei werden Signale mit der Umgebung ausgetauscht, die Ergebnisse des Verhaltens zurückmelden. Um festzulegen, ob das Ziel erreicht wurde oder nicht wird ein Komparator[36] (Grawe, 2004; S. 237) aktiviert, der auf neuronaler Ebene (Systemebene) prüft, ob Kongruenz oder Inkongruenz vorliegt. Diese Signale sind

---

[36] Eine elektronische Schaltung, die zwei Spannungen vergleicht. In unserem Falle handelt es sich darum, Ziel und Ergebnis zu vergleichen

Kongruenzsignale wobei zwischen positiven (Ziel erreicht = Konruenz) und negativen (Ziel verfehlt = Inkongruenz) Ergebnissen unterschieden wird. Diese führen zu den entsprechenden Emotionen (positiv/negativ) und Reaktion. Der Misserfolg (Inkongruenz) kann folgende Ausprägungen haben:

➢ Annäherungsziel = das gewünschte tritt nicht ein = Annäherungsinkongruenz
➢ Vermeidungsziel = das nicht gewünschte tritt ein = Vermeidungsinkongruenz

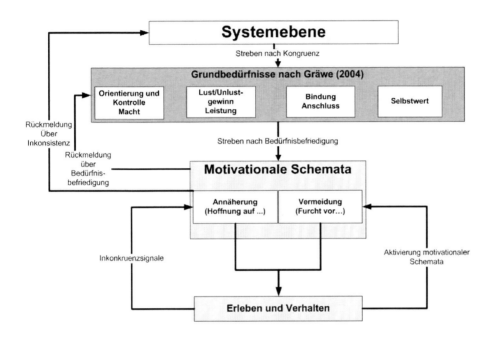

Abbildung 19 Konsistenzmodell nach Grawe (2004)

Wenn beide Tendenzen (Annäherung und Vermeidung) sich gegenseitig hemmen, entspricht das der motivationalen Diskordanz[37]. Das führt zu Inkongruenz und damit zu intrapsychischen Konflikten.

Weil sie mit der Aktivierung wichtiger Ziele verbunden ist, werden dabei starke Emotionen ausgelöst. Ein hohes Inkongruenzniveau entspricht höchst komplexen Emotionen. Die Inkongruenz wird dann zur Inkonsistenz, die sich wiederum auf das Verhalten und Erleben auswirkt. Somit gibt es zwei Ziele: Streben nach Kongruenz und nach Konsistenz. Konsistenz bedeutet, dass sich gleichzeitig aktivierten Prozesse der Verhaltenssteuerung nicht gegenseitig behindern. Bei gegenseitiger Behinderung = Inkonsistenz kommt es zur zusätzlichen Inkongruenz, d. h. Die Grundbedürfnisse werden nicht befriedigt.

---

[37] Diskordanz = Nichtvereinbarkeit mehrerer Ziele = motivationale Tendenzen

6.1.1 Konsistenz und Konsistenzregulation

Inkonsistenz bedeutet die Unvereinbarkeit von psychischen Prozessen, die gleichzeitig ablaufen. eine Form der Inkonsistenz, die in der Psychologie gut untersucht ist, ist die kognitive Dissonanz (Festinger, 1957). Dies ist ein unangenehmer, schädlicher Zustand, der möglichst schnell beendigt werden sollte. Hierzu gibt es vier Möglichkeiten:

1. Entfernen (Vermeiden, Verdrängen) von dissonanten Kognitionen
2. Hinzufügen neuer Kognitionen
3. Reduktion der Wichtigkeit von dissonanten Kognitionen und
4. Erhöhung der Wichtigkeit konsonanter Kognitionen

Konflikte führen zur Inkonsistenz Die Form der Inkonsistenz, die hier untersucht wird, ist der Misserfolg. Inkonsistenz in welcher Form auch immer wirkt sich negativ auf das Wohlbefinden der Person aus. Es ist davon auszugehen (Grawe, 2004), dass Menschen nach Konsistenz streben, um Wohlbefinden zu erreichen. Dazu muss die Konsistenz gesichert werden. Die einzelnen Ebenen werden in Abbildung 19 dargestellt.

6.1.2 Systemebene

Unter Systemebene versteht Grawe die Gehirn-Systeme, die das Verhalten der Person steuern. Dabei handelt es sich sowohl um das Bewusstsein mit den Gedächtnisstrukturen als auch den entsprechenden Prozessen, die beim Verhalten involviert sind. Der Auslöser für die entsprechenden Aktivitäten ist die Meldung über eine Inkonsistenz, die wiederum durch eine Inkongruenz bei der Bedürfnisbefriedigung entstanden ist. Wobei davon ausgegangen wird, dass jede Person die folgenden Grundbedürfnisse hat. Bei diesen Grundbedürfnissen handelt es sich um:

➢ Bedürfnis nach Orientierung, Kontrolle und Kohärenz
➢ Bedürfnis nach Lust
➢ Bedürfnis nach Bindung
➢ Bedürfnis nach Selbstwerterhöhung

6.1.3 Grundbedürfnisse

Mit dem Bedürfnis **Orientierung** ist gemeint, dass die Person einen Überblick über die Situation hat. Für eine Führungsperson kann es unerträglich sein, nicht zu wissen wo sie steht und was zu tun ist, um die Situation in den Griff zu bekommen. Die Klarheit hierüber stellt eine positive Erfahrung in Bezug auf das **Kontrollbedürfnis** dar. Beides zusammen, hat einen positiven Effekt auf die Selbstwirksamkeit der Führungsperson.

Bindung: Unter Bindung wird das Verhalten zwischen Bezugspersonen verstanden. Es wird im Rahmen der Sozialisation erlernt und besteht über das Leben hinweg. Für den professionellen Lebensraum bedeutet dies, dass Personen mit sicherem Bindungsverhalten anderen Personen zunächst mit Vertrauen, Personen mit unsicherem Bindungsverhalten anderen Personen eher mit Misstrauen begegnen. Es beeinflusst das Führungsverhalten, was sich bei Inkongruenz entsprechend ausdrückt.

Lustgewinn und Unlustvermeidung: Im Rahmen dieser Untersuchung kann man konstatieren, dass alle Arbeitspersonen, in welcher Rolle auch immer, danach streben positive Zustände (Ergebnisse) zu erreichen und negative zu vermeiden. Sie hängen eng zusammen mit den Annährungs- und Vermeidungsverhalten.

Selbstwerterhöhung und Selbstwertschutz: Zum Selbstwertbedürfnis gehört in erster Linie das Bewusstsein von einem „Selbst", das Selbstbewusstsein (siehe S.), das nur den Menschen eigen ist. Selbstwertreaktionen sind in hohem Maße subjektiv. Negative Erfahrungen die bezüglich Bindungs- und Kontrollbedürfnis bereits in einer frühen Entwicklungsstufe gemacht werden, können starken Einfluss auf das spätere Selbstwertgefühl haben.

6.1.4 Motivationale Schemata

Sie werden von der Person im Laufe ihres Lebens entwickelt, um Grundbedürfnisse zu befriedigen.

Schemata sind lt. Thomae (1988) Grundlagen der Selbstüberwachungssysteme, die Kenntnisse über die Welt und das eigene Selbst einschließen. Die Funktionen sind: Bereitstellung von Kriterien für Aufmerksamkeitsregulierung, Kodierung, Speicherung und Wiederabruf von Informationen in einem bestimmten Bereich. Schemata erlauben es Reize schnell zu identifizieren und zu kontrollierbaren Einheiten zusammenzufassen. (Thomae, 1988; S.17-18).

Demnach sind motivationale Schemata, solche von Motiven ausgelöst werden. Dies bedeutet, dass wir es hier mit Schemata zu tun haben, die sowohl eine annähernde als auch eine vermeidende Funktion haben können. Diese motivationalen Schemata werden in der Sozialisation geprägt. Dies bedeutet, wenn eine Person in einer Umgebung aufwächst in der sie ihre Grundbedürfnisse befriedigen kann, dann wird sie annähernde Motive entwickeln und hat so positive Befriedigung durch Zielerreichung. Sie wird eine differenzierte Handlungsstrategie zur Zielerreichung unter schwierigen Bedingungen entwickeln. Im Gegensatz dazu wird eine Person deren Grundbedürfnisse immer wieder verletzt, bedroht oder enttäuscht werden, Vermeidungsschemata entwickelt. In einer "verletzenden" Umgebung kann Vermeidung als eine erfolgreiche Handlungsstrategie angesehen werden (siehe Grawe, 2002; S. 188).

6.1.5 Auswirkungen der Hindernisse auf das Verhalten

Konsistenzsicherung ist als eine Gehirnstruktur anzusehen, die die Prozesse höher entwickelter Nervensysteme umfasst. Wichtig ist hier der Konsistenzsicherungsmechanismus des Gehirns, der auf verschiedenen Ebenen wirkt. Diese Konsistenzsicherung ist die Absicherung dafür, dass sich Menschen mit der Umgebung auseinandersetzen können und nicht durch Inkonsistenz beeinträchtigt werden (z. B. aktivitätsabhängige Hemmung) dies ist die Grundlage der Viabilität des psychischen Systems. Diese gilt auch für Zielhierarchien, d.h. wenn eine aktiviert ist, müssen andere die dem Ziel entgegenstehen gehemmt werden. Ist dies nicht der Fall liegt ein Konflikt vor.

Zielorientiertes Handeln wird von der Aktivität von dopaminergen Neuronen begleitet, was bedeutet, dass Dopamin ausgeschüttet wird, welches zu einem „Wohlgefühl" führt, wenn es zu Erfolg führt. Tritt Misserfolg ein, wird die Dopaminausschüttung gehemmt, was zu Inkongruenz führt und damit zu Stress.

Das bedeutet, dass Inkonsistenz in jeder Form vermieden werden soll um die Viabilität des Systems sicherzustellen. Sozialisation besteht letzten Endes darin, diese Vermeidung zu etablieren in dem die Person von klein auf lernt sich gemäß dem allgemeinen (gesellschaftlichem) Bewusstsein zu verhalten, um damit Inkonsistenzen zu vermeiden. Gleichzeitig dient dieses so erlernte Verhalten dem Befriedigen der Grundbedürfnisse.

Inkonsistenz hat eine vorantreibende Funktion im psychischen Geschehen. Durch das Herausbilden neuer neuronaler Verhaltensmuster werden neue Mittel zur

Bedürfnisbefriedigung, motivationale Schemata, bereitgestellt, die es ermöglichen sich an neue Lebensumstände und situative Herausforderung einzustellen.

6.2 Das techno-soziale System als Lebensraum

In Absatz 0 ist der Übergang des Unternehmens vom sozio-technischen zum techno-sozialen System beschrieben. Die Auswirkungen auf Arbeitspersonen (Führung und Geführte), die sich daraus ergeben sind ebenfalls dargestellt (siehe 0). Das alles findet im Lebensraum der Führungsperson statt, auf den obige Formel für ihr Verhalten zutrifft. Für diese Analyse wird er auf den Zeitraum eingeschränkt, der im Lebensverlauf der Arbeit gewidmet ist (siehe 0), und somit der Ausführung von Arbeitsaufgaben (siehe Thomae, 1988). Er ist systemtechnisch gesehen die strukturelle Verbindung des sozialen Systems „Unternehmen" oder ein Teilsystem davon, mit dem psychischen System „Person", wobei die Systemtheorie von Niklas Luhmann (1984) mit der Feldtheorie von Kurt Lewin zum professionellen Lebensraum verbunden (0) wird. Diese Verbindung wird durch die Kommunikation zwischen den Systemelementen hergestellt, d. h. es werden entsprechende Lebensräume gebildet, in welchen die Arbeitsperson gleichbleibt, sich aber die Umwelt (U) und somit die Situation ändert, was sich auf das Arbeitsverhalten auswirkt.

Wie schon oben bereits detailliert beschrieben (siehe 0) besteht die Kommunikation, der angesprochenen Verknüpfung, vermehrt aus technischer Kommunikation und die Phrase vom „Kollegen Computer" wird immer mehr zur Wirklichkeit, wenn auch nicht in allernächster Zukunft Ich denke, dass es letztlich das Ziel ist Cyber-Physische-Systeme (CPS) so zu erweitern, dass auch Rollen eingebunden werden, die bis jetzt noch Personen vorbehalten sind, um die Automation weiter voran zu treiben (Fahren von Automobilen wird durch autonome Fahrzeuge verdrängt, Roboter übernehmen Schwerstarbeit, im Wissensbereich die elektronische Konstruktion (CAD) etc.).

Die persönlichen Ziele der Arbeitsperson sind mindestens auf die Deckung des Lebensunterhalts ausgelegt und somit darauf die vertraglich vereinbarte Leistung zu erbringen. Dies bedeutet, dass sie, den Erwartungen (siehe 0) entsprechen will, die an die von ihr übernommenen Rollen gestellt werden. Den Erwartungen entsprechen bedeutet die vereinbarten Ziele zu erreichen und damit Erfolg zu haben.

6.2.1 Führung im techno-sozialen Lebensraum

Dieses „Erfolg haben" wird noch wichtiger, wenn die Arbeitsperson eine Führungsrolle mit den entsprechenden Rechten und Pflichten einnimmt. Führung (siehe 0) bedeutet in diesem Zusammenhang eine Strategie der doppelten Optimierung, nämlich die der Geschäftsprozesse und die des sozialen Systems, d. h. der Gruppe oder des Teams. Da hier von der Systemtheorie und von dem Führen in sozialen Systemen ausgegangen wird, kommt bei der Zielerreichung nur die systemische Führung in Frage. Es handelt sich bei den geführten psychischen Systemen um autopoietische Systeme, die sich selbst organisieren und keine Eingriffe von außen zulassen.

Solche Systeme können von außen nur disturbiert (gestört) werden, um sie in die vorgesehene Richtung zu bewegen. Dies kann durch die systemische Führung geschehen. Dabei sagt „systemische Führung" nichts darüber aus, welche Führungsstrategie (Führungsstil) zum Tragen kommt. Die systemische Führung beschreibt somit keinen Führungsstil, sondern nur die Führung durch Kommunikation.

Der Führungsstil wird durch Persönlichkeitsmerkmale, den beruflichen Erfahrungen, den persönlichen Zielen sowie den Werten und Normen, denen die der Führungsperson folgt, begründet und bedeutet, dass die Auswahl der zunächst von der Sozialisation sowohl der persönlichen als auch der beruflichen, abhängt. Diese Führungsstrategien, nämlich den Einsatz von Macht oder Kooperation lernt die Führungsperson im Laufe der beruflichen Sozialisation. Sie erfährt, welche Strategie sich in welcher Situation und Umgebung zur Zielerreichung einsetzen lässt, welches Sprachspiel in welcher Situation zum Erfolg führt. Diese Erkenntnis motiviert die Person in ähnlichen Situationen entsprechend zu handeln.

6.2.2 Hindernisse beim Führen

Die Führungsperson bringt demnach, in jeder beruflichen Situation, ihr eigenes Drehbuch (Rollenscript) mit, wie zu handeln ist und ist motiviert situationsgerecht zu handeln (Abbildung 12). Dies gilt nicht nur für bedrohliche, sondern alle Führungssituationen. Die Motive, die zum Tragen kommen sind das Anschluss-, das Leistungs- und das Machtmotiv (siehe 0). Dadurch wird der Führungshandlung die Richtung, das Ziel vorgeben. Die Führungsperson ist motiviert, sowohl das der Organisation, in diesem Fall einem Unternehmen an sie herangetragene Ziel und auch ihr persönliches Ziel, welches an die Berufsausübung gebunden ist, zu erreichen und damit die Erwartungen zu erfüllen. Damit steht die Führungsperson unter Erfolgsdruck und –zwang. Deshalb führen Störungen durch Barrieren oder Hindernisse auf dem Weg zum Erfolg zu Stress und damit zu Emotionen, die umso stärker ausfallen, desto wichtiger das Ziel für die Führungsperson ist. Mit dem Ziel, das erfolgreich erreicht werden muss, soll gleichzeitig auch das persönliche, berufsgebundene Ziel erreicht und das damit zusammenhängende Bedürfnis (Sicherheit) befriedigt werden. Wird dieses wichtige Ziel nicht erreicht, wird das als eine Bedrohung empfunden.

Daraus ergibt sich zunächst die Frage, welche Hindernisse stehen zwischen Führungsperson und dem Ziel? Wer oder was hindert die Führungsperson daran das Ziel zu erreichen?

Es muss dabei zwischen den Zielen, die der Führungsperson vorgegeben werden und den Zielen, die die Führungsperson den Geführten weitergibt, unterschieden werden. Außerdem zwischen Zielen, die nur mit den Geführten oder denen, die nur mit Hilfe von Kollegen erreicht werden können. Zusätzlich kann auch die Organisationsstruktur des Unternehmens ein Hindernis darstellen, besonders dann, wenn die beschrieben Umstellungen von einen sozio-technischen zu einem technisch-sozialen System stattfinden.

Das bedeutet, dass die Führungsperson bei dem Ergebnis ihrer Arbeit von Ergebnissen anderer (anderen Systemen, physiologisch und psychologisch) abhängig ist, auf deren Qualität sie nur bedingt Einfluss hat. Das liegt zum einen darin, dass sie auf Grund der Digitalisierung nicht mehr alle Geschäftsprozesse selbst durchschaut, sondern sich hier auf die Arbeit der Geführten und auch der Organisationsstruktur, verlassen muss und eine Kontrolle, auf Grund der Systemvernetzung, nur bedingt möglich ist (Datenhaltung, Datensicherheit, Datenintegrität). Zum anderen ist die Kooperation über die Grenzen des eigenen Bereiches hinweg, dann problematisch, wenn verschiedene Interessen kollidieren. Die Bedrohung und somit der Druck wächst in dem Masse, wie die „gesollte"[38] Zielerreichung das persönliche Ziel beeinflusst.

Daraus ergibt sich die Höhe der Hindernisse auf dem Weg zum Ziel. Diese können verschiedene Konflikte auslösen, wie nachstehend erörtert (siehe 0). Dazu kommt als weiterer Stressfaktor die Frustration (siehe 0), die dann auftritt, wenn die

---

[38] Das „gesollte" bedeutet das vorgegebene Ziel zu erreichen

Handlung, die auf das zu erreichende Ziel gerichtet ist, unterbrochen und das Ziel nicht erreicht wird. Sie führen zu Stress, dessen Auswirkungen ebenfalls nachstehend (siehe 0) beschrieben werden. Dabei sei aber hier schon gesagt, dass sich immer mehr Wissensarbeiter (von diesen wird hier gehandelt) sich über übermäßigen Stress beklagen. Burnout und Depressionen nehmen zu, beides kann bis zu PTBS (Posttraumatischen Belastungsstörungen) führen. Kurzfristig führen Stresssituationen zu Bewältigungsstrategien (Copying) der Betroffenen.

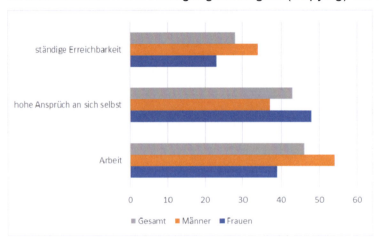

Abbildung 20 Stressbetroffene in Deutschland Auswertung Studie 2016 TK (Quelle: eigene Darstellung)

Stressursachen	Frauen	Männer	Gesamt
Arbeit	39	54	46
hohe Ansprüche an sich selbst	48	37	43
ständige Erreichbarkeit	23	34	28

Tabelle 7 Auswertung Studie TK 2016 Zahlen in % (Quelle: eigene Darstellung)

Die Krankenkassen verzeichnen seit 15 Jahren eine Zunahme stressbedingter Krankschreibungen. Von den gut 15 Fehltagen pro Kopf und Jahr entfallen 2,5 Tage auf psychische Beschwerden wie Depressionen, Angst- und Belastungsstörungen (Studie Technikerkrankenkasse TK, 2016)

Nachstehend sollen zunächst das Thema Stress vertieft werden.

6.3 Stress als Ergebnis von Führung

Der Begriff „Stress" kommt aus dem Englischen und bedeutet „Druck, Anspannung". In der Forschung bedeutet „Stress" die psychische oder physische Reaktion eines Lebewesens auf spezifische, äußere Reize. Um Stress aufzubauen, braucht es einen äußeren Reiz, der eine besondere Anforderung an das Lebewesen (Person) stellt. Durch diese Anforderung ergibt sich eine physische oder psychische Reaktion des Lebewesens oder eine körperliche oder geistige Belastung.

Stress befasst sich demnach mit der Auseinandersetzung des Lebewesens mit seiner Umgebung in einer ungewöhnlichen Situation. Stress wird durch ein Signal aus der Umwelt der Person ausgelöst, welches vom Gehirn als eine ungewöhnliche Anforderung dekodiert und über neuronale Verarbeitung an die reizverarbeitenden Subsysteme des Körpers (Soma) weitergeleitet wird. Solche Signale rufen, ungeachtet der spezifischen Wirkungen, eine einheitliche biologische Wirkung hervor. Diese wird Stressor genannt.

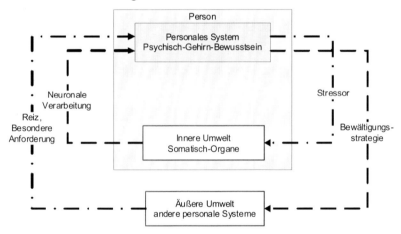

Abbildung 21 Stress im psychischen System (Mensch) –
(Quelle: eigene Darstellung)

Hierzu schreibt Seyle (1977) in der Einführung zu Stress: „Nachdem ich mich fast vier Jahrzehnte im Laboratorium mit der Erforschung der physiologischen Mechanismen beschäftigt habe, die uns die Anpassung an den Stress des Lebens ermöglichen, bin ich überzeugt, daß die Grundsätze, nach denen sich das Leben auf dem Niveau der Zelle gegen Stress verteidigt, auch auf den ganzen Menschen, ja selbst auf das gesamte menschliche Gesellschaftsgefüge weitgehend zutreffen. Wir werden sehen, dass die verschiedenen biochemischen Anpassungsreaktionen, die unsere Zellen und Organe anwenden, sich überraschend gleichen, unabhängig davon, welcher Art der Angreifer ist, dem sie sich gegenübersehen. Diese Erwägung führte mich zu der Erkenntnis, dass „physiologischer Stress" als eine Antwort auf jede Art von Anforderung an den Körper anzusehen ist. Welches Problem sich auch stellt, es kann nur durch eine der beiden grundsätzlichen Reaktionsformen gelöst werden; aktiv durch Kampf – passiv durch Fluch oder Erdulden" (Seyle, 1977; S. 31). Aus der Stressforschung der letzten Jahre sind verschiedene Theorien (Konzepte) hervorgegangen, wie reaktionsorientierte, reizorientierte und kognitive, die nachfolgend näher beschrieben werden.

Im Vordergrund reizorientierter Konzepte stehen Belastungsfaktoren aus der Situation der Person, Auslösern oder Ereignissen, die Stress verursachen. Die Reizsituation ist das auslösende Ereignis. Dies bedeutet, dass bei Vorliegen von bekannten Ereignissen, die auf das Leben der Person einwirken, auf die psychische Belastung, die daraus resultiert, geschlossen werden kann. Dieser Ansatz ist durch Seyle bekannt geworden, der auch das Wort „Stress" geprägt und ihn definiert hat als „unspezifische Reaktion des Organismus auf jede Anforderung" (Selye 1981 S. 170), was bedeutet, dass bei Auftreten von schädlichen Reizen, der Organismus eine Anpassungsleistung in Form unspezifischer Reaktionen erbringt. Dies wird im Allgemeinen Adaptionssyndrom beschrieben (AAS), welches auch als biologisches Stresssyndrom bekannt ist.

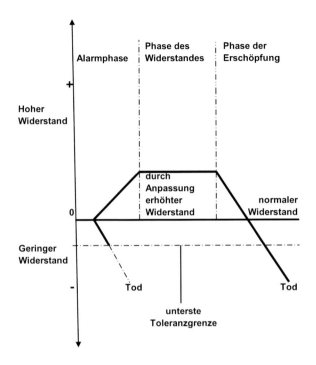

Abbildung 22 Darstellung AAS-Syndrom (Selye 1981, S. 166)

Das Anfangsstadium wird Alarmreaktion genannt, „weil sie offenbar den körperlichen Ausdruck eines allgemeinen „Rufes zu den Waffen" der körperlichen Abwehrkräfte darstellt" (Selye 1981, S. 166). Dies ist jedoch nicht die gesamte Abwehrreaktion. Danach folgt ein „Stadium der Anpassung oder des Widerstandes.
Mit anderen Worten, kein Organismus kann ständig in einem Alarmzustand gehalten werden" (Selye 1981, S. 166-167). Wenn der Reiz so stark ist, endet das mit dem Tod des Organismus. Nach dem Widerstand erfolgt die Erschöpfungsphase. Wenn der gleiche Stressor über einen längeren Zeitraum aktiv ist, an den sich der Organismus angepasst hat, erschöpft sich die Anpassungsenergie. Jetzt stellen sich die Alarmreaktionen wieder ein, sind aber nicht mehr rückgängig zu machen und die Person stirbt.

Die Grundlage der vorgenannten Stresstheorien ist ein einfaches Reiz-Reaktions-Modell, wobei die Reize aus der Umwelt auf Personen einwirken. Diese Einwirkung hat wiederum Auswirkungen (Reaktionen) auf die Personen. Unterschiede zwischen diesen Theorien bestehen darin, welche Einheiten untersucht werden. Bei der reizorientierten Theorie sind es die Stressoren und bei der reaktionsorientierten die Person, die im Zentrum der Untersuchungen stehen. Beide Theorien wurden auf

Grund ihrer behavioristischen Sichtweise und den mechanistischen Grundannahmen kritisiert, da sie die subjektiven Wahrnehmungs- und Kognitionsprozesse der Person nicht berücksichtigen. Deshalb bleibt hierbei unbeachtet, dass sowohl viele Reize nur durch die subjektive Wahrnehmung und der entsprechenden Sinnzuweisung erst wirksam werden als auch gleichartige Reize zu verschiedenen Reaktionen führen.

Diesen Aspekt, nämlich kognitive Verarbeitungsprozesse der Stresstheorie zu Grunde zu legen, greifen kognitive Theorien auf. Sie gehen von einer Person-Umwelt-Beziehung aus, wie oben bereits kurz angerissen. Dabei kommt es zum Stress, wenn eine Differenz zwischen den wahrgenommenen Anforderungen und den subjektiven Fähigkeiten einer Person besteht. Das heißt, die Spannung, die aufgebaut wurde, kann nicht aufgelöst werden (siehe Lewin oben). Dieser Stressbegriff, der von einem komplexen Beziehungsgeflecht ausgeht, wird um kybernetisches Verhalten erweitert durch die Annahme, dass ein entsprechendes Bewältigungsverhalten wiederum Einfluss auf die Situation hat, wodurch die Situation verändert wird, was wiederum einen dadurch modifizierten Bewältigungsprozess auslöst. Diese rückbezügliche (kybernetische) Wechselwirkung mit Berücksichtigung des Zeitaspekts wird insbesondere durch transaktionale Stresstheorien vertreten. Eine ist das „Transaktionale Stressmodell" von R. S. Lazarus (1981), welches nachstehend ausführlich beschrieben wird, auch deshalb, weil es eine Nähe sowohl, zur Systemtheorie als auch zum Konzept des Lebensraums von Kurt Lewin (1961) aufweist.

6.4 Das transaktionale Stressmodell

Im transaktionalen Stressmodell von Lazarus (Lazarus 1966; Lazarus + Folkmann 1984; Lazarus + Launier 1981; Lazarus 1999) wird Stress als ein „aktiver Auseinandersetzungsprozess zwischen Individuum und seiner Umwelt aufgefasst" (Surma 2012, S. 25). Transaktion bedeutet, dass die Anforderungen auf das Verhalten der Person einwirken und gleichzeitig die Anforderungen durch die handelnde Person beeinflusst und verändert werden. Transaktion meint somit eine reziproke Interaktion. Dabei wird zunächst eine subjektive Bewertung der Situation vorgenommen (primäre Bewertung) und danach eine ebensolche Einschätzung der, der Person zur Verfügung stehenden, Bewältigungsstrategien durchgeführt (sekundäre Bewertung). Von diesen kognitiven Prozessen hängt es ab, wie eine bestimmte Situation (Person-Umwelt) von der Person wahrgenommen wird. Sie kann sowohl als belastend als auch als nicht belastend empfunden werden. Belastend ist die Situation dann, wenn sie als schädlich (stressfull) eingeschätzt wird. Da bei dem Untersuchungsthema das Verhalten der Person in einer Situation untersucht werden soll, wo sich ein möglicher oder ein tatsächlicher Misserfolg abzeichnet, wird die Situation als belastend erlebt. Irrelevante oder positive Situationen werden hier nicht weiterverfolgt.

Situationen, in welchen Stress auftritt, können als Bedrohung (threat), als Schädigung/Verlust (harm-loss) oder als eine Herausforderung (challenge) wahrgenommen werden (Surma 2012). Primär und sekundär bezeichnen in diesem Zusammenhang weder die Rangfolge nach Wichtigkeit noch die zeitliche Abfolge, sondern es sollen damit die Inhalte der Bewertungsprozesse unterschieden werden.

Eine Reaktion wird nur dann ausgelöst, wenn die Situation als stressig empfunden wird (primär) und die Bewältigungsmöglichkeiten als nicht ausreichend eingeschätzt werden. Es handelt sich hier um Prozesse, die sich gegenseitig beeinflussen, so dass die Situation ständig neu bewertet wird.

Werden Bewältigungsmöglichkeiten und – fähigkeiten als nicht ausreichend eingeschätzt, werden Handlungen initiiert, die darauf abzielen, das Wohlbefinden wieder herzustellen. Bewältigungsprozesse (coping) bezeichnen eine Handlungsstrategie der Person, mit stressigen Situationen fertig zu werden. Prinzipiell lassen sie sich in problemorientierte und emotionsorientierte Strategien (coping) einordnen. Dabei sind erstere auf die Problemlösung und letztere auf eine emotionale Verbesserung ausgerichtet. Beide Handlungsstrategien bestehen aus den Prozessen „Information gewinnen", „Handlung durchführen oder Handlung unterbrechen". Diese Coping-Strategien wurden später auf Grund der Ergebnisse von Faktorenanalysen (siehe hierzu Surma 2012, S. 25)[39] um folgende Handlungen erweitert

    a)   kognitive Distanzierung,
    b)   konfrontative Bewältigung,
    c)   Selbstkontrolle,
    d)   Übernahme von Verantwortung,
    e)   aus dem Feld gehen,
    f)   Problemlösungsversuche,
    g)   positive Selbsteinschätzung.

---

[39] Folkman, Lazarus, Dunkel-Schetter, De Longis und Gruen (1986)

Dabei müssen sowohl bei der Person als auch bei der Situation verschiedene Einflussfaktoren, wie z. B. persönliche Werte (commitments), kognitive Überzeugungen (Schemata), Kontrollerwartungen und Neuartigkeit, Unvorhersehbarkeit bzw. Unsicherheit bezüglich der Umwelt (Situation), unterschieden werden (Surma 2012).

6.5 Frustration als Stressfaktor

Frustration wird als eine Ausprägung von Stress gesehen, die dann entsteht, wenn eine Handlung unterbrochen wird. Hierbei wird die Handlung durch ein Prozessbündel definiert, welches dazu dient, ein Ergebnis zu erzeugen, das mit dem geplanten Ziel identisch ist. Es ist zu berücksichtigen, dass das Ergebnis eines Prozesses das auslösende Ereignis für den Folgeprozess darstellt. Das bedeutet aber nicht, dass diese Prozesskette fortlaufend von der Planung bis zum Endergebnis prozessiert wird, sondern dass die handelnde Person einen Prozess unterbrechen und später wieder aufnehmen kann. Wird die Prozesskette von außen durch eine Störung unterbrochen oder entspricht das erzielte Ergebnis nicht dem geplanten Ziel, entsteht Frustration. Das „Quasi-Bedürfnis", nämlich ein geplantes Ziel zu erreichen, konnte nicht befriedigt werden.

6.5.1 Aggressionsforschung seit 1931

Grundlage der Aggressionsforschung bildet die Arbeit von Dollard, Doob, Miller, Mowrer, Sears von 1931 (hier zitiert nach der deutschen Übersetzung von 1971), in welcher ein Zusammenhang zwischen Frustration und Aggression behauptet wird. Wesentlich für die Entstehung von Frustration ist zunächst ein „Instigator". Er wird wie folgt beschrieben: „Ein Instigator ist ein vorher gehender Zustand, der die vorausgesagte Reaktion zur Folge hat" (Dollard et al. 1971, S. 12). Der Instigator ist das „auslösende Ereignis" eines folgenden Prozesses, der ein durch ein Ziel definiertes Ergebnis erreichen soll. Dieses auslösende Ereignis kann von außen kommen oder einen inneren Zustand widerspiegeln. Das Ergebnis ist zum Beispiel „das Essen von Eis am Stiel". Dieses Essen wird wieder als eigene Handlung gesehen, nämlich die Zielreaktion. „Eine Handlung, die diese vorausgesagte Sequenz beendet wird als Zielreaktion bezeichnet" (Dollard et al. 1971, S. 14). Wird diese „erwartete Sequenz" unterbrochen, wird das als Frustration angesehen. „Eine solche Interferenz mit der angestrebten Zielreaktion zum Zeitpunkt ihres Auftretens in der Verhaltenssequenz wird als Frustration betrachtet" (Dollard et al. 1971, S. 15). Dies bedeutet, dass Frustration dann auftritt, wenn zwischen dem geplanten Ziel und dem zu erreichenden Ziel (Ergebnis) eine Differenz auftritt, die zu einem Misserfolg führt. Als Folge dieses Misserfolgs schlussfolgern Dollard et al. (1971) entsteht Aggression. „Jede Verhaltenssequenz, deren Zielreaktion die Verletzung einer Person ist, wird als Aggression bezeichnet" (Dollard et al. 1971, S. 17-18). Im Bereich Arbeitshandlung siehe hierzu Abbildung 12.

Auch „Rosenzweig, ein klinischer Psychologe" (Rosenzweig... zitiert nach Kornadt 1981, S. 18) sieht in der Ursache für Frustration das „Versagen einer Bedürfnisbefriedigung" (Kornadt 1981, S. 18) und teilt diese in drei Klassen ein.

„1. Mangel an Möglichkeiten zur Bedürfnisbefriedigung (Privation)

2. Verlust einer solchen Möglichkeit (Deprivation).

3. die Unvereinbarkeit von verschiedenen Bedürfnissen (Konflikte)" (Kornadt 1981, S. 18).

Das Ergebnis der Frustration, wird zunächst im oben genannten Buch „Aggression und Frustration" der Yale-Gruppe (siehe oben) beschrieben, welches von Miller (1941) wie folgt relativiert wurde: „Frustration erzeugt die Stimulation einer Reihe von unterschiedlichen Typen von Reaktionen, darunter irgendeine Form von Aggression" (Miller 1981, S. 64). Dies bedeutet, dass Aggression eine mögliche aber keine notwendige Verhaltensart sein muss. Die Annahme besagt, dass Frustration eine Hierarchie von Stimulationen erzeugt und es darauf ankommt, welche Position hierbei die Aggression annimmt. Wenn sie eine starke Position einnimmt, wird Aggression erfolgen, wenn jedoch eine Stimulation, die unvereinbar mit der Aggression ist eine starke Position einnimmt, wird diese das Auftreten von Aggression verhindern. Stimulationen, die unvereinbar mit Aggression sind, liegen zum einen in der Sozialisation der Person und zum anderen in dem Kulturrahmen, in der sich die Person zum Zeitpunkt befindet, aber auch in der Stärke der Frustration. Im Falle einer Führungsperson sind es auch die normativen Unternehmensregeln sowie die ethische Einstellung gegenüber anderen.

6.5.2 Frustration bei Kurt Lewin

1941 wird die Auswirkung der Frustration auf 2-6-jährige Kinder von Baker, Dembo und Lewin (1941) untersucht, deren Verhalten als Regression bezeichnet wird. Lewin (1984) definiert Regression wie folgt: „Ein hervorragendes Beispiel ist die

„Primitivierung" unter affektiver Belastung. Es ist gezeigt worden (Baker 1941), dass die Produktivität eines fünfeinhalbjährigen Kindes in einer Situation der Unsicherheit oder Frustration auf das Niveau eines dreieinhalbjährigen Kindes regredieren kann. Unter anderem ist die Regression durch die Abnahme der Zeitperspektive verursacht" (Lewin 1984, S. 174). Lewin bezieht sich hierbei auf oben angesprochenes Experiment, wo 2-6-jährige Kinder zunächst attraktives Spielzeug erhielten, mit dem sie spielen konnten. Später wurde ihnen zu dem Spielzeug der Zugang verwehrt, obwohl sie es sehen konnten. In anderen Untersuchungen aus der Umgebung Lewins wurden die Affekte auf das Verhalten von Personen dargestellt. Dembo (1931) stellte Versuchspersonen vor unlösbare Aufgaben und provozierte sie durch Behinderungen zusätzlich. Im sorgfältig registrierten Ergebnis stellte sie als Folge der Frustration fast alle Reaktionsformen fest. Dies waren nicht nur Ärger und Aggression, sondern auch Flucht (aus dem Feld gehen) sowie andere Ersatzhandlungen. Dazu sind auch weitere Arbeiten aus diesem Umfeld aufschlussreich, wie die von Zeigarnik (1927), die Erkenntnisse über die Wiederaufnahme unterbrochener Handlungen lieferten und die von Ovisianka (1928), die Aufschluss über Erfolg und Misserfolg von Handlungen brachten (siehe hierzu auch Lewin 1984).

6.6 Konflikt als Stressfaktor

Der Konflikt muss von alltäglichen Differenzen zwischen Personen unterschieden werden. Besonders wenn man die Reaktionen auf diese Differenzen beachtet. Deshalb zunächst einige Definitionen aus verschiedenen wissenschaftlichen Disziplinen (Wiendieck et al. 2003).
„Sozialer Konflikt ist eine Interaktion zwischen Aktoren (Individuen, Gruppen, Organisationen usw.), wobei wenigstens ein Aktor Unvereinbarkeiten im Denken/ Vorstellen/Wahrnehmen und/oder Fühlen und/oder Wollen mit dem anderen Aktor (anderen Aktoren) in der Art erlebt, dass im Realisieren eine Beeinträchtigung durch einen anderen Aktor (die anderen Aktoren) erfolgt" (Glasl 1990, S. 14 f zit. nach Wiendieck at al. 2003, S. 12). Andere definieren Konflikt als „Allgemeine Bezeichnung für einen Zustand, der dann auftritt, wenn zwei einander entgegen gerichtete Handlungstendenzen oder Antriebe (Motivationen) zusammen auftreten und sich als Alternativen in Bezug auf ein Ziel möglichen Handelns im Erleben des Betroffenen äußern. Dieses Erleben führt zu Spannungen emotionaler Art, die oft als

unangenehm empfunden werden" (Fröhlich und Drever 1978.S. 191 f. zit. nach Wiendieck et al. 2003, S. 12). Für Lewin (1984) entsteht dann ein Konflikt, wenn sich mindestens zwei Kraftfelder „derart gegenseitig überschneiden können, dass an gewissen Stellen des Feldes gleich starke aber entgegen gerichtete Kräfte resultieren" (Lewin 1984, S. 82-83).

Wenn die verschiedenen Definitionen von Konflikt verglichen werden, ergeben sich drei Merkmale, die einen Konflikt ausmachen, nämlich Gegensätzlichkeit, Betroffenheit und Auseinandersetzung. Gegensätzlichkeit betrifft die „sachlich-gedankliche Seite des Konflikts" (Wiendieck et al. 2003, S. 12). Dies beschreibt die Differenz zweier oder mehrerer Positionen. Damit können verschiedene Ziele, verschiedene Wege zur Realisierung der Ziele oder unterschiedliche Werte, von denen die handelnden Personen geleitet werden, gemeint sein.

Die Betroffenheit macht deutlich, dass hier Emotionen mit im Spiel sind. Man fühlt sich beleidigt, angegriffen oder verletzt. Konflikte betreffen die ganze Person und haben mit einer Diskussion eines theoretischen Themas nur wenig zu tun. Als Emotionen treten Wut, Ärger und Angst als negative, aber auch Hoffnung und Mut als positive Komponente auf.

Als letztes ist der Konflikt durch die Auseinandersetzung gekennzeichnet. Das bedeutet, dass bei der Bewältigung eines Konflikts nicht Ruhe und Besonnenheit, sondern Angriff und Verteidigung maßgebliche Handlungsintentionen sind. Damit wird „die aktive, dynamische und expansive Seite "(Wiendieck et al. 2002, S. 13) gekennzeichnet. Weil Konflikte in soziale Strukturen eingebettet sind, ist es schwer, Konflikte überschaubar und kontrollierbar zu halten. Es gibt hierbei Zuschauer, Antreiber, Mahner, Schiedsrichter sowie Erwartungen und Normen. Weil nicht alle Konflikte gleich wichtig sind, speziell in Bezug auf den Unternehmensalltag, ist eine Unterscheidung auf drei Ebenen, nämlich auf der strukturellen, der interpersonellen und der intrapsychischen Ebene, notwendig.

6.6.1 Strukturelle Ebene: der Rollenkonflikt

Hier sind nicht die beteiligten Personen, sondern die Struktur, in der diese eingebunden sind, der Grund für Konflikte. Personen, die innerhalb einer Unternehmensstruktur ihre Aufgaben wahrnehmen, können dadurch in Konflikt mit anderen Aufgabenträgern geraten. Diese Konflikte werden Rollenkonflikte genannt und nachstehend näher ausgeführt.

Bei einem Rollenkonflikt bestehen unterschiedliche Erwartungen, die der Rolleninhaber nicht oder nur unvollkommen erfüllen kann. Man kann davon ausgehen, dass der Rolleninhaber diesen Konflikt spürt und dass er nicht nur in den Augen des Beobachters besteht. Es wird zunächst unterschieden zwischen **Intersender-Konflikt** und **Intrasender-Konflikt.**

Beim **Intersender-Konflikt** besteht der Konflikt innerhalb der Rollenerwartungen, die der Rolleninhaber nicht erfüllen kann. So ist es möglich, dass es an der Nahtstelle des Mittelmanagements Diskrepanzen zwischen den Erwartungen des Vorgesetzten und der Mitarbeiter (Beispiel: Vorgesetzter – Meister - Mitarbeiter[40]) gibt. Die Zielvorgabe an die Führungsperson steht den Erwartungen der Geführten gegenüber. Dies kann bei einer Terminvorgabe geschehen, die von den Geführten als nicht erreichbar erscheint.

Beim **Intrasender-Konflikt** bestehen die Diskrepanzen zwischen dem Rollensender und dem Rollenempfänger (Rolleninhaber). Dieser Konflikt tritt zusammen mit der Rollenambiguität auf, wenn die Rolle nicht adäquat zu den Rollenerwartungen ausgestattet ist. Es fehlen die benötigten Ressourcen, um den Erwartungen des Rollensenders gerecht zu werden. In diesem Fall wird ein Unternehmensteilziel vorgegeben, welches der Rolleninhaber mit den vorhandenen Ressourcen nicht erreichen kann. Es fehlen hierfür die nötigen persönlichen Qualifikationen, die Qualifikationen der Mitarbeiter oder die benötigen Mitarbeiter, um das vorgegebene Ziel zu erreichen. Der Misserfolg ist somit vorprogrammiert.

Im Zusammengang mit der Forschungsfrage ist der **Rollen-Selbst-Konflikt** wichtig, der dann auftritt, wenn sich ein Konflikt zwischen den Erwartungen, die an eine Rolle gestellt werden und den persönlichen Zielen des Rolleninhabers ergibt. Hierbei handelt es sich um eine **Rollendiskrepanz.** Die Unternehmensziele und die persönlichen Ziele sind nicht gleichzeitig erreichbar.

Je mehr Wandlungsprozesse in einer Unternehmung stattfinden, in der im großen Umfang noch die „traditionellen" Rollenmuster von den Mitarbeitern dieses Unternehmens internalisiert sind, desto eher werden in dieser Organisation (Sozialsystem) Interrollenkonflikte auftreten (Wiswede, 1977, S. 119). Je komplexer, subkulturell differenzierter, hierarchischer und desintegrierter ein Sozialsystem (eine Unternehmung) ist, desto eher werden in diesem Sozialsystem Rollenkonflikte auftreten.

---

[40] Der Meister befindet sich in einer Sandwich-Position zwischen seinen Vorgesetzten und seinen Mitarbeitern

„Rollenkonflikte werden umso wahrscheinlicher, häufiger und intensiver auftreten, je höher die Zahl der unvereinbaren Rollen ist, je geringer die Rollen kompatibel sind, je größer die von der Person empfundene gleichzeitige und ähnliche große Bedeutsamkeit und/oder Sanktionsladung und/oder Attraktivität der Rolle ist, je geringer der Einblick in die möglichen Konsequenzen der Nichteinhaltung von Erwartungen ist und je geringer die Transparenz der jeweiligen Erwartung ist" (Wiswede, 1977, S. 122). „Eine Person wird sich im Konfliktfall, der eine Entscheidung für eine bestimmte Alternative erfordert, für diejenige Rollen(-erwartung) entscheiden, mit der eine günstigere Sanktionsbilanz oder Legitimationsbilanz oder Motivationsbilanz verknüpft ist" (Wiswede, 1977, S. 131). Hier kommt es auf die Einstellung des Einzelnen an, wie er prinzipiell mit Konflikten umgeht.

Dabei stellt sich in diesem Zusammenhang die Frage, wie sich eine Führungsperson entscheiden wird, wenn Misserfolg droht oder bereits eingetreten ist.

Intersender-Konflikt: Hierbei werden Ziele vorgegeben, die den Zielen der Führungspersonen widersprechen. Ein Beispiel ist hier eine Umstrukturierung. Die Führungsperson hat hier den Misserfolg vor Augen und gerät unter Druck. Um das Ziel zu erreichen kann sie entweder die Erwartungen des Unternehmens exekutieren oder zusammen mit den Beteiligten einen Kompromiss oder einen Konsens finden.

Intrasender-Konflikt: Hierbei werden Ziele vorgegeben, die die Führungsperson mit den bestehenden Mitteln nicht erreichen kann. Auch hier ist der Misserfolg vorprogrammiert, wenn das Ziel und damit die Erwartungen des Unternehmens nicht geändert werden können. Auch hier gerät die Führungsperson unter Druck und wird versuchen ihre Ansichten bezüglich des Zieles durchzusetzen, einen Konsens oder Kompromiss zu erzielen oder die Dinge auf sich zukommen lassen.

Rollen-Selbst-Konflikt: Die Erwartungen, die an die Rolle gestellt werden, und die Erwartungen, die die Führungsperson an die Rolle hat, können nicht erfüllt werden. Dies ist dann der Fall, wenn die Rolle nicht den Berufszielen der Führungsperson entspricht. Da sich die Erwartungen die Rolle nicht ohne weiteres von dem Rollensender ändern lassen, wird die Führungsperson entweder die Situation akzeptieren oder sich eine andere Rolle suchen müssen.

Unter welchen Umständen, die Führungsperson Machtstrategien oder Kooperationsstrategien einsetzen, um obige Konflikte zu lösen, wird in Kapitel 5 zu beantworten sein.

6.6.2 Interpersonelle Konflikte

Dieser Konflikt ergibt sich aus dem Zusammentreffen von Personen mit gegensätzlichen Ansichten. die zu Spannungen, Gegensätzen oder Differenzen führen können, wobei unter Spannung die gefühlsmäßige Abneigung, unter Gegensätze unterschiedliche Wertesysteme und unter Differenzen unterschiedliche Meinungen verstanden werden.

Diese Konfliktart ist nicht strukturbedingt, weil die eigentliche Ursache der Konfliktentstehung nicht in der Unternehmensorganisation zu suchen ist, sondern sich zwischen mindestens zwei Personen entwickelt. Es ist jedoch auch nicht auszuschließen, dass gerade die Unternehmensorganisation dafür sorgen kann, dass Personen mit konträren Ansichten zusammenarbeiten müssen. Aber im Gegensatz zu dem strukturellen Konflikt liegen die Ursachen immer in den handelnden Personen begründet. Dabei neigen die Konfliktparteien dazu, jeweils den anderen für die Probleme verantwortlich zu machen. Deshalb bleibt der Konflikt auch erhalten oder weitet sich aus. Da dieser Konflikt die zu bearbeitende Frage nur am Rande, wenn überhaupt, berührt soll hier auch nicht näher darauf eingegangen werden. Zu weiteren Informationen siehe Watzlawick, Beaver und Jackson (1969).

6.6.3 Intrapsychische Konflikte

Psychische Konflikte spielen sich innerhalb der Person ab, aber nicht ohne Bezug zu anderen. Diese Konflikte sind in der persönlichen Entwicklung begründet, die von dem Einzelnen als Belastung erfahren wird. Hierbei handelt es sich um einen Entscheidungskonflikt, wobei das Treffen einer Entscheidung von der Person als belastend erlebt wird.

Weil bei Entscheidungen immer zwischen mehreren Lösungen abgewogen werden muss, können intrapsychische Konflikte aufgrund divergierender Ziele entstehen, die zu erheblichen Spannungen führen können. Oftmals wird für die Problemlösung, für die eine Entscheidung zu treffen ist, eine Lösung gewählt, die nicht den Möglichkeiten der Person entspricht und deshalb zu einseitigem Handeln führt. Problematisch ist, dass solche Lösungen auch für ähnliche Probleme genommen werden, die damit nicht oder nur unvollständig gelöst werden können. Kurt Lewin (Wiendieck et al. 2003), hat diese Probleme wie folgt beschrieben.

Annäherungs-Annäherungs-Konflikt: Hier liegen zwei attraktive Alternativen vor, die sich aber gegenseitig ausschließen. Ein Beispiel hierfür gibt die Fabel von Buridans Esel, der zwischen zwei Heuhaufen verhungert, weil er sich nicht entscheiden kann, welchen er zuerst fressen soll („you can't eat the cake and have it").

Annäherungs-Vermeidungs-Konflikt: Die Person steht vor einer Entscheidung, die sowohl positive als auch negative Folgen hat. Diese Folgen halten sich die Waage, wodurch die Person ausgebremst wird („Wasch mir den Pelz, aber mach mich nicht nass").

Vermeidungs-Vermeidungs-Konflikt: Die Person muss sich zwischen zwei Alternativen entscheiden, die beide negative Folgen haben („Wahl zwischen Teufel und Beelzebub"). „Diese intrapsychischen Konflikte reichen von alltäglichen Entscheidungsschwierigkeiten […] bis zu schweren existenziellen Krisen" (Wiendieck at all. 2002, S. 23).

Bei den strukturellen und psychischen (intrapsychischen) Konflikten handelt es sich um Konfliktfelder, die nicht ohne weiteres ersichtlich sind. Die handelnden Personen lassen auf der interpersonellen Ebene daraus erst einen Konflikt entstehen. Diese Ebene ist die Ebene der Konfliktaustragung, weil hier die handelnden Personen aufeinandertreffen. Bei der Konfliktentstehung spielen sowohl die strukturelle als auch die psychische Ebene eine Rolle, sowohl in Form der organisatorischen Gegebenheiten als auch in den Persönlichkeitsmerkmalen der Personen, die erst zusammengenommen einen Konflikt entstehen lassen. Dabei ist die interpersonelle Ebene die Ebene der Konfliktaustragung.

6.6.4 Konfliktverlauf

Zu erwähnen ist hier noch der Konfliktverlauf als prozessorientierter Ansatz.
Während bei den strukturorientierten Ansätzen die stabilen Randbedingungen wie Organisationsstruktur oder Persönlichkeitsmerkmale im Vordergrund sehen, stellt der prozessorientierte Ansatz das Wechselspiel der Konfliktparteien und die Dynamik der Konfliktverlaufes in den Vordergrund.

Nr.	Bezeichnung	Beschreibung
1	Verhärtung	Spannungen im Rahmen der alltäglichen Interaktionsbeziehungen, die beidseitig insgesamt als harmonisch eingestuft werden.
2	Polarisierung und Debatte	Fixierung auf eigene Standpunkte; harte verbale Auseinandersetzungen.
3	Taten statt Worte	ein starkes, wechselseitiges Gefühl des Durch-den-anderen-blockiert Werdens; die Konfliktgegner halten das Miteinanderreden zunehmend für sinnlos und versuchen ihre Interessen aktional durchzusetzen - es gilt vollendete Tatsachen zu schaffen.
4	Sorge um Images und Koalitionen	die Auseinandersetzung wird zunehmend als ein Kampf um Sieg und Niederlage erlebt; starke Selbstüberhöhung und Abwertung der Gegenseite; Versuche Koalitionen mit Unbeteiligten zu schmieden.
5	Gesichtsverluste	wechselseitige Gesichtsverluste- d. h. Versuche, die öffentlich wahrgenommene Integrität, Wirksamkeit und Gutwilligkeit des Gegners zu schädigen - bis ein Gesichtsverlust erreicht ist; umfassende Ideologisierung des Konflikts: hier liege, so die Überzeugung der Parteien, eine direkte und harte Konfrontation ganz unterschiedlicher Welt- und Wertauffassungen vor.
6	Drohstrategien	extreme Drohmanöver, die zu einer starken Forcierung der Eskalation führen; kontraproduktive Überdosierung der Gewaltandrohungen mit dem Ziel die Kontrolle zurück zu gewinnen.
7	begrenzte Vernichtungsschläge	Gewaltanwendungen zielen auf eine Schädigung der Sanktionsmacht des Gegners; Aufkommen von Verlust-Verlust-Einstellungen; eigene Verluste werden akzeptiert, wenn es gelingt, dem anderen noch größere Verluste zuzufügen.
8	Zersplitterung	wechselseitige Versuche, die Existenzgrundlagen des Gegners zu vernichten; noch versuchen die Parteien, hierbei die eigenen Verluste zu minimieren.
9	Gemeinsam in den Abgrund	die Rivalen gehen auf einen totalen Kollisions- und Vernichtungskurs - ohne Rücksicht auf eigene Verluste.

Tabelle 8 Stufen der Konflikteskalation (Nerdinger et al. 2011 S. 117)

Anschaulich wird dies im Konflikteskalationsmodell von Friedrich Glasl (geb. 1941), welches zuvor tabellarisch beschrieben wurde.

6.7 Reaktionen auf Stress

Aus früheren Experimenten „zur Bedeutung von Bewertungsprozessen für das Entstehen von Stressreaktionen geht hervor, dass Lazarus und seine Mitarbeiter vier Komponenten der Stressreaktion unterscheiden, und zwar eine physiologische Komponente (z. B. Veränderungen der Herzrate und der elektrischen Hautleitfähigkeit), eine Verhaltenskomponente (z. B. aufgeben, „aus dem Felde gehen", Erhöhung der Anstrengung), eine Erlebenskomponente (z. B. Gefühle der Angst, Anspannung und des Unbehagens) und eine kognitive Komponente (Veränderungen der kognitiven Leistung)" (Schützwohl 2002, S. 10). Bei drei dieser Dimensionen handelt es sich um „the traditional response dimensions of emotions" (Lazarus 1966, S. 10). Damit meint Lazarus die physiologische, die Verhaltens- und die Erlebensdimension (Schützwohl 2002). Lazarus (1966) führt dazu weiter aus: „These three categories usually define what is meant by an emotion. The fourth response category altered adaptive functioning, could be thought of as the effects of an emotional state – for example. How cognitive processes are facilitated or impaired by emotion. The point is, what comes under the heading of stress today was earlier studied under the concept of emotion, and many of the issues were quite the same. Why then adopt the new term "stress"? Probably the word "stress" has become popular because it connotes a particular aspect of emotion, the negative disturbing aspect as in fear, anxiety, anger and depression. "Stress" conveys the idea that the person or animal is beset by powerful pressures which greatly tax the adaptive resources of the biological or psychological system. This emphasis is not inherent in the term "emotion" as it is in "stress". Moreover, to many people the word "emotion" has subjective connotations, seeming to prefer a state of mind. And states of mind as a mode of psychological thought in American psychology have been somewhat out of vogue as a consequence of the behaviorist influence over the last fifty years. "Stress" as a term taken over from engineering may have sounded to many people more scientific or objective than "emotion" although this needs not to be true" (Lazarus 1966, S. 10). Lazarus entwickelt seine "Emotionstheorie" in den 1990 Jahren. Diese wird zusammenfassend beschrieben werden.

6.7.1 Die kognitiv-motivationale-relationale Emotionstheorie von Lazarus

Lazarus geht davon aus, dass Emotionen phylogenetischen[41] Ursprungs sind, was bedeutet, dass die Gattung Mensch sich im Laufe der Evolution an die verschiedensten Gegebenheiten anpassen musste, um ihr Überleben zu sichern. Dazu zählen die Probleme bei der Nahrungssuche, der Gefahrenerkenntnis und – abwehr, die Fortpflanzung etc. Dabei haben sich die Emotionen zu einer wichtigen Funktionsklasse entwickelt, die zur Problemlösung bei der Anpassung an die Umwelt dienten. Nach Lazarus (Schützwohl 2002) sind diese aus Reflexen und physiologischen Trieben hervorgegangen. Diese Klassen von Anpassungsfunktionen haben zwei Dinge gemeinsam, nämlich das Erkennen des Anpassungsproblems und die Problemlösung durch Verhaltensanpassung. Sie verbinden somit die Erkenntnis mit der entsprechenden Problemlösung.

Emotionen haben sich im Rahmen der Evolution bei den Menschen, als höhere Organismen, zur Bewältigung von Anpassungsproblemen, in einer sich schnell ändernden Umwelt, herausgebildet. Für jedes, ganz bestimmte Problem gibt es eine bestimmte Emotion. Die Anpassungsprobleme werden jedoch nicht durch einen bestimmten Reiz signalisiert, sondern sie treten vielgestaltig auf.

Eigenschaften	Reflexe	Physiologische Triebe	Emotionen
Auslöser	Internale oder externale Reize	Internale Mangelzustände (real)	Internale oder externale Ereignisse (real oder vorgestellt).
Periodizität	reaktiv	zyklisch	reaktiv
Reizspezifizität	hoch	mittel-hoch	gering
Verhaltens-flexibilität	gering	mittel	hoch
Beispiele	Lidschlag, Schreck	Hunger, Durst	Ärger, Trauer, Schuld

Tabelle 9 Unterschiede zwischen Reflexen, physiologischen Trieben und Emotionen (nach Schützwohl. 2002, S 14)

Alle Anpassungsprobleme haben jedoch für das individuelle Wohlergehen eine spezielle Bedeutung, die eine spezielle Emotion auslöst. Deshalb muss die Umwelt (das Umfeld) von der Person im Hinblick auf das eigene Wohlergehen ständig

---

[41] Stammesgeschichtliche Entwicklung der Gesamtheit aller Lebewesen. Im Gegensatz dazu steht die Ontogenese, die Entwicklung eines einzelnen Individuums seiner Art (z.B. die Person)

beobachtet und bewertet werden. Diese Bewertung bezieht sich nicht auf konkrete Ereignisse, sondern deren Bedeutung für die Person. Dieser Bewertungsprozess nimmt in der kognitiven Emotionstheorie eine zentrale Funktion ein.

„Emotionen unterscheiden sich von den Reflexen und Trieben aber nicht nur hinsichtlich der Komplexität der sie auslösenden Bedingungen, sondern sie sind aufgrund der unterschiedlichen Erscheinungsformen ein und desselben Anpassungsproblems nur durch eine unvergleichlich größere Flexibilität und Variabilität des Verhaltens erfolgreich zu bewältigen" (Schützwohl 2002, S. 16-17). Diese Flexibilität bei der Verhaltensanpassung durch Emotionen setzt ein enorm leistungsfähiges Gehirn voraus. Deshalb kann man, wenn man diese Funktion der Emotionen voraussetzt, annehmen, dass sich auch das Gehirn des Menschen dadurch zu seiner heutigen Funktionalität entwickelt hat.

Es ist noch zu klären, warum Lazarus seine Emotionstheorie als „kognitiv-motivational-relational" bezeichnet. Die Theorie ist kognitiv, weil Wissen über und die Bewertung der Situation notwendig sind, damit Emotionen entstehen können, wobei unter Wissen das Weltwissen der Person verstanden wird. Dieses Wissen reicht nicht aus, sondern erst die Bewertung der Situation in Hinblick auf das eigene Wohlergehen löst Emotionen aus.

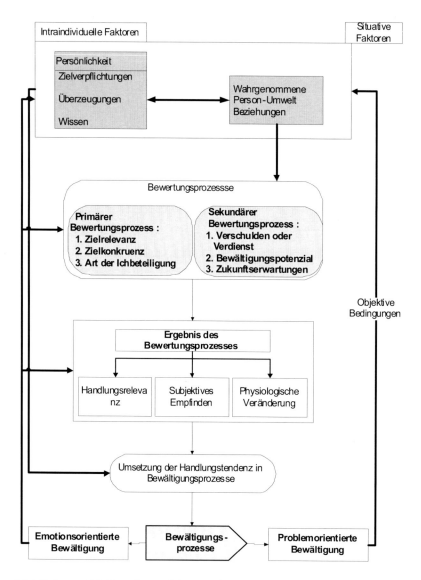

**Abbildung 23 Das kognitiv-motivational-emotive System
(nach Schützwohl 2002, S. 20)**

Die Theorie ist deshalb motivational, weil Emotionen die Reaktion auf die Differenz zwischen den langfristigen Zielen und Werten und dem jetzigen Stand der Zielerreichung darstellen. Wenn Werte und Ziele bedroht sind, wenn Misserfolg oder Erfolg eintreten kann, dann entstehen Emotionen.

Die Theorie ist relational, weil sich die Bewertungen, die vorgenommen werden, auf die Relationen zwischen Person und Umwelt, nicht aber auf die Merkmale derselben beziehen. Dieser Aspekt wird durch obige Beschreibung des Modells deutlicher.

Die Emotion entsteht in der Person-Umweltbeziehung, wie sie von der Person wahrgenommen wird. Dieser Wahrnehmungs- und Rekonstruktionsprozess wird geprägt durch die Umwelt einerseits, die ebenfalls subjektiv wahrgenommen wird, und durch die Person und ihre Merkmale andererseits. Diese Informationen fließen in den Bewertungsprozess ein. Dieser stützt sich auf eine vergleichsweise geringe Anzahl von Merkmalen, die aber nach Lazarus ausreichen, um das prinzipielle Anpassungsproblem zu beschreiben (Schützwohl 2002). Die Bewertungspunkte, die in obiger Grafik beschrieben sind, werden in nachfolgender Tabelle in den Spalten „primäre Wertung, sekundäre Bewertung" in Bezug auf die Emotionen dargestellt (Tabelle nach Schützwohl 2002, Anhang 1 Tab. 2).

Emotion	Kernthema	Primäre Bewertung	sekundäre Bewertung	nötige und hinreichende Bewertungs-Komponenten
Freude/Glück (Happiness joy)	gutes Vorankommen bei der Realisierung eigener Ziele	1. relevant 2. kongruent 3. -	4,- 5.- 6. positive Zukunftserwartung	1,2,6
Stolz	Erhöhung der Ich-Identität durch Anrechnung von wertgeschätzten Eigen- oder Gruppenleistungen	1. relevant, 2. kongruent, 3. Erhöhung der Selbst oder sozialen Achtung	4. eigener Verdienst, 5. - 6. -	1-4
Liebe/Zuneigung (love/affection)	(gegenseitige) Zuneigung wünschen oder erleben	1. relevant, 2. kongruent, 3. Wunsch nach gegenseitiger Anerkennung	4.- 5.- 6.-	1-3
Erleichterung (relief)	eine Besorgniserregende Situation hat sich zum besseren gewandelt oder existiert nicht mehr.	3. relevant, 2. Abnahme von Inkongruenz bzw. Wandel zur Kongruenz 3. -	4. - 5. - 6. -	1-2
Scham*	einem Ideal nicht genügen	1. relevant, 2. inkongruent, 3. Verstoß gegen ein Ich-Ideal	4. eigenes Verschulden, 5. - 6. -	1-4

Emotion	Kernthema	Primäre Bewertung	sekundäre Bewertung	nötige und hinreichende Bewertungs-Komponenten
Traurigkeit (sadness)	Unwiederbringlicher Verlust	1. relevant, 2. inkongruent 3. Verlust in Bezug auf irgendein Ich-Ideal	4. weder eigenes noch Fremd-verschulden 5. Verlust kann nicht rückgängig gemacht werden, 6. -	1-5
Neid	Wunsch nach etwas das andere besitzen	1. relevant, 2. inkongruent, 3. was andere besitzen betrifft ein Mangel in Bezug auf irgendein Ich-Ideal	4.- 5.- 6.-	1-3
Eifersucht	einer dritten Person verübeln, dass man die Zuneigung einer Person verloren hat oder zu verlieren droht.	1. relevant, 2. inkongruent, 3. der drohende Verlust der Zuneigung bedroht irgendein Ich-Ideal	4. Fremdverschulden 5. - 6.-	1-4
Ekel	ein unverdauliches Objekt oder eine (im übertragenen Sinn) unverdauliche Idee aufnehmen oder zu nahe kommen.	1. relevant, 2. inkongruent, 3. drohende Verseuchung irgendein Ich-Ideals durch eine "giftige Idee".	4.- 5. - 6.-	1-3
Furcht (freight)*	konkrete und plötzliche Gefahr einer nahe bevorstehenden körperlichen Verletzung.	1. relevant, 2. inkongruent in Gestalt einer konkreten und plötzlichen Bedrohung der körperlichen Unversehrtheit, 3.-	4.- 5.- 6.-	1-9

Emotion	Kernthema	Primäre Bewertung	sekundäre Bewertung	nötige und hinreichende Bewertungs-Komponenten
Angst*	unbestimmte, existenzielle Bedrohung	1. relevant, 2. inkongruent, 3. Schutz der Ich-Identität vor existenzieller Bedrohung	4. - 5. - 6. -	1-3
Schuld*	Überschreiten eines moralischen Gebots	1. relevant, 2. inkongruent, 3. eine moralische Überschreitung regeln	4. eigenes Verschulden, 5. - 6. -	1-4
Ärger*	Beleidigung gegen mich und meine Position	1. relevant, 2. inkongruent, 3. Bewahrung oder Erhöhung des Selbst und der sozialen Achtung	4. fremdes Verschulden, 5. - 6. -	1-4

Tabelle 10 Unterschiede zwischen Reflexen, physiologischen Trieben und Emotionen (nach Schützwohl 2002, S. 14) Detaillierung

Die Tabelle zeigt die relevanten Emotionen sowie die sechs Bewertungspunkte nach Schützwohl (2002). Da in der Arbeit das Verhalten von Führungspersonen bei drohendem Misserfolg untersucht werden soll, sind die entsprechenden Emotionen markiert (*). Wie bereits früher betont, stellt auch hier die Einteilung in primäre und sekundäre Bewertungsprozesse keine Rangfolge dar. Diese Prozesse laufen meistens schnell und automatisch außerhalb des Bewusstseins ab, willkürlich und parallel. Außerdem ist noch zu beachten, dass diese Bewertungen nicht jedes Mal vorgenommen werden müssen, da hier die in der Vergangenheit gemachten Erfahrungen zu einem Automatismus des Verhaltens führen.

Primärer Bewertungsprozess

Der primäre Bewertungsprozess besteht aus verschiedenen Prozess-schritten, die eine Antwort suchen auf die Art und Differenzierung der auftretenden Emotion.

Dabei ist das auslösende Ereignis die wahrgenommene Person-Umwelt-Beziehung zum Zeitpunkt der Bewertung. Dazu wird zunächst die Zielrelevanz in der Hinsicht überprüft, ob überhaupt ein persönliches Ziel besteht. Ist dies nicht der Fall, entsteht auch keine Emotion und der Prozess wird abgebrochen. Erst wenn ein persönliches Ziel besteht, kann auch eine Emotion entstehen, deren Stärke von der Wichtigkeit des Zieles, das es für die Person hat, bestimmt wird. Das Ergebnis der Prüfung ist somit a) keine Emotion oder b) eine Emotion in einer bestimmten Stärke. Die Überprüfung der Zielkongruenz stellt fest, ob es sich um eine positive oder negative Emotion handelt. Das persönliche Ziel muss dazu mit einem Ergebnis oder einem zu erwartenden Ergebnis verglichen werden, um festzustellen, ob das Ziel erreicht wurde/werden wird oder nicht. Kann es erreicht werden ist die Emotion positiv, im anderen Fall negativ. Im letzten Schritt wird die Art der Ich-Beteiligung überprüft, was bedeutet, welche Auswirkungen das auslösende Ereignis auf die Person hat und welche Emotion ausgelöst wird. Hierzu schreibt Schützwohl (2002): „Für die Entstehung von Ärger hält es Lazarus beispielsweise für erforderlich, eine zielinkongruente Person-Umwelt Beziehung als eine Bedrohung der Selbst- oder sozialen Achtung einzuschätzen: [...]" (Schützwohl 2002, S. 22). Das Ergebnis der primären Bewertungsprozesse ist somit die Art und Stärke der vorliegenden Emotion.

Sekundärer Bewertungsprozess

In diesem Prozess wird geprüft, ob es sich um ein Verschulden oder einen Verdienst handelt. Dabei wird eine Differenz zwischen persönlichem Ziel und erwartetem oder bereits eingetretenem Ergebnis festgestellt. Ist das Ergebnis positiv handelt es sich um einen Misserfolg ansonsten um einen Erfolg. Weiter wird geprüft, ob die Person hierfür die Verantwortung trägt oder übernimmt.

Um die Verantwortung zu übernehmen, muss die Ursache, die zu dem Ergebnis führte, von der Person kontrollierbar sein. „Ärger über eine andere Person setzt demnach deren Verschulden voraus [...]" (Schützwohl 2002, S. 23).

Bei der Bewertung des Bewältigungspotenzials wird die Kompetenz, der Person geprüft, die Situation so zu ändern, damit die persönlichen Ziele erreicht werden können. Dabei wird von der oben bereits definierten Formel $V = f(P, U)$ ausgegangen und sowohl die Situation, als auch die persönlichen Qualifikationen in Betracht gezogen. Das Ergebnis dieser Bewertung besteht letztlich darin, die negative Emotion dahingehend abzuschwächen, damit eine Strategie gewählt werden kann, die es erlaubt, das persönliche Ziel doch noch zu erreichen (z. B. Anstrengungen zu verdoppeln). Auch die Bewertung der zukunftsbezogenen Erwartungen tragen zu Intensivierung bzw. Abschwächung emotionaler Reaktionen bei (Schützwohl 2002). Die Bewertung ist in die Zukunft gerichtet und bewertet eine zukünftige Person-

Umwelt-Beziehung. So soll der Ärger (wie oben beschrieben) so bewertet werden, dass z. B. (Beispiel des Autors) die Bewältigung eines Misserfolgs und die dadurch entstandenen negative Emotionen auf sich selbst oder andere, durch größere Anstrengungen in Richtung Zielerreichung möglich ist. Das Ergebnis dieses Bewertungsprozesses ist zunächst die Analyse der Ursache, welche zum Misserfolg geführt hat. Dies ist die Grundlage, um eine entsprechende Handlungsstrategie für die Zukunft festzulegen.

Ergebnis des Bewertungsprozesses

Lazarus unterscheidet bei den Bewertungsprozessen bzw. dem Ergebnis zwischen einer molekularen und einer molaren Ebene (Schützwohl 2002). Die molekulare Ebene beinhaltet die Analyse der Situation bezüglich Emotionsart-, -stärke und ihre Bewältigung (siehe oben). Die molare Ebene stellt eine Zusammenfassung der Ergebnisse zu einem Thema dar. Diese Zusammenfassung wird von Lazarus mit „core relational theme" beschrieben. Schützwohl (2002) übernimmt das Ergebnis als „Kernthema" und es wird hier auch so übernommen.

Mit dem Kernthema werden die Ergebnisse der beiden Bewertungsprozesse zusammengefasst. Es beschreibt den gleichen Sachverhalt, geht aber in der Beschreibung über die Summe der zugrunde liegenden Bewertungen hinaus. Dies bedeutet „dass bei Vorliegen eines bestimmten molaren Kernthemas automatisch die dazugehörige Emotion ausgelöst wird" (Schützwohl 2002, S. 27) zu unseren biologischen Grundeinstellungen gehört, die sich evolutionär entwickelt haben. Aber die Ziele und Werte der Person sowie ihr Wissen werden auch im Rahmen der Sozialisation kulturell beeinflusst. Vor diesem Hintergrund wird dann die Person-Umwelt konstruiert, also das Objekt des Bewertungsprozesses und auch der Bewertungsprozess selbst beeinflusst, weil die Einschätzung „zielrelevant" und zielkongruent/-inkongruent von den persönlichen Zielen abhängt. Auch die „Ich-Identität" wird erst durch die Sozialisation geprägt und fließt so in die Bewertung der Ich-Beteiligung mit ein. Dieser Einfluss der Sozialisation gilt auch für den sekundären Bewertungsprozess (siehe hierzu 0).

Weitere Komponenten der Emotion

Das Kernthema, als Bewertungsergebnis, ist gleichzeitig Auslöser und auch Teil der Emotion, ähnlich wie ein Krankheitserreger auch Teil der Krankheit ist. „Der gleiche Gedankengang liegt auch der Theorie der Krankheitserreger zu Grunde. Der Erreger wird als der Verursacher der Krankheit angesehen und seine Anwesenheit ist absolut erforderlich so lange die Person erkrankt ist. Wenn er von den Abwehrkräften der Person bezwungen wird, verschwindet er gemeinsam mit der Krankheit [...] Das gleiche gilt für Bewertungen und die emotionale Reaktion. Entferne das Bewertungsergebnis [...] und die Emotion verschwindet" (Lazarus, 1991c, S. 824 zit. Schützwohl 2002, S. 29). Bei diesen drei Komponenten handelt es sich um Handlungsrelevanz, subjektives Empfinden und physiologische Veränderung. „Diese Komponenten sind in systematischer Weise um die im Bewertungsprozess festgestellten adaptiven Anforderungen herum organisiert und scheinen sich im Dienste von zwei allgemeinen Funktionen entwickelt zu haben, nämlich sozialer Kommunikation und Bewältigung [der adaptiven Anforderungen]. [...} Die motorisch-physiologischen Veränderungen sind zum Teil beobachtbar (z. B. Veränderungen des Gesichtsausdrucks, der Körperhaltung, der Stimme etc. ...), die anderen anwesenden Personen wichtige Informationen über [die vorgenommene] Bewertung und mögliche Handlungen übermitteln. Die motorisch-physiologischen Veränderungen in Körperhaltung, Muskeltonus, hormoneller und autonomer Tätigkeit bereiten die Person physiologisch darauf vor, die durch die Handlungstendenz motivierten Bewältigungsaktivitäten aufzunehmen und aufrecht zu erhalten" (Smith & Lazarus, 1990, S. 623f, zit. nach Schützwohl 2002, S. 29).

Die emotionsspezifische Handlungstendenz wird jedoch nicht automatisch ausgeführt. Nur bei größter emotionaler Erregung sind wir nicht in der Lage diese zu unterdrücken, wenn die Emotion nicht so stark ist, können wir die jeweilige Handlungstendenz unterdrücken und aus unseren Reaktionsmöglichkeiten, die auswählen, die die größte Erfolgsaussicht verspricht das geplante Ziel zu erreichen.

Bei dieser Arbeit stellt die Person-Umwelt-Beziehung das soziale System dar, welches jeweils der Führungssituation zu Grunde liegt. Dabei werden zwei Formen der Handlungsmöglichkeit unterschieden: a) die problem-orientierte und b) die emotionsorientierte. Diese Bewertung bezieht sich immer nur auf die tatsächlich durchgeführte bzw. durchzuführende Handlung. Die problem-orientierte ist eine Handlung, die darauf abzielt, die konkrete Situation (Person-Umwelt-Beziehung) zu verbessern, indem sie entweder auf die Person oder die Umwelt einwirkt. Die emotionsorientierte beeinflusst nicht direkt, sondern versucht die subjektive Konstruktion der Situation zu verändern, ohne direkt einzugreifen. Dies kann geschehen, indem man sich zunächst von der Situation ab und anderen Dingen zuwendet oder die Bedeutung der Situation um bewertet. Beide Strategien führen zu einer Neubewertung der Situation (Person-Umwelt-Beziehung) und möglicherweise zu neuen Emotionen. Den Emotionsprozess kann man sich somit als einen kybernetischen Prozess vorstellen, in dem sich die oben vorgestellten Teile gegenseitig beeinflussen.

Zusammenfassend kann gesagt werden, dass das vorgestellte Modell von R. S. Lazarus für die Erklärung des Verhaltens bei drohendem Misserfolg einer Führungsperson, welches die oben aufgeführten Emotionen zur Folge haben kann, einen Erklärungsansatz bietet, speziell was die Person-Umwelt-Beziehung anbelangt, die den Brückenschlag zur Feldtheorie von Lewin bildet. Wobei nicht geklärt ist, welche Handlungstendenz zum Tragen kommen könnte. Auch wird hier der Stress allgemein behandelt, wobei es sich bei drohendem Misserfolg, also der drohenden Zielverfehlung um Frustration oder um einen Konflikt handeln kann. Zunächst wird hier der Frage zur Frustration nachgegangen.

6.7.2 Reaktion auf Frustration

Zusammenfassend kann festgehalten werden, dass Frustration eine Stressform ist, die durch die Unterbrechung einer zielgerichteten Handlung hervorgerufen wird und mit den negativen Emotionen Ärger, Wut etc. verbunden ist. Demnach kann das kognitiv-emotionale Modell auch auf die Frustration angewendet werden. Nachstehend ein Prozessmodell nach dem vorgenannten kognitiv-motivational-emotive System, welches zeigen soll, wie ein Bewältigungsprozess im Falle der Frustration zustande kommt.

Die Stärke der Frustration bemisst sich danach, welchen Einfluss die Abweichung oder angenommene Abweichung von Ziel und Ergebnis auf den Lebensentwurf der Person hat. Hier wird unter Lebensentwurf ein Zielbündel verstanden, welches die Person im Laufe ihres Lebens zu erreichen trachtet. Im Bereich des Berufslebens kann das die Karriere und damit einhergehend Macht, berufliches Ansehen, Einkommen oder eine Kombination dieser Faktoren sein.

Als Reaktion auf die Frustration können viele Verhaltensarten zum Tragen kommen, je nach Persönlichkeitsmerkmalen und der Situation, in dem eine Frustration vorkommen kann, wobei die Aggression auf der einen Seite und das „aus dem Feld gehen" auf der anderen Seite stehen können. Heckhausen (1989) sagt zum Thema Aggression:

„Aggression steht hier häufig in den Diensten anderer Motive wie Dominanz oder Ausübung von Macht, sie ist also instrumentell" (Heckhausen 1989, S. 306).

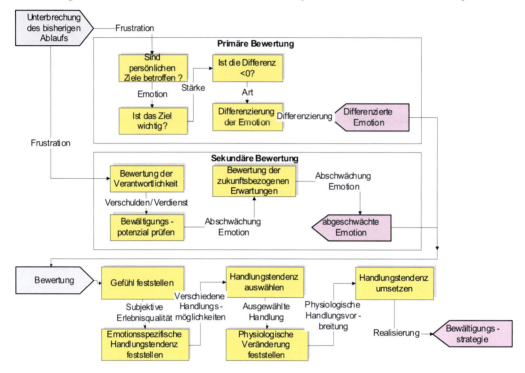

Abbildung 24 Prozessmodell der Entscheidungsfindung nach dem kognitiv-emotionalen System (Siehe oben – eigene Darstellung)

Dabei bestimmen äußere Einflüsse der gegebenen Situation, ob Aggression erlaubt ist. Sie wirken als Moderationsvariable. Es bleibt hier festzuhalten, dass Aggression mit Kampf sprich Machtausübung gleichgesetzt werden kann und Flucht mit aus dem Feld gehen. Wobei sich „aus dem Felde gehen" im Unternehmensalltag als verweigern, der Verantwortungsübernahme oder Delegation der Verantwortung an andere beschreiben kann. In diesem Sinne wird „aus dem Feld gehen" im Folgenden benutzt.

6.7.3 Reaktion auf Konflikte

Das beobachtbare Konfliktverhalten ist Ansatzpunkt mehrerer Beschreibungsansätze. Nachstehend wird die Klassifikation von Van de Vliert (1997 zit. nach Nerdinger et al. 2011) dargestellt. Dabei kann leicht erkannt werden, dass es sich hier um ein Verhalten handelt, das dem der Frustration ähnlich ist.

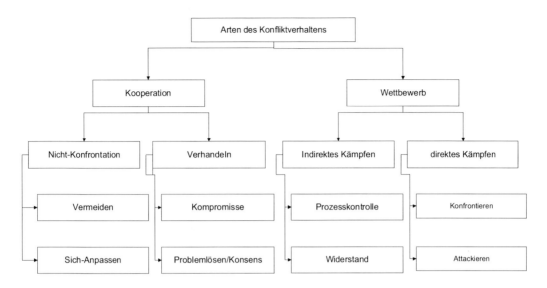

Abbildung 25 Arten des Konfliktverhaltens (nach de Vliet Jannssen 2001, zit. nach Nerdinger et al. 2011, S.114)

Auch hier lassen sich zwei Verhaltensarten unterscheiden. Die Kooperation und den Wettbewerb, der letztlich als Kampf dargestellt wird. Dies kann mit der Frustrationsreaktion verglichen werden, die aus verschiedenen Abstufungen der Aggression bestehen kann. Auf der einen Seite der Kampf und auf der anderen Seite die Flucht. Die Hauptkategorien des Konfliktverhaltens werden nachstehend näher erläutert.

Kooperation

Kooperation wird als ein Verhalten bezeichnet, das zum einen auf einer „Nicht-Konfrontation" basiert, die zunächst das bestehende Problem ignoriert und so das notwendige, klärende Gespräch aufschiebt oder vermeidet, in der Hoffnung, dass sich das Problem von selbst löst. Den Forderungen des Kontrahenten wird damit nachgegeben, indem Zugeständnisse gemacht werden, was ein Unterordnen bedeuten kann. Dabei wird das eigene Anspruchsniveau gesenkt.

Auf der anderen Seite wird verhandelt, bis entweder Kompromisse oder ein Konsens erzielt werden. Wobei ein Kompromiss der kleinste gemeinsame Nenner für die Lösung eines Problems bedeutet und Konsens eine neue Problemlösung darstellt, mit der beide Seiten zufrieden sein können.

Wettbewerb

Wettbewerb als Verhaltensmodus bedeutet in diesem Modell „Kampf" bzw. „Machtausübung". Auf der einen Seite ein indirektes Kämpfen durch die Übernahme der Prozesskontrolle, indem auf die Einhaltung von Regeln der Kommunikation und der Zusammenarbeit bestanden wird, um die Gegenseite zu beherrschen. Durch passiven Widerstand wird die Klärung des Problems verschleppt, indem direkter Kontakt vermieden wird und Entscheidungen verschleppt werden.

Auf der anderen Seite steht das direkte Kämpfen mit der Konfrontation, um den eigenen Standpunkt klarzumachen und die Klärung der Situation einzufordern. Durch Attackieren wird dabei versucht, den Widerstand des Konfliktgegners zu brechen und so den Sieg davon zu tragen.

6.8 Führungsstrategien zur Stressbewältigung

Wenn nicht Frustration und Konflikt, sondern die daraus resultierenden Emotionen betrachtet werden, die letztlich die Auslöser für Stress darstellen, ist bei einem drohenden Misserfolg personen- und situationsbezogen mit den Handlungsmöglichkeiten zu rechnen, die der Führungsperson, je nach Unternehmenskultur und persönlicher Sozialisation, zur Verfügung stehen. Diese Handlungsmöglichkeiten, ausgelöst durch Stress werden Copingstrategien (Bewältigungsstrategien) genannt. Dies bedeutet, dass Stress als Moderatorenvariable die Auswahl der Führungsstrategie beeinflusst.

Damit kann, wie oben beschriebenes Verhalten (siehe Abbildung 25) bei der Konfliktbewältigung zeigt, Machtausübung in Form von Wettbewerb auf der einen und Kooperation auf der anderen Seite stehen. Es wird somit ein Spannungsfeld zwischen Macht und Vertrauen aufgespannt, wobei diese Komponenten nachstehend näher diskutiert werden.

Bei dem Stressfaktor „Konflikt" liegen die Bewältigungsstrategien zwischen Wettbewerb und Kooperation (siehe Abbildung 25) und bei der Frustration als Stressfaktor zwischen Aggressivität und Flucht (siehe 0). Wenn man die Auswahlmöglichkeiten der Bewältigungsstrategien zusammenfasst, so liegen diese zwischen Kampf auf der einen und Flucht auf der anderen Seite. Das wiederum entspricht den Machtstrategien (Kampf) und Kooperationsstrategien (Flucht), wobei zu den letztgenannten das „aus dem Feld gehen" dazukommt.

Folgende Faktoren spielen bei der Auswahl einer geeigneten Bewältigungsstrategie, eine maßgebliche Rolle:

- Unternehmenskultur und ob im Unternehmen eher das Strukturelement Macht (siehe 0) oder Vertrauen (siehe 0) betont wird, dargestellt durch Rechte und Pflichten des Rolleninhabers (siehe 3.4).
- Die Allgemeine und berufliche Sozialisation der Führungsperson und die daraus resultierenden Werte, Normen sowie die erlernten Zielerreichungsstrategien und die Persönlichkeitsmerkmale (eher autoritär oder kooperativ).
- Die Motive und die Emotionen, die mit den Zielen verbunden sind, erzeugen eine Spannung.
- Aus der Höhe der Spannung ergibt sich bei Stress die Stärke der Emotion, weil die Spannung durch die Zielerreichung nicht aufgelöst wird.

Aus der Stärke der Emotion ergibt sich die Auswahl der Bewältigungsstrategie. Dies bedeutet, dass letztlich die Emotionsstärke, einen Faktor unter anderen darstellt, die die Führungsstrategie beeinflusst und damit auch die Bewältigungsstrategie. Die Auswahl der Führungsstrategie durch Machtausübung oder durch Kooperation (Vertrauen) hängt zunächst von den Erfahrungen ab, die die Führungsperson bisher mit entsprechenden Strategien gemacht hat und die sich als nützlich erwiesen haben. Die durchgeführte Untersuchung soll zeigen, welche Faktoren dafür maßgeblich sind, ob eine Führungsperson bei drohendem Misserfolg eine machtbetonte oder kooperative Zielerreichungsstrategie, einen Mix aus beidem oder das „aus dem Felde gehen" wählt.

Der erste Fall wird als Frustration – also die Unterbrechung einer zielgerichteten Handlung – bezeichnet. Frustrationen erhöhen die Wahrscheinlichkeit aggressiver Reaktionen, vor allem dann, wenn sie von Emotionen wie Ärger oder Wut begleitet sind. (Miller & Dollard, 1939 – sowie spätere, weitere Forscher).

Wobei es sich im zweiten Fall um einen interpersonellen oder intrapsychischen Konflikt handeln kann, der als Ziel- oder Rollenkonflikt oder als Konflikt mit anderen involvierten Personen bezeichnet wird, da die von außen herangetragenen Rollenerwartungen nicht der individuellen Disposition entspricht. Auch diese Konstellation begünstigt Emotionen wie Ärger, Wut aber auch Furcht. Insofern bestehen Zusammenhänge zwischen den beiden Situationen, die deshalb zum Stresskonzept zusammengefasst werden (Barthol + Ku 1981, S. 124).

6.9 Ausüben von Macht

Führung hat ein enges Verhältnis zu Herrschaft und damit auch zur Macht. Beim Eintritt in ein Unternehmen tritt der Mitarbeiter die Herrschaft über sich selbst an das Unternehmen, für die im Arbeitsvertrag bestimmte Zeit und über die definierte Art, ab. Dies ist eine Delegation der Herrschaft von unten nach oben, die beide Seiten beenden können. Mit dieser Delegation übernimmt die Führungsperson die Aufgabe, mit der ihr übertragenen Macht verantwortlich umzugehen. Nachstehend soll das Phänomen „Macht" diskutiert werden.

Macht wird im sozialen Raum angesiedelt, in der Organisation, und betrifft Organisation, Kontrolle, und Kommunikation, als Ausdruck der sozialen Macht. Ausgangspunkt ist die Natur des Menschen als ursprüngliche Quelle der Macht. Als Grundmotiv wird das Kontrollmotiv gesehen und damit einhergehend das Erreichen gemeinsamer Ziele, auch durch Eingriffe in die Natur, als wirtschaftliches Handeln. Damit wird die Zielverfolgung ein wichtiges Thema bei der Machtbetrachtung. Menschen verfolgen viele Ziele und deshalb gibt es auch viele Formen der sozialen Beziehungen sowie Interaktionen. Die Strategie zum Erreichen der Ziele gibt somit Aufschluss über die Stellung der Macht. Macht ist kein Ziel an sich, sondern ein Mittel zur Zielerreichung, also ein Mittel zum Zweck. Das Machtbedürfnis ist ein emergentes Bedürfnis, welches sich bei der Bedürfnisbefriedigung einstellt. Die Natur des Menschen und die sozialen Beziehungen haben eine Bedeutung für die Motivation des Menschen und damit Aggregatseigenschaften. Nach Talcott Parsons ein „allgemeines Mittel, um jedwedes erstrebte Ziel zu erreichen" (Parsons, 1968, S. 263, zit. nach Mann 1994, S. 21) Macht ist somit eine spezielle Ressource, deren Quellen die Medien sind, mit welchen Macht ausgeübt wird.

6.9.1 Macht in Unternehmen

Im Rahmen der Arbeits- und Organisationspsychologie wird Macht in der Unternehmung wenig thematisiert. Macht bedeutet Einfluss und steht in einem engen Verhältnis zur Führung und damit auch zur Führungsrolle. Macht ist ein Kommunikationsmedium. Medium ist die Kopplung von Elementen damit Sinn (Bedeutung) entsteht. Dies heißt, dass über die Bedeutung des Codes auf beiden Seiten Übereinstimmung besteht und somit keine Kontingenzprobleme auftreten. Der Sinn der Information ist den Kommunikationsteilnehmern bekannt. Macht entsteht dann, wenn eine Person eine andere

Person zu einer Handlung oder zu einer Unterlassung bewegen kann. Bei der Machtausübung geht es nicht nur darum, den Machtunterworfenen zur Annahme der Weisungen zu bewegen, sondern auch der Machthaber muss zur Ausübung seiner Macht bewegt werden. Dem Machthaber werden aufgrund seiner Macht Erfolge und Misserfolge und die passenden Motive zugeschrieben. Macht instrumentalisiert nicht den vorhandenen Willen, sondern sie erzeugt diesen erst.

Es gibt also keinen Willen zur Macht, sondern den Willen zur Machtausübung, dann wenn sie erteilt wird. Dieser Wille kann Risiken und Unsicherheiten vergessen lassen, in Versuchung führen und scheitern lassen. Der Machtunterworfene kann sein eigenes Handeln selbst wählen, aber es werden Machtmittel eingesetzt, um ihn in seiner Wahl zu steuern. Der Machthaber steuert seinem Willen gemäß, indem er eben diese Machtmittel einsetzt. Es gibt eine Anzahl von Handlungen, die durchgeführt werden könnten, um Ziele (in diesem Falle Unternehmensziele) zu erreichen. Von diesen Handlungen sind aber nur bestimmte von den Unternehmensregeln zugelassen. Macht sorgt dafür, dass eben nur die gewünschten Handlungen durchgeführt werden. Die Auswahl der Handlungen kann auch durch den Machtunterworfenen erfolgen, wenn der Machthaber sicher ist, dass er sich für die Handlungen entscheidet, die nach der Meinung des Machthabers die richtigen sind. Dann findet Delegation statt. Es hat also diejenige Person Macht, die bestimmen kann, ob delegiert wird oder nicht. Macht beruht darauf, dass Möglichkeiten/Handlungen durchgeführt werden müssen, deren Realisierung durch den Machthaber verhindert werden könnten. Damit Macht funktionieren kann, ist das Vermeiden von Sanktionen unabdingbar, denn Macht ist auf die Kontrolle des Ausnahmefalls aufgebaut.

Hochkomplexe Unternehmen müssen so strukturiert sein, dass die Vermeidungsalternativen (die Handlungen, die es zu vermeiden gilt) so gering wie möglich sind. Dadurch wird die Machtausübung eingeschränkt. Macht wird nur dann ausgeübt, wenn für eine Aufgabendurchführung eine ungünstige Alternativenkombination vorgeschlagen wird.

Die in einer Organisation gebildete Macht beruht weitgehend darauf, dass der Machthaber positive Leistungen in negative Sanktionen transformieren kann. Dies erschließt ihm Einflussmöglichkeit und Motivquellen. Handeln wird zum Entscheiden, zur bewusst selektiven Wahl der Alternativen. Somit werden Machtprobleme zu Entscheidungsproblemen.

6.9.2 Machtstruktur und Machtarten

Die in einem Unternehmen existierende Macht beruht auf einer Machtstruktur, die die Machtarten, nämlich die Ressourcen abbildet, denn Macht geht immer von Ressourcen aus, dabei ist es nicht immer nötig, dass diese auch verfügbar sind. Es reicht, wenn einem „Machthaber" Ressourcen zugeschrieben werden. Dazu sagt Schneider: „Unter sozialer Macht verstehen wir... die aufgrund ihrer Verfügungsgewalt über Ressourcen den Partnern zugeschriebene Fähigkeit von Personen oder Gruppen, auf kognitive oder Verhaltensaspekte dieser Partner einzuwirken" (Schneider 1978, 35). Über den eignen Bezugsrahmen von dyadischen (face to face) Interaktionsprozessen hinaus, muss man im Bereich der Unternehmung die Macht auf verschiedenen Ebenen ansiedeln (Fischer, Wiswede 2002).

Unter Machtarten wird die Art und Weise verstanden, wie sich Macht innerhalb einer Unternehmung darstellt. Dies sind die formelle und die informelle Macht, die legitimierte Macht und die Identifikationsmacht, die Expertenmacht, die potenzielle und realisierte Macht, die organisatorische Macht und die Macht durch Emotionen. Nachstehend werden diese Machtarten weiter ausdifferenziert.

Die **formelle Macht** beruht auf formalen oder positionellen Festlegungen. Im Rahmen der Rolle manifestiert sich dies in den Rechten, die einer Rolle mitgegeben werden und ist sichtbar in der Rollenposition. Hierbei handelt es sich um eine Ausprägung der strukturellen Macht. Wohingegen die **informelle Macht** sich ungeplant entwickelt. Sie ist nicht aus den Strukturplänen von Organisationen ersichtlich, sondern verdeckt vorhanden. Inhaber dieser Macht sind Personen, die eine Nähe zum Rolleninhaber aufweisen und Einfluss auf ihn ausüben können, durch Filtern von Informationen im weitesten Sinne (z. B. Sekretärinnen) oder aber durch Vorbereiten von Entscheidungen in informellen Zirkeln. Gleiches gilt für die **legitimierte Macht**. Sie gründet auf der Position des Rolleninhabers. Gelegentlich stößt die formale Autorität auf Akzeptanzprobleme, sofern sie nicht in funktionale Autorität umgewandelt werden kann.

Bei der **Identifikationsmacht** handelt es sich um Einflüsse, die von Personen oder Gruppen ausgehen und die als Modell für das eigene Handeln dienen. Es handelt sich dabei insofern um Macht, als durch diese Identifikation das eigene Handeln an das Modell angepasst und somit im Sinne des Modells beeinflusst wird. Die Entscheidung, welche Handlungsalternative gewählt wird, wird somit vom Modell getroffen.

Es wird davon ausgegangen, dass der Experte über Mittel und Wege zur Zielerreichung verfügt, die einem anderen nicht zur Verfügung stehen. Er kann sie effizient einsetzen, vorenthalten oder missbräuchlich verwenden. Wenn Macht darin besteht, dass der Machthaber den Machtunterworfenen zu einem ihm genehmen Handeln veranlassen kann, dann besteht die **Expertenmacht** darin, die Entscheidungsalternativen durch sein Expertenwissen in seinem Sinne zu beeinflussen. Seine Expertise wird benötigt, um Handlungsentscheidungen zu treffen, und seine Macht besteht darin, dass der Entscheidende eine Handlungsalternative auswählt aufgrund der Empfehlungen des Experten. Er nimmt somit eine Machtposition ein und bestimmt die Entscheidung zur Handlungsalternative.

Die **potenzielle Macht** besteht zunächst in den Ressourcen, über die der Rolleninhaber (Machthaber) theoretisch verfügen kann. Sie setzt sich zusammen aus den zugewiesenen Ressourcen, die in einem engen Zusammenhang mit den übertragenen Aufgaben (Pflichten) stehen und mit den Rechten, die zur Erledigung der Pflichten eingeräumt werden. Ergänzend kommen noch hinzu die informellen Machtpositionen, die der Stelleninhaber aufgrund von Kontakten und Netzwerken innerhalb der Unternehmung besitzt. Diese potenzielle Macht wird eingeschränkt durch soziale und unternehmens-interne Regeln (Unternehmenskultur) sowie durch das Rechtssystem. Was übrig bleibt, ist die tatsächliche Macht, die sowohl größer als auch kleiner als die potenzielle Macht sein kann. Diese Macht, die tatsächliche Macht, kann realisiert werden und wird realisierte Macht. Die realisierte Macht wirkt auf die Entscheidung des Machtunterworfenen ein, damit die dem Machthaber richtig erscheinende Handlungsalternative durchgeführt wird. Erst wenn die Macht realisiert wird, kommen Machtmittel zu Anwendung und entstehen Machtkosten, erst dann regt sich auch der Widerstand gegen die Macht.

Der Machthaber setzt die ihm genehme Entscheidung der Handlungsalternative durch, indem er bei dem Machtunterworfenen **Schuldgefühle** erzeugt. Der Machtunterworfene handelt im Sinne des Machthabers, weil er eine Schuld ihm gegenüber abbauen will. Dazu ist es nötig, dass zuvor die Schuldgefühle erzeugt werden und der Machtunterworfene anfällig ist für die Ausbildung von Schuldgefühlen.

6.9.3 Machtgrundlagen

Wie bereits weiter oben schon beschrieben, gelten als Machtgrundlagen die zugeteilten Ressourcen. Diese Ressourcen hängen wiederum mit den Erwartungen, sprich den gestellten Aufgaben zusammen. Dies bedeutet wiederum für die formelle Macht, dass dieselbe mit der Position in der Hierarchie zusammenhängt und somit mit der Rollenposition. Für die informelle Macht bedeutet das die Nähe zur Rollenposition. Die Macht einer Position speist sich aus den übertragenen Rechten, eingeschränkt durch die Unternehmenskultur, also aus der potenziellen Macht.

Im Rahmen der Unternehmung bedeutet **Belohnungsmacht**, dass der Rolleninhaber über die Möglichkeit, einen untergeordneten Rolleninhaber belohnen zu können, verfügt (Gehaltserhöhung, Beförderung, Protegieren). Als Belohnung kann auch angesehen werden, wenn Strafen erfolgreich abgewendet werden können. Auch der untergeordnete Rolleninhaber hat die Möglichkeit der Belohnung z. B. durch Loyalität, besonderen Einsatz, Übernahme von Verantwortung. Der Einsatz der Belohnungsmittel erfolgt so, dass die eigenen Ziele durch den Belohnungseinsatz kostengünstig abgesichert werden (Fischer, Wiswede, 2002).

Die Möglichkeit der Durchsetzung bestimmter Zielvorstellungen innerhalb einer Unternehmung durch Androhung von Zwang oder Strafen stellt ein weiteres Mittel der potenziellen Macht dar. Dieses Mittel wird **Bestrafungsmacht** (coercive power) genannt. Die Bestrafungsmacht ist nur dann wirksam, wenn sie nicht als leere Drohung erkannt wird. Ihr Potenzial wird nur deshalb selten ausgeschöpft, weil sie letzten Endes kostspielig ist. Trotzdem ist die Drohung mit der potenziellen Macht, ohne diese zu realisieren, im unternehmerischen und politischen Alltag allgegenwärtig, Es ist die Art der Machtmittel, die ständig zur Durchsetzung der Ziele angewendet wird. Der Einsatz erfolgt immer dann, wenn der Machtausübende die Interaktionszukunft mit dem Machtunterworfenen vernachlässigt und er nicht an einen Widerstand glaubt.

6.10 Kooperation im Unternehmen

Eine weitere, denkbare Möglichkeit des Verhaltens, um das angestrebte Ziel doch noch zu erreichen, ist die Kooperation, die bereits oben beschrieben (Abbildung 25) nun näher diskutiert werden soll. Im Rahmen der Spieltheorie wird die Konfliktsituation, die kooperativ oder konkurrierend gelöst werden kann, als Gefangenendilemma dargestellt, das als Beispiel beschrieben wird.

Zwei Personen wird eine schwere Straftat vorgeworfen (siehe auch Lay, 1996). Bei der Verhaftung tragen sie Waffen bei sich und machen sich des unerlaubten Waffenbesitzes schuldig. Sie können sich nicht untereinander absprechen und werden einzeln verhört. Dabei wird von den Verhörenden folgendes Szenario dargestellt.

1. Die Person gesteht und belastet als Kronzeuge die andere Person. Sie erhält Straffreiheit und die andere erhält die volle Strafe von 5 Jahren.
2. Beide gestehen und erhalten eine Strafe von jeweils 3 Jahren.
3. Beide gestehen nicht und erhalten eine Strafe von 3 Monaten wegen unerlaubten Waffenbesitzes.

Überwiegend wird die Konkurrenzstrategie gewählt, die für beide Spieler nachteilig ist. Die vorteilhafte kooperative Strategie wird tendenziell erst dann gewählt, wenn Vertrauen zwischen den Spielern besteht.

Diese Aussage wird als Begründung der Wichtigkeit für Kooperation angeführt. Dabei ist zu beachten, dass es sich hier um ein theoretisches Konstrukt handelt, welches zeigen soll, dass Kooperation die Handlungsweise darstellt, die für beide von Vorteil ist. In verschiedenen Untersuchungen wurde aber gezeigt, dass die Strategie meistens dominiert (siehe hierzu Dixit + Nalebuff, 1997), die einer Person einen vermeintlichen Vorteil zu Lasten der anderen Person verschafft. Dies ist aber nur dann der Fall, wenn die andere Person nicht ebenso entscheidet, sondern „vertrauensselig" auf Kooperation setzt (im Beispiel Pos. 1).

Dies entspricht der Position beim Wettbewerb, wo letztlich ein Vorteil auf Kosten des Mitbewerbers errungen wird. Bei einer Kooperation muss die kooperierende Person zunächst in die Interaktion mit der anderen Person investieren, ohne zu wissen, ob sich das Investment lohnt. Dies ist dann der Fall, wenn beide Personen immer wieder zusammen interagieren und der errungene Vorteil auf Kosten der einen Personen später in einen Nachteil umschlagen kann. Trotzdem ist für die Person, die als erste kooperiert Vertrauen nötig, dass die andere Person auch kooperieren wird. Es steht somit nicht die Kooperation im Sinne der Zusammenarbeit im Vordergrund, denn Zusammenarbeit ist in einer Organisation ohnehin notwendig, sondern das Vertrauen, dass in einer bestimmten Situation, keine der handelnden Personen einen Vorteil für sich auf Kosten der anderen erringen will. Maßgeblich ist das Vertrauen.

6.10.1 Vertrauen

Vertrauen ist eine maßgebliche Ausgangsgröße für das Funktionieren der Zusammenarbeit innerhalb von sozialen Systemen, auch von Unternehmen. Eine Vertrauenshandlung liegt dann vor, wenn der Nachteil, den die vertrauende Person erleidet, größer ist als der Vorteil, den sie hat, wenn die erwartete Handlung zustande kommt. Ist der Nachteil kleiner, liegt kein Vertrauen vor. Oder: „Vertrauen ist die freiwillige Erbringung einer riskanten Vorleistung unter Verzicht auf explizite vertragliche Sicherungs- und Kontrollmaßnahmen gegen opportunistisches Verhalten in Erwartung, dass sich der andere, trotz Fehlen solcher Schutzmaßnahmen nicht opportunistisch Verhalten wird" (Rosenstiel 2002 S. 170). Nach Lutz von Rosenstiel (2002) gibt es drei Quellen für eine Vertrauenshandlung nämlich: „ [...] kalkulierender Art, relational-affektiver Art, eine Mischung aus beiden oder institutioneller Art [...]" (Rosenstiel 2002, S. 170).

Wenn der Vertrauensgeber mit dem Vertrauensnehmer in der Vergangenheit positive Erfahrungen gemacht hat, weil sein Vertrauen nicht missbraucht wurde, hat er positive Emotionen und ein relational-affektives Vertrauen gegenüber dem Vertrauensnehmer entwickelt. Das institutionelle Vertrauen stützt sich auf formelle und informelle Normen und Regeln sowie langjähriger Praxis innerhalb einer Unternehmenskultur. Im Laufe der Zeit eines Vertrauensverhältnisses nimmt das kalkulierte Vertrauen zugunsten des relational affektiven Vertrauens ab, während das institutionelle Vertrauen sich im Zeitverlauf nicht verändert. Aber es unterstützt den Aufbau eines relational affektiven Vertrauens innerhalb einer Organisation. Es fragt sich dann, welche Auswirkung die Vertrauensbeziehungen zwischen den handelnden Personen auf das Unternehmen haben. Diese Auswirkungen sollen nachstehend zusammengefasst dargestellt werden.

6.10.2 Auswirkung von Vertrauen auf das Unternehmen

Es sind zwei maßgebliche Auswirkungen auf das Unternehmen festzustellen, nämlich zum einen die soziale Unterstützung und zum anderen die mit dem Vertrauen einhergehende Leistungssteigerung. Soziale Unterstützung bedeutet, dass eine vertrauensvolle Beziehung als Stresspuffer wirken kann, was bedeutet, dass bei gleicher Belastung die daraus resultierende Beanspruchung niedriger ist. Dies hat auch eine Auswirkung auf die Auswahl der Bewältigungsstrategie. Die Entwicklung interpersonellen Vertrauens hat Auswirkungen auf die Kommunikation und damit auch auf einen „vertrauensvollen" Informationsaustausch. Diese offene Kommunikation als Austausch von lösungsrelevanter Information wirkt sich unmittelbar als Leistungssteigerung der Zusammenarbeit und damit auch auf die Zielerreichung insgesamt aus (Rosenstiel, 2002).

„In einer viel zitierten Studie hat Zand (1977) vor diesem Hintergrund gezeigt, dass die Qualität der Problemlösungen in denjenigen Managergruppen, in denen experimentell wechselseitige Vertrauenserwartungen indiziert wurden, deutlicher besser ausfiel als in denjenigen Managergruppen, in denen wechselseitige Misstrauenserwartungen indiziert waren" (Zand 1977, S. 64 f zit., nach Rosenstiel 2002, S. 171). Außerdem wirkt sich das Vertrauensverhältnis innerhalb der Geschäftsleitung und zwischen Geschäftsleitung und Mitarbeitern auf die Bewältigung von Krisen aus, besonders wenn es darum geht, erforderliche Sanierungsschritte einzuleiten und eine entsprechende Ressourcenallokation zu vereinbaren. Allerdings zeigt die Praxis, dass genau das Gegenteil oftmals der Fall ist, nämlich dann, wenn es darum geht, die Dezentralisierung von Entscheidungen wieder zurückzunehmen. Dies wird als Ausdruck von Misstrauen gedeutet, dann wenn ein Vertrauensvorschuss zur Krisenbewältigung nötig wäre. Hier prallen Interessengegensätze aufeinander, genau dann, wenn ein Vertrauen in die Entscheidungen gefragt ist. Dabei ist es nicht ausschlaggebend, inwieweit die Betroffenen an der Entscheidung beteiligt sind, sondern welcher Grad an Vertrauenswürdigkeit dem Entscheidenden zugesprochen wird.

Dadurch, dass bei vertrauensvollem Informationsaustausch die Gültigkeit eben jener Information entfällt, weil sie als zutreffend angenommen wird, entfallen entsprechende Kontrollprozesse. Dies spart sowohl personelle Ressourcen als auch die entsprechende Zeit und damit verbunden die Transaktionskosten.

Wie die Qualifikation, Motivation und Loyalität des einzelnen als Humankapital bezeichnet werden, kann man Vertrauen als Sozialkapital (siehe hierzu Rosenstiel 2002, S. 172) bezeichnen. „Vertrauen hat Kapitalcharakter, da die Transaktionskosten innerhalb allfälliger Verhandlungen und Konfliktbearbeitungen sinken und mit zunehmender Intensität wechselseitiger Vertrauensbeziehungen innerhalb dieser Beziehung der Zugang zu dem Humankapital des jeweils anderen erleichtert wird" (Rosenstiel 2002, S. 172).

6.10.3 Kooperation als Führungshandlung

Macht ist ebenso wie Vertrauen ein wichtiges Beziehungselement innerhalb eines sozialen Systems des Typs Organisation, jedoch sind beide Begriffe unterschiedlich emotional besetzt. Während Vertrauen positiv besetzt ist, wird Macht meist negativ bewertet, weil sie oft mit Machtmissbrauch assoziiert ist. Es ist jedoch so, dass eine Organisation und ganz besonders eine Unternehmung auf ein Potenzial angewiesen ist, um in kritischen Situationen auch unbeliebte Entscheidungen durchsetzen zu können. Dieses Durchsetzen von Entscheidungen bedeutet Macht auszuüben. Um die Kategorie „Macht" näher zu erläutern, wurde der vorhergehende Diskurs geführt. Es stellt sich nun die Frage, was genau in diesem Zusammenhang mit Kooperation als Führungshandlung gemeint ist. Bei der Kooperation herrscht ein Vertrauensverhältnis zwischen der Führungsperson und der geführten Arbeitsperson.

6.10.4 Bewältigungsstrategie als kommunikative Handlung

Wie zuvor bereits beschrieben lösen die negativen Einflüsse auf die Führung Stress und somit Strategien aus, die diesen Stress bewältigen sollen (Coping). Diese wirkt sich auf das nachfolgende Führungshandeln aus.

Da es sich hierbei, wie unter Punkt 0 ausgeführt, um eine Intervention in ein psychisches oder soziales System handelt, kommt nur kommunikative Bewältigungsstrategien in Frage. Nachstehend wird aufgezeigt, welche Führungs-interventionen durch den Einsatz der persuasiven Kommunikation möglich sind.

6.11 Führungsinterventionen durch persuasive Kommunikation

FP[42] versucht etwas mit Hilfe der Sprache auszudrücken. Sie formuliert eine Mitteilung. GP[43] versucht diese Mitteilung zu verstehen in dem sie sie decodiert, interpretiert und mit ihrem Rollenverständnis verbindet. Sie kann so die Mitteilung von FP interpretieren und kommt dem Gemeinten näher. Die Kommunikation ist somit der verbale Ausdruck der gemeinten Mitteilung. Die Interpretation wird GP überlassen. Dies widerspricht aber dem tatsächlichen Ablauf einer kommunikativen

---

[42] Führungsperson

[43] Geführte Person

Handlung. FP wird ihre Mitteilung nicht nur nach dem individuellen Inhalt richten, sondern nach den vermuteten. Intellektuellen Fähigkeiten von GP, weil das Ziel der Kommunikationshandlung im Verstehen liegt. GP muss durch die Decodierung der Mitteilung ein Wissen herstellen können. Da die angebotenen Formulierungen von FP nicht vollständig sein können, ist die Interpretation durch GP auch immer ein intellektueller Aufwand. Die Interpretation und Wissensherstellung, erfolgt unter Leitung von FP, durch ihre Formulierung der Mitteilung. Das Funktionieren der Wissensübertragung ist jedoch abhängig von GP und ihrer individuellen Verfassung bei der Kommunikation. Damit ist das Gelingen der Kommunikation von allen Beteiligten abhängig.

Die beschriebene Struktur der kommunikativen Handlung hat wichtige Konsequenzen. Die verbalen Formulierungen von FP sind keine sprachlichen Ausdrücke, sondern Anweisungen. Sie sagt weniger was sie meint, sondern was GP meinen und machen soll. Der Kommunikation liegt nicht das Angebot sondern die Annahme, nicht eine Darstellung sondern eine Aufforderung, nicht der Wunsch sondern der Befehl zu Grunde. Bei Interpretation dieser kommunikativen Handlung wird ein asymetrisches Verhältnis zwischen Sprecher (FP) und Hörer (GP) zu Grunde gelegt, das allerdings bei jedem Sprecherwechsel umgekehrt wird. Jeweils der Sprecher hat die kommunikative Führung. Soll Verständigung und Verständnis erreicht werden, muss diese Beziehung eingehalten werden. Der Kommunikationsverlauf muss sich jedoch umkehren können, der Hörer ist berechtigt auch Sprecher zu sein. Wird eine Person immer nur Empfänger der Mitteilung sein, wird die Kommunikation in eine soziale Unterwerfung übergehen.

In der Interpretation dieser kommunikativen Fundamentalhandlung erkennt man eine persuasive Grundstruktur. Sie zeigt die Art und Weise auf, wie man kommunikatives Verstehen realisieren kann. FP bringt GP dazu ihre Mitteilungen verstehend zu verfolgen (siehe hierzu FeU 3.86).

Eine kommunikative Handlung beginnt mit bestimmter Absicht und Einstellung. Diese wird auch beim Partner vorausgesetzt. Diese Entscheidung bedeutet auch, sich auf das Wechselspiel von kommunikativer Dominanz und kommunikativer Subjektion, nämlich stellen einer rhetorischen Frage, die man schon selbst beantwortet hat, einzulassen. „Kommunikative Bildung, in der ja auch ein Stück Ausbildung steckt, und gesellschaftliche Emanzipation bedeutet nichts anderes, als dass man sich dieser Handlungsgrundlage bewusst ist (FeU 3.86, S. 14)".

Der Zusammenhang zwischen verbaler und non-verbaler Interaktion ist bei kommunikativer Handlung offensichtlich, denn non-verbale Kommunikationsakte sichern eine gelingende Kommunikation ab. Sie bilden die Sicherheit des Gelingens. Bei einer Persuasion wird eine Rollenzuschreibung, nämlich die des Empfängers (GP) und die des Senders (FP) vorgenommen. Bei asymmetrischer Kommunikation des Vertrauens innerhalb der persuasiven Handlung vertraut GP FP. Der Syllogismus, der weiter oben für die Persuasion zu Grunde gelegt wurde, verlangt nun eine Rechtfertigung dafür, wie FP die Handlung ausgeführt hat. Dies hat wiederum zur Folge, dass

➢ GP sich gegenüber allein eine Rechenschaft ablegen muss
➢ FP nach einer Rechtfertigung für die verlangte Handlung gefragt wird.

Dies bedeutet, dass FP im ersten Fall die Begründung des GP zu Fall bringen und im zweiten die Handlung selbst begründen muss. Die Argumentationskette von Begründen und verwerfen, bis zur Durchführung der Handlung nimmt viel Zeit in Anspruch, deshalb ist es einfacher (ökonomischer) die Kommunikationshandlung mit non-verbaler Kommunikation zu verstärken.

Wenn GP Vertrauen in FP setzt, dann wird bei beiden Partnern ein Teil der Begründungen hinfällig. Das Vertrauen ist praktisch notwendig, denn es bewirkt die Glaubwürdigkeit FP und was diese sagt. Wenn in diesem Zusammenhang das Wort Vertrauen gebraucht wird, bezieht es sich auf das Verhältnis zwischen zwei Personen. Vertrauen hat aber noch weitere Beziehungen aufzuweisen:

➢ Geltungsbereich (Vertrauen auf Charakter, Fähigkeiten, Qualität von Handlungen, Funktionstüchtigkeit in Kooperationen),
➢ hängt nicht von Sympathie oder Antipathie ab. Vertrauen und Sympathie können unabhängig voneinander auftreten.
➢ „Der Grund hierfür liegt im instrumentellen Gebrauch des Vertrauens bei persuasiven Handlungen, der freilich durch Vertrauensbindungen fundamentaler Art überlagert sein kann " (FeU 3.83, S. 20).
➢ Generell kann festgestellt werden, dass Vertrauen dort rationale und kognitive Einsicht ersetzt, wo folgende Gründe vorliegen (Vertrauen wegen autoritärer Empfehlung, Zugehörigkeit zu einer Gruppe, äußerem Verhalten, Inhalt und Art des Sprechens, Einhaltung von Zusagen),
➢ Ziel (Vertrauen, um die gewünschte Handlung begründet zu sehen, um gewisse Personen nicht zu verletzen, um Täuschungsmanöver zu entdecken).

- Hierbei handelt es sich um subjektive Kategorien dessen, der Vertrauen aufbringt, Aus dem zuvor beschriebenen können nachstehende Schlussfolgerungen gezogen werden:
- Die Persuasionsstrategie von FP beruht auf der Kenntnis der sozialen Umgebung in der GP und sie sich bewegen.
- Falls GP eine gerechtfertigte Entscheidung über eine gewünschte Handlung nicht selbst gelingt, haben sowohl FP als auch GP ein Interesse am Aufbau einer Vertrauensbasis, um die Handlung durchzuführen.
- FP muss die Vertrauensbeziehung so aufbauen, dass GP meint er selbst habe diese gefunden, es sei denn GP fragt um Rat.
- Werden FP von GP bestimmte Eigenschaften als Vertrauensbasis zugeordnet, so ist das eine Grundlage des Vertrauens.
- Vertrauen entwickelt sich im Laufe der Persuasionshandlung. Es kommt auf die soziale Beziehung an, die die Kommunikation begleiten.
- Vertrauen Einsichtnahme und Rechtfertigung einer gewünschten Handlung verzichtet wird und trotzdem die persuasive Interaktion aufrechterhalten werden soll (siehe hierzu FeU 3.86).

7 Zusammenfassung des theoretischen Rahmens

Mit den obigen Ausführungen dem wurde der theoretische Rahmen herausgearbeitet, in welchem sich der arbeitende Mensch, während seines Arbeitslebens bewegt. Dieser Rahmen zeigt auf, dass es bei aller Theorie immer der Mensch ist, der handelt oder es unterlässt und es auf ihn ankommt, ob eine Strategie gelingt oder misslingt.

Das Jahr hat 8760 Stunden davon ca. 2920 Schlaf ergibt 5.840 verfügbare Stunden im Durchschnitt. Eine durchschnittliche Arbeitszeit von 8 Stunden täglich für arbeitende Personen, egal in welchem Vertragsverhältnis, ergibt eine Jahresarbeitszeit von 1760 Stunden und entspricht ca. 30 %, der verfügbaren aktiven Lebenszeit. Dies bedeutet, dass arbeitende Personen ca. 30% ihres aktiven Berufslebens in Organisationen aller Art verbringen.

Deshalb war es sinnvoll, den Rahmen zu beschreiben, in welchem Personen ihre Arbeit verrichten und welche Auswirkung die Arbeit und die Arbeitsumgebung auf das Denken, Handeln und Fühlen von diesen Personen haben. Wobei unter Arbeitsumgebung sowohl die Struktur der Organisationen als auch die technische Ausgestaltung der Arbeitsplätze verstanden wird.

Deshalb ist neben der betriebswirtschaftlichen auch die organisationspsychologische Erklärung des menschlichen Handels im Wirtschaftsleben für alle Beteiligte wichtig.

Dabei bin ich davon ausgegangen, dass es sich bei den Unternehmen, um soziale Systeme handeln, die ein Ziel zusammen mit ihren Mitgliedern verfolgen, also um Organisationen, deren Ziel die Gewinnerwirtschaftung ist.

Im Rahmen der Globalisierung, wandeln sich, bedingt durch die weltweite Vernetzung durch die digitale Transformation und dem Fortschritt auf dem Gebiet der künstlichen Intelligenz, Unternehmen in der nächsten Zeit zu techno-sozialen Systemen, was für alle Beteiligten eine Herausforderung darstellt und sich auf ihre Psyche und damit auch Leistungsfähigkeit auswirkt. Dies zeigt wiederum, wie wichtig die psychologische Betrachtung der arbeitenden Personen, in deren ca. 30%-igem Lebensraum, ist.

Die Systemtheorie bietet für diese Analyse den Vorteil, dass sie als Basistheorie der Biologie (Evolution), Neurobiologie (Gehirn,) psychische Systeme (Mensch), soziale Systeme (Gesellschaft, Wirtschaft) und der Informatik (Kybernetik) dient.

Die Grundlage ist die Informationsverarbeitung und Weiterleitung und mithin die Kommunikation.

Da sich Systeme nicht selbst beobachten können, wird alles was über ein System gesagt wird, von einem Beobachter gesagt (Maturana, 2000). Dies bedeutet, die Wirklichkeit, die beschrieben wird, ist immer, die des Beobachters und es kommt darauf an, wie nah diese Beschreibung der Realität kommt. Bei dieser Analyse ist der Autor zunächst als Beobachter erster Ordnung derjenige, der das System von außen beobachtet. Später, wenn er mit den Interviewten Gespräche führt, wird er zum Beobachter zweiter Ordnung, weil er sich selbst in ein soziales System begibt und es von innen beobachtet. Wenden wir uns zunächst den sozialen Systemen zu.

7.1   Theorie der sozialen Systeme

Die Ausgangstheorie ist die Theorie sozialer Systeme wie von Niklas Luhmann (1984) beschrieben. Das bedeutet, dass es sich bei einem sozialen System um ein geschlossenes System handelt, das von außen nicht zugänglich ist. Seine Lebensfähigkeit erhält das System durch Selbsterneuerung (Autopoiese) seiner Systemelemente, die selbst schafft um sich so an die Störungen (Disturbation) durch seine Umwelt anzupassen. Jede Störung von außen ändert die Struktur des Systems. Das Basiselement sozialer Systeme ist der **Kommunikationsprozess**, was bedeutet, dass die empfangende Information, die das System interpretiert, die Reaktion des Systems hervorruft und damit eine Anpassung veranlasst. Die Interpretation der empfangenden Information ist damit der Auslöser für die Art der Anpassung. Dies gilt für alle der oben beschriebenen Systeme. Die Elemente von sozialen Systemen sind Kommunikationsprozesse, keine Menschen. Aus analytischen Gründen betrachtet Luhmann (1984) die Menschen als Systemumwelt, die mit dem sozialen System strukturell gekoppelt sind. Damit sind die Kommunikationsprozesse innerhalb eines Systems anschlussfähig, weil die mitgeteilten Informationen vom Empfänger richtig interpretiert werden können. Als Platzhalter des Menschen, innerhalb eines sozialen Systems wird die Rolle definiert, die Erwartungen, die mit Funktionen verknüpft sind, bündelt. Somit ist die Rolle Aufgabenträger und Grundlage der Arbeitsteilung in sozialen Systemen. Die Rolle ist strukturell mit der Person, als Rollenspielerin gekoppelt. Sie führt die Aufgaben, auf die sich die Erwartungen beziehen durch. Die strukturelle Kopplung bedeutet, dass die Person in die Kommunikation des sozialen Systems eingebunden ist und den mitgeteilten Informationen einen Sinn zuweisen kann.

Die Person wird ebenfalls als psychisches System beschrieben und ist Mitglied des sozialen Systems und somit Arbeitsperson. Sie ist durch den Arbeitsvertrag an das Unternehmen gebunden und gibt somit für die Arbeitszeit der Herrschaft über ihre Arbeitskraft an das Unternehmen ab. Arbeitsperson ist die Grundlage, um die ihr zugedachte Rolle im Unternehmen zu übernehmen. Durch Sozialisation wird die Arbeitsperson mit den Normen und Werten, sowie den Sprachspielen des Unternehmens vertraut gemacht, was die Grundlage der strukturellen Kopplung (Einpassung in die Struktur) beiträgt. Diese Anpassung setzt auf dem bereits vorhandenen Wissen auf und setzt den lebenslangen Lernprozess im Unternehmen fort. Als Ergebnis werden spezielle Verhaltensschemata gebildet, wie letztlich die Erwartung aus Sicht des Unternehmens erfüllt werden. Diese werden zu einen Rollenscript (Schemata bezogen auf eine spezielle Rolle) in den Gehirnstrukturen (Gedächtnis) abgebildet.

7.2 Kybernetische Steuerung im VMS

Diese Ausführungen von Luhmann werden durch das viable Management System (VMS) als Anwendung der Systemtheorie speziell auf Unternehmen ergänzt (Beer, 1971, Gomez 1978, Pfiffner 2020). Dabei werden fünf Systemelemente (SE) definiert, die eine kybernetische Informationsverarbeitung beschreiben vom Unternehmenszweck (SE5) bis zur Realisierung (SE1). Den Systemelementen werden Managementfunktionen zugeordnet, die sich in die Subsysteme strategisches und operationales Management einteilen lassen. Dabei wird die Kommunikation als basales Element des Systems betont und auch beschrieben (siehe 0). Wichtig erscheint mir in diesem Zusammenhang nochmals darauf hinzuweisen, dass die Viabilität, die Lebensfähigkeit des Unternehmens dadurch sichergestellt wird, dass jedes Element die von seiner Umwelt eingehende Information (Eingangsinformation) interpretiert. Das Ergebnis hiervon wird von ihm entsprechend bearbeitet und so das Ziel (Ausgangsinformation) d. h. die Erwartung anpasst. Jedes Systemelement (SE) passt seine Informationsverarbeitung so an, dass durch das Bearbeitungsergebnis die kybernetische Anpassung des Gesamtsystems sichergestellt wird. Diese Änderung wird bei Luhmann als Autopoiese beschrieben (siehe 0). Letztlich muss jedes Unternehmen viabel d. h. Überlebensfähig sein. Das vorgestellte Modell VMS stellt eine Möglichkeit der strukturellen Soll-Realisierung eines solchen Unternehmens dar.

Dabei ist noch die Rekursivität zu beachten, was bedeutet das jedes Systemelement des VMS wiederum ein VMS darstellt usw., wobei das Systemelement 1 letztlich auf die Realisierung verweist, dadurch die realisierende Person (Rollenspielerin) darstellt und ist somit eine Rückspiegelung des Systems auf diese und somit die strukturelle Kopplung.

Durch die digitale Transformation wird die strukturelle Kopplung nicht nur durch die sprachliche, sondern auch durch digitalisierte Information hergestellt. Das Unternehmen kann als eine Organisation beschrieben werden, die eingehende Information über mehrere Stufen zu Ausgangsinformationen verarbeitet. Wobei die letzte Ausgangsinformation die Leistungserbringung und somit die Kommunikation mit der äußeren Umwelt darstellt. Daraus ergeben sich zunächst zwei Kommunikationsarten, nämlich die zwischen der äußeren Umwelt und zwischen der inneren Umwelt des Unternehmens. Mit der inneren Umwelt ist das Unternehmen strukturell gekoppelt und mit der äußeren nur über Informationen. Das bedeutet, dass bei den Informationen aus der äußeren Umwelt, diese erst so umgesetzt werden müssen, dass das aufnehmende System diese auch verstehen, d.h. ihnen einen Sinn zuweisen muss, dazu bedarf es eines speziellen menschlichen oder künstlichen Interfaces. Es müssen somit Informationen mitgeliefert werden, damit das System die Nachricht verstehen kann (z. B. Auftrags-Nr. Konto-Nr. etc.). Bei der inneren Umwelt des Systems ist dem empfangenden System die Codierung der Information bekannt und es bedarf keines künstlichen Interface, weil das aufnehmende System, die Codierung kennt, da es in die Struktur des sendenden Systems eingebunden ist. Bei der sprachlichen Kommunikation bedeutet das, dass die Sprachspiele beim empfangenden System der äußeren Umwelt erst „gelernt" werden müssen (z. B. durch Erklärungen der Spezifika) bei der inneren Umwelt sind diese bekannt.

Da es auch im VMS die handelnden Personen sind, die über die Viabilität des Unternehmens bestimmen, wird die Arbeitsperson als Umwelt des Unternehmens näher beschrieben und in ihrem Lebensraum dargestellt (siehe 0).

7.3 Lebensräume im Unternehmen

Dabei geht es darum das Verhalten der Personen in einem Unternehmen zu erklären. Dies wurde bei der Arbeitsdurchführung der Person beschrieben. Als Grundlage dient hier die Feldtheorie als Systemtheorie (siehe 0).

Die Person, als Umwelt des Systems ist mit dem Unternehmen, als seiner Umwelt, strukturell gekoppelt (siehe 0). Mit Eintritt in ein Unternehmen wird ihm die Rolle „Arbeitsperson" als Grundlage zugewiesen, um danach passende Rollen zu übernehmen. Die Abbildung 26 stellt diese Aussagen grafisch dar. Da der Mensch nicht in der Gesamtheit, als Arbeitsperson benötigt wird, wird mit der Kopplung eine Verbindung zwischen Rolle und Rollenscript hergestellt (siehe 0). Zwischen Arbeitspersonen in entsprechenden Rollen können sich vielfältige Verbindungen und soziale Systeme (Subsysteme) ergeben, deshalb kann man, Kurt Lewin folgend, von diesen Lebensräumen als professionellen Lebensräumen der jeweils betrachteten Person sprechen. Dies wird in Abbildung 11 grafisch dargestellt. Sie zeigt die Verknüpfung von Rollen, im Rahmen der Aufgabendurchführung, durch Kommunikation der Ergebnisse. Auch hierbei handelt es sich um eine kybernetische Steuerung, die eine Viabilität (Agilität) des Systems sicherstellt.

In nachstehender Abbildung ist das zuvor gesagte zu Beobachter und System grafisch dargestellt.

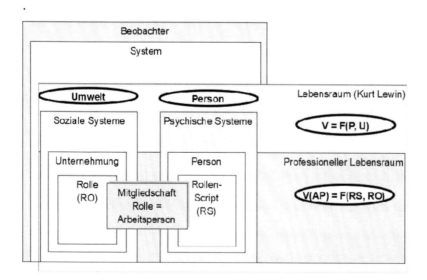

Abbildung 26 Zusammenfassung der vorgestellten Theorien
(Quelle: eigene Darstellung)

Somit können wir die zuvor beschriebenen Theorien zusammenführen und in den Auswertungen bzw. bei der Beantwortung der Forschungsfrage sowohl auf die Feldtheorie als auch auf die systemische Führung (Systemtheorie) zurückgreifen. Führungshandeln (FH) ist somit eine Funktion (F) der Person (P) und ihrer psychologischen Umwelt (U), V = F (P, U) oder bezogen auf Führungshandel (FH) eine Funktion (F) der Person (P) und der aktuellen Unternehmenssituation (U).

7.4 Führung von Systemen

An das Management und somit den Führungsrollen wird die Erwartung gerichtet, dass die Ziele auf allen Ebenen durch die entsprechenden Ergebnisse erfüllt werden. Die Realisierung obliegt den Führungspersonen, die Rolle ausführen (spielen). Um die zugewiesenen Ziele zu erreichen, müssen die Ergebnisse aus der Arbeitsteilung zu einem Ganzen zusammengeführt (Ropohl) und auf Brauchbarkeit (siehe 0) geprüft werden. Die Endergebnisse dieser Zusammenführung werden an die nächste Ebene weitergeleitet und dienen der Steuerung sowohl der liefernden Ebene als auch des Gesamtunternehmens. Die Zwischenergebnisse dienen zu Steuerung der Arbeitsqualität der einzelnen Personen. Damit nimmt die Führungsperson ihre Erfolgsverantwortung wahr.

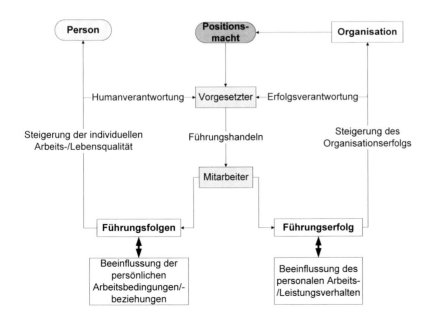

Abbildung 27 Bezugsrahmen der Mitarbeiterführung (Quelle eigene Darstellung).

In diese Qualitätsbetrachtung fließen nicht nur die erbrachten Ergebnisse, sondern auch die Durchführung der Arbeitsprozesse mit ein, damit die Vorgaben der Unternehmensleitung (SE5) in Bezug auf normative Richtlinien (Unternehmenskultur, Unternehmensethik etc.) eingehalten werden. Mit dem Einhalten der Richtlinien für Unternehmensethik wird sogleich das Führungsverhalten den Geführten (Mitarbeiter) gegenüber festgelegt. Durch deren Befolgung und situationsgerechte Gewissensentscheidung nimmt sie ihre Humanverantwortung wahr. Wie obige Abbildung 27 zeigt.

Für den von ihr praktizierten Führungsstil ist letztendlich die Führungsperson selbst verantwortlich, aber es ist eine Entscheidung der Unternehmensleitung und deren Vorgaben nach welchen Kriterien Führungspersonen ausgewählt und entwickelt werden.

Wie bereits zuvor beschrieben (siehe 0) hat Führungsperson die Pflicht, nach dem höchsten ethischen Gut, nämlich der Menschenwürde (Wertschätzung) zu handeln, was sich in dem „Biophilie-Postulat" ausdrückt. Dieses Ethikprinzip sollte in ihrem Führungsbereich umgesetzt werden, damit gewährleistet wird, dass es im gesamten Unternehmen durchgesetzt werden kann. Dies ist bereits bei der Personalauswahl und –entwicklung zu beachten.

Dabei kann die Norm ISO-DIN 26000 als ethische Richtlinie zu Grunde gelegt werden. Somit ist der Unternehmensführung eine hervorragende Rolle zugedacht. Aber letztlich ist es die Person, die handelt oder unterlässt und es muss sichergestellt werden, dass sich alle an die festgelegten Normen und Werte anpassen und in ihren Entscheidungen auch die ethische Dimension nicht vergessen, gerade dann nicht, wenn der eigene Erfolg von einer solchen Entscheidung abhängt. Deshalb muss die Befolgung dieser Normen und Werte auch kontrolliert werden. Hier sollte ein Ansatz zum Tragen kommen, der in einem Prozess der ständigen Verbesserung (SVP), auch die ethischen Aspekte bei der Prozessoptimierung mit bedenkt. Nachstehend hier nochmals die Aussagen von Wieland (2001)

„Managementethik ist die ziemlich schwierige Kunst, Ökonomie und Moral in der Entscheidung der Unternehmen so zu balancieren, dass man das, was man moralisch wollen soll, auch ökonomisch wollen kann und umgekehrt. Viel häufiger als auf das schlechthin Gute und Schöne wird man dabei auf Dilemmata und tragische Entscheidungen stoßen. Nicht das schlechthin Gute ist das Ziel der Managementethik, sondern das moralisch Bessere".

Letztlich kommt es darauf an, wie sich eine Führungsperson verhält, wenn ein Misserfolg droht. Dieser kann, wie oben bereits beschrieben (siehe 6) viele Gründe haben. Die Gefahr eines Misserfolgs lässt sich dadurch verringern, dass die wichtigen Ergebnisse regelmäßig überprüft werden (siehe 0). Dies ist aber nur ein Teil, der zum Erfolg führt. Letztlich hängt der Erfolg von vielen Faktoren ab, die nicht im Vorhinein eingeplant werden können. Bei drohendem Misserfolg werden Emotionen freigesetzt, die wiederum zu Stress führen. Dadurch wird der Körper in einen Ausnahmezustand versetzt, der schnellstens behoben werden muss. Die Grundemotionen sind Wut auf der einen und Furcht auf der anderen Seite. Die eine führt zu einer Art von Aggression, die andere zu einer der Flucht.

Als Auslöser des Stresses bzw. der Emotionen haben wir Konflikt und Frustration festgestellt und beschrieben. Letztlich haben wir als Hauptauslöser die Veränderungen im Unternehmen (Changes) ausgemacht und am Beispiel der digitalen Transformationen beschrieben. Dies sind die Herausforderungen für eine Führungsperson, die in Zukunft ihren Alltag mitbestimmen wird. Welche Probleme dabei auftauchen wird im zweiten Teil beschrieben.

8 Einführung in die Untersuchung

Im **Teil 1** dieser Ausarbeitung wurde detailliert auf die Systemtheorie und ihre Auswirkungen auf die Beschreibung und Analyse von sozialen Systemen eingegangen und dem Wandel der Unternehmen von sozio-technischen zu technisch-sozialen Systemen aufgezeigt. Hierbei muss noch einmal betont werden, dass der Mensch, d. h. die Person nicht Teil eines sozialen Systems ist, sondern dessen Umwelt. Dies bezeichnet einen Ausschnitt der Welt, mit dem das Unternehmen als technisch-soziales System durch Informationen in Beziehung tritt. Dies bedeutet, dass Informationen, die aus dem Unternehmen kommen und Informationen, die an das Unternehmen abgegeben werden, sinnvoll von dem jeweiligen System, verarbeitet werden kann. Dies bezeichnet Luhmann als strukturelle Kopplung. Diese Kopplung bewirkt, dass diese Informationen Anschlusshandlungen, die im Erwartungshorizont des jeweils anderen Partners liegen (siehe hierzu Lay, 1989, S. 170).

8.1 Konzentration auf die Person als handelndes, psychisches System

Technisch-soziale Systeme benötigen nach innen und außen Menschen und/oder IT-Systeme, die diese durch Informationen ausgelösten Prozesse ausführen und so die Stabilisierung der Systemstrukturen sicherstellen. Sie werden dadurch auch Systemagenten, im obigen Sprachgebrauch „Rollenspieler", die stets durch Interessen und Ziele gesteuert werden. Dies ist die Voraussetzung für das vorgestellte viable System Management (VSM), was bedeutet, dass das System so geführt wird, dass es sich viable an die jeweilige Umwelt anpassen kann. Dies auch deshalb wichtig, weil die „Systemagenten" über ein „Informationsnetzwerk" verbunden sind, in welchem sie die Knoten darstellen. Dabei ist auch eine räumliche Trennung möglich. Diese Informationen optimal zu steuern ist die Aufgabe des viablen System Managements.

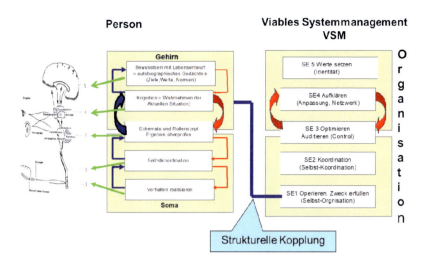

Abbildung 28 Rückspiegelung VMS-Person (Quelle: eigene Darstellung)

Die Person, als Umwelt des Systems ist mit dem Unternehmen, als seiner Umwelt, strukturell gekoppelt (siehe 0). Mit Eintritt in ein Unternehmen wird ihm die Rolle „Arbeitsperson" als Grundlage zugewiesen, um danach passende Rollen zu übernehmen. Da der Mensch nicht in der Gesamtheit, als Arbeitsperson benötigt wird, wird mit dieser Kopplung eine Verbindung zwischen Rolle und Rollenscript hergestellt (siehe 0). Zwischen Arbeitspersonen in entsprechenden Rollen können sich vielfältige Verbindungen und soziale Systeme (Subsysteme) ergeben, deshalb kann man, Kurt Lewin folgend, von diesen Lebensräumen als professionellen Lebensräumen der jeweils betrachteten Person sprechen. Dies wird Abbildung 11 grafisch dargestellt. Sie zeigt die Verknüpfung von Rollen, im Rahmen der Aufgabendurchführung, durch Kommunikation der Ergebnisse. Auch hierbei handelt es sich um eine kybernetische Steuerung, die Viabilität (Agilität) des Systems sicherstellt.

Durch die strukturelle Kopplung zwischen dem techno-sozialen System Unternehmen und der Person können beide autopoietische Systeme aufeinander abgestimmte Prozesse durchführen und so geplante Ergebnisse erzielen, dabei bleibt ihre Autonomie erhalten. Wobei „strukturelle Kopplung" meint, dass die Systeme die Informationen des jeweils anderen erkennen und interpretieren können.

Die Organisationspsychologie ist der Teil der Sozialpsychologie, der sich mit dem Verhalten von Menschen in Organisationen befasst. Dies bedeutet, dass bei dieser Untersuchung *der Mensch mit seinem Fühlen, Denken und Handeln im Brennpunkt des Interesses steht und nicht die Optimierung der Aufgabendurchführung.*

8.2 Handlung in vernetzten Lebensräumen

Gerade heute (Dezember 2021) zeigt sich, dass bei der Lösung komplexer Probleme die Führung im Team, ob vor Ort oder auf Distanz immer mehr an Wichtigkeit zunimmt. Dies gilt für alle Arten von Führung (politisch, wirtschaftlich, wissenschaftlich) Dadurch werden auch die zuvor beschriebenen Konflikte zwischen Führung und Team zunehmen sowie die Ängste, die durch jede Art von Veränderung ausgelöst wird. Deshalb muss das Augenmerk nicht nur auf die Unternehmung, sondern, sonders speziell auf die handelnden Personen gerichtet werden, weil sie es sind, die Probleme lösen oder auch nicht.

Die in **Teil 1** dargestellten Theorien sind die wissenschaftliche Basis, die der Beschreibung des Verhaltens sozialer und psychischer Systeme zugrunde gelegt werden soll. Bei der Untersuchung soll gezeigt werden, wie sich eine Führungsperson in diesem Rahmen verhält, wenn sie feststellt, dass die Ziele nicht wie geplant erreicht werden können d. h. auf welchen Führungsstil sie zurückgreift und warum. Dazu muss, neben den bereits beschrieben Grundlagen auch eine Methode ausgewählt werden, die es gestattet konkretes Verhalten auf diese Theorien zurückzuführen und eine entsprechende Hypothese zu entwickeln.

In diesem Sinne befasst sich der **zweite Teil** mit der Untersuchung, wie Führungspersonen die Führungsprozesse im Unternehmen sehen, welche erlernten Führungsstrategien sie anwenden und wie sie auf Veränderungen reagieren. Dabei ist zu beachten, dass es sich bei der betrachteten Untersuchungseinheit sowohl bei den Führungspersonen als auch bei den Arbeitspersonen um Wissensarbeiter und im erweiterten Sinne um Technologen handelt.

Das viable Systemmanagement (VMS) als Modell eines anpassungsfähigen Organisationssystem (viable) kann letztlich als eine Vernetzung von professionellen Lebensräumen angesehen werden, das aus jeweils einer Instanz[44] der Metarolle

---

[44] Instanz bedeutet in diesem Sinne, dass die Meta-Rolle in mehrere Rollen aufgeteilt werden kann, die sowohl eine Person als auch mehrere Personen „spielen" können. Die

(Strukturelement) sowie deren Umwelt, der Personen besteht. Wobei davon ausgegangen wird, dass die Aufgaben innerhalb eines Strukturelementes nicht einer einzelnen Rolle als Erwartung zugewiesen werden, sondern mehreren. Diese sind wiederum lateral vernetzt. Die Handlungen in einem solchen professionellen Lebensraum sind das Ziel nachstehender Untersuchungen. Hier wird die Person mit einer Situation konfrontiert, die sie bewältigen muss und dabei wird sie von einer anderen Person beobachtet (Beobachter).

Meta-Rolle SE5 = Geschäftsleitung wird von mehreren Personen in verschiedenen Rollen ausgefüllt, die auf der lateralen Ebene vernetzt sind.

9 Grundlegende Überlegungen zur Erkenntnisgewinnung

Da es sich bei der Psychologie insgesamt und der Organisationspsychologie im Besonderen um eine empirische Wissenschaft handelt, muss eine induktive Vorgehensweise und die entsprechende Methode gewählt werden. Dazu müssen die Vorgehensweise festgelegt werden anhand derer eine solche Methodologie ausgewählt werden kann. Der hierzu vorgesehene Ablauf kann grafisch wie folgt dargestellt werden.

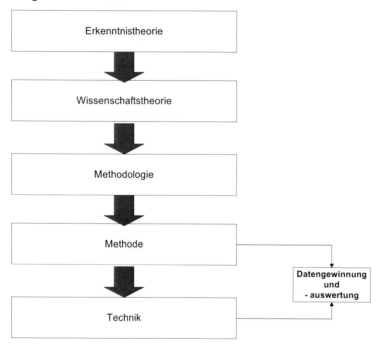

Abbildung 29 Darstellung der Forschungsgrundlagen
(Quelle: eigene Darstellung)

9.1 Die Forschungsfrage als Problemstellung

Bevor der methodische Ansatz der Studie erörtert wird, muss das Problem näher beschrieben werden, auf die die Vorgehensweise abgestimmt wird. Zunächst muss die Stellung der Arbeitsperson im Unternehmen als sozialem System geklärt werden. Hierbei soll Rupert Lay (1989) zu Wort kommen: „Systeme funktionieren nicht von sich aus, sondern bedürfen der Menschen, die wirk- und informationsursächlich die Systemfunktionen realisieren. Das gilt auch für alle Aktivitäten des Systems in seine innere und äußere Umwelt hinein.

Insofern Menschen das System nach innen und außen vollstrecken, es zum Funktionieren bringen oder seine Funktionstüchtigkeit durch die Stabilisierung der Systemfunktionen sichern, werden sie als „Systemagenten" tätig. Solche Systemagenten sind stets heteronom[45] durch das System, seine Interessen und Ziele gesteuert" (Lay, 1989, S. 171). Mit Systemagenten sind die Arbeitspersonen gemeint, die ich als Rollenspielerspieler bezeichne und die beim „Spielen" der Rolle den Zwängen (Erwartungen (siehe Luhmann, 1984)) des Systems (Unternehmung) ausgesetzt sind.

In diesem Sinne wird davon ausgegangen, dass der Zweck einer Führungsperson darin besteht, die ihr zugewiesenen Aufgaben erfolgreich durchzuführen, d. h. die Erwartungen in Form der Unternehmensziele zu erreichen. Um diese Ziele erreichen zu können, wird den Führungspersonen potenzielle Macht zugewiesen, die ihnen helfen soll, diese auch im widrigen Fall verfolgen zu können. Daneben verfolgt die Person noch eigene (persönliche) die sie ebenfalls erreichen will, um ihre Bedürfnisse zu befriedigen (siehe Grawe 2004) z. B. Selbstwert.

Persönliche Ziele sind solche, die Arbeitspersonen bei der Rollendurchführung miterreichen wollen (z. B. Karriereziele) und die ihre eigene Lebensplanung betreffen. Die Führungsperson kann die Unternehmensziele zu den eigenen machen, dann sind persönliche und Unternehmensziele identisch. Meistens hat sie hat eigene, die sie durch das Erreichen der Unternehmensziele realisieren will. In jedem Fall ist die Führungsperson auf den Erfolg angewiesen. Da es sich bei den zugewiesenen Führungsaufgaben, um solche handelt die nicht alle von einer Person bewältigt werden können, sind mit der Führungsperson weitere Personen verknüpft, die im Rahmen der Arbeitsteilung, Teile der Aufgaben erfüllen sollen. Diese Personen werden von der Führungsperson koordiniert und tragen einen bestimmten Teil zur Zielerreichung bei. Für diese Personen gilt ebenfalls das, was für die Führungsperson ausgesagt wurde.

Der Erfolg wird am Ergebnis einer Führungshandlung gemessen. Er richtet sich nach der Differenz (Delta = D) von Ergebnis und Ziel. Wenn $D => 0$ handelt es sich um einen Erfolg, ansonsten um einen Misserfolg. Für das Erreichen der ihr zugewiesenen Unternehmensziele, trägt die Führungsperson die Verantwortung.

Dabei muss festgestellt werden, dass Führung innerhalb eines Unternehmens und die dadurch zugewiesene Machtpotenziale keinen Selbstzweck darstellen, sondern

---

[45] fremdbestimmt

im Interesse der Zielerreichung, durch brauchbare und nützliche Ergebnisse, ist. Das Problem stellt sich demnach wie folgt:

Wie kann eine Führungsperson sicherstellen, dass sie die ihr zugewiesenen Unternehmensziele erreichen kann d. h. brauchbare Ergebnisse erzielt werden und was *bedingt den Einsatz von Macht oder Kooperation, wenn sie den Eindruck hat, dass die gewünschten Ergebnisse nicht erzielt und dadurch auch persönliche Ziele nicht erreicht werden?"*

- Welche Strategie verfolgt eine Führungsperson, um beruflichen Erfolg zu haben?
- Wie kommt es zu den verschiedenen Zielen, die sie hierzu erreichen will?
- Wie kontrolliert sie die Zielerreichung?
- Welche Barrieren gilt es bei der Zielerreichung zu überwinden?
- Welche Gefühle hat sie, wenn ein Misserfolg eintritt und wie wirkt sich das aus?
- Welche Strategien verfolgt sie, um den Misserfolg zu verarbeiten?
- Woher kommen diese Strategien?
- Welche Strategie hat sich als erfolgreich erwiesen?

Wobei unter Strategie in diesem Fall, der Einsatz von mentalen Ressourcen (Kommunikation) zur Zielerreichung verstanden wird.

9.2 Der „Radikale" Konstruktivismus als Erkenntnistheorie

Wie aus der Abbildung ersichtlich, muss bereits vor der eigentlichen Forschungsfrage geklärt werden, auf welcher philosophischen Ansicht die Erkenntnisfähigkeit des Menschen beruht, welche Erkenntnistheorie zugrunde liegt. Die Frage, die zunächst beantwortet werden muss, ist: „Wie ist der Mensch überhaupt in der Lage Wissen zu schaffen?"

Als Erkenntnistheorie ist der „Radikale Konstruktivismus" eine solche Theorie des Wissens. Er unterscheidet sich deutlich von anderen Erkenntnistheorien. Der Konstruktivismus sagt aus, dass die Wahrnehmung kein Abbild der Realität liefert, sondern immer eine Konstruktion aus Sinnesreizen und Gedächtnisleistung einer Person. Weil jede Wahrnehmung subjektiv ist, ist eine Objektivität im Sinne einer Übereinstimmung von wahrgenommenen (konstruiertem) Bild und Realität unmöglich. Dies ist die Radikalität des radikalen Konstruktivismus.

Die Wurzel des radikalen Konstruktivismus sind nach Ernst von Glasersfeld (EvG) bei den drei englischen Empiristen John Locke (1632-1704), David Hume (1711-

1776) und George Berkeley (1685-1753) zu suchen, welche gründliche Einblicke in die Generierung von Wissen gegeben haben. Für Locke ist Wissenskonstruktion die Reflexion über mentale Operationen und Berkeley stellt fest, dass Zeit, Aufeinanderfolge, Zahl und andere unentbehrliche Begriffe mentale Konstruktionen sind, während Hume die eigenständige Herstellung relationaler Begriffe durch Akte der Assoziation erklärt. Der italienische Zeitgenosse von Berkeley aus dem 17. Jahrhundert Gianbatista Vico (1668-1744) hat einen ersten konstruktivistischen Ansatz formuliert, wonach die menschliche Vernunft nur das erkennen kann, was der Mensch selbst gemacht hat. Auch Kant hat alles was jenseits des Zugriffs unserer Erfahrungen ist, als unzugänglich bezeichnet. Der Ausflug in die Vergangenheit endet mit Saussure, der festgestellt hat, dass alle Wörter auf das Bezug nehmen, was von unserer Erfahrung abstrahiert werden kann. Dies bedeutet, dass jeder Sprachbenutzer den Wörtern die Bedeutung zuweisen kann, die für ihn passend erscheint (EvG 1997). Dies hat für die Kommunikation, als basale Entität eines sozialen Systems (Unternehmung) folgende Bedeutung: „Der Begriff der Kommunikation entsteht aus der Annahme, dass Organismen, die in Gruppen leben und die Fähigkeit besitzen, Bilder und Ideen aus ihren Erfahrungen zu abstrahieren, dies zumeist dann tun, wenn sie in Gemeinschaft mit anderen handeln. Sie werden so zu dem Schluss geführt, dass die anderen die gleichen Abstraktionen gebildet haben wie sie selbst. Sobald sie Klangbilder von Wörtern mit Ideen assoziieren, fangen sie an zu glauben, dass die Bedeutung von Wörtern allgemein gleich ist, wenn die Interaktionen mit anderen sie als kompatibel bestätigen. Da solche Kompatibilität für viele Arten notwendiger Zusammenarbeit von entscheidender Wichtigkeit ist, werden die Mitglieder einer Gemeinschaft sich stets darum bemühen, dass ihre Bedeutungen, mit denen ihrer Mitmenschen vereinbar bleiben" (EvG 1997, S. 95-96). Dies bedeutet, dass der Wortgebrauch durch ständige Interaktionen mit anderen modifiziert und angepasst werden kann. Eine solche Anpassung kann aber nur relativ kompatibel sein und keine Identität bestätigen. Aus dieser Erkenntnis formuliert EvG mit Hilfe von Piagets Theorie der kognitiven Entwicklung die Grundprinzipien des „Radikalen Konstruktivismus". Dies sind:

a) „Wissen wird nicht passiv aufgenommen, weder durch die Sinnesorgane noch durch Kommunikation.

b) Wissen wird vom denkenden Subjekt aktiv aufgebaut.

c) Die Funktion der Kognition ist ein adaptiver Apparat, und zwar im biologischen Sinn des Wortes, und

d) zielt auf Passung oder Viabilität.

e) Kognition dient der Organisation der Erfahrungswelt des Subjekts und nicht der Erkenntnis' einer objektiven, ontologischen Realität." (EvG 1997, S. 96)

Der „radikale Konstruktivismus" versteht sich als eine Theorie des Wissens. Diese Theorie des Wissens soll „ein Werkzeug sein, das nach seiner Nützlichkeit beurteilt werden muss und nicht als metaphysischer Entwurf anzusehen ist" (EvG 1997, S. 97). Das Kernproblem der westlichen Erkenntnistheorien, nämlich das zu erkennen, was außerhalb unserer Erlebniswelt liegt, wird dadurch umgangen, in dem Wissen nicht als eine Kopie der Wirklichkeit, sondern als Ergebnis der Anpassung verstanden wird. Der Begriff der Wahrheit, wird durch den Begriff der Viabilität[46] innerhalb der Erfahrungswelt der Subjekte ersetzt. Dadurch werden metaphysische Verpflichtungen verworfen. Der radikale Konstruktivismus beansprucht nicht mehr zu sein, als ein mögliches Denkmodell, für die Welt, die wir „erkennen können, nämlich die Welt, die wir als lebende Individuen konstruieren" (EvG, 1997, S. 55). Der Begriff der Viabilität unterscheidet zwischen einer bildhaften Beziehung der Übereinstimmung oder Widerspiegelung und der Beziehung des Passens. Dadurch wird die Illusion überwunden, dass die empirische Bestätigung einer Hypothese oder der Erfolg einer Handlungsweise Erkenntnis einer objektiven Welt bedeuten (siehe hierzu EvG 1997).

9.3 Das wissenschaftliche Wissen

„Wissenschaftliches Wissen wird als verlässlicher angesehen als unser Alltagswissen, nicht weil es auf irgendeine besondere Art aufgebaut wäre, sondern weil es in expliziter und wiederholbarer Weise zustande kommt" (EvG 1997, S. 193). Dies bedeutet, dass der Wert von wissenschaftlichem Wissen, nicht von seiner Wahrheit, sondern von seiner Viabilität abhängt. Denn Viabilität, die sich auf Handlungen und Denkweisen bezieht, verlangt nur eine Passung. Dies wiederum bedeutet, dass es Hindernisse und Einschränkungen gibt, dass also „nicht alles geht". Dieses Scheitern an der ontischen[47] Realität bedeutet nur, dass sich die Gedanken und Handlungen als erfolglos erwiesen haben.

---

[46] Überlebensfähigkeit
[47] Als seiend, unabhängig vom Bewusstsein existierend.

„[…] die Signale, die von Neuronen in den Fingerspitzen oder Zehen, in den Ohren oder der Netzhaut Ihrer Augen an das Gehirn geschickt werden, sind alle von vergleichender Art. Sie vermitteln die Intensität der jeweiligen Perturbation eines peripheren Organs, aber keinerlei Informationen hinsichtlich ihrer Ursache. Das Bild einer Welt mit sichtbaren, hörbaren, berührbaren Dingen usw. kann nur durch Relationen entstehen, die ein Beobachter zwischen internen Signalen herstellt, zum Beispiel dass bestimmte Signale gemeinsam ankommen, andere in einer bestimmten Reihenfolge" (EvG 1997, S. 190). Daraus lässt sich Folgendes ableiten. Wahrnehmung und Erkenntnis sind konstruktive, nicht abbildende Tätigkeiten. Dabei ist das Gehirn keine Schnittstelle, die eingehende Signale in ein Bild verwandelt, sondern die Signale werden interpretiert. In diese Konstruktion fließt die gesamte Erfahrung des Individuums ein.

„Was das Wissen angeht, so gewinnen die Begriffe, Theorien, Überzeugungen und all die anderen abstrakten Strukturen, die das individuelle Subjekt für variabel befunden hat, einen höheren Grad an Viabilität, wenn erfolgreiche Vorhersagen dadurch ermöglicht werden, dass der Gebrauch dieses Wissens auch den Mitmenschen unterstellt wird. Diese zusätzliche Viabilität lässt sich als eine Form von Intersubjektivität verstehen und bildet das konstruktivistische Gegenstück der Objektivität. Daraus folgt, dass es für das Individuum notwendig ist, Mitmenschen zu konstruieren und die Modelle dieser Mitmenschen so viabel wie möglich zu halten, denn nur viable Mitmenschen können die bestmögliche Unterstützung der Erfahrungswirklichkeit des Subjekts leisten" (EvG 1997, S. 210).

Die Anwendung dieser Erkenntnistheorie bedeutet für die durchzuführende Forschung, dass Theorie nicht ein Abbild der Realität ist, sondern eine Konstruktion des Autors, der seine Wirklichkeit in die Auswertung der Daten einfließen lässt. Erst eine versuchte Falsifizierung der Theorie an anderen Wirklichkeiten und ihres Scheiterns kann zeigen wie nah die Theorie an der Realität ist.

9.4 Design und Vorgehensweise dieser Untersuchung

Im Rahmen der geplanten Untersuchung sind zunächst das Design und die Vorgehensweise festzulegen. Prinzipiell sind zwei Vorgehensweisen denkbar, nämlich die quantitative und die qualitative. Hierzu führt Cropley aus: "Die Sozialwissenschaften haben es sich zur Aufgabe gemacht, die Vielfalt menschlicher

Verhaltensweisen und das Zusammenspiel zwischen Verhalten und persönlichen Eigenschaften zu beschreiben und zu analysieren. Dafür gibt es zwei fundamentale Grundansätze, die miteinander verglichen werden können. Den qualitativen und den quantitativen. Die zwei Ansätze unterscheiden sich im Hinblick auf sechs zugrunde liegende Dimensionen aller Untersuchungsanlagen:

- Design,
- Umgebung,
- Datenerhebungsverfahren,
- Art von Daten,
- Datenauswertung und
- Verallgemeinerungsstrategien.

Beide Vorgehensweisen haben in der modernen Forschung ihre Anwendung gefunden, obgleich über längere Strecken die quantitative dominiert hat. Beide Ansätze unterliegen gleichermaßen den übergeordneten allgemeinen, unentbehrlichen Kriterien:

- methodologischer Güte –
- Reliabilität und
- Validität,

und beide weisen sowohl Stärken als auch Schwächen auf. Weder der eine noch der andere Ansatz konnte sich uneingeschränkt als „der beste" behaupten." (Cropley, 2002, S. 11).

9.4.1 Unterscheidungsmerkmale qualitativer und quantitativer Datenerhebung

Die Abgrenzung dieser beiden Analysearten lassen sich wie folgt darstellen. Wenn bei der Erhebung oder Auswertung der Daten Zahlenbegriffe verwendet und diese durch mathematische Operationen in Beziehung gesetzt werden, dann kann man von einer quantitativen Analyse sprechen, sonst von einer qualitativen (Cropley, 2002, S. 1).

Bei allen Analysen, die auf nominalskalierten Messungen basieren, handelt es sich um qualitative Analysen. Bei Nominalskalen schließen sich Ausprägungen nur logisch aus (männlich/weiblich). Es ist damit aber nicht ausgeschlossen, dass in einer qualitativen Analyse quantitative Begriffe auftauchen (Mayring, 2003, S, 17).

Der qualitativ verstehende Ansatz „versteht" sich dabei immer dahingehend, Gegenstände, Zusammenhänge und Prozesse nicht nur analysieren zu können, sondern sich in sie hineinzuversetzen, sie nachzuerleben oder sie zumindest nach zu erlebend sich vorzustellen (Mayring, 2003, S. 17). Dies bedeutet, dass die qualitative Wissenschaft als verstehende am individuellen ansetzt, während die quantitative als erklärende an den allgemeinen Prinzipien, an Gesetzen oder gesetzmäßigen Aussagen ansetzen will. Die qualitative Analyse hat den Anspruch die Komplexität des betrachteten Gegenstandes erfassen zu wollen und diese nicht in Einzelteile zu zerlegen. Da es sich bei qualitativen Analysen um Einzelfallbetrachtungen handelt, wird eine Verallgemeinerung als nicht möglich erachtet. Heinze u. a. (1975, Kap. Verallgemeinerung) zeigen, dass es doch gute Möglichkeiten der Verallgemeinerung gibt.

9.4.2 Sprache als Grundlage wissenschaftlicher Erkenntnis

Jede Wirklichkeit, über die wir uns Gedanken machen können, können wir als Menschen nur durch unsere Sprache und damit als sozial gestaltete Wirklichkeit erfassen. Jede Wirklichkeit ist immer durch unser kommunikatives Handeln strukturiert und entsteht in diesem Sinn erst durch unser strukturiertes Erleben und Wahrnehmen. Theorien aus konstruktivistischer Perspektive erzeugen ihre Wirklichkeit als soziale und handhabbare Wirklichkeit (Krotz 2005, S. 67-68).

Karl Popper vertritt die Ansicht, dass man mit eindeutig formulieren Basissätzen, die zu einer Theorie gehören, überprüfen kann, ob eine Theorie richtig ist oder nicht (Popper, 1978). „Die demgegenüber weiterführende, theoretische Position geht davon aus, dass es für Menschen kein Erleben, kein Wahrnehmen und auch kein Denken außerhalb der Sprache gibt. Oder anders ausgedrückt: Die Realität, soweit sie uns zugänglich ist, ist sprachlich vermittelt. Der Mensch ist kein Naturwesen, das wie die Schnecke oder der Tiger in direktem Kontakt mit Materie und Umwelt lebt. Er ist vielmehr ein Wesen, das mit Symbolen - mit Worten, Gesten, Zeichen aller Art - hantiert, die Bedeutungen tragen, ein Wesen, das in einer symbolischen Umgebung lebt, denkt, urteilt und sich mit anderen verständigt. Er existiert nur in solchen Netzen, die er umgekehrt durch seine Kommunikation reproduziert und weiterentwickelt. Auch alle gesellschaftlichen und kulturellen Institutionen entstehen aus diesen Netzen, deren Bedeutung für den Menschen konstitutiv ist; die Welt der Menschen ist eine Welt von Zeichen, deshalb ist der Mensch auf die Gemeinschaft und damit auf die zugrunde liegende Kommunikation angewiesen. Mit seiner Geburt steht er folglich vor der Notwendigkeit Kommunikation zu lernen, und genau dafür ist er biologisch gerüstet. Symbole und ihre gesellschaftliche Bedeutung erlernt der Mensch im Verlauf seiner Sozialisation; sein wichtigstes Symbolsystem ist die Sprache" (Krotz 2005, S. 79).

Zusammenfassend heißt das:

Jede wahrgenommene, erlebte und dargestellte Wirklichkeit ist kommunikativ und damit auch sprachlich vermittelt, weil die Sprache das wichtigste Kommunikationsmittel des Menschen ist. Sprache schafft eine eigene Wirklichkeitsebene. Das ist damit gemeint, wenn vom Menschen als einem Wesen die Rede ist, das in einer symbolischen Umwelt lebt. Und nur so können wir Wirklichkeit erleben und wahrnehmen, nie in ihrer reinen Form, wenn es sie gibt.

Der Sinn von Gesprochenem hängt von Perspektive und Standpunkt desjenigen ab, der etwas ausdrückt und umgekehrt gewinnt jeder Text seine Bedeutung für den Zuhörer oder Leser durch das Hinzufügen weiterer Texte. Der Sinn wird durch den Leser gemacht. Soziale und kulturelle (Forschungs-)Gegenstände werden von Menschen hergestellt bzw. sie handeln in Bezug darauf. Deswegen sind alle daran Beteiligten auf ihre Weise Experten für diese Gegenstände. Sie müssen als Experten angesprochen werden und es müssen ihre Handlungskontexte berücksichtigt werden.

Die Sichtweise, wie Menschen soziale und kulturelle (Forschungs-) Gegenstände betrachten und beurteilen, wurzeln in diesen Handlungs- und Kommunikationspraktiken. Sie sind für die Menschen in Handlung leitenden Perspektiven organisiert und an die spezifischen Standpunkte geknüpft - sie sind in diesem Sinn stets einseitig. Das ist in Anlage und Durchführung der Studie und bei der Auswertung der Daten zu berücksichtigen (Krotz 2005, S. 80-81).

9.4.3 Warum ein qualitativer Ansatz?

Soziale und kulturelle (Forschungs-)Gegenstände sind weniger durch das, was die Menschen denken und meinen bestimmt, als durch das was sie tun und wie sie darüber kommunizieren. Sie entstehen also durch soziale und kulturelle Praktiken. Diese Praktiken müssen zur Aufklärung des in Frage stehenden Sachverhalts rekonstruiert und bei der Generierung von Theorie berücksichtigt werden. Meinungen und Ansichten bilden demgegenüber eher einen Denkzusammenhang, der auf die Gesellschaft und deren Orientierung verweist (Krotz 2005, S. 99).

Die Frage, die sich stellt, ist: „Ist für die geplante Untersuchung eine qualitative Vorgehensweise besser geeignet als eine quantitative? Hierzu schreibt Breuer: „Mit qualitativer Ausrichtung meinen wir eine Anlehnung an phänomenologische, verstehend-interpretative, interaktionistische, naturalistische Denktraditionen, eine Orientierung auf methodische Sensibilität und Flexibilität unter Bewahrung der "natürlichen" Situiertheit und Komplexität des Gegenstands sowie die Thematisierung der Forscher-Selbstreflexivität und der Wissenschaftler-im-Feld-Situation" (Breuer, 1995, S. 14).

9.5 Grundzüge einer Methodologie für eine qualitative Sozialforschung

Die Konzeption von Blumer (Blumer, 1969 zit. nach Lamnek, 2005, S. 83 ff) geht von drei zentralen Voraussetzungen aus.

Die Methodologie muss die zu Grunde liegende Bilder der empirischen Welt auf einen Satz von Prämissen reduzieren, die diesem Bild zugesprochen werden können. Dazu gehören:
- Die kritische Problemauswahl,
- die Bestimmung der zu erhebenden Daten,
- die entsprechenden Mittel,
- die Beziehung zwischen den Daten,
- Interpretation der Ergebnisse durch Verwendung der theoretischen Konzepte.

Die Forschungsmethoden müssen der empirischen Welt entsprechen, sind dieser untergeordnet und müssen einem Test durch diese Welt unterworfen werden. Die zu untersuchende Welt und nicht ein theoretisches, wissenschaftliches Vorgehensmodell liefern das entscheidende Ergebnis des Testes.

Diese methodologischen Aussagen können auf die Prämissen des symbolischen Interaktionismus bezogen werden. Handeln Menschen auf der Grundlage von Bedeutungen, die Objekte für sie sind, muss der Forscher die Objekte so sehen, wie sie die zu untersuchenden Menschen sehen, sonst wird eine fiktive Welt aufgebaut, weil der Forscher den Objekten die Bedeutungen zuweist, die sie für ihn haben.

Das Zusammenleben ist ein Prozess der Interaktion. Dieser Prozesscharakter darf in der Untersuchung nicht vernachlässigt werden. Er muss interpretiert werden. Der Handelnde handelt aus der Situation heraus, in der er sich befindet. Dies gilt für alle soziale Interaktion und muss berücksichtigt werden. Diese Überlegungen sind auf alle sozialen Systeme anwendbar und damit auch für das gewählt soziale System „Organisation".

9.5.1 Basistheorie zur generierenden Forschung

Eine „Theorie generierende" Forschung könnte darin bestehen, eine handlungsbezogene und prozessuale Theorie der Wahrheit zu definieren. Interessante Beiträge liefert Franz Breuer (1991) zum Einsatz von qualitativen Methoden und zum Nutzen der „grounded theory" in der Psychologie. Zunächst ein Zitat über das Generieren von Wissen in der Wissenschaft: „Das haben die philosophischen und wissenschaftstheoretischen Begründungsmethodologien dieses Jahrhunderts (v.a. des Logischen Empirismus und des Kritischen Rationalismus und ihrer Verfeinerungs-Versionen; vgl. zum ¨Überblick Breuer 1991) ausgiebig versucht – um zu erkenntnistheoretisch desaströsen und entmutigenden Schlussfolgerungen zu kommen, wie: "Unsere Wissenschaft ist kein Wissen ...: weder Wahrheit noch Wahrscheinlichkeit kann sie erreichen. ... Wir wissen nicht, sondern wir raten" (Popper 1973, S. 223). Dem Zielkriterium der *Erkenntnis-Gewissheit* – so das Fazit – "... ist nicht mehr zu helfen" (Goodman & Elgin 1993, S.203) (zitiert nach Breuer, 1995, S. 22).

Eine Aussage in einer neuen Perspektive, ist in Bezug auf einen Forschungsprozess dann wahr, wenn sie bestehende Theorie entweder nicht verändert oder sinnvoll weiterentwickelt. Die Entwicklung der Theorie erfolgt nicht nach den Regeln der Logik, sondern findet als komparativer, also Fälle vergleichender Prozess statt. Dieser Vergleich von Beschreibung (Vorwissen) und Theorie beinhaltet sowohl induktive als auch deduktive Schlussfolgerungen. Es finden sowohl Schlüsse als auch der Test statt. Die Kriterien hierfür beruhen nicht auf formaler Logik, sondern werden am empirischen Sachverhalt überprüft (Krotz 2005, S. 108).

Die formale Logik ist nicht das zentrale und einzige Kriterium für die Qualität einer Theorie. Die ausschließliche Orientierung an der formalen Logik ist vielmehr eine Reduktion, die durch ihre Ausschließlichkeit in die Irre führen kann (Krotz 2005, S. 109). Die formale Logik kann die komplexe Realität nicht erfassen. Es bedarf daher zusätzlicher, außerlogischer Überlegungen (Dialektik). Man muss aus inhaltlichen Gründen festlegen, dass man den obigen Schluss nur ein paar Mal hintereinander anwenden darf. Man muss gewonnenes Wissen immer wieder mit Theorien anderer Art und mit empirischen Daten aller Art vergleichen, um nicht logisch produzierten Artefakten und Fehlschlüssen aufzusitzen. Deshalb sind formale Logik und die Mathematik Hilfsmittel, aber keine Kriterien für die Qualität einer Theorie (Krotz 2005, S. 110). Gleiches gilt für die Dialektik.

Im Fall der Theorie generierenden Forschung wird anders argumentiert. Statt von der Dichotomie aus sprachlichen Aussagen und Zuständen der Wirklichkeit wird von der Theorie- und Wissensgenerieren als Prozess ausgegangen: Wissen entsteht durch die Verbesserung des vorher vorhandenen Vorwissens, wobei die Methode des kontinuierlichen Vergleichs verwendet wird.

Die empirische Untersuchung einzelner Fälle führt zu Aussagen über diesen Fall. Diese Aussagen werden mit den Aussagen des bestehenden Wissens verglichen und führen zu dessen Modifikationen: Es entsteht besseres Wissen, insofern jetzt auch ein weiterer Typus in den Aussagen berücksichtigt wird (Krotz 2005, S. 108). Es steht der Prozess der systematischen Wissensentwicklung im Vordergrund, deshalb ist es unerheblich, ob es sich um induktive oder deduktive Schlussweisen handelt.

Bei der „Theoriegenerierenden Forschung" muss in flüssigen Prozessen und nicht in stabilen Begrifflichkeiten gedacht werden. Jeder Zustand, jede Struktur ist nichts als ein Durchgangsstadium, und wir können einen Gegenstand nur verstehen, wenn wir ihn als momentane Erscheinung eines Prozesses in seinem Bezug zum Ganzen rekonstruieren. Theoriegenerierende Forschung ist ein Prozess, in dessen Verlauf sie das Vorwissen durch empirische Daten und deren Auswertung verbessert. Dieser Prozess ist komparativ angelegt, insofern Wissensbestände miteinander verglichen und so weiterentwickelt werden. Das findet mit jeder Datenerhebung und deren Auswertung statt. Dafür müssen die Forschungspersonen ihr Vorwissen überwinden, also für neue Einsichten offen sein. Dazu trägt die Organisation des Forschungsprozesses bei. Theoriegenerierende Forschung ist prozessual, komparativ und verlangt eine Offenheit des Forschers, sonst wird er nur das finden, was er schon weiß.

9.5.2 Entscheidung für „grounded theory"

Wenn eine qualitative Untersuchung der richtige Weg ist, welche Vorteile bietet dann die „grounded theory", die mittlerweile auch schon ca. 50 Jahre alt ist. Breuer: „Es handelt sich dabei um eine Methodik der *Theorie-Entwicklung* auf der Basis einer detaillierten, quasi mikroskopischen Untersuchung und Interpretation sozialer Phänomene. Hauptsächlich auf induktivem Entdeckungs-, Kontrastierungs- und Schlussfolgerungs-Weg werden die herausanalysierten Strukturen empirischer Einzelphänomene zu Theorie-Entwürfen verallgemeinert und im fortwährenden rekursiven Kontakt mit dem Untersuchungsfeld elaboriert" (Breuer, 1991, S.16).

Nach der grounded theory („Grounded Theory") soll aus den erhobenen bzw. gesammelten Daten eine Hypothese entwickelt werden. Wie soll man sich das vorstellen, wenn man davon ausgeht, wie in diesem Fall, dass wir es mit Systemen zu tun haben, die über eine strukturelle Kopplung verbunden sind? Hat diese grundlegende Ansicht eine Auswirkung auf die Vorgehensweise? Sind Systeme nicht Phänomene, denen man sich mathematisch nähert und die in der Physik und der Biologie zu Hause sind? Gibt es einen Zusammenhang in der Arbeits- und Organisationspsychologie und der Betriebswirtschaft (Datenmodell, Prozessmodelle) im Rahmen der „Grounded Theory"?

Nach Brüsemeister, Thomas, (Qualitative Forschung, 2000) liegen der qualitativen Analyse zugrunde:

- Diverses, unterschiedliches Material wie z. B.
- Interviews
- Protokolle von Besprechungen
- Beschreibungen von Sachverhalten
- Dokumente wie z. B. Tagebücher, Ausgewertete Fragebogen, etc.
- Statistiken

Erheben des Materials für diese Untersuchung:

- Die Methoden, um qualitatives Material zu untersuchen sind rudimentär
- Es gibt eine Notwendigkeit, eine effektive Theorie zu entwickeln, auf verschiedenen Ebenen der Detaillierung, die auf der Datenanalyse beruht.
- Ohne diesen Datenbezug, wird die Theorie spekulativ und damit ineffektiv bleiben (Ü: Autor, 2007):

Diese Ansichten des Autorenpaares (Glaser/Strauss, 1984) können auch auf arbeits- und organisationspsychologische Sachverhalte bezogen werden, wo sich die Daten auf die Lebensumwelt von Organisationen vom Typ Unternehmen und deren Mitglieder beziehen. Die „Grounded Theory" wurde bereits im Management-Research angewendet (siehe hierzu: Locke 2001) und somit dürfte auch von dieser Seite, einem Einsatz dieser Methode nichts im Wege stehen.

Zum Ziel der „Grounded Theory" sagt Brüsemeister: „In diesem Verfahren ist man stärker als mit dem narrativen Verfahren sowie noch stärker als mit Einzelfallstudien an der Herausarbeitung theoretischer Modelle interessiert, die soziale Prozesse erklären. In der „Grounded Theory" fokussiert man, wie mit dem narrativen Interview Handlungsprozesse (Selektionsentscheidungen) sowie wie in Einzelfallstudien (Case Studies) Gruppenprozesse (das handelnde Zusammenwirken, Aggregation), die auf das Einzelhandeln zurückwirken. Die „Grounded Theory" deckt somit ein breites Spektrum von Gegenstandsbereichen ab (Brüsemeister, 2000, S. 190)". Diesen Aussagen zufolge ist die „Grounded Theory" für die Untersuchung von Organisationen, bestens geeignet.

9.5.3 Pragmatismus

Sie hat ihren Ursprung im amerikanischen Pragmatismus. Das Wort Pragmatismus leitet sich aus dem griechischen her, wo „pragma" das Handeln, also die Durchführung einer Handlung bezeichnet. Theorien, Intellekt, Logik und Ethik sind Instrumente, die es den Menschen erlauben, sich an wechselnde Gegebenheiten anzupassen. Die Erkenntnis kann deshalb nicht über das Menschliche hinausgehen, weil sie auf den Menschen bezogen ist.

Der amerikanische Pragmatismus hat zwar das Handeln, Tun und Praxis als Grundlage, aber er erkennt auch, dass Handeln von Theorie und Denken gesteuert wird. Für den Pragmatismus gilt, dass Theorien an der Erfahrung und an der Wirklichkeit kontrolliert und überprüft werden, aber auch das Experimentieren mit Gedanken.

Das Erkennen wird gemacht und hergestellt (es wird etwas erkannt) und ist demnach eine Form des Handelns. Das Gleiche gilt für „Wahrheit", die aktiv gemacht und hergestellt wird. Deshalb ist der Pragmatismus auch nicht auf der Suche nach einer abstrakten „Wahrheit", sondern es geht ihm um konkrete Wahrheiten für den

Menschen und wie diese verwirklicht und nicht nur festgestellt werden können. Er will daher Realtäten, die für den Menschen nützlich sind, verwirklichen.

Charles Sanders Peirce (1839 – 1914) versteht die Wahrheit als einen Prozess der Forschung, zu dessen Verlauf die Ideen und Vorstellungen bis zu einem hohen Grad der Klarheit geklärt werden sollen. Daher haben Annahmen oder Hypothesen nur dann einen Sinn, wenn sie zu einer Handlung führen können. Das reale Handeln ist das Experimentieren. Wenn Klarheit, Erkenntnis und Wissen so durch Handeln entsteht so dominiert im Pragmatismus, ähnlich wie im Sozialismus, ein Arbeitswissen. Dies kann auch als Herrschafts- und Leistungswissen gedeutet werden (Max Scheller).

John Dewey (1859-1952) stellt das Handeln in den Mittelpunkt und geht von der Interpretation der Welt, zu ihrer Veränderung durch die Tat und durch Leistungswissen aus.

9.5.4 Der Autor als Beobachter

Für die Studie ist es wichtig, die Position des Autors zu klären. Er ist ein Beobachter von verschiedenen psychischen Systemen. Deshalb gilt was (siehe 0) ausgeführt wird. Im Vorgriff soll hier noch aufgeführt werden, was Willke (2006) detaillierend ausführt: Die Logik der Beobachtung ist hierbei wesentlich, so dass es auf den Beobachter ankommt. Er kann nur das beobachten, was in seiner Welt vorkommt, d. h. er rekonstruiert seine Wahrnehmungen anhand seiner Erfahrungen, Erwartungen, Einstellungen (Willke, 2006; S. 161).

Wichtig ist zusammenfassend, folgendes:

- **Das Phänomen der Beobachtung**:
   Damit wird das bezeichnet, was der Beobachter als Differenz ausmacht, somit den Gegenstand, den er beschreibt. "Beschreiben heißt, "die tatsächlichen oder möglichen Interaktionen und Relationen des Gegenstandes aufzuzählen" (Maturana 1982:34 zit. nach Willke, 2006; S. 160), um daraus die interne Funktionslogik zu erschließen" (Willke, 2006; S.160).

- **Die Referenz der Beobachtung**:
   Hier führt Willke aus, dass die Referenz der Beobachtung, die Selbstreferenz ist d. h. aufgrund der Rekonstruktion des Gegenstandes, die vom Beobachter durchgeführt, vergleicht er den Gegenstand mit sich selbst, also mit seiner Rekonstruktionsmöglichkeit. Daraus ergibt sich das Problem, dass fremde

Systeme nicht angemessen beobachtet oder gar verstanden werden können (Willke, 2006; S. 161).

Beschreiben, so Willke, 2006 lässt sich nur etwas was beobachtbar ist. Das Beobachtbare muss sich außerdem in Form von Sprache, Schrift, Zeichen etc. beschreiben lassen. Was ist damit generell gemeint? Um einen Unterschied aus zumachen braucht man einen Vergleich zu dem Beobachteten. Diese Referenz findet der Beobachter in seinem Gedächtnis, wo das Beobachtete so abgespeichert ist, wie es nach Meinung des Beobachters sein sollte. Wenn sich hier ein Unterschied ergibt, dann muss er vom Beobachter festgestellt und beschrieben werden.

9.5.5 Das Verstehen des Beobachters

Im Gegensatz zu den Naturwissenschaften erfordern Wissenschaften, bei welchen der Forscher selbst ein Teil des untersuchten Gegenstandes ist, eine andere Form der Erklärung. Für die analytische Zerlegung und die theoretische Erklärung in den Naturwissenschaften kommen hier der verstehende Nachvollzug des Sinns menschlicher Äußerungen und Handlungen zum Ansatz. Den Naturwissenschaften und deren Erklärungsanspruch wird ein oft unkritisches (Lamnek, 2005, S. 79) deduktiv-nomologisches Vorgehen zugeordnet, während sich der Verstehensprozess induktiv vollziehen soll. Da diese Unterscheidung bisher nicht bewiesen ist und voraussichtlich auch nicht beweisbar ist, soll es auch nicht weiter diskutiert werden. Bei der Schlussfolgerung in einem qualitativen Forschungsprozess „sind die Daten ernst zu nehmen, und die Gültigkeit des bisherigen Wissens ist einzuklammern" (Reichertz, 2000a, S. 284 zit. nach Lamnek, 2005, S. 79). Damit handelt es sich um ein abduktives Schlussfolgern, bei dem alte Überzeugungen aufgegeben werden sollten, um neue zu suchen. Es ist eine Haltung gegenüber den erhobenen Daten und dem eigenen Wissen.

Nach Dilthey (1961) kann man das Seelenleben von Menschen verstehen, während allen Naturvorgängen bestimmte Gesetzmäßigkeiten zu Grunde liegen. „Die Natur erklären wir, das Seelenleben verstehen wir" (Dilthey, 1961a S. 144 zit. nach Lamnek 2005, S. 67).

Dilthey führt weiter aus: „Wir nennen den Vorgang, in welchen wir aus Zeichen, die von außen sinnlich gegeben sind, ein inneres Erkennen: Verstehen" (Dilthey, 1957, S. 318 zit. nach Lamnek, 2005, S. 67).

Das Vorwissen des Beobachters soll keinesfalls zur Leitlinie der zu entwickelnden Theorie werden. Das eigene Vorwissen sollte durch das vorhandene Vorwissen ergänzt werden. "Wie man sich auch entscheidet, ob man das vorhandene Vorwissen dazu nimmt oder nicht - man kann es sich insgesamt nicht ersparen, das bereits vorhandene wissenschaftliche Wissen zur Kenntnis zu nehmen" (Krotz 2005 S. 169). Es ist, natürlich auch zu bedenken, dass eine empirische Untersuchung immer auch der Forscher involviert ist. Dies bedeutet, dass keine objektive Analyse (Untersuchung) des Forschungsgegenstandes möglich ist, weil er auch sein Weltwissen mit einbringt, was sich ebenfalls auf die Analyse auswirkt. Grundprinzip der „Grounded Theory", das qualitative Prinzip der Offenheit erlaubt es aber, den Forschungsprozess entsprechend theoretischem Vorwissen zu strukturieren und durchzuführen (Schemer 2007, S. 89). Neben dem unvermeidbaren Vorwissen durch die Forschungsperson (Beobachter) ist auch ein theoretisch generiertes Wissen über das Forschungsthema zulässig und auch sinnvoll. Denn ohne dieses Vorwissen ist sowohl die Erhebung der Daten als auch deren Auswertung nicht in der wissenschaftlichen Qualität zu erbringen, die für eine gegenstandsbegründende Theorie (grounded theory) erforderlich ist. Deshalb ist es sinnvoll zunächst die wissenschaftlichen Erkenntnisse aufzuzeigen, die den Rahmen der Untersuchung beschreiben. Deshalb ist das, bei dieser Untersuchung genutzte, wissenschaftliche Vorwissen in **Teil1** ausführlich beschrieben.

9.6 Aufbau der Studie

In der Einführung wurde die Bedeutung des Erfolgs für Führungspersonen besprochen. Management bzw. Führung ist ein Massenberuf geworden, deshalb auch das Interesse daran. Dabei haben die meisten der bisherigen Untersuchungen den Führungserfolg zum Inhalt und die Voraussetzungen und Möglichkeiten diesen zu erreichen. Die hier vorgelegte Studie beschäftigt sich mit dem Handeln der Führungspersonen bei einem drohenden oder tatsächlichen Misserfolg.
„Der Mensch lässt sich nicht von einem sicheren Blickpunkt eines Forschers aus beobachten, und es ist ausgeschlossen, ihn auf den Gegenstand einer evolutionstheoretischen Wissenschaft zu reduzieren und von da aus zu verstehen" (Gadamer 1996, S. 37).

Aus dieser Erkenntnis heraus wurde eine **qualitative Vorgehensweise** ausgewählt, deren Grundlage die „**grounded theory**[48]" von Levy und Strauss bildet. Deshalb wurde, zunächst in groben Zügen, die geplante Vorgehensweise und deren erkenntnistheoretische Grundlage dargelegt, um jetzt das Wissen als Theorien über das Untersuchungsfeld zu umreißen.

Die zuvor beschriebenen Theorien, beschreiben dabei den Rahmen der Führungshandlung. Für das allgemeine Verständnis von Führungshandeln ist es wichtig, die Situation (Kontext) zu klären, in der dieses stattfindet, aber auch darauf hinzuweisen, dass Führungspersonen keinesfalls nur von den Erwartungen, die an ihre Führungsrolle gestellt sind, angetrieben werden, sondern auch von ihren eigenen, die sich im Lebensentwurf äußern und die Grundlage für die persönlichen Ziele bilden. Somit ist auch die Frage zu klären, wie sich das Führungshandelns unter Einfluss von Stress bildet.

Neben Interviews (wie beschrieben) und Dokumentenanalyse wird die teilnehmende Beobachtung aus früheren Projekten mit in die Auswertung einfließen. Objekt der Untersuchung sind die befragten Personen, wie im Untersuchungsrahmen dargestellt. Befragt werden Führungspersonen auf verschiedenen Positionen und aus verschiedenen Unternehmenstypen.

Das **Ziel der Untersuchung** ist die Entwicklung einer Hypothese, mit deren Hilfe verständlich werden kann, in welchen Situationen potenziell scheiternde Führungskräfte dazu neigen ihre Mitarbeiter durch Machtgebrauch anzutreiben oder aber durch kooperatives Verhalten zu weiteren Anstrengungen zu gewinnen.

Die Ergebnisse der empirischen Untersuchung und die daraus abgeleiteten Hypothese werden mit den Erkenntnissen aus den vorgestellten theoretischen Konzepten zu Management, Macht und Frustration verglichen und eventuelle Abweichungen erklärt.

Im nächsten Kapitel wird die Forschungsfrage – „Was bedingt den Einsatz von Macht oder Kooperation, wenn Führungspersonen den Eindruck haben, dass persönliche Ziele nicht erreicht werden?" – wieder aufgegriffen und beantwortet.

Aus der vorliegenden Hypothese, die in der Ergebnisdiskussion bereits mit bestehenden Theorien verglichen wurde und sich da bewährt hat, werden Anforderungen an die Praxis abgeleitet. Da die geplante Arbeit in Bezug auf das Erklären des Ver-

---

[48] Es wird hier die amerikanische Originalbezeichnung verwendet, da sich die Übersetzungen nicht durchgängig durchgesetzt haben.

haltens von Führungspersonen, bei einem drohenden oder bereits eingetretenen Misserfolg, Neuland betreten hat, wird der sich aus den gewonnenen Erkenntnissen künftig ergebende Forschungsbedarf an dieser Stelle thematisiert.

10 Realisierung der qualitativen Untersuchung

Die Forschungsfrage, die nachfolgend geklärt werden soll und die Entscheidung, warum eine qualitative Untersuchung durchgeführt wird, ist bereits ausführlich diskutiert (siehe oben). An dieser Stelle wird der Realisierung der nötige Diskussionsraum gegeben und die reale Vorgehensweise beschrieben.

10.1 Die Grounded Theory als Vorgehensweise

Die Grounded Theory, wie oben beschrieben, ist ein Verfahren zur Beantwortung einer Forschungsfrage durch eine systematisch entwickelte Theorie. Im Mittelpunkt stehen dabei die drei Schritte **Datenerhebung, Datenauswertung** und die darauf gestützten **Konstruktion von Theorien** und Teiltheorien. Es muss vor allem die Regel befolgt werden, die sagt, dass die entwickelte Theorie anhand der Originaldaten daraufhin überprüft werden muss, ob diese schlüssig ist.

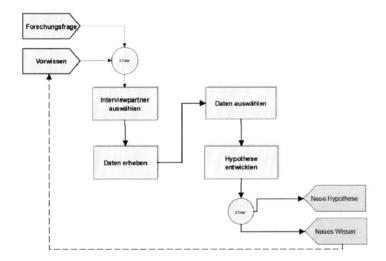

Abbildung 30 Grounded Theory als Prozess (Quelle: eigene Darstellung)

Gesteuert wird dieser Prozess durch ein theoretisches Sampling. Mit dem theoretischen Sampling ist ein Prozess gemeint, der die Datenauswahl steuert. Dabei werden unter Zugrundelegung der vorhandenen Kategorien weitere Daten ermittelt, die diese sowohl in der Breite als auch der Tiefe beschreiben.

Somit ist „Grounded Theory" ein iterativer Prozess, der im Rahmen des Forschungsprojekts mehrfach durchlaufen wird und sie ist ein kybernetischer Prozess, der erst beendet wird, wenn zwischen neuem Wissen und Vorwissen keine Differenz mehr besteht und somit eine theoretische Sättigung eingetreten ist. Die komparative Analyse ergibt dann keine neuen Gesichtspunkte mehr und der Prozess kann beendet werden.

10.1.1 Daten erheben

Die Befragten sind in diesem Fall Experten und als solche ernst zu nehmen. Entgegen der quantitativen Vorgehensweise werden nicht alle Befragten dasselbe gefragt. Sinnvoll ist es einen Leitfaden zu benutzen. Narrative Interviews, in welchen die befragte Person quasi eine Geschichte erzählt, sind dann Ziel führend, wenn die Aussagen hinterfragt werden können. Um sich über das was man wissen will Klarheit zu verschaffen.

Da es bei der „Grounded Theory" auf die Analyse und Interpretation von gewonnen Daten ankommt und nicht auf deren Generierung, wäre nach Brüsemeister (2000) für die Datengewinnung, im Falle von Handlungsprozessen, das narrative Interview zu bevorzugen. Demgegenüber sieht Schemer (2007) zwar das Interview ebenfalls als Königsweg zur Generierung der Daten an, weicht aber vom narrativen Interview ab und sieht das „problemzentrierte Interview" als die angemessene, neben narrativem, Struktur- und Dilemma-Interview und biographischem Interview und begründet wie folgt: „Darüber hinaus ermöglicht das problemzentrierte Interview das Hinzuziehen theoretischer Erkenntnisse und ist in diesem Sinne gut mit den Grundzügen der Grounded Theory zu vereinbaren, an die es auch gezielt angelehnt wurde" (Schemer 2007, S. 132). Sie legt demzufolge von Beginn an einen Interviewleitfaden fest. Dies scheint der Thematik dieser Untersuchung geschuldet, da das Untersuchungsfeld organisatorisch gut strukturiert und die Arbeitsbeziehung der Personen untereinander gesetzlich festgeschrieben ist. Um verschiedene Datenschnitte im Sinne des „theoretischen Samplings" zu erhalten wird bei dieser Untersuchung zunächst, mit weitgehend narrativen Interviews begonnen, um aus den Ergebnissen sukzessive zu problemzentrierten Interviews überzugehen.

10.1.2 Durchführung der Untersuchung

Das Ziel des wissenschaftlichen Arbeitens nach, der zuvor beschriebenen „Grounded Theory" ist, aus den gewonnenen Daten, eine gegenstandsbezogene Theorie zu entwickeln. Diese Entwicklung wird nun nachstehend dargestellt.

Es wurden bewusst zunächst narrative Interviews durchgeführt. Die Befragung wurde später um eine Gliederung ergänzt, die dem Interviewer dazu diente, weitere Verständnisfragen zu stellen. Es sollte vermieden werden auf den Verlauf Einfluss zu nehmen, um keine sozial erwünschten Antworten zu erhalten. Gefragt wurde nach der Zielerreichungsstrategie der befragten Führungspersonen, ohne jedoch auf die Forschungsfrage einzugehen. Dadurch sollte die befragte Person ihren Lebensraum über einen längeren Zeitraum beschreiben, der mit dem Berufseintritt beginnt, die verschiedenen Rollen bis zu jetziger Führungsrolle, sowie eine Beschreibung der Aufgaben und deren Durchführung beschreibt.

Bei der Entwicklung der „gegenstandsbezogenen Theorie" steht somit der Lebensraum der Führungspersonen im Mittelpunkt, den diese in den Interviews beschreiben. Der Lebensraum wird in diesem Zusammenhang auf die Berufsausübung eingegrenzt und somit zum professionellen (beruflichen) Lebensraum. Es soll somit untersucht werden, wie sich eine Führungsperson in einem Unternehmen verhält und wie sie versucht ihre Aufgaben zu erfüllen.

10.1.3 Beschreibung der Stichprobe

Insgesamt wurden 9 Interviews geführt. Die Teilnehmer befinden oder befanden sich seit Jahren in Führungspositionen. Bei den Befragten handelt es sich bei 7 Teilnehmern und eine Teilnehmerin, um Führungspersonen, die direkt unterhalb der Geschäftsleitung angesiedelt sind. Zwei Personen waren Geschäftsführer. Bei den geführten Unternehmen handelt es sich um Gesellschaften mit beschränkter Haftung (GmbH) wobei zwei als GmbH und Co KG firmieren. Die Unternehmen sind in folgenden Branchen tätig: Bank, Industrie, Arzneimittelgroßhandel, Dienstleistungserbringer für Tochterunternehmen einer e. G. (eingetragene Genossenschaft), Consulting-Unternehmen, Interimsmanagement. Die Befragten waren zum Befragungszeitpunkt zwischen 45 und 65 Jahren alt.

Die Führungskräfte wurden nach der Position im Unternehmen und den entsprechenden Erfahrungen ausgewählt. Weitere Gespräche mit bekannten Führungspersonen, haben die Überzeugung ergeben, dass es sich bei den ausgewählten Führungspersonen, um eine in diesem speziellen Fall, ausreichende Menge handelt, da aus den Interviews die wesentlichen Antworten auf die Führungsfrage ableitbar sind. Die Entscheidung erfolgte aus der Erfahrung des Autors heraus, der jahrzehntelang als Manager auf Zeit in verschiedenen Unternehmen, Erfahrungen in der Zusammenarbeit mit diesem Typus Führungsperson gesammelt hat.

10.1.4 Relevanz der Interviews

Code	Organisation	Rolle	Rolleposition	Jahr	Relevanz
MUR	Spezialbank	Geschäftsführer	1. Führungsebene	2007/12	ja
GUT	Dienstleitung	Leiter IT	2. Führungsebene	2007/12	ja
FRK	Spezialbank	Bereichsleiterin	2. Führungsebene	2007/12	ja
WUJ	Beratungsunternehmen	Leiter Gesamteinkauf	2. Führungsebene	2012	ja
GRR	Verbundgruppe	Organisationsleiter	2. Führungsebene	2013	nein
BUJ	Industrie + Handel	Bereichsleiter Finanzen	2. Führungsebene	2012	ja
SCP	Pharmahandel	Leiter Kredit	2. Führungsebene	2012	wenig
MUF	Unternehmensberatung	Geschäftsführer	1. Führungsebene	2013	ja
BAA	Beratungsunternehmen	CIO-Interimsmanager	2. Führungsebene	2013	nein

Tabelle 11 Aufstellung der durchgeführten Interviews
(Quelle: eigene Darstellung)

In obiger Tabelle sind die durchgeführten Interviews zusammengefasst. Daraus ist ersichtlich, dass sich bei zwei der Interviews keine neuen Gesichtspunkte ergeben haben. Bei einem Interview hat sich nur wenig Neues ergeben. Dieses wurde zwar transkribiert, aber nur teilweise in die Auswertung übernommen. Die beiden anderen wurden nicht transkribiert.

Aus den so erhaltenen Daten lässt sich ein vorläufiges Kodierparadigma ableiten, welches zum Erstcodieren der restlichen Interviews dient.

Aufbauend auf diesem Ergebnis wurden die restlichen Interviews transkripiert und Zeile für Zeile codiert, wobei die Codes, soweit möglich, den bereits festgestellten Klassen zugeordnet wurden. Für die Erstcodierung wurde das elektronische Werkzeug ATLAS Ti 5.0 genutzt und die Daten dann in das Werkzeug MS-Excel übernommen.

Dies deshalb, weil so jedes Interview als Tabelle angelegt werden konnte und jede Paraphrase der Zusammenfassung durch einen Schlüssel bestehend aus dem Code der interviewten Person und der Zeile des Satzes im Interview direkt eindeutig zuordenbar ist. Zudem ist eine Reorganisation im Sinne einer Recodierung oder Zuordnen zu einem anderen Code und damit einer anderen Klasse problemlos. Dies soll keine Kritik an dem ursprünglich eingesetzten Werkzeug darstellen, sondern eine Ermutigung für den Analytiker, Werkzeuge zu kombinieren, um für sich selbst eine optimale Arbeitsumgebung zu schaffen.

Als Ergebnis wurde das Codierparadigma an die bereits vorhandenen Ergebnisse angepasst.

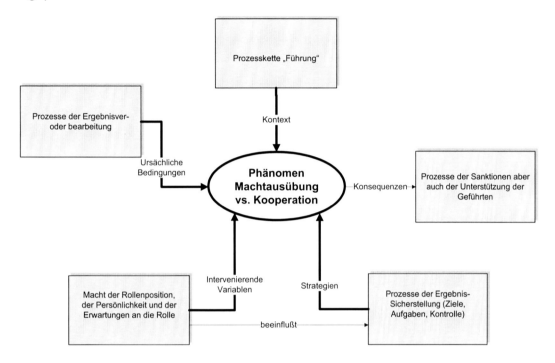

Abbildung 31 Paradigma zum Erstcodieren der restlichen Interviews (Quelle: eigene Darstellung)

Das ergibt dann folgendes Bild:

Ursächliche Bedingungen

Unter ursächlichen Bedingungen wird der Auslöser bzw. das auslösende Ereignis für die Phänomene „Machtausübung" oder „Kooperation" verstanden. Das bedeutet: „Was führt dazu, dass Macht ausgeübt oder was führt dazu, dass keine Macht ausgeübt wird, sondern eine andere Art der Beeinflussung oder der Überzeugung gewählt wird?" Hier sind die Vorbedingungen festzulegen.

Kontext

Bei dem Erfolg handelt es sich um einen Erfolg, der in einem sozialen System erzielt werden soll. In dem zu untersuchenden Fall handelt es sich um ein techno-soziales System, nämlich um eine Unternehmung. Der Erfolg soll durch Führungshandeln, d.

h. durch eine Kette von aufeinander folgenden Prozessen erzielt werden. Dies ist der Zusammenhang, in dem das Phänomen betrachtet bzw. analysiert werden muss. Dabei wird zunächst die gesamte Prozesskette betrachtet, in der das Phänomen vorkommt.

Intervenierende Variable

Die intervenierenden Variablen, die das Phänomen beeinflussen sind zum einen die Rollenposition der Führungsperson, die damit einhergehenden Machtbefugnisse und die Persönlichkeitsmerkmale die ein Umsetzen der strukturellen oder anders gearteten Macht in Beeinflussung im Sinne des Phänomens, ermöglichen sowie die Erwartungen, die an die Rolle gestellt werden, die auch einen Einfluss auf die Zielerreichungsstrategie der Führungsperson haben. Dabei geht es nicht um das gesamte Führungshandeln, sondern es wird eingeschränkt auf das kommunikative Führungshandeln, auf die Interaktion mit den Geführten, aber auch auf diejenigen, die führen.

Strategie

Die Strategie beschreibt, wie die Führungsperson ihre Mittel einsetzt, um den Zweck der Führungshandlung, nämlich den Erfolg zu erreichen. Es geht dabei sowohl um die Zieldefinition die als Teil der Unternehmensziele von den vorgesetzten Stellen vorgegeben werden, die aber hierbei im Sinne der Machbarkeit hinterfragt und verändert werden, als auch um die Weitergabe der Ziele an die Geführten, wobei auch da ein „Aushandeln" der Ziele stattfindet. Im Rahmen der Zielerreichungsstrategie werden dann die definierten Ziele abgesichert durch entsprechende Sitzungen, Kontrollen und Ergebnisberichte (Reports) und Entwicklung der Mitarbeiter. Hierbei geht es darum Macht ausüben, beeinflussend oder überzeugend.

Konsequenzen

Als nächstes ist die Frage zu beantworten wie sich die Konsequenzen zeigen, und zwar in Hinsicht auf Erfolg oder Misserfolg. Welche Prozesse stehen der Führungspersönlichkeit zur Verfügung, um Macht auszuüben. Sowohl im positiven als auch im negativen Sinn. Hier sind es die Prozesse der Sanktionen und der Belohnungen, die zum Tragen kommen.

10.1.5 Auswertung der durchgeführten Interviews

Die erhobenen Daten wurden aufgezeichnet. Sie wurden am Anfang mit einem handelsüblichen Kassettenrecorder und später mit einem elektronischen Aufzeichnungsgerät mitgeschnitten und danach transkribiert. Dabei wurde weitgehend der oben beschriebenen Vorgehensweise der „Grounded Theory" gefolgt.

Auswertung heißt für die Forschungspersonen der Grounded Theory, dass sie zunächst Konzepte und dann Kategorien entwickeln und deren Bedingungen und Konsequenzen sowie deren Beziehungen zueinander klären. Dadurch werden die Interviewtexte bzw. die Protokolle neu strukturiert und in allgemeine Aussagen gefasst. Übergreifende Ideen werden dabei ebenso wie verbleibende Unklarheiten in Memos (Notizen) festgehalten.

Aus diesen Auswertungen entstehen neue Fragen. Sie führen zu neuen Interviews mit neu ausgesuchten Experten, wenn man eine Theorie entwickeln will, die sich nicht nur auf einige Experten, sondern auf viele Experten stützt. Man muss weitere Perspektiven berücksichtigen und vor allem überprüfen, ob die Konzepte und Kategorien, die man entwickelt hat, auch bei anderen Befragten tragfähig sind.

10.1.6 Matrix zum Vergleich

Hierbei handelt es sich um die drei Erklärungsbestandteile eines Prozesses. Man kann sie als Kettenglieder eines Prozesses betrachten. Bei der „Grounded Theory" geht es um das Entwickeln einer Theorie aus den sozialen Prozessen heraus. Mit der Matrix werden drei Elemente eines
Prozesses aus einem kybernetischen Prozess, der aus vielen hintereinander geschalteten „Bedingungen, Strategien, Konsequenzen" besteht, herausgegriffen. Die vereinzelt isolierten Bestandteile (Bedingungen, Strategien, Konsequenzen) unterscheiden sich zunächst einmal im Zeitverlauf. Bedingung ist das, was dem interessierten Handeln Voraus läuft und mit Konsequenzen werden die mit dem Handeln verbundenen Ergebnisse benannt, die ihm nachfolgen. Geht der Blick über die drei Elemente hinaus, wird erkennbar, dass „Konsequenzen" wiederum zu Bedingungen für eine nachfolgende Sequenz des Prozesses werden (Brüsemeister, 2000, S. 207). Die ist weiter oben bereits beschrieben und wird hier aus einer anderen Sichtweise nochmals aufgeführt.

Bedingungen	Strategien	Konsequenzen
Von welchen Strukturen, Konstellationen, Aggregationen wird das interessierte Handeln beeinflusst? Welche Situation nimmt der Handelnde selbst wahr?	Was charakterisiert ein Handeln (Selektionsentscheidung) in einer Situation?	Welche Strukturen, Konstellationen, Aggregationen bildet das Handeln aus? In welchen gegebenen Strukturen, Konstellationen, Aggregationen fügt sich der Handlungsprozess ein?
Bedingungen, unter denen Akteure einen Prozess ins Leben rufen	Ihre Handlungs- und Selektionsstrategien, die dem Prozess wesentliche Dimensionen verleihen.	Die sich aus Bedingungen und Strategien Konsequenzen (Strukturen, Konstellationen, Aggregationen) sowie die Einfügung der Prozesse in gegebene Strukturen (Konstellationen, Aggregationen)
Weil, da, wegen, auf Grund von	Handeln und Verhalten, Handeln und Erleiden	Als Folge von, deshalb, mit dem Ergebnis, die Konsequenz war, folglich

Tabelle 12 „Grounded Theory" Theorieentwicklung aus Prozessen (Quelle: eigene Darstellung)

Diese Matrix ermöglicht, aus einem Gesamtprozess, drei Glieder herauszunehmen und zu untersuchen. Dabei interessieren die drei Glieder für sich genommen. Außerdem muss das Zusammenwirken der drei Glieder erklärt werden, um die Theorie für den interessierenden Prozess aus den Daten zu entwickeln. Aus dieser Matrix lässt sich der Codierungsprozess, wie nachstehend abgebildet, ableiten, wobei sich die Bedingungen als Prozessauslöser und die Konsequenzen als Prozessergebnisse begreifen lassen. Was bedeutet aber Codieren in diesem Zusammenhang?

10.1.7 Kodierparadigma, angepasst an die Forschungsaufgabe

Im diesem Kodierparadigma werden die Fragen gestellt, die zur Analyse des Textes gestellt werden müssen.

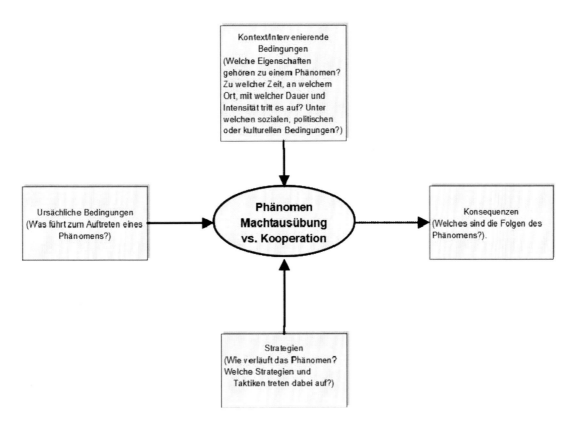

Abbildung 32 Kodierparadigma angepasst an die Forschungsaufgabe
(Quelle: eigene Darstellung)

Aus den so erhaltenen Daten lässt sich ein vorläufiges Kodierparadigma ableiten, welches zum Erstcodieren der restlichen Interviews dient.

Aufbauend auf diesem Ergebnis wurden die restlichen Interviews transkripiert und Zeile für Zeile codiert, wobei die Codes, soweit möglich, den bereits festgestellten Klassen zugeordnet wurden. Für die Erstcodierung wurde das elektronische Werkzeug ATLAS Ti 5.0 genutzt und die Daten dann in das Werkzeug MS-Excel übernommen.

Dies deshalb, weil so jedes Interview als Tabelle angelegt werden konnte und jede Paraphrase der Zusammenfassung durch einen Schlüssel bestehend aus dem Code der interviewten Person und der Zeile des Satzes im Interview direkt eindeutig zuordenbar ist. Zudem ist eine Reorganisation im Sinne einer Recodierung oder

Zuordnen zu einem anderen Code und damit einer anderen Klasse problemlos. Dies soll keine Kritik an dem ursprünglich eingesetzten Werkzeug darstellen, sondern eine Ermutigung für den Analytiker, Werkzeuge zu kombinieren, um für sich selbst eine optimale Arbeitsumgebung zu schaffen.

Als Ergebnis wurde das Codierparadigma an die bereits vorhandenen Ergebnisse angepasst.

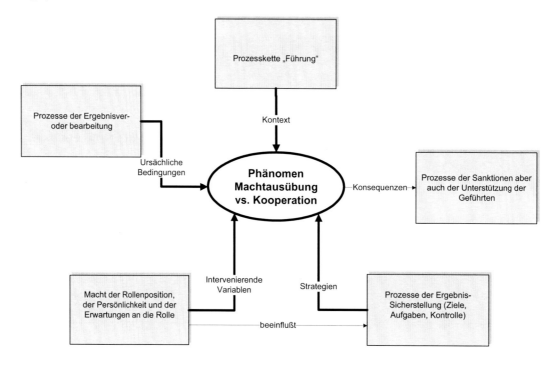

Abbildung 33 Paradigma zum Erstcodieren der restlichen Interviews (Quelle: eigene Darstellung)

Das ergibt dann folgendes Bild:

Ursächliche Bedingungen

Unter ursächlichen Bedingungen wird der Auslöser bzw. das auslösende Ereignis für die Phänomene „Machtausübung" oder „Kooperation" verstanden. Das bedeutet: „Was führt dazu, dass Macht ausgeübt oder was führt dazu, dass keine Macht ausgeübt wird, sondern eine andere Art der Beeinflussung oder der Überzeugung gewählt wird?" Hier sind die Vorbedingungen festzulegen.

Kontext

Bei dem Erfolg handelt es sich um einen Erfolg, der in einem sozialen System erzielt werden soll. In dem zu untersuchenden Fall handelt es sich um ein techno-soziales System, nämlich um eine Unternehmung. Der Erfolg soll durch Führungshandeln, d. h. durch eine Kette von aufeinander folgenden Prozessen erzielt werden. Dies ist der Zusammenhang, in dem das Phänomen betrachtet bzw. analysiert werden muss. Dabei wird zunächst die gesamte Prozesskette betrachtet, in der das Phänomen vorkommt.

Intervenierende Variable

Die intervenierenden Variablen, die das Phänomen beeinflussen sind zum einen die Rollenposition der Führungsperson, die damit einhergehenden Machtbefugnisse und die Persönlichkeitsmerkmale die ein Umsetzen der strukturellen oder anders gearteten Macht in Beeinflussung im Sinne des Phänomens, ermöglichen sowie die Erwartungen, die an die Rolle gestellt werden, die auch einen Einfluss auf die Zielerreichungsstrategie der Führungsperson haben. Dabei geht es nicht um das gesamte Führungshandeln, sondern es wird eingeschränkt auf das kommunikative Führungshandeln, auf die Interaktion mit den Geführten, aber auch auf diejenigen, die führen.

Strategie

Die Strategie beschreibt, wie die Führungsperson ihre Mittel einsetzt, um den Zweck der Führungshandlung, nämlich den Erfolg zu erreichen. Es geht dabei sowohl um die Zieldefinition die als Teil der Unternehmensziele von den vorgesetzten Stellen vorgegeben werden, die aber hierbei im Sinne der Machbarkeit hinterfragt und verändert werden, als auch um die Weitergabe der Ziele an die Geführten, wobei auch da ein „Aushandeln" der Ziele stattfindet. Im Rahmen der Zielerreichungsstrategie werden dann die definierten Ziele abgesichert durch entsprechende Sitzungen, Kontrollen und Ergebnisberichte (Reports) und Entwicklung der Mitarbeiter. Hierbei geht es letztlich um Macht ausüben, beeinflussen oder überzeugen.

Konsequenzen

Als nächstes ist die Frage zu beantworten, wie sich die Konsequenzen zeigen, und zwar in Hinsicht auf Erfolg oder Misserfolg. Welche Prozesse stehen der Führungspersönlichkeit zur Verfügung, um Macht auszuüben. Sowohl im positiven als auch im negativen Sinn. Hier sind es die Prozesse der Sanktionen und der Belohnungen, die zum Tragen kommen.

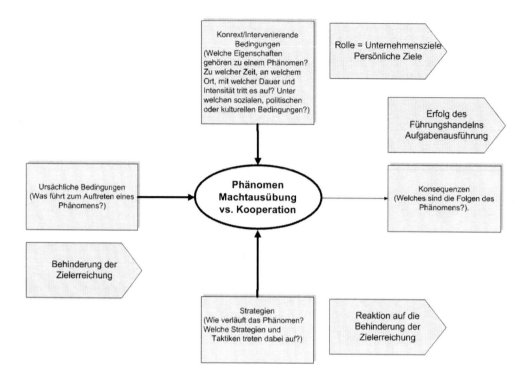

Abbildung 34 Kodierparadigma bei Verhalten bei Misserfolg
(Quelle: eigene Darstellung)

10.1.8 Codieren

Unter Codieren versteht man, Sinneinheiten aus den Interviews oder aus den Beobachtungsdaten in allgemeiner, abstrahierender Weise zu katalogisieren: Dies beschreibt Brüsemeister (2000) so: „Codieren ist ein Zerlegen in Sinneinheiten und Abstrahieren dieser Sinneinheiten durch den Code" (Brüsemeister 2000, S. 180). Das, was Befragte sagen wird systematisch in Klassen zusammengefasst, gruppiert, auf Gemeinsamkeiten und Unterschiede, auf Zusammenhänge und Besonderheiten hin abgeklopft. Daraus werden Erkenntnisse formuliert, die das bereits vorhandene theoretische Wissen verbessern. Auswerten heißt also im ersten Schritt, den Text in seine einzelnen Sinneinheiten zu zerlegen, diese Sinneinheiten mit Konzepten zu bezeichnen und sie darunter zu subsumieren. Leitlinie ist der jeweilige Kontext sowie die Forschungsfrage, die beantwortet werden soll.

10.1.9 Durchführung der Codierung

Es wird Zeile für Zeile kodiert. Das bedeutet, dass alles was in der „Grounded Theory" analysiert wird in schriftlicher Form vorliegen muss. Kodieren bedeutet dann, das Sätze innerhalb der schriftlichen Dokumentation, die sich auf das Forschungsthema beziehen mit einem Label versehen werden. Dieses Label ist wird dann Teil der Kategorie. Sätze, die sich inhaltlich auf den gleichen Prozess beziehen, bekommen auch das gleiche Label (Code). Damit wird die Kategorie durch die ihr zugeordneten Aussagen (Codes) inhaltlich beschrieben. Kategorie ist somit die Beschreibung eines sozialen Prozesses innerhalb des Forschungsthemas. Meiner Meinung nach kann man die Kategorien aus Klassen zusammenfassen. Diese Klasse ist die Struktur innerhalb derer die Prozesse ablaufen. Die Benennung der Kategorie erfolgt durch Kodieren.

Um die Aussagen entsprechend kodieren zu können, muss ein Vorwissen vorhanden sein, welches mit der Fragestellung konform geht. Theorien werden also benötigt, um in den Daten überhaupt etwas zu erkennen.

10.1.10 Arten der Kodierung

Das offene Kodieren entwickelt, ausgehend von den Dateninhalten, theoretische Konzepte, d. h. die Aussagen zu Daten, Datengruppen (Klassen), werden zu einem Konzept zusammengefasst. Dieses Konzept wird Kategorie genannt. Kodieren bedeutet demnach, aus den Daten letztlich Kategorien zu entwickeln. Die Tragfähigkeit dieser Kategorien wird durch Vergleiche getestet (Brüsemeister, 2000, S. 197). Es werden die Daten berücksichtigt, die das zu untersuchende Phänomen betreffen. Dabei werden zwei Kodierungsarten unterschieden in „in vivo codes" und „offenes codieren"

Bei „in vivo codes" wird die Beschreibung aus der Aussage herausgenommen, d. h. der Name ist ein Teil der Aussage. Bei „Socially constructed codes" wird ein Name verwendet, der schon auf ein soziales (in diesem Falle AO-psychologische) Konzept hindeutet.

Die erste Auswertung im Rahmen der „Grounded Theory" ist das offene Codieren. Dies bedeutet, dass aus den Daten heraus Konzepte gebildet werden. Hier werden keine Konzepte übernommen, sondern zunächst aus dem Text erarbeitet. Bei der quantitativen Analyse wird der Text nach vorher definierten "Codes" abgesucht. Dies ist hier nicht der Fall. Beim offenen Codieren werden die Codes aus dem Text heraus entwickelt. Es handelt sich somit um eine Art Verdichten des, vom Experten (Interviewten), Gesagten. Der Text kann auch inhaltsneutral verdichtet werden.

Dies ergibt sich aus dem Stellen der W-Fragen (wer, was, wo warum, wann, etc.). Hierbei handelt es sich um einen induktiven Schritt (bottom-up-approach) bei dem die Interviewtexte reformuliert (paraphrasiert) werden. Dabei wird ein Oberbegriff gebildet, unter welchem mehrere Interviewtexte subsumiert werden können (Code). Offenes Codieren heißt also, dass man den Text des Protokolls der Sinneinheit zuordnet, abstrahiert, klassifiziert, in Bezug setzt. Dabei zerfällt jede Sinneinheit in mehrere Klassen. Diese Vielfalt wird reduziert, wenn man sich auf gegenstands- (Forschungsgegenstand) und forschungsrelevante Konzepte und Klassen konzentriert, die sich in vielen Fragen finden. Ziel ist eine Bearbeitung, die auf Forschungsfrage und - Gegenstand fokussiert ist.

Bei axialem Codieren sind bereits Klassen vorhanden (offenes Codieren). Diese werden jetzt in einen Bezug zueinander gesetzt (Kategorisieren). Es wird eine Hierarchie erzeugt, die sich auf den Forschungsgegenstand bezieht. Bei einer axialen Kategorie handelt es sich um ein Kernkonzept, das im konkreten Handeln und Beurteilen eine besondere Rolle spielt (s. 184). Ziel des selektiven Codierens ist das Finden einer oder auch mehrerer Schlüsselkategorien. Wenn man zu viele Schlüsselkategorien hat, dann hat man zu früh aufgehört zu verallgemeinern. Ziel einer Analyse ist immer der theoretische und zu kommunizierende Text.

Typologien sind Hilfsmittel zur Herstellung von Theorien. Typologien dürfen nicht mit dem Endergebnis verwechselt werden. Typologien beziehen sich auf unterschiedliche Objekte. Typologien sind im Auswertungsprozess hilfreich, weil sie dazu beitragen, einzelne Fälle systematisch voneinander zu unterscheiden. Sie geben auch eine Dimension zu erkennen, die den Typen zugrunde liegt.

In den Memos wird alles festgehalten, was nicht durch die Codes abgedeckt wird. Es ist eine Nachricht der forschenden Person an sich selbst und soll später die Theorie stützen. Somit werden alle Querverweise und Ideen aber auch Fragen und Anregungen durch Memos ausgedrückt. Die Memos kann man sich als Post-It Notizen (oder auch elektronische) vorstellen. Unklarheiten und Widersprüche werden aufgedeckt und erklärt oder beseitigt.

10.2 Ziel: eine Theorie zu konstruieren

Sinn der „grounded Theory („Grounded Theory")" ist es, eine Theorie aus den gesammelten und ausgewerteten Daten zu entwickeln. Dabei muss aber zunächst einmal geklärt werden, welche Art von Theorie konstruiert werden soll. Die positivistische Theorie versucht eindeutige Erklärungen zu finden und deren Generalisierbarkeit darzustellen, während interpretative Theorien von einer multiplen Wirklichkeit ausgeht und daher auch von der Vergänglichkeit von „Wahrheiten". Die soziale Lebenswelten werden als sich im „Fluss befindend" betrachtet.

Der konstruktivistische Ansatz stimmt eher mit interpretativen Theorien überein und „sees data and analysis as created from shared experiences and relationships with participants and other sources of data" (Charmaz 2006, S.130). Prinzipiell stimmt die „grounded theory" wenn objektivistisch orientiert, mehr mit positivistischen Annahmen überein und geht davon aus, dass die erhobenen Daten Fakten darstellen und nicht mehr hinterfragbar sind. Dies ist, wie an mehreren Stellen bereits betont, nicht die hier vertretene Auffassung. Deshalb ist mit „Charmaz" überein, zustimmen, wenn sie sagt, dass die Analyse "results from the researcher's involvement at every point in the research process." (Charmaz 2006, S.148). Dies bedeutet, dass die Forschungsperson, als Beobachterin eines Systems, immer das sieht, was sie sieht. Dies gilt auch für die Erhebung von Daten, die Kodierung und Festlegung von Kategorien, Erarbeitung von Konzepten und Theorien. Diese sind von der Forschungsperson konstruiert und können somit nicht die Wahrheit darstellen, sondern allerhöchstens eine mögliche Wirklichkeit unter anderen.

Es geht hierbei nicht darum, die großen Theorien zu verifizieren (Glaser/Strauss 1998) sondern aus den Daten heraus, neue Theorien mittlerer Reichweite neu zu generieren. Dabei wird die Methode der „komparativen Analyse" angewandt. Dies ist eine allgemeine Methode, die für jedes soziale System angewandt werden kann (Personen, Organisationen, Rollen). Im Sinne der „Grounded Theory" wird sie als strategische Methode zur Theoriegenerierung beschrieben.

Der Zweck der komparativen Analyse liegt in der Beweisführung der Theorie und besteht aus nachfolgenden Prozessen:

- Genaue Belege erfassen,
- empirische Verallgemeinerungen durchführen,
- Konzepte spezifizieren,
- Theorie verifizieren.

Die aus den Daten ermittelten Tatsachen, werden mit vergleichbaren Tatsachen gespiegelt. Aber um eine Theorie zu generieren, reichen die Tatsachen nicht aus. Es müssen konzeptuelle Kategorien herausgearbeitet werden, die durch ihre Eigenschaften genau spezifiziert sind. Aus diesen Kategorien wird das Konzept abgeleitet. Die Belegdaten dienen zur Illustration des Konzeptes (Glaser & Strauss 1998, S. 33 ff.).

Die Theorie wird dadurch überprüft, in dem sie mit Daten gesättigt wird. Es ist möglich, dass es diese Verifizierung erlaubt wichtige Gleichförmigkeit oder Universalien festzustellen oder auch mögliche Variationen. Sinn dieses Prozesses ist es jedoch, die Theorie zu verifizieren. Dies bedeutet auch seine ursprüngliche Theorie auf Grund von Testergebnissen zu modifizieren, um so auf eine „systematische Art und Weise mehr Theorie von größerer konzeptueller Allgemeinheit und Reichweite" (Glaser & Strauss 1998, S. 37) zu generieren.

Die Verifizierung darf aber das Verfahren der Theoriegenerierung nicht behindern. Die Generierung einer Theorie ist der Hauptzweck des durchzuführenden Forschungsprojektes. Deshalb muss sie mittels komparativer Analyse ihre Aussagen sehr wohl verifizieren und mit empirischen Belegen unterlegen, aber nur wenn es der Generierung dient (Glaser & Strauss 1998, S. 38). Festzuhalten bleibt, dass der Sinn der „Grounded Theory" eben darin besteht eine „Theorie auf der Grundlage von der in der Sozialforschung gewonnenen Daten zu generieren […]" (Glaser Strauss 1998, S. 40).

10.2.1 Materiale und formale Theorien

Durch die komparative Analyse können prinzipiell, zwei Theoriearten entwickelt werden, nämlich materiale und formale Theorien. Als materiale Theorien werden jene bezeichnet, die sich auf ein bestimmtes Sachgebiet oder empirisches Feld beziehen. Dies ist hier der Fall, wenn es darum geht das Spannungsfeld der Führung zwischen Machtausübung und Kooperation in Unternehmen zu untersuchen. Das Ergebnis dieser Untersuchung ergibt zunächst eine materiale Theorie. Eine formale Theorie wird demgegenüber als solche bezeichnet, wenn sie sich auf einen formalen oder konzeptionellen Bereich der Forschung bezieht. In diesem Falle wäre das Machtausübung oder Kooperation in Interaktionen generell.

Beide Theoriearten werden als Theorien mittlerer Reichweite bezeichnet. Sie fallen zwischen die „kleinere Arbeitshypothesen des Alltags und die allumfassenden großen Theorien" (Glaser Strauss, 1998, S. 42). Dabei ist zu beachten, dass jede der besprochenen Theorieart an bestimmten Punkten der Analyse in die jeweils andere überführt werden kann.

10.2.1.1 Elemente der Theorie

Mittels komparativer Analyse werden die Elemente der Theorie gewonnen. Diese Elemente bezeichnet die „Grounded Theory" als konzeptuelle Kategorien und ihre konzeptuellen Eigenschaften. Die Hypothese legt die allgemeinen Beziehungen (Relationen) zwischen den Kategorien und ihren Eigenschaften fest. Hierbei ist die Kategorie Teil einer Theorie und das Element wiederum Teil der Kategorie.

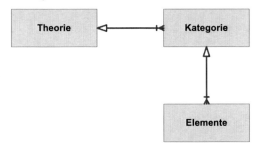

Abbildung 35 Theoriezusammenhang (Quelle: eigene Darstellung)

Der dargestellte Zusammenhang ist in der gewählten Notation wie folgt zu lesen:
Eine Theorie kann aus mehreren Kategorien bestehen, besteht aber mindestens aus einer. Im Rahmen der Theoriegenerierung gehört diese Kategorie genau zu einer Theorie, wobei die Theorie aus mehreren, verschiedenen Kategorien bestehen sollte, „die Generierung von Theorie darauf zielen sollte, möglichst viele verschiedene Kategorien zu entwickeln und diese auf möglichst vielen Niveaus zu synthetisieren. Eine solche Synthese verknüpft die Daten mit den Kategorien und Eigenschaften der verschiedenen Abstraktions- und Generalisierungsniveaus" (Glaser & Strauss 1998, S. 47). Hier denke ich, dass die Daten mit den Elementen (Klassen und Attribute) und diese dann mit den Kategorien verknüpft werden müssen, weil Daten letztlich die inhaltliche Beschreibung der Kategorien liefern, die durch diese Elemente hergestellt wird. Auch hier ist die Relation: eine Kategorie kann aus vielen Elementen bestehen, muss aber mindestens aus einem bestehen. Ein Element ist dann genau einer Kategorie zugeordnet, welches sie beschreibt.
Wie die Abbildung zeigt, kann eine Theorie aus mehreren Kategorien bestehen, die untereinander relational vernetzt sein können. Relational bedeutet, dass ein Element der Kategorie, selbst eine Kategorie ist. Dieses Element kann in mehreren anderen Kategorien vorkommen und bildet die Vernetzungsart ab. Da jedes Element einer Kategorie direkt vom Namen der Kategorie abhängt, bezieht dieses spezielle

Element zwar auf eine andere Kategorie hängt von der Bedeutung (Sinngehalt) aber vom Namen der Ursprungskategorie ab.

Lamnek, 2005, schreibt zu dem Problem: „Die Dimensionen der Kategorie ergeben sich später im Verlauf der gleichzeitigen Sammlung, Kodierung und Analyse der Daten" (Lamnek, 2005, S. 111). Dies beschreibt die zuvor gemachte Annahme, dass durch die Analyse der Daten Aussagesätze gewonnen werden, die letztlich eine Kategorie beschreiben. Da diese Kategorien aus dem Datenmaterial gewonnen werden, beschreiben sie hinreichend die soziale Wirklichkeit, die abgebildet werden soll.

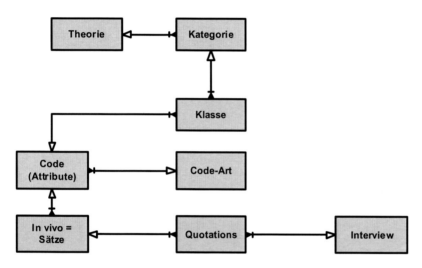

Abbildung 36 Ableiten der Theorie aus dem Interview
(Quelle: eigene Darstellung)

Eine Hypothese ist eine Behauptung, die sich aus Aussagesätzen begründet und somit ein allgemeiner Satz, der zunächst durch Induktion gewonnen wird.

10.2.2 Vergleichende Analyse – Comparative Analysis

Die vergleichende Analyse ist die zentrale Methode zur Entwicklung einer Grounded Theory. Sie kann für soziale Systeme aller Größenordnungen verwandt werden. Deshalb sind auch Zwecke und Anwendungsmöglichkeiten diesem Umstand angepasst. Eingesetzt wird diese Methode bei:

- Validierung
- Generalisierung
- Spezialisierung
- Hypothesen- und Datenprüfung.

Validierung: Die vergleichende Analyse kann zur Validierung erhobener Daten und Fakten dienen. Dabei kommt es nicht so sehr auf die Genauigkeit der Daten selbst, sondern auf die Kategorien und Dimensionen an, zu welchen die Daten gehören. Wenn sich Die Daten ändern, so gehören sie doch noch der gleichen Kategorie an. Diese bleiben die relevanten Konzepte für die soziale Wirklichkeit.

Generalisierung (Bottom up): Ein grundlegender Zweck der vergleichenden ist das Feststellen eines Phänomens oder eines Faktums, welches generell gilt: Diese Verallgemeinerung ist die Grundlage einer Grounded Theory.

Spezifizierung (Drill down): Hier wird die vergleichende Analyse zur Detaillierung eines speziellen Falles herangezogen.

Hypothesenprüfung: Mit der vergleichenden Analyse werden ständig die vorläufigen Annahmen und Ergebnisse aus den bisherigen Datenerhebungen überprüft, damit keine vorschnellen Schlüsse aus dem vorhandenen Material gezogen werden. Dadurch wird eine Perspektivenverengung vermieden und eine Offenheit für andere Sichtweisen erzeugt.

Daten: Für die Grounded Theory können prinzipiell qualitative und quantitative Daten herangezogen werden, dies sowohl für die Generierung oder für die Überprüfung der Theorie. Es kommt auf die Ziele der Forschungsvorhabens an und der dementsprechenden Theoriegenerierung. Danach werden die Datenarten festgelegt. Im Prinzip werden immer sowohl quantitative als auch qualitative Daten benötigt.

Theorieentwicklung: Bei dieser Vorgehensweise wird die Theorieentwicklung aus der empirischen Forschung heraus betrieben. Trotzdem werden Generierung und Überprüfung der Theorien nicht getrennt. Dies bedeutet, dass beide Prozesse notwendig sind, um Daten und Ergebnisse gleich einer umfassenden Überprüfung zu unterziehen und nicht erst im Anschluss, wenn die Theorie fertig ausgebildet ist. Da diese Prozesse ständig stattfinden, bedarf es keinen nachträglichen Prüfprozesses mehr. Jedoch wird dieser Prozess nicht überbetont und wird dem Ziel einer Theoriebildung untergeordnet.

Diese ständige Überprüfung von Daten, Hypothese und vorläufigen Ergebnissen ist anderen Kriterien unterworfen als in der quantitativen Sozialforschung. Als Beurteilungskriterium müssen die allgemeinen Merkmale der Sozialforschung herangezogen werden, nämlich die Art der Datensammlung, Analyse und Darstellung sowie Präsentation der Ergebnisse.

10.2.2.1   Induktion ist nicht der richtige Weg

Qualitative Forschung will einen Beitrag zu einem besseren Verständnis sozialer Wirklichkeit leisten. Die Lebenswelten werden zunächst aus Sicht der handelnden Menschen beschrieben. Damit wird die subjektive Sichtweise der untersuchten Personen, ihre Perspektive und ihre Darstellungsmuster werden als wichtige Datenquelle erfasst und im Auswertungsprozess interpretiert. Wahrnehmungen und Einflüsse der Untersucher sind nicht Störquelle, sondern werden durch kontinuierliche Reflexion zur Erkenntnisquelle (siehe Legewie, 1987). Die Auswertung der Daten erfolgt durch Deutung und Interpretation. Qualitative Forschung ist damit Hypothesen generierend. Die Annäherung an die zu untersuchenden Personen, Situationen und Prozesse erfolgt in der Regel über eine intensive Analyse von Einzelfällen. Durch sie werden generelle (übergeordnete) Strukturen herausgearbeitet.

10.3   Generierung der Hypothese durch Abduktion

Die Abduktionslehre von Peirce ist Ausdruck seiner pragmatischen Maxime. Er stellt sie neben die Schlusslehren der Induktion und der Deduktion. In einem abduktiven Schluss soll von der Wirkung, mit Wahrscheinlichkeit auf die Ursache geschlossen werden. Da der Pragmatismus und auch die daraus folgende Schlussverfahren einen nicht unerheblichen Einfluss auf die einzusetzende qualitative Vorgehensweise haben, soll nachfolgende die Abduktion näher beschrieben werden.

Die Abduktion ist das einzige Schlussverfahren, welches sich von Deduktion und Induktion unterscheidet. Für Peirce ist die Erkenntnis ein Prozess des gültigen Schließens. Für ihn gilt:

- Es gibt nur eine Art des erkennenden Denkens
- Erkenntnis ohne vorhergehende Erkenntnis ist unmöglich.
- Der Erkenntnisprozess im Organismus kann als syllogistischer Prozess aufgefasst werden.
- Das Erkenntnisvermögen ist Ergebnis der menschlichen Gattung.
- Das Schlussverfahren ist aus nachstehender Tabelle ersichtlich.

10.3.1 Hypothetisches Schlussfolgern

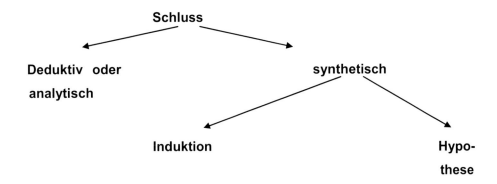

Abbildung 37 Schlussverfahren (Quelle: eigene Darstellung)

„Um eine Hypothese handelt es sich, wenn wir einen seltsamen Umstand finden, der durch die Unterstellung erklärt werden würde, dass er der Fall einer bestimmten allgemeinen Regel ist und wenn wir daraufhin jene Unterstellung akzeptieren" (Peirce 1976-232 CP2.624 1878, zit. nach Reichertz 2003, S. 30). Die hier genannte Unterstellung bezieht sich auf den Fall einer bestimmten Regel und setzt voraus, dass es eine bestimmte Regel gibt. Ist die Regel bekannt, dann wird der Fall unter die Regel subsumiert, wenn das nicht der Fall ist, dann wird die Regel gefunden.

Die Frage, die sich nun stellt: „Wie kann man Abduktion erreichen oder forcieren?

Abduktives Schlussfolgern ist kein logisches Schließen, sondern das Ergebnis einer bestimmten Einstellung, nämlich der, etwas lernen zu wollen, um es dann anzuwenden. Dies ist die Voraussetzung. Damit ist es kein genau zu beschreibender Prozess, dessen Ergebnis eine Hypothese oder eine Theorie ist. Es ist eine Haltung, die gegenüber den Daten und dem eigen Wissen gegenüber eingenommen wird, nämlich die:

➢ Daten müssen ernst genommen werden und das
➢ bisher erarbeitetes Wissen muss miteingeschlossen werden (Reichertz 2003).

In der hier zu besprechenden Forschungsfrage wird keine standardisierte Erhebung durchgeführt, sondern die Daten werden aus narrativen Interviews zum einen und aus den zugänglichen Medien zum anderen ermittelt. Bei den Interviews wird darauf geachtet, dass eventuelles Nachfragen nicht bereits die Antwort impliziert. Dadurch soll das Zugehen auf das Forschungsfeld möglich unvoreingenommen geschehen.

10.3.1.1 Forschungslogik in drei Schritten

1. Die Abduktion sucht nach einer Regel, nach einer Sinngebung, zu den vorhandenen Daten. Diese Sinnzuweisung erfolgt in einer Hypothese.
2. In der nächsten Phase erfolgt eine Deduktion in Form einer Ableitung in Form von Voraussagen.
3. Es werden Fakten gesucht, die die Hypothese verifizieren. Damit haben wir es mit einer Induktion zu tun.

Die Abduktion ist somit der erste Teil eines Forschungsprozesses und kann daher nicht allein stehen. Er bedingt auch die Verifikation und damit Deduktion und Induktion.

10.3.2 Peirce und/oder Popper?

Die so gewonnenen Hypothesen, die sich in der Verifikation bewähren, sind für Peirce die besten Hypothesen. Auf den ersten Blick könnte man die Verifikation von Hypothesen mit der Falsifikationslogik von Popper[49] gleichsetzen. Im Unterschied zu Peirce begreift Popper aber nicht die Wahrheit als das Ziel, das zu erreichen ist. Vielmehr stellt der Begriff der Wahrheitsähnlichkeit nicht eine Annäherung an die Wahrheit dar, sondern ist ein vergleichender Begriff, um Theorien miteinander zu vergleichen. Der Begriff sagt nichts über eine Nähe zur Wahrheit aus, sondern es werden Theorien insofern miteinander verglichen als festgestellt werden soll, wie viele wahre Aussagen sich aus der jeweiligen Theorie generieren lassen. Dies widerspricht dem Anspruch der Verifikationslogik, die im Zuge der Forschung dem Erkenntnisfortschritt dienen soll. Peirce nimmt gegenüber dem Erkenntnisfortschritt eine optimistische Position ein und passt seinen Forschungsprozess an die Wissensgenerierung und – entwicklung des Menschen an. Dies ist für Popper kein Argument, denn die biologische und kulturelle Entwicklung kann irren. Deshalb können „[...] die Entwicklung wissenschaftlicher Theorien nicht mit einem biologisch vorgegebenen Wissenserweiterungsprogramm in eins gesetzt werden "(Reichertz 2003 S. 98). Im Rahmen dieser Arbeit soll eine Hypothese zur Forschungsfrage entwickelt werden,

---

[49] Karl Popper hat das Verifikations- durch das Falsifikationsprinzip ersetzt: Theorien müssen widerlegbar sein, müssen der empirischen Nachprüfung durch Experimente ausgesetzt werden.

also Wissen entwickelt werden. Deshalb ist nicht die Induktion, sondern die Abduktion geeignet, um eine „wahrheitsähnliche" Hypothese zu entwickeln.

Die Frage, welche Faktoren den Einsatz von Macht oder Kooperation im Misserfolgsfall auslösen, wird in dem folgenden Kapitel durch eine vorläufige Hypothese beantwortet.

11 Beschreibung der Ergebnisse aus den Befragungen

In diesem Kapitel werden die Ergebnisse aus der Analyse der verschiedenen Interviews zusammengefasst und in einem zweiten Schritt interpretiert. In nachstehendem Kodierparadigma ist der Zusammenhang der zuvor herausgearbeiteten Phänomene im Sinne der Grounded Theory dargestellt. Diese Zusammenfassung bildet die Grundlage für die zu erarbeitende Hypothese. Deshalb werden Inhalt und Zusammenhänge sowie die Auswirkungen und Beziehungen zwischen den einzelnen Kategorien detailliert beschrieben.

Im Rahmen der theoretischen Erörterung werden unter Punkt (0), die Einflüsse auf die Zielerreichung der Führungsperson aufgezeigt. Diese theoretischen Einflüsse wurden in den Interviews, wenn auch aus anderer Perspektive, ebenfalls beschrieben.

11.1 Führungsprozesse im Untersuchungsraum

Um die tatsächlichen Führungsprozesse der befragten Personen zu ermitteln, wurde eine Voruntersuchung mit drei Interviews durchgeführt, die ebenso auf der „grounded theory" basierte, wie die Hauptuntersuchung. Aus der Analyse dieser drei Interviews hat sich nachstehende Prozesskette herauskristallisiert. Dies bedeutet, dass die Prozesskette „Führung" wie hier dargestellt, nahe an der Realität ist. Dabei sollte herausgearbeitet, wie sich die „Wirklichkeit der Führung" für die Befragten, gegenüber der in **Teil 1** dargestellten Theorie, ergibt.

Dabei wurden aus den Interviews zunächst die Prozesse kodiert, die dann zu den vorläufigen Kategorien zusammengefasst wurden. Daraus ergibt sich eine „Prozessmap der Führung" die auf der Makroebene den Führungsprozess darstellt. Das Ziel der Vor-Auswertung lag darin, die Führungsprozesse zu identifizieren, mit der die Untersuchungsfrage beantwortet werden soll, wie Führungspersonen reagieren, wenn Ziele nicht erreicht werden oder nicht erreicht werden können.

Dabei haben sich nachstehende Klassen der Führungshandlung herauskristallisiert:

➢ Zielsetzung
➢ Aufgabenstellung
➢ Problemstellung
➢ Entscheidung

- Ausführung
- Durchführung
- Führung
- Ergebnis

Unter Klasse werden zusammengehörige Prozesse verstanden, die die Führungshandlung beschreiben.

Nachstehend werden deshalb die einzelnen Prozessketten beschrieben. Dazu wird die Mikroebene beobachtet. Zuvor sei festgehalten, dass jeder Prozess sowohl einen Auslöser (auslösendes Ereignis) als auch ein Ergebnis hat. In den nachfolgenden Prozessketten sind jedoch nur die Hauptauslöser und Hauptergebnisse eingezeichnet. Dies ändert jedoch nichts an dem zuvor Gesagten. Die Prozesse sind miteinander verbunden. Diese Verbindungen stellen das Ergebnis dar, welches im Zielprozess wieder zum auslösenden Ereignis wird.

11.1.1 Von Situation zur Zielsetzung

Der Auslöser des Führungsprozesses ist eine bestimmte Situation innerhalb des Arbeitsalltags der Führungsperson, der hier als professioneller Lebensraum (PLR) bezeichnet wird. Er umfasst systemtheoretisch den bestimmten Teil des Unternehmens als Teilsystem sowie die handelnden Personen als dessen Umwelt. Diese bestimmte Situation wird durch ein Ergebnis eines vorangegangenen Prozesses beschrieben, welches innerhalb der Organisation erzeugt und der Führungsperson als Empfänger kommuniziert wurde. In der Art, wie Handlung strukturiert wird, zeigt sich inwieweit die Führungsperson bereit ist Macht auszuüben. Der Prozess, der darauf hinweist, ist weiß unterlegt. Die Führungsperson kann sich also entscheiden, wie sie zu einer Zielvorgabe kommt. Der Elementarprozess „Ziele vorgeben" wirkt in zwei Richtungen. Die Führungskraft kann die Ziele vorgeben und der Führungskraft werden Ziele vorgegeben. In dieser Betrachtung, die von der Führungsperson ausgeht, ist ein Elementarprozess „Ziele vorgegeben", der die Führungsperson zur Geführten macht, ein Ergebnis, welches sie zur Handlung zwingt. Sie ist somit der Macht unterworfen. Sie kann somit Macht ausüben und sie ist gleichzeitig Machtunterworfene. Der Elementarprozess „Ziele erarbeiten" deutet darauf hin, dass es sich hier um einen Kooperationsprozess handelt, dessen Ergebnis ein Zielvorschlag ist, der dann als Ziel, auch eventuell modifiziert zurückkommt.

11.1.2 Vom Ziel zur Aufgaben-/Problemstellung

Wenn das Ziel, welches aus der so entstanden Situation abgeleitet ist, festgelegt wurde, wird die daraus abgeleitete Aufgabe beschrieben. Hier gilt es zu unterscheiden, ob es sich um eine Aufgabe aus dem Tagesgeschäft oder um ein aufgetretenes Problem handelt, welches wiederum in einen Konflikt münden kann. Diese Analyse bleibt der Führungskraft vorbehalten. Hier handelt es sich um einen Prozess der Aufgabenidentifizierung. Da es sich um einen Prozess handelt dessen Ergebnis wiederum die Führungsperson betrifft, kann hier keine Machtausübung im eigentlichen Sinne vorkommen.

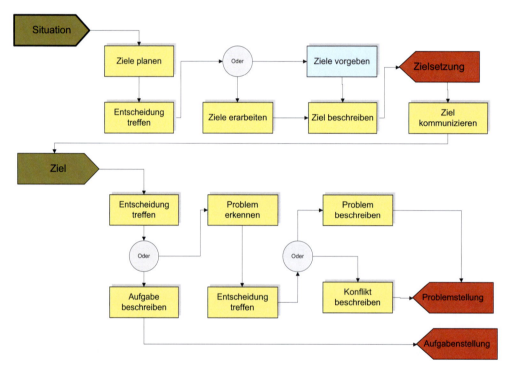

Abbildung 38 von der Situation zur Aufgabenstellung
(Quelle: eigene Darstellung)

11.1.3 Von der Aufgabe zum Ergebnis

In diesem Teil der Prozesskette, wird die definierte Aufgabe bearbeitet. Dabei sind mehrere Entscheidungen für die Ausführung der Aufgabe dargestellt. Wie bereits oben beschrieben kann die Aufgabe durch die Führungsperson selbst ausgeführt, ihre Durchführung vorgegeben oder die Mitarbeiter an der Ausführung beteiligt

(Delegation) werden. Dies lässt alle Möglichkeiten einer Zusammenarbeit offen. Entsprechend sind die Möglichkeiten der Kontrollausübung, die sich sowohl auf die Prozesse als auch auf die Mitarbeiter beziehen.

Dies beschreibt auch die Möglichkeiten der Machtausübung in dieser Prozesskette. Die Verknüpfung der einzelnen Teilketten wird in dieser Darstellung durch Ergebnisse (rot) dargestellt. Diese Ergebnisse werden als Auslöser für andere Prozesse benötigt, dadurch schließt sich Prozess an Prozess an. Im obigen Fall wird neben dem erzielten Ergebnis ein Problem erzeugt, nämlich genau dann, wenn die Kontrolle der Prozesse oder der tätigen Mitarbeiter negativ (NOK) verläuft. Das bedeutet, wenn das gewünschte Ergebnis nicht erreicht werden kann, dann tritt ein Problem auf, ansonsten läuft der Prozess auf das Ergebnis hinaus. Die Möglichkeit diese Kontrolle vorzusehen, deutet auf Machtausübung hin. Diese Prozesse sind hellblau unterlegt.

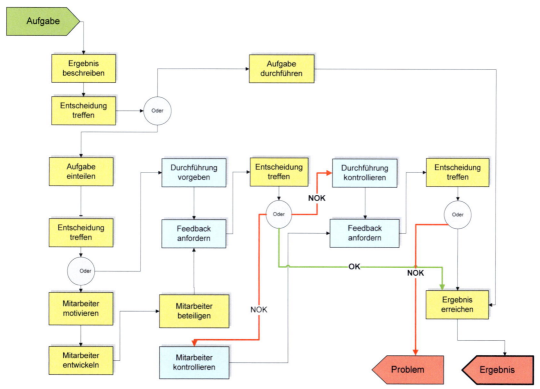

Abbildung 39 von der Aufgabe zum Ergebnis

11.1.4 Vom Problem zum Ergebnis (Quelle: eigene Darstellung)

Der Auslöser ist hier ein aufgetretenes Problem, welches sich im operativen Geschäft ergeben hat.

Auch hier sind mehrere Entscheidungen möglich (teilweise als oder - Verknüpfung dargestellt). Wenn es sich um ein Problem der Prozessabwicklung handelt, also um ein organisatorisches Ergebnis, wird die Führungsperson das Problem zusammen mit dem Team lösen. Handelt es sich um einen Konflikt wird die Führungskraft dies im Rahmen der sozialen Kompetenz zu lösen versuchen. Das Ergebnis ist, entweder die Problem- oder die Konfliktlösung. Auch hier sind die Prozesse, die auf Machtausübung schließen lassen, hellblau unterlegt.

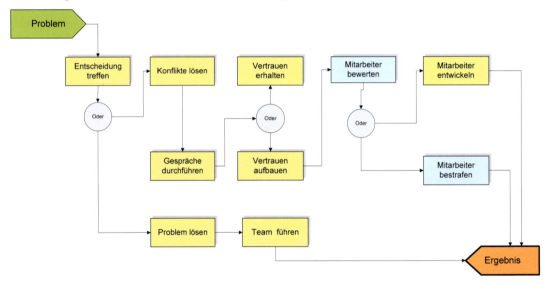

Abbildung 40 vom Problem zum Ergebnis (Quelle: eigene Darstellung)

11.1.5 Bearbeitung des Ergebnisses

Ein wichtiger Prozess in der Prozesskette ist die Bearbeitung der Ergebnisse. Hier handelt es sich um die Ergebnisse, die der Führungsperson vorgelegt werden müssen oder sollen. Dies kann im Rahmen einer Besprechung, eines Gespräches oder des Controllings innerhalb des Führungsbereiches sein. Alle Teilergebnisse, die letztlich den Erfolg des Bereiches ausmachen, werden entsprechend überprüft, wobei sowohl das geplante Ziel und das bereits erreichte Ergebnis als Eingabe dienen. Die Differenz zwischen Ziel und Ergebnis ist der Erfolg oder auch der Misserfolg. Der Erfolg wird direkt kommuniziert, während beim Misserfolg eine

Entscheidung getroffen werden kann, nämlich die, ob der Misserfolg ein Problem für die Führungsperson oder das Unternehmen darstellt, dann wird versucht das Problem zu lösen, wenn es kein Problem darstellt, kann bzw. wird oftmals das Ergebnis ohne Kommentar weitergereicht.

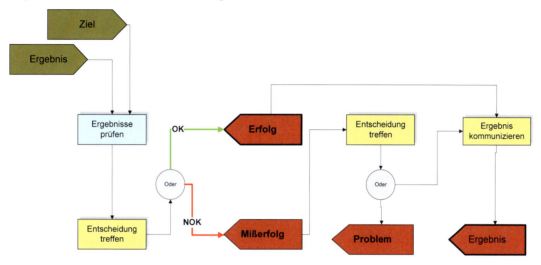

Abbildung 41 Bearbeitung des Ergebnisses (Quelle: eigene Darstellung)

11.1.6 Fazit der Führungsprozess-Map-Analyse

Diese Analyse hat den Sinn aufzuzeigen, wie sich die einzelnen Führungsprozesse aus der Sicht der Befragten darstellen. Dies dient als Ergänzung zu dem Punkt „Führung im sozio-technischen Unternehmen". Während dort die theoretische Position der Führung erörtert wurde, wird hier die Wirklichkeit der befragten Führungspersonen dargestellt.

Die Ergebnisse zeigen, wie das was der Führung im viablen System Model (VSM) in Ergebnisse umgewandelt wird. Diese „Map" zeigt auf, wo in den verschiedenen Prozessen die Führungsperson Macht ausüben oder Kooperieren kann.

Das bedeutet, dass bei beim Misserfolg (siehe Abbildung 41) eine Wiederholung des Prozesses bei dem Prozess (siehe 0) erfolgt. Ob und wann die Führungspersonen Macht ausübt oder eher zu Kooperation breit ist ergibt sich aus der aktuellen Situation im Lebensraum (V = (F(P,U)). Hierzu erfolgt nachstehend die weitere Auswertung der Interviews, die hierzu Auskunft geben soll.

11.2 Ergebnisse der Gesamtbefragung

Aus der Anzahl der Interviews (siehe 0) wurde sechs codiert. Im nächsten Schritt werden die die Interviews verdichtet, d. h. Paraphrasen mit dem gleichen Inhalt werden eliminiert.

Gleiche beschreibende Aussagen wurden als Attribut zu einer Klasse zusammengefasst. Dabei wurden inhaltlich gleiche Beschreibungen wiederum eliminiert. Klassen werden zu Kategorien zusammengefasst.

11.2.1 Zusammenfassung zu Kategorien:

Pos	Attribute	Klas.	Code	Pos.	Anz.	Kategorien	Ges.
1	Studium	BE	10	8	8		
2	Lernen	BE	11	14	6		
3	Erfahrung	BE	12	31	17		
4	Chancen	BE	13	40	9		
5	Führungsposition	BE	14	45	5	Berufs-entwicklung	45
6	Anerkennung	PZ	15	48	3		
7	Befriedigung	PZ	16	50	3		
8	Einkommen	PZ	17	52	2		
9	Karriere	PZ	18	88	36		
10	P-Erwartung	PE	19	94	5	pers. Ziele	49
11	Rollenposition	RO	20	111	17		
12	V-Erwartungen	RO	21	120	9		
13	Rollenakzeptanz	RO	23	127	7		
14	Rollendiskrepanz	RO	24	133	6	Rollensicht	39
15	Strategie	US	30	139	6		
16	Organisation	OA	31	149	10		
17	Zielbeschreibung	ZB	40	157	8		
18	Zielfestlegung	ZF	41	163	6		
19	Zielinhalt	ZI	42	167	4		
20	Zielerreichung	FA	43	174	7		
21	Zielerreichung	ZE	43	181	7		
22	Zielabsicherung	ZA	44	193	12		
23	Zielverteilung	ZV	45	210	17		
24	Zielvorgaben	ZG	46	216	6	Rollenziele	83
25	fachliche Aufgabe	AF	51	221	28		
26	komplexe Aufgabe	AK	52	246	8		
27	Problemlösung	FP	55	258	6		
28	Verantwortung	AV	56	260	2		
29	U-Führung	FU	60	270	10		
30	Erfolg	E	61	287	17		
31	Entscheidung	FE	61	292	5	Aufgaben-	76

Pos	Attribute	Klas.	Code	Pos.	Anz.	Kategorien	Ges.
						erledig.	
32	MA-Bewertung	MB	62	300	8		
33	Mißerfolg	ME	62	315	15		
34	MA-Einsatz	ME	63	318	3		
35	MA-Entwicklung	MD	64	336	18		
36	MA-Führung	MF	65	351	15		
37	MA-Gespräche	MG	66	365	14		
38	MA-Suche	MS	67	371	6		
39	Motivation	MO	68	380	9		
40	Vertrauen	FV	69	392	12	Führungs-aufgaben	100
41	Abstimmung	BA	70	397	5		
42	Demotivation	BD	71	405	8		
43	Ergebnisbarrieren	BE	72	419	14		
44	Fehleinschätzung	BF	73	427	8		
45	Frustration	FU	74	435	8		
46	Konflikt	KO	75	450	15		
47	Problem	BP	76	457	7		
48	Zielabweichung	BZ	77	464	7		
49	Planungsproblem	PP	78	475	11	Barrieren	83
50	Aufgeben	AU	80	481	6		
51	Anweisung	MA	81	488	7		
52	Einschreiten	ME	82	496	8		
53	Kontrolle	MK	83	522	26		
54	Macht-demonstration	MD	84	531	9		
55	Regeln	MR	85	536	5		
56	Sanktion	MS	86	550	14	Macht	75
57	Diskussion	DS	90	558	8		
58	Kommunikation	KO	91	564	6		
59	Konsens	KS	92	570	6		
60	Zusammenarbeit	ZR	93	576	6		
61	MA-Beteiligung	MT	94	593	17	Kooper-ation	43

Tabelle 13 Zusammenfassung der Codes zu Klassen
(Quelle: eigene Darstellung)

Die bisherig 593 codierten Zeilen wurden in 61 Klassen zusammengefasst, diese dann wiederum zu 9 Kategorien.

11.2.2 Klassen zu Kategorien

Kategorien		in %
Berufsentwicklung	45	7,59
pers. Ziele	49	8,26
Rollensicht	39	6,58
Rollenziele	83	14,00
Aufgaben realisieren	76	12,82
Führungsaufgaben	100	16,86
Barrieren	83	14,00
Macht	75	12,65
Kooperation	43	7,25
Gesamt und Prozent	593	100

Tabelle 14 Zusammenfassung der Klassen zu Kategorien
(Quelle: eigene Darstellung)

Aus den 61 Klassen werden 9 Kategorien extrahiert. Die Besprechung der Ergebnisse folgt später.

11.2.3 Kategorien, extrahiert aus den Interviews

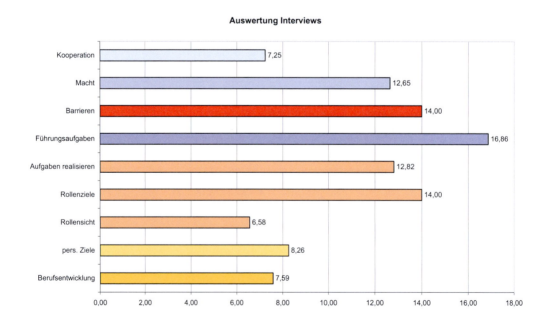

Abbildung 42 grafische Darstellung der erarbeiteten Kategorien

11.2.4 Beispielhafte Bearbeitung eines Interviews im Anhang

Um die Vorgehensweise des Interviewbearbeitens näher zu erläutern, wird diese anhand eines Interviews in Anhang dargestellt. Dabei wird die Erarbeitung der 3 Phasen als Beispiel für alle Interviews gezeigt (Tabelle 27).

Zusammengefasst haben sich dadurch folgende Kategorien ergeben, die nachstehend beschrieben werden sollen. Zunächst werden die Werte der Kategorien, mit denen der Einzelauswertung verglichen und eine entsprechende Grafik erstellt.

Kategorien BUJ		in %	in % Alle
Berufsentwicklung	3	4,41	7,59
pers. Ziele	7	10,29	8,26
Rollensicht	3	4,41	6,58
Rollenziele	9	13,24	14,00
Aufgaben ausführen	11	16,18	12,82
Führungs-aufgaben	4	5,88	16,86
Barrieren	10	14,71	14,00
Macht	6	8,82	12,65
Kooperation	15	22,06	7,25
Gesamt und Prozent	68	100	

Tabelle 15 Zusammenfassen der Kategorien aus obigem Interview (Vergleich allgemein) (Quelle: eigene Darstellung)

11.2.5 Grafische Darstellung der Kategorien

Nachstehen sind die Einzelkategorien (in %) mit dem Gesamtergebnis der Kategorien (ebenfalls in %) verglichen. Dadurch kann man sehen in welchen Kategorien, sich die befragte Person vom Gesamtergebnis unterscheidet.

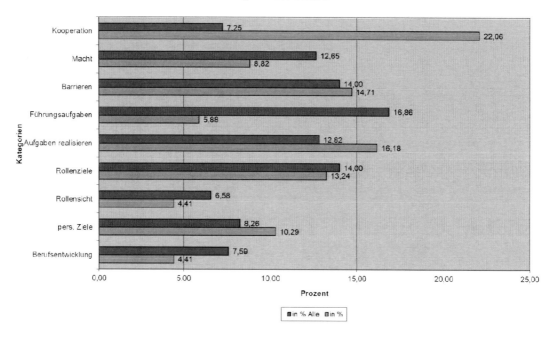

Abbildung 43 Grafische Auswertung der Gesamte Kategorie-Nennungen (Quelle: eigene Darstellung)

Nachstehend werden die Kategorien nochmals detailliert beschrieben. Grundlage hierfür sind die kategorisierten Einzelinterviews, die dann pro Kategorie zusammengefasst wurden. Daraus ergibt sich dann die nachstehende Beschreibung der einzelnen Kategorie. Diese wurde somit aus den Einzelaussagen der Befragten zusammengefasst. Neben der inhaltlichen Beschreibung werden eine Interpretation und die Wirkung der Kategorie hinzugefügt. Diese Beschreibung ist die inhaltliche Zusammenfassung der in den Interviews zu den einzelnen Kassen und Kategorien gemachten Aussagen. Dadurch wird der Bezug zur Wirklichkeit der Befragten hergestellt. Herausgestellt werden muss bei dieser Beschreibung inwieweit diese Kategorien (und welche) einen Einfluss auf das Verhalten der einzelnen Person haben.

Dazu werden die die oben genannten Kategorien nochmals in Domänen zusammengefasst, um die Beschreibung zu straffen und einen Bezug zu den beschriebenen Theorien herzustellen.

Kategorien	Nennung	in %
Berufsentwicklung	45	7,59
pers. Ziele	49	8,26
Rollensicht	39	6,58
Rollenziele	83	14,00
Aufgaben realisieren	76	12,82
Führungsaufgaben	100	16,86
Barrieren	83	14,00
Macht	69	11,64
Kooperation	49	8,26
Gesamt und Prozent	593	100

Domänen	Nennung	in %
Berufsentwurf	94	15,85
Rollenverständnis	122	20,57
Führungsarbeit	176	29,68
Führungsstrategien	118	19,90
Stressfaktoren	83	14,00
Gesamt und Prozent	593	100

Tabelle 16 Zusammenfassung der Kategorien zu Domänen
(Quelle: eigene Darstellung)

Daraus ergibt sich folgende Grafik, die nachstehend detailliert beschrieben wird.

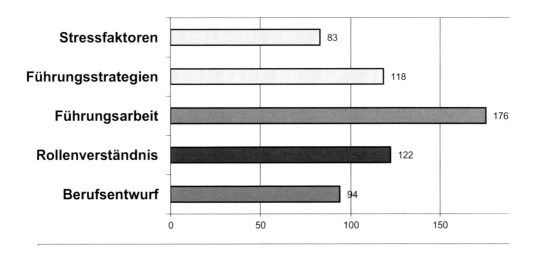

Abbildung 44 Darstellung der Domänen (Quelle: eigene Darstellung)

12 Detaillierte Beschreibung der erarbeiteten Domänen

Die Daten, die zunächst zu Kategorien zusammengefasst wurden, sind nochmals zu Domänen zusammengeführt worden. Sie bilden die Faktoren ab, die Führungshandeln in einer gegebenen Situation beeinflussen. Entgegen der Voruntersuchung wurde stärker zwischen Unternehmens- und persönlichen Zielen unterschieden und diese dann der jeweils entsprechenden Domäne zugeordnet. Die Unternehmensziele werden als Erwartungen der nächsten Vorgesetzten an die Führungsperson begriffen und auch entsprechend aufgegliedert (Rollenverständnis). Damit wird die ökonomische Betrachtungsweise verlassen und der Fokus auf eine organisationspsychologische Betrachtungsweise gelegt. Ziele sind Auslöser, die das Handeln einer Führungsperson bestimmen und definieren damit die Führungsrolle. Dies heißt, dass die Führungsperson in diesem Kontext nicht frei ist, Ziele zu wählen, sondern sie werden letzten Endes vorgegeben. Daraus ergeben sich auch die Behinderungen in der Zielerreichung und die darauffolgende Reaktion.

Die Berufsentwicklung wird hier als unabhängige Variable[50] betrachtet, die einen Einfluss auf das Verhalten einer Führungsperson im Rahmen der Berufsausübung hat. Sie stellt die berufsbedingten Persönlichkeitsmerkmale einer Person dar, die durch Sozialisation zum und im Beruf entwickelt wurden. Die Rolle als Kontext stellt die Erwartungen anderer und der Person selbst an die Führungsperson dar und ist somit der normative Handlungsrahmen.

Die Verhaltensursache bei drohendem Misserfolg resultiert aus dem Führungshandeln. Die Führungsperson ist für die Erfüllung der Erwartungen, die an ihre Rolle gerichtet sind, verantwortlich. Gleichzeitig aber auch für die Erwartungserfüllung der Geführten Das Gesamthandlungsergebnis bestimmt den Erfolg oder Misserfolg. Aus dem Misserfolg entstehen nicht aufgelöste Spannungen, die Stress auslösen.

Nachstehend werden die Domänen nochmals detailliert beschrieben. Grundlage hierfür sind die kategorisierten Einzelinterviews, die dann pro Kategorie zusammengefasst wurden. Daraus ergibt sich dann die nachstehende Beschreibung der einzelnen Domäne. Diese wurden somit aus den Einzelaussagen der Befragten zusammengefasst. Neben der inhaltlichen Beschreibung ist eine Interpretation und

---

[50] Die **unabhängige Variable** in einem Experiment ist die **Variable**, die man einsetzt oder verändert, um deren Auswirkung auf eine oder mehrere andere **Variablen** zu beobachten (Wikipedia 2021).

die Wirkung der Domäne hinzugefügt. Diese Beschreibungen sind die inhaltliche Zusammenfassung der in den Interviews zu den einzelnen Klassen und Kategorien gemachten Aussagen. Dadurch ist der Bezug zur Wirklichkeit der Befragten hergestellt.

12.1 Berufsentwurf

Der Berufsentwicklung ist die Grundlage für die jetzige Berufsposition. Durch sie hat sich die Person im Laufe der Zeit fachliche Qualifikationen, Normen und Werte sowie sozialer Kompetenzen, die nötig sind, um verschiedenen Berufsrollen gerecht zu werden bis hin zu dem geplanten Berufsziel, angeeignet.

Somit wird unter Berufsentwurf verstanden, wie eine Person den gewählten Beruf ausüben will und welche Werte und Normen sie ihrem beruflichen Handeln zu Grunde legt. Dies beinhaltet auch, dass sie für ihre Handlungen die Verantwortung übernehmen muss. Er ist somit ein Teil des persönlichen Lebensentwurfs und beschreibt wie die Person diesen im Berufsalltag verwirklicht. Eine frühe Hinwendung zum späteren Beruf, zeigt das besondere Interesse, das die Person gerade diesem Beruf entgegenbringt.

Die Mehrzahl der Befragten hat eine akademische Ausbildung, wobei diejenigen, die eine betriebswirtschaftlich-finanztechnische Ausbildung absolviert haben, diesem Berufsfeld bis zur Befragung treu geblieben sind, was auf ein tiefes Detailwissen schließen lässt. Dieses Fachwissen kann sich dann als Barriere erweisen, wenn Veränderungen durchgeführt werden müssen. Neue Lösungen können von den Geführten gegenüber dann eventuell nur schwer durchgesetzt werden. Die Auswertung der Interviews zeigt außerdem, dass sich solche Führungspersonen eher im Detail der Tagesarbeit verlieren und nicht immer die Übersicht behalten.

Die Befragten, die sich nicht im betriebswirtschaftlich-finanziellen Bereich bewegen, haben sich für die, zu ihrer Studienzeit noch relativ junge, Informationstechnologie entschieden. Zu dieser Zeit war ein Studium als Informatiker oder die Ausbildung zum IT-Kaufmann eher selten. Deshalb hat eine Person den Zugang über ein mathematisches Studium gewählt, um danach in die Datenverarbeitung einzusteigen. Diese Wahl war vom Interesse an der damals noch neuen Datenverarbeitung bestimmt, die auch einen interessanten Berufsverlauf versprach. Einen anderen Berufszugang zum Bereich der Datenverarbeitung war der Direkteinstieg als

Programmierer. Hier wurde der Beruf „von der Pike auf" gelernt. Dieser Weg wurde von einem der Befragten gegangen. Hier fällt auf, dass schon früh ein Wechsel in verschiedene Unternehmen erfolgte, zum einen um verschiedene Programmiersprachen zu erlernen und zum anderen, um auch den fachlichen Background (in diesem Fall im Bereich Handel) zu erlangen und um dann zum Experten für eine bestimmte Branche zu werden.

In der Berufsausbildung findet ein Teil der beruflichen Sozialisation statt. Wobei man sagen muss, dass ein Studium insofern eine Sozialisation zum Beruf darstellt, weil hiermit wissenschaftliches Arbeiten vermitteln werden soll, daß die Türen für verschiedene Berufe öffnet. Deshalb ist es den kulturellen Kompetenzen zuzurechnen. Während das Lernen eines Berufes, wie im Falle des Programmierens die technischen Fertigkeiten zur Berufsausübung vermittelt, was einer Sozialisation im Beruf gleichkommt (fachliche Kompetenz). Bei den Berufsausbildungen werden nicht nur technische Fertigkeiten, sondern auch soziale Kompetenzen durch Lernen vermittelt, die für die spätere Entwicklung im Beruf maßgeblich sind. Dies ist erst der Beginn der beruflichen Sozialisation, die sich durch die Ausübung des Berufes und die dadurch gemachte Erfahrung fortsetzt.

Die Kategorie Berufsentwurf trägt „Entwurf" in sich, was bedeutet. dass sie auf die Zukunft gerichtet ist und persönliche Ziele anvisiert werden.

Neben den beruflichen Erfahrungen zeichnen sich die befragten Personen dadurch aus, dass sie früh berufliche Herausforderungen angenommen haben um ihr Karriereziel, nämlich eine Führungsposition, zu erreichen. Alle Befragten, die Karriere als ein persönliches Ziel angegeben haben, haben sich der entsprechenden Herausforderung, als Chance, dieses Ziel zu erreichen, gestellt. Neben der Karriere im Beruf, die das meistgenannte Ziel darstellt, welches mit dem Einkommen verbunden ist, stehen noch die persönlichen Ziele Anerkennung und Befriedigung im Beruf.

12.1.1 Interpretation zum Berufsentwurf

Berufsentwurf bedeutet, dass die Person eine Vorstellung davon hat, welchen Beruf sie ergreifen und was sie im Laufe des Berufslebens erreichen will. Ob diese Planung bewusst oder unbewusst geschieht, spielt eine untergeordnete Rolle. Wichtig ist, dass dieser Entwurf ein Teil der Lebensplanung bzw. des Lebensentwurfs ist. Geprägt werden kann dieser Berufsentwurf bereits in der Kindheit durch die Eltern. Dies geschieht im Rahmen der Sozialisation (siehe 3.3.5). Durch die

Sozialisation im Beruf werden berufsadäquate Merkmale gefestigt und andere in den Hintergrund gedrängt.

Dabei handelt es sich zunächst um eine antizipatorische Sozialisation, bei der das betriebsbezogene sowie das Hochschul-Ausbildungssystem, die für den gewählten Beruf die nötigen Grundqualifikationen vermitteln und unterschiedliche Einstiegsmöglichkeiten in das Berufsleben festlegen. Diese Bildungsqualifikation eröffnet oder verschließt berufliche Möglichkeiten. Dabei kann es früh zu Barrieren kommen, die nur schwer zu überwinden sind und den weiteren Berufsverlauf bestimmen können.

Durch die Arbeitstätigkeit lernen die Befragten die gestellten Aufgaben zu erledigen, und zwar im Rahmen der jeweiligen Unternehmensorganisation und unter Berücksichtigung der Unternehmenskultur. Sie werden so in das jeweilige Unternehmen „hinein" sozialisiert und lernen den Erwartungen, die an sie gestellt werden zu genügen, und zwar im Rahmen der in dem Unternehmen üblichen Verhaltensweisen (Unternehmenskultur). Dies geschieht durch Anpassung bereits vorhandener (Assimilation) oder durch das Lernen neuer Verhaltensstrukturen (Akkommodation). Diese „Strukturen" der Person werden an die jeweilige berufliche Umwelt angepasst, was „lebenslanges" Lernen bedeutet und der tertiären Sozialisation entspricht. Dabei werden nicht nur die fachlichen und methodischen Kompetenzen entwickelt, sondern auch die sozialen, durch Zusammenarbeit und Auseinandersetzung auf fachlicher und auch personeller Ebene. Dadurch wird die ein Teil der Persönlichkeit geprägt. Wobei Berufserfahrung demnach nicht nur eine Weiterentwicklung im Sinne eines Expertenstatus bedeutet, sondern auch im Sinne einer sozialen Persönlichkeit, die die Wichtigkeit der Zusammenarbeit, für eine spätere Führungspraxis, erkennt.

Eine berufliche Herausforderung dient der Karriere, aber sie verhilft auch zu Anerkennung und gibt die gewünschte Befriedigung, im Beruf etwas erreicht zu haben. Die Annahme der Herausforderung befriedigt somit in erster Linie das Leistungsmotiv, wenn die Person nach Befriedigung strebt und das Anschlussmotiv, wenn sie nach Anerkennung strebt, womit alle Handlungsziele gemeint sind, die der Arbeitsperson Tüchtigkeit bescheinigen (siehe Heckhausen, 1989). Die Annahme solcher Aufgaben ist aber nicht nur eine Herausforderung das Erlernte und gemachte Erfahrungen in Leistung umzusetzen, also Leistung zu erbringen, sondern der gestiegene Aufgabenumfang bedeutet auch, dass mehrere Personen daran mitarbeiten müssen. Es ist somit eine Führungsaufgabe, die sich aus der Herausforderung ergibt. Dabei kommt es nicht darauf an, ob disziplinarische Führung beinhaltet ist oder nicht, sondern als Verantwortlicher für die Zielerreichung, gemeinsam mit anderen die Aufgabe zu lösen. Zu dem Leistungsmotiv tritt nun das Machtmotiv, nämliche andere anzuleiten und zu kontrollieren. Dabei ist es im Falle der Herausforderung noch die Expertise, die zur Anleitung dazu führt, welche Aufgaben durchzuführen sind und deren Ergebnis auf die erforderliche Qualität kontrolliert wird. Das Gestalterische einer Aufgabe tritt hinter die Führung zurück. Das Leistungsmotiv wird durch das Machtmotiv ergänzt.

Der Herausforderungscharakter kann auch darin bestehen, sich einer komplett neuen Situation auszusetzen und das Unternehmen zu wechseln, wobei das „Job-Hopping"[51] bei den meisten der Befragten eher selten vorkommt. Wenn es vorkommt, dann in den Anfangsjahren der Berufsausübung. Da die besprochenen Motive jeweils binär vorhanden sind (Hoffnung/Furcht), könnte hier die Furcht vor Zurückweisung, der Auslöser für den Wechsel sein. Es ist aber ebenso denkbar, dass die Frustration der Auslöser ist und der Wechsel als „ein aus dem Feld gehen" interpretiert werden kann.

12.1.2 Wirkung des Berufsentwurfes

Der Berufsentwurf ist das selbstverantwortliche Ergebnis der beruflichen Sozialisation über das Berufsleben hinweg bis zum Zeitpunkt der Befragung. Er ist Teil der Person und damit auch Teil der Persönlichkeit. Er repräsentiert Person und Persönlichkeit im Rahmen der Berufsausübung. In diesem Sinne wirken nicht nur die Bedürfnisse und Motive als Motivation auf die Handlungen im Arbeitsprozess sondern auch Emotionen sowohl die positiven (Freude, Zufriedenheit) als auch die negativen (Wut, Zorn, Furcht), die im Rahmen von Stress entstehen. Dies bedeutet, dass den Berufsentwurf die Arbeitshandlung beeinflusst und somit auch die Führungsarbeit. Es fließen Motive aber auch Qualifikation, kulturelle, soziale und methodische Kompetenz und die persönlichen Ziele in die Führungsarbeit mit ein.

Im Falle, dass Hindernisse, der persönlichen Zielerreichung entgegenstehen ergeben sich Frustration oder Zielkonflikt. Die Hindernisse können Zielkonflikte zwischen Unternehmens- und persönlichem Ziel sein, oder Frustration, wenn der Weg zum Ziel versperrt wird.

---

[51] Springen von einer Karrierestufe zur nächsten durch Wechseln des Unternehmens

Der Berufsentwurf wirkt auf die Führungsarbeit ein, durch die berufsbezogenen Motive (Leistung, Anschluss, Macht) und die Werte und Regeln, nach welchen die Person ihren Beruf ausüben will.

Der Berufsentwurf wird damit zur unabhängigen Variablen, entweder zur Verstärkung oder Verminderung der Emotionen bei einem drohenden oder tatsächlichen Misserfolg. Er beeinflusst somit auch die Auswahl der Bewältigungsstrategie.

12.2 Rollenverständnis

Das Rollenverständnis beschreibt die Sicht der jeweilig befragten Person auf ihre jeweilige Rolle im jetzigen Unternehmen und zeigt an wie sie diese internalisiert hat. Die Rolle wird definiert durch die Erwartungen (siehe 0) die an sie gestellt werden. Diese Erwartungen entsprechen weitgehend Zielen des Unternehmens, die durch die Rolleninhaberin (die Person) erreicht werden müssen. Die Unternehmensziele werden durch Aufgaben beschrieben (wie die Ziele erreicht werden sollen) und auf die Stellen des Unternehmens verteilt. Jede Stelle beinhaltet mindestens eine Rolle, kann aber auch mehrere beinhalten. Von den Stellen wird erwartet, dass die Aufgabe durch die jeweils zugehörige Rolle erfolgreich ausgeführt wird. Erfolgreich bedeutet in diesem Zusammenhang ein brauchbares Ergebnis, zum richtigen Zeitpunkt, in der vorgegebenen Zeit und Qualität.

Die Rollenposition zeigt die hierarchische Ebene innerhalb des Unternehmens an, der die Rolle zugeordnet ist. In den der Beschreibung zu Grunde liegenden Fällen handelt es sich um verschiedene Führungspositionen innerhalb verschiedener Unternehmen.

Die Erwartungen, die von den Vorgesetzten an die Rollen gestellt werden, sind nicht immer präzise formuliert, was zu einer Verunsicherung der Führungsperson führen kann, weil die Aufgaben, die hinter den Erwartungen stehen, zusammen mit den von dem Rollenträger Geführten, erfüllt werden müssen. Dies kann dann zu Konflikten führen, wenn diese Erwartungen, nicht mit den persönlichen Erwartungen übereinstimmen.

Die persönlichen Erwartungen beziehen sich auf persönliche Ziele, die im Berufsentwurf festgelegt sind und die Möglichkeit die eigenen Erfahrungen und Qualifikationen einbringen zu können. Letztlich dient die Rolle auch dazu, die beruflichen Ziele zu erreichen.

Die Befragten nehmen ihre Rollenposition mit Stolz oder mindestens mit Zufriedenheit wahr. Sie sind mit dem Erreichten und mit sich selbst zufrieden. Dies liegt zum einen daran, dass die Position abgesichert ist, entweder über Verträge oder durch Statussymbole und zum anderen daran, dass sie die Erwartungen, die an die Rolle gestellt werden, erfüllen und die eigenen Erwartungen weitgehend ebenfalls erfüllt werden. Können die Erwartungen nicht erfüllt werden, dann schlagen Stolz und Zufriedenheit in Furcht um.

12.2.1 Interpretation zum Rollenverständnis

Die Rolle definiert sich über die Erwartungen, die an sie gestellt werden und mit denen sie verknüpft ist. Wobei es sich bei den Erwartungen sowohl um fremde als auch um eigene handeln kann. Letztlich gehen die Erwartungen dahin, dass die Unternehmensziele erreicht werden müssen, was den Führungspersonen klar ist und denen sie auch gerecht werden wollen, auch wenn sich daraus ein Konflikt mit den eigenen, den persönlichen Zielen ergibt.

Neben den Erwartungen, die von den Vorgesetzten an die Rolle gestellt werden, sind auch die persönlichen Erwartungen wichtig für den Rolleninhaber. Diese persönlichen Erwartungen sind, wenn sie auch nicht so genannt werden, zunächst auch die persönlichen Ziele, die bereits in den Berufsentwurf eingehen, aber auch auf die Rolle einwirken.

Die Befragten beschreiben weitgehend die Position, die sie zur Zeit der Befragung innehatten oder die, für die Zielerreichungsstrategie als Führungsperson, als gutes Beispiel, dienen konnten. Die Affinität zu den Führungsrollen ist meist eng, was sie wiederum als Teil der beruflichen Identität ausweist. Führen wird als Teil seiner Identität erlebt, weil sie durch die berufliche Sozialisation zum Teil der Persönlichkeit wird, was sich darin äußert, wie auch sonst mit anderen Personen umgegangen wird. Es wird eine Machtposition aufgebaut, die es dann auch zu erhalten gilt und es wird Macht in der Führungsposition erfahren, weil es noch eine Position über der augenblicklichen gibt. Dies äußert sich auch darin, dass Kritik an der höheren Position nur dann zugelassen wird, wenn die betroffene Führungsperson diese zulässt. Aber die aktuelle Rollenposition wird gegen Eingriffe in den Arbeitsbereich, durch die nächste höhere Rollenposition verteidigt, wenn es nötig wird, um so die Rollenautonomie zu erhalten und um die eigene Macht zu demonstrieren.

Die Befragten, die ihrer Rollenposition positiv gegenüber stehen beschreiben die Art des Unternehmens und die Führungsspanne der Position sowie die Hierarchiestufe ausführlich oder den Karriereweg, der sie in diese Position geführt hat. Damit wird der Stolz auf die erbrachte Leistung dokumentiert, aber auch die fehlende Distanz, die ein kritisches Reflektieren der Tätigkeiten im Rahmen der Rollenposition ermöglicht. Die Rollenübernahme erfolgt eher unkritisch.

Rollendiskrepanz zeigt sich bei einem Befragten, der schon bei Beginn der Befragung seine Rollenposition in Frage stellt. Hier wird die Position relativiert, was darauf hindeutet, dass die befragte Person einen Rollenkonflikt hat, der zwischen den Erwartungen an die Rolle und den eigenen Zielen entsteht. Eine andere Art von Konflikt entsteht dann, wenn die Vorgesetzten in den Bereich des Rolleninhabers eingreifen und damit seine Rollenautarkie in Frage stellen. Auch das führt zu einem Konflikt durch die verschiedenen Erwartungen an die Rolle (siehe 0).

In einigen Fällen wird über Rollenakzeptanz bzw. Rollendiskrepanz gesprochen. In den anderen sind diese Kategorien aus den Aussagen ableitbar.

Rollenakzeptanz ist dann vorhanden, wenn der Rolleninhaber die Erwartungen, die an die Rolle gestellt werden, erfüllen kann. Die Erwartungen werden dann erfüllt, wenn das Handeln in der Rolle erfolgreich ist. Er hat Erfolg bei beim Führungshandeln und kann sich neuen Herausforderungen stellen. Dadurch wird er in der Rolle auch anerkannt. Er ist stolz auf seine Rolle. Rollenakzeptanz ist die Grundlage für den Erfolg der Führungsperson.

Der Rolleninhaber baut dann eine Diskrepanz zu der Rolle auf, wenn sich die oben beschriebenen Konflikte bei der Zielerreichung ergeben. Dies ist dann der Fall, wenn Vorgesetzte in das operative Geschäft der Führungsperson eingreifen oder wenn persönliche Ziele mit den Unternehmenszielen konkurrieren. Auch wenn nur eine der befragten Personen, die verliehene Macht offen anspricht, ist die Macht, die mit der Rollenposition verbunden ist auch ein Grund eine Führungsposition anzustreben.

Die Rollendiskrepanz ist ein Auslöser für Frustration und Stress. Letztlich wurde die Rollendistanz von keinem der Interviewpartner*innen explizit diskutiert, obwohl es auch kritische Bemerkungen zu Entscheidungen, die das "operative Geschäft stören" thematisiert werden. Hier wurde dann eine kritische Position zur eigenen Rolle eingenommen.

12.2.2 Wirkung des Rollenverständnisses

Das Rollenverständnis bedeutet die Art und Weise, wie eine Arbeitsperson und in diesem Falle eine Führungsperson die Erwartungen, die von verschiedenen Seiten an die Rolle gerichtet werden, zu erfüllen versucht und dabei auch die Werte und Normen des Unternehmens übernimmt. Hierbei handelt es sich um Erwartungen von Personen und dem Unternehmen, als techno-sozialem System. Rollendistanz, Rollenakzeptanz und Rollendiskrepanz beeinflussen die Stellung der Führungsperson gegenüber dem Unternehmen und dessen Ziele. Deshalb prägt das Rollenverständnis auch das Führungsverhalten der Führungsperson. Dies zeigt sich darin wie die Ziele verfolgt werden und wirkt sich so auf den Führungserfolg aus.

Wenn Im Rahmen der Aufgabendurchführung Hindernisse auftauchen, ist das Rollenverständnis dafür maßgebend welche Emotionen durch Zielkonflikte oder Frustrationen in der Person ausgelöst werden. Die Emotionen werden heftiger, wenn die Führungsrolle unkritisch akzeptiert wird, als wenn eine gewisse Rollendistanz vorhanden ist. Dabei kommt es auch darauf an, ob der vermutete oder tatsächlich eingetretene Misserfolg, die Rollenposition bedroht oder nicht.

Bei der Auswahl der Bewältigungsstrategie wird auch das Rollenverständnis als unabhängige Variable hinzugezogen, die diese beeinflusst.

12.3 Führungsarbeit

Zunächst sind die klassischen Unternehmensziele innerhalb von Ökonomie, Organisation und Kostensenkung zu erreichen. Dabei ist jede Führungsperson bemüht die optimalen Ziele für seinen Bereich durchzusetzen, was nicht immer gelingt und deshalb für Konflikte sorgt. Diese Konflikte entstehen zwischen dem Vorgesetzten und der befragten Führungskraft, wenn die gewünschten Ziele nicht berücksichtigt werden. Gleiches ereignet sich auch zwischen Führungsperson und den Geführten. Hierbei handelt es sich um einen intrapsychischen Konflikt. Außerdem entsteht ein Konflikt dann, wenn Bereichsziele und persönliche Ziele entgegengesetzt sind (Kostensenkung vs. Personalbestand halten).

Arbeitshandeln bedeutet die Realisierung der Erwartungen im Unternehmen und beschreibt die nötigen Ressourcen und die Prozesse der Zielerreichung. Dies bezieht sich zum einen auf die eingesetzten Personen und zum anderen auf die

Kontrolle, die durchgeführt wird, um sicherzustellen, dass die Ziele, wie geplant erreicht werden. Dabei steht die Auswahl der Personen, die für die Durchführung der Aufgaben ausgewählt werden, im Vordergrund. Hier wird darauf geachtet, dass die Ausgewählten auch motiviert und entsprechend qualifiziert sind, die geplanten Ziele zu erreichen. Dazu ist es nötig, dass sie in der Lage sind, im Team zu arbeiten, um gemeinsam mit anderen, Probleme zu lösen. Diese Anforderung ist nicht nur im Zusammenhang mit den geführten Personen (Geführten), sondern auch bezogen auf die Führungsperson zu sehen, da auch sie Geführte, gegenüber ihrem Vorgesetzten ist.

Um Erfolg zu haben, was bedeutet die geplanten Ziele zu erreichen und auch die Erwartungen zu erfüllen, werden bereits vor und während der Durchführung Maßnahmen ergriffen, die dies sicherstellen sollen. Ist die Führungsperson selbst Expertin auf diesem Gebiet kann sie genaue Anweisungen zur Durchführung geben. Die Geführten können dann zwar Vorschläge machen, aber die Führungsperson hat das letzte Wort, weil sie die Verantwortung für den Erfolg trägt. Eine weitere Möglichkeit der Zielabsicherung besteht darin, die geplante Zielerreichung von externen Beratern bestätigen zu lassen. Außerdem werden Sitzungen zum Status der Zielerreichung durchgeführt, um rechtzeitig eingreifen zu können.

Auf dem Weg zur Zielerreichung müssen Hindernisse erkannt und beseitigt werden. Diese Hindernisse liegen zum einen in den zugeordneten Geführten, die den Aufgaben, die ihnen zugeordnet wurden, qualitativ nicht gewachsen sind, weil ihr Wissen und Können bei der Aufgabenzuteilung nicht beachtet wurde. Auch können Personen nur locker den Führungspersonen zugeordnet sein, d. h. die Führungspersonen haben keine disziplinarische Führungsbefugnis oder Probleme bei Aufgabendurchführung werden durch Geführte nicht rechtzeitig thematisiert, wodurch sich die Probleme verschlimmern können. Bei abteilungsübergreifenden Aufgaben (Projekten) ist die Abstimmung mit gleichgestellten Kollegen oftmals sehr schwierig, weil hier verschiedene Interessenlagen bestehen.

Auch die Organisation des Unternehmens, kann eine Zielerreichung erschweren, nämlich dann, wenn die Unternehmensstruktur (Aufbau- und Ablauforganisation), nicht die Aufgabendurchführung unterstützt, sondern behindert; wenn relativ häufig ungeplante Aufgaben, die Zielerreichung verzögern oder unmöglich machen, dann stellt sie eine Barriere oder ein Hindernis dar.

Neben den Erwartungen und der Organisation, die sich als Hindernisse zur Zielerreichung, erweisen können, sind Konflikte immer ein Hindernis. Dabei entstehen Konflikte auch im Zusammenhang mit den Erwartungen, die nicht erfüllt werden. Dabei handelt es sich um interpersonelle Konflikte, wenn die Aufgabe durch die Geführten nicht durchgeführt werden können oder wenn der Vorgesetzte, der Führungsperson eine „höhere" Aufgabe nicht zutraut. Wenn die Führungsperson, falsche Erwartungen an sich selbst stellt, die sie nicht erfüllen kann handelt es sich um einen intrapsychischen Konflikt. Diese Konflikte behindern die Zielerreichung, weil dadurch Spannungen entstehen, die die Leistungsfähigkeit verringern.

Wenn eine Handlung unterbrochen werden muss, bevor das Ziel erreicht ist, wird dies als Frustration angesehen (siehe 0). Wenn durch ein Hindernis, das Ziel (wie zuvor beschrieben) nicht erreicht werden kann ist die Person frustriert, wobei es keine Rolle spielt, ob es sich hierbei um die Führungsperson selbst (persönliches Hindernis), um Vorgesetzte, die nicht kritikfähig sind, ein Karrierezielziel nicht erreicht wurde oder der persönliche Spielraum eingeengt wurde, handelt. Obwohl dies von den Befragten oftmals nicht ausgeführt wurde, sind alle Hindernisse auf dem Weg zum Ziel ebenfalls Auslöser für Frustration. Damit ist die Frustration selbst kein Hindernis, sondern das Ergebnis eines Hindernisses.

Letzten Endes zählt bei der Aufgabendurchführung das Ergebnis. Die Führungsperson muss sich und anderen Rechenschaft abgeben, ob das geplante Ziel erreicht wurde oder nicht. Ist das Ergebnis ein Erfolg oder Misserfolg und, was ist die Konsequenz für die Führungsperson?

Erfolg bedeutet, die Aufgabe so zu lösen, wie es vorgesehen war, dabei stimmen Ziel und Ergebnis überein. Es ist auch ein Erfolg, die Mitarbeiter entsprechend zu motivieren, damit sie die Ziele auch erreichen. Wobei es sich hier einmal um die Aufgabe und einmal um die Führungsaufgabe handelt, die erfolgreich gelöst wurde. Ein Ziel ist gut getroffen, wenn die Aufgaben qualitativ gut und zum richtigen Zeitpunkt erledigt sind.

Neben dem Erfolg soll der Misserfolg hier noch betrachtet werden. Nach der vorhergehenden Definition ist Misserfolg dann gegeben, wenn das geplante Ziel nicht erreicht wurde.

12.4 Interpretation zur Führungsarbeit

Führungsarbeit bedeutet, wie die Führungsperson die ihr zugewiesenen Aufgaben durchführt, um die Erwartungen, die an ihre Rolle gestellt werden, zu erfüllen. Hierbei handelt es sich nicht nur um die Realisierung der Aufgaben, sondern auch gleichzeitig um einen Lernprozess, der das Verhalten an die jeweilige Arbeitssituation anpasst. Schon bei den Aufgaben, den Tätigkeiten, die die Führungsperson durchführen muss, treten Emotionen auf, die sich auf die Durchführung auswirken. Diese Emotionen sollen nachstehenden interpretiert werden, weil sie die Auslöser für das tatsächliche Führungsverhalten darstellen.

Zunächst geht es darum, die Tagesarbeit zu erledigen, wobei hier die Geschäftsprozesse verstanden werden, die immer wiederkehren und teilweise mehr oder weniger automatisiert ablaufen. Diese Prozesse sind aber auch das Ziel von Qualitätsverbesserungen und Einsparungen (Leistungsoptimierung), die der Führungsperson von deren Vorgesetzten aufgegeben werden. Dabei wird Druck auf die Führungsperson ausgeübt, der zur Furcht führen kann. Außerdem können sich hier intrapsychische Konflikte ergeben, wenn Einsparungen dazu führen, dass Mitarbeiter entlassen werden müssen, die Führungsperson sich aber für alle Mitarbeiter verantwortlich fühlt. Beides, Furcht und Konflikt führen zu Stress.

Anders verhält es sich bei Aufgaben, die wie eine der befragten Personen ausführt, über das normale Spektrum hinausführen. Dies sind komplexe und für das Unternehmen wichtige Aufgaben, oft auch bereichsübergreifend. Die psychischen Auswirkungen auf die Führungsperson, sind zunächst eine Versagensfurcht (Furcht vor Misserfolg), die daher kommt, dass ihr zu dieser Aufgabe keine Erfahrungen vorliegen. Deshalb ist das Ergebnis des Arbeitsprozesses noch ungewiss. Dies führt bei den Personen eventuell zu einer Flucht vor der Verantwortung, während es bei Personen mit Hoffnung auf Erfolg, eine Herausforderung ist, die auf dem Karriereweg gesucht wird. Beides führt ebenfalls zu Stress. Versagensfurcht zu Disstress und bei der Annahme als Herausforderung zu Eustress. Die Aufgabe bedeutet zunächst, die Handlung, die zum Ziel führt, so zu planen und dazu eine Strategie zu entwickeln, die zu dem gewünschten Erfolg führt.

Bei Führungsaufgaben handelt es sich um Aufgaben, die mit Menschenführung unmittelbar zusammenhängen. Aus den Aussagen ist erkennbar, wie wichtig eine Führungsperson, die Menschenführung nimmt und wie diese im Hinblick auf andere Aufgaben relativiert wird. Wird Menschenführung nicht als wichtig eingestuft und als solche angenommen, sondern als eher beiläufig abgetan, dann will die Führungsperson mit der Menschenführung so wenig wie möglich zu tun haben. Die Geführten müssen so funktionieren, wie die Führungsperson selbst funktioniert und sich ebenfalls der Macht, nämlicher ihrer, unterwerfen. Diese Ansicht ist bei der Befragung eine Ausnahme, dürfte aber trotzdem weit verbreitet sein.

Die meisten der Befragten, sind sich über die Wichtigkeit der Menschenführung einig und auch darüber, dass diese auch erlernt werden kann und muss, denn wenn eine Führungstechnik nicht beherrscht wird, wird der Weg zur Zielerreichung blockiert, es kommt zur Frustration.

Um das Verhalten der Mitarbeiter planbar zu machen, werden Regeln vorgegeben, wie sie sich verhalten müssen, was bedeutet, dass die Mitarbeiter in die Unternehmensstruktur eingepasst werden, damit sie im Sinne des Unternehmens funktionieren sollen.

12.5 Führungsstrategien

Nachstehend werden Führungsstrategien zusammengefasst. Hier wird bewusst der Ausdruck „Führungsstil" vermieden, weil er etwas der Person Inhärentes, also etwas wie eine Eigenschaft oder ein Persönlichkeitsmerkmal impliziert. Wie im oben bereits ausgeführt, haben sich die Befragten, wenn sie sich zu den Führungsstilen geäußert haben, immer einen „situativen Führungsstil" genannt. Führungsstrategie bedeutet die geplante Erreichung der vorgegebenen Ziele durch die Führungsperson selbst oder den von ihr Geführten. Deshalb sind zwei grundsätzliche Führungsstrategien zu unterscheiden, die sich in der Analyse herauskristallisiert haben. Diese werden in Strategie der engen Führung und in Strategie der kooperativen Führung unterteilt und nachstehend näher beschrieben. Andere Führungshandlungen werden darunter subsumiert.

Dabei kommt es darauf an, ob in den Strategieprozessen eher mit Machtausübung oder mit Vertrauen geführt wird. Dies entspricht letzten Endes den beiden Gegensätzen, nämlich Vertrauen auf der einen und Macht auf der anderen Seite.

12.5.1 Enge Führung

Die Strategie der „engen Führung" kann man wiederum zu folgenden Prozessen zusammenfassen:

- Entscheidungen treffen: Es werden Entscheidungen, die für alle Geführten bindend sind, alleine von den Führungspersonen getroffen. Diese Entscheidungen werden mit der zur Verfügung stehenden Macht durchgesetzt.
- Ziele absichern: Ziele in Teilziele zerlegen und die daraus resultierende Aufgabe genau beschreiben. Bei übergeordneten Zielen, die Entscheidungen durch den gemeinsamen Vorgesetzten absichern
- Kontrolle durchführen: Aufbauen eines Kontrollsystems, welches über entsprechende Checkpoints, sicherstellen soll, dass das Ziel planungsgemäß erreicht wird. Dieses System kann durch IT - Systeme unterstützt werden. Das dient dazu rechtzeitig eingreifen zu können, wenn ein Teilziel nicht erreicht wird. Bei auftretenden Problemen werden zusätzliche Kontrollen eingeführt, um die Ziele zu erreichen.
- Eingreifen und Sanktionen: Die Aufgaben werden an andere Mitarbeiter verteilt, von welchen man annimmt, dass sie die Ziele doch noch erreichen können. Es werden entsprechende, negativen Sanktionen verhängt, die von Abmahnung, Versetzung in eine andere Abteilung, bis zur Trennung von den entsprechenden Mitarbeitern, führen.

12.5.2 Kooperative Führung

Bei der Strategie der „kooperativen Führung" muss zunächst zwischen Vorgesetzten, den Kollegen und Geführten unterschieden werden. Dabei geht es nicht in erster Linie, um den Umgang mit Emotionen, die durch Konflikte, Frustration und Stress entstanden sind, sondern darum Konflikte und Frustration erst gar nicht aufkommen zu lassen. In diesem Sinne kann man diese Strategie in folgende Prozesse zusammenfassen.

- **Vertrauen bilden**

    Vertrauen zu den Mitarbeitern aufbauen und die Vorbildfunktion als Führungsperson wahrnehmen.

> **Geführte beteiligen**

Führungspersonen und Geführte in die Entwicklung der Unternehmensstrategie und Zielfindung einbeziehen, diese erklären und auch Kritik an den Führungspersonen zulassen.

Wichtige Entscheidungen mit den betroffen Kollegen und Mitarbeitern gemeinsam treffen. Damit die Entscheidungen verbessern. Mitarbeiter in die Durchführung der Arbeit mit einbeziehen, diese erklären und eventuelle Konflikte durch Kompromiss oder Konsens lösen.

> **auf Vertrauensbasis zusammenarbeiten**

Bei Problemen, mit den betroffenen Personen zusammen, einen Lösungsweg finden. Die Arbeit der Geführten soll anerkannt werden, sowohl durch Lob als auch finanziell. Darauf sollen sich die Mitarbeiter verlassen können.

> **persönliche Strategien**

Unter persönlichen Strategien werden die Handlungen zusammengefasst, die keinen Einfluss auf die beschriebenen Führungsstrategien haben, sondern sich in der Interaktion zwischen der Führungsperson und deren Vorgesetzten abspielen.

12.6 Wirkung der Führungsarbeit und Führungsstrategie

Die Führungsarbeit kann als Rollenspiel (wie die Führungsperson und die von ich Geführten die zugedachte Rolle spielen) aufgefasst werden, welches die Schnittstelle zwischen Unternehmen und Person darstellt. In sie fließen sowohl die Qualifikationen, Erfahrungen und soziales Wissen (soziale Kompetenz) aus dem Berufsentwurf, als auch das Rollenverständnis ein. Das Rollenverständnis steht für die Interessen des Unternehmens und der persönlichen Erwartungen, während der Berufsentwurf nur für die Interessen der Person steht. Die Führungsarbeit besteht darin für alle Beteiligten beides in Übereinstimmung zu bringen, um Erfolg zu erzielen.

Das Aufgabenverständnis beschreibt, wie die Führungsperson ihre Arbeitsaufgabe, die sich aus der Zielsetzung ergibt, durchführt. Das erzielte Arbeitsergebnis muss brauchbar sein. Dies bedeutet, dass das Arbeitsergebnis mit der Zielsetzung übereinstimmen muss. Dabei muss auch die Qualität (inhaltlich und formal) erzielt werden, und zwar im zeitlich vorgegebenen Rahmen.

Aus diesen allgemeinen Vorgaben entwickelt die Führungsperson eine **Führungsstrategie,** um die Ziele zusammen mit den Geführten zu erreichen. Dabei können

Hindernisse, die den Weg zum Ergebnis verstellen (siehe oben) auftreten. Daher prüft die Führungsperson nicht erst das Endergebnis, sondern im Laufe des Arbeitsprozesses Teilergebnisse, um so die Sicherheit zu gewinnen, dass das Ziel erreicht wird oder um rechtzeitig einzugreifen.

Dies wurde bereits bei der Darstellung der Prozesse aufgegriffen. Hier ist beschrieben (siehe 0) und grafisch dargestellt Abbildung 41 wie der Prüfungsprozess in den Führungsprozess eingebettet ist.

Die Erwartungen, die an die Rolle herangetragen werden, sowie die Unternehmenswerte und Regeln sind eher für die formale und der Berufsentwurf eher für die inhaltliche Qualität des Arbeitsergebnisses verantwortlich. Dies ist ausschlaggebend dafür, wie die Führungsperson das Arbeitsergebnis auf die Brauchbarkeit hin überprüft.

Das Ergebnis der Prüfung entscheidet darüber, ob die Aufgabe erfolgreich oder nicht erfolgreich durchgeführt wurde oder werden kann. Hat die Führungsperson eher eine Rollendistanz, wird sie den inhaltlichen Aspekt als Bewertungsmaßstab heranziehen. Bei der Rollenakzeptanz werden die Erwartungen des Unternehmens im Vordergrund stehen und sowohl die formale als auch die inhaltliche Qualität herangezogen werden. Bei der Rollendiskrepanz gibt es zwischen den Erwartungen des Unternehmens und des Rolleninhabers eine Diskrepanz, die durch formale Kriterien übertüncht werden könnte und deshalb werden die formalen Kriterien im Vordergrund stehen.

Aus den Abweichungen der Prüfung (Soll-Ist-Vergleich) ergeben sich Informationen, die sich sowohl auf die vorgenannten Aspekte als auch auf den Zeitaspekt beziehen können oder auf alle gleichzeitig. Die Sichtweise auf vorhandene oder noch zu erbringende Ergebnisse führt zu Stresssituationen innerhalb der Auftragsbearbeitung. Die Führungsarbeit der Führungsperson legt fest, wie diese mit den Problemen in der Aufgabenabwicklung umgeht und wie mit dem daraus resultierenden Stress umgegangen wird. Nachstehend werden deshalb die Stressfaktoren, wie sie sich aus den Interviews ergeben haben, beschrieben.

12.7 Beschreibung der Stressfaktoren

Wenn es zu Hindernissen kommt, die den Weg zum Ziel verlegen, entsteht zunächst Frustration. Frustration setzt Emotionen frei. Die Stärke der Emotion richtet sich nach der Wichtigkeit der Ziele. Sind Unternehmensziele oder Rollenziele betroffen, dann kommt es auf das Rollenverständnis der Führungsperson an, welchen Emotionen durch Frustration freigesetzt werden. Dabei ist zu bedenken welche Folgen die Führungsperson für sich selbst vermutet. Danach wird sich die Auswahl der Bewältigungsstrategie richten. Gleiches gilt auch für die persönlichen Ziele, weil diese eng mit den Rollenzielen verbunden sind (Karriere, Entlohnung). Selbst wenn es sich bei dem persönlichen Ziel um „Anerkennung im Beruf" handelt, wird diese Anerkennung durch den drohenden oder tatsächlichen Misserfolg gemindert. Diese Unterscheidungen werden durch den Berufsentwurf und das Rollenverständnis beeinflusst. Das Ergebnis, die Stärke der Emotion (Wut, Ärger, Furcht) richtet sich nach den vermeintlichen Auswirkungen des Misserfolgs. Berufsentwurf und Rollenverständnis der Führungsperson bestimmen somit, als Teil der Persönlichkeit, die Stärke der Emotionen.

Diese Emotionen sind Stressfaktoren. Sie bestimmen die Stärke des Stresses und haben Einfluss auf die ausgewählte Bewältigungsstrategie. Deshalb werden die in den Interviews beschriebenen Stressfaktoren zusammenstellt. Nachstehend eine beispielhafte Aufzählung der in der Analyse erkannten Stressfaktoren mit den zugehörigen Emotionen. Es soll hier nochmals festgehalten werden, dass es sich nachstehende Reaktionskette handelt:

Misserfolg-> Emotionen -> Stress mit den dargestellten Symptomen-> Copingstrategie = Bewältigungsstrategie.

Stressfaktor	**Beschreibung**	**Emotionen**
Konflikt mit Vorgesetzten oder Konflikt zwischen den eigenen Zielen und den Zielen der Vorgesetzten	Konflikte mit Vorgesetzten entstehen immer dann, wenn diese Vorgaben machen, die die Führungsperson nicht einhalten kann oder nicht einhalten will oder wenn sie den eigenen Zielen der Führungsperson widersprechen.	Ärger, Zorn, Ärger wegen Überwachung; Enttäuschung, weil Beförderung nicht erfolgt ist; Furcht vor nicht Erreichen der eigenen Ziele
Rollenkonflikt	Konflikte die zwischen den verschiedenen Erwartungen, die an die Rolle gestellt werden oder die innerhalb einer Rolle bestehen	Furcht vor dem Scheitern; Furcht um die eigene Position;
Konflikte zwischen Führungsperson und Geführten oder Konflikt zwischen den eigenen Zielen und den Zielen	Konflikte zwischen der Führungsperson und den Geführten entstehen dann, wenn die Erwartungen der Führungsperson durch die Geführten nicht erfüllt werden, nicht erfüllt werden können oder nicht erfüllt werden wollen.	Furcht vor Delegation der Aufgaben an unterstellte Füh-rungspersonen; Furcht vor dem Versagen der Mitarbeiter; Furcht davor, dass sich negative Erfahrungen wiederholen; Furcht vor nicht Erreichen

Stressfaktor	Beschreibung	Emotionen
der Geführten.		der eigenen Ziele
Aufgabenkonflikt, prozessorientiert oder inhaltsorientiert	Aufgabenkonflikte entstehen dann, wenn es zwischen den Führungspersonen und den Geführten verschiedenen Meinung der Ausführung gibt. Diese können sich auf den Inhalt der Aufgabe (inhaltorientiert) oder auf den Prozess der Durchführung beziehen (prozessorientiert).	Furcht davor, dass Mitarbeiter die Ziele nicht erreichen können. Ärger wegen nicht durchgeführter Kontrolle durch Geführten: Furcht vor nicht Erreichen der eigenen Ziele
Konflikte zwischen Arbeitspersonen.	Konflikte zwischen Arbeitspersonen entstehen dann, wenn die Erwartungen der einen Arbeitsperson von der anderen nicht erfüllt wird, nicht erfüllt werden kann oder nicht erfüllt werden will.	Furcht vor mangelnder Zuarbeit von Kollegen
Frustration	Frustration entsteht, wenn eine Handlung unterbrochen wird. Dabei kann man davon ausgehen, dass die Handlung ein Prozessbündel darstellt, welches dazu dient, ein Ergebnis zu erzeugen, welches mit dem geplanten Ziel identisch ist.	Furcht vor Nichterfüllen der Aufgabe; Ärger, Wut und Furcht vor einem Projektscheitern; Ärger über das Verhalten von Geführten; Ärger über sich selbst, weil Probleme zu spät erkannt wurden.

Tabelle 17 Stressfaktoren (Quelle: eigene Darstellung)

12.8 Exkurs: Ergänzung der Datenerhebung in den Jahren 2010 – 2019

In den durchgeführten Befragungen mit verschiedenen Führungspersonen wurden die Emotionen aus den Interviews extrahiert und beschrieben. Eine Verifizierung kann nur durch eine Befragung der Beteiligten durchgeführt werden, wenn diese unter Stress gesetzt werden und dann nach Ihren Emotionen und Handlungsstrategie befragt werden.

Da die Untersuchung bereits 2015 abgeschlossen wurde sollen in diese Überarbeitung auch Ergebnisse einfließen die ich den von mir durchgeführten Lehrveranstaltungen in den Jahren 2010-2019 durchgeführt wurden. Dabei geht es um Emotionen, die bei plötzlichen, beruflichen Änderungen auftreten, die den Lebens- bzw. Berufsentwurf in Frage stellen.

Bei den Vorlesungen und den praxisorientierte Lehrveranstaltungen (PLV) haben an den Befragungen ca. 270 Studierende teilgenommen (N = ca. 270). Erhoben wurden die Daten im Rahmen einer Fallstudie, die nachstehend kurz beschrieben wird. Diese Fallstudie wurde immer wieder an die die aktuelle Situation angepasst, um so der Wirklichkeit aus Sicht der Studierenden möglichst nahe zu kommen.

Ziel der Fallstudie war es Studierende, als Führungspersonen von morgen, mit Situationen zu konfrontieren, die im Arbeitsleben vorkommen können, um aufzuzeigen, welche Emotionen bei ihnen zu Tage treten und welche Bewältigungsstrategien daraufhin gewählt werden.

12.9 Eine Fallstudie als Simulation der Realität (Automations - GmbH)

Es geht hierbei um die Simulation eines mittelständischen Maschinenbau-Unternehmens, wie es in der Umgebung der TH-Aschaffenburg (Rhein-Main-Gebiet) bis in die 1990-iger Jahre viele gab. Auch dieses Unternehmen hat ein tatsächliches Vorbild, der Sachverhalt ist jedoch verfremdet. Bei der zu betrachtenden Firma handelt es sich um ein familiengeführtes Maschinenbauunternehmen (Automations-GmbH) in der Provinz. Der Familie gehören 100 % der GmbH-Anteile.

Sie stellt Automationsmittel für die Automobilindustrie und für sonstige Hersteller von Fahrzeugen wie z. B. Stapler etc. und für die Massenfertigung her.

12.9.1 Grunddaten

Standort	ca. 60 km vom nächsten Flughafen entfernt
	ca. 50 km von der nächsten Großstadt
	ca. 25 km vom attraktiven Wirtschaftgebiet

Automation GmbH	größter Arbeitgeber am Ort

Mitarbeiter	langjährige Mitarbeiter, einige direkt von der Lehre übernommen
	am Ort gebunden durch Familie und entsprechende soziale Kontakte
	weiterführende Schule relative nah
	Hochschule 25 km entfernt
	viele haben entsprechende Häuser gebaut (Darlehen)
	viele kommen aus der Gegend
	viele sind älter als 45 Jahre
	viele haben keine akademische Ausbildung

Führungskräfte	akademische Ausbildung
	Durchschnitt über 50 Jahre

Zahlung	nach Vereinbarung
	weitere Sozialleistungen nach Vereinbarung

Abbildung 45 Daten der Automation GmbH (Quelle: eigene Darstellung)

12.9.2 Der Sachverhalt

Durch Investitionen in eine andere Branche kommt das Unternehmen in eine Schieflage. Nachdem die örtliche Presse berichtet hat, erfahren nun auch die Mitarbeiter, dass ihr Unternehmen ein Problem hat. Die Mitarbeiter am Standort des Mutterunternehmens sind beunruhigt. Die Geschäftsleitung dementiert die Gerüchte.

Am Anfang des Jahres wird publik, dass ein Wettbewerber 51% der Firmenanteile übernommen hat.

Ziel des Wettbewerbers ist die eigene Palette abzurunden, aber auch seine Marktpräsenz zu verstärken.

Die Mitarbeiter sind alarmiert, zumal sie auch von der Übernahme erst aus der Zeitung erfahren haben.

Eine Unternehmensberatung hat das Unternehmen analysiert und kommt zu dem Schluss, dass das Maschinenbauunternehmen saniert werden muss.

12.9.3 Gestellte Fragen:

1. Stellen Sie sich vor, Sie sind Mitarbeiterin/Mitarbeiter des Unternehmens und erfahren das aus der Zeitung. Wie fühlen Sie sich jetzt?
2. Welchen Fehler hat die Geschäftsleitung des Unternehmens Ihrer Meinung nach gemacht
3. Wie schätzen Sie den Führungsstil des Unternehmens ein?
4. Was machen Sie jetzt, als Mitarbeiterin/Mitarbeiter des Unternehmens

12.10 Erhebung der Daten im Rahmen von Lehrveranstaltungen (2010-2019)

Da es sich bei den Studierenden um junge Menschen, ohne Berufs- und Führungserfahrung handelte, zielte die Befragung auf das Empfinden von Beschäftigten in einer simulierten Unternehmenssituation. Dabei wurden den Studierenden das Unternehmen und die Unternehmenssituation dargestellt, um sie dann zu einer Perspektivübernahme aufzufordern. Sie sollten sich in die Lage von Mitarbeiter des Unternehmens hineindenken, die jahrelange in diesem Unternehmen gearbeitet haben und von dem Arbeitsplatz mehr oder weniger abhängig sind. Dabei gilt, dass sich für einige der Beschäftigten in dieser Situation auch die Existenzfrage stellt.

Ziel war es in einer moderierten Veranstaltung die Emotionen bei Veränderungen festzustellen. Diese Sicht kann für die Forschungsfrage übernommen werden, weil es sich hierbei ebenfalls für die Beschäftigten um Veränderungen gegenüber ihrem geplanten Ziel (Lebensentwurf) handelt.

Die Auswertung wurde aus mehreren Veranstaltungen zusammengefasst dadurch ergibt sich die Gesamtzahl von insgesamt 270 TN

Anz	Beschreibung	in %	Kategorie	Zuord
38	Angst	39,58	Angst	
2	verzweifel	2,083	Bindungsverlust	F
13	Vertrauen mißbraucht	13,54	Bindungsverlust	W
3	enttäuscht	3,125	Bindungsverlust	W
6	wütend	6,25	Bindungsverlust	W
2	Verärgert	2,083	Bindungsverlust	W
5	hintergangen	5,208	Bindungsverlust	W
13	Unsicherheit	13,54	Kontrollverlust	U
1	irritiert	1,042	Kontrollverlust	U
2	beunruhigt	2,083	Kontrollverlust	F
3	schockiert	3,125	Kontrollverlust	F
1	entsetzt	1,042	Kontrollverlust	F
1	erschrocken	1,042	Kontrollverlust	U
4	demotiviert	4,167	Unlust	U
2	erregt	2,083	Unlust	U

	Zusammenfassung		
Selbst	Bindungsverlust	Kontrollverlust	Unlust
39,58	32,29	21,88	6,25
Selbst	Angst	Wut	Unsicherheit
	47,92	30,21	21,88

Tabelle 18 Auswertung der Befragung zu obiger Studie (Quelle: eigene Darstellung)

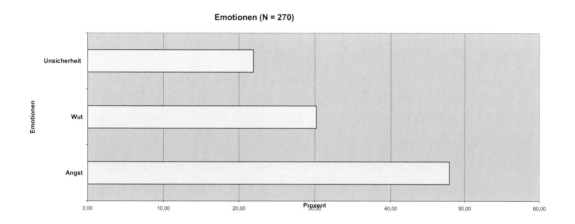

Abbildung 46 Auswirkungen auf die Emotionen der Studierenden (Quelle: eigene Darstellung)

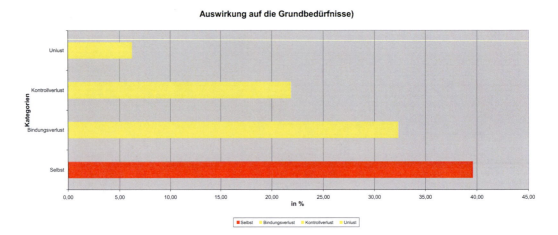

Abbildung 47 Auswirkungen auf die Grundbedürfnisse der Studierenden (Quelle: eigene Darstellung)

12.10.1 Zusatzfallstudie zum Thema „Konflikt"

Im Rahmen der Vorlesung „Grundlagen der Organisationspsychologie" wurde im SS 2019 eine Fallstudie bearbeitet, die im gleichen (siehe Abbildung 51) Unternehmen spielt. Es geht aber hierbei darum zu zeigen, welche emotionalen Einflüsse aus einer Konfliktsituation entstehen. Der Sachverhalt hat sich so im Verwandtschaftskreis zugetragen wurde aber auf das erdachte Unternehmen übertragen.

Auch hier sollte mit den Ergebnissen der Zusammenhang zwischen Emotionen, Stress und Bewältigungsstrategien aufgezeigt werden.

12.10.2 Detailbeschreibung der Aufgabe

➢ Sie sind Marketing-Managerin/Manager der Firma
➢ Durch Elternzeit fallen Sie mehrere Monate aus.
➢ Als Sie wiederkommen, müssen Sie feststellen, dass die Firma zwischenzeitlich umorganisiert ist.
➢ Die Kollegin, die früher den Vertrieb verantwortete, wurde zur Bereichsleiterin Absatz befördert, obwohl Sie länger in der Firma sind und von der Fachkompetenz her, eher die Stelle ausfüllen könnten.
➢ Ihr Büro ist anderweitig besetzt und Sie teilen sich jetzt ein Büro mit Ihrer Mitarbeiterin.

- Diese Umorganisation wurde durchgeführt, ohne Sie zu informieren, obwohl Sie immer Kontakt mit Ihren Kollegen und Mitarbeiter gehalten und diese auch bei beruflichen Fragen unterstützt haben. Auch waren Sie mehrmals während der Elternzeit in der Firma.
- Die neue Bereichsleiterin, die mit Ihnen auf gleicher Stufe war, erteilt Anweisungen direkt an Ihre Mitarbeiter und greift so in Ihre Entscheidungen und Befugnisse ein.
- Mitarbeiter, die Ihnen unterstellt waren, sind in einen neuen Bereich versetzt worden, mit den Projekten, die Sie erfolgreich umgesetzt haben und berichten an die Bereichsleiterin direkt.
- Es sieht so aus, als wären Sie in dem Unternehmen überflüssig.

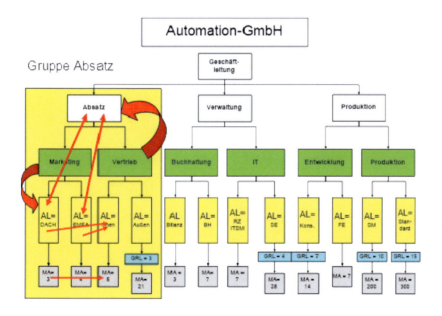

Abbildung 48 Organigramm zu Fallstudie 2: Automations-GmbH (Quelle: eigene Darstellung)

12.10.2.1 Was ist passiert?

- Persönliche Ziele wie z. B. Karriere, Anerkennung der geleisteten Arbeit, persönliche Anerkennung sind im Moment nicht erreichbar.
- Die Erwartungen, die sie an die Rolle „Marketingleiterin" geknüpft haben können, nicht erfüllt werden.
- Die Unternehmenserwartung kann sie nicht mehr erfüllen, weil die Vorgesetzte in ihren Bereich eingreift.

Aufgabenstellung:

➢ Versetzen Sie sich in die Lage der Mitarbeiterin, des Mitarbeiters
   ➢ Wie fühlen Sie sich?
   ➢ Was werden Sie machen
➢ Pinwand Emotion oder Aktion
   ➢ Jeder schreibt seine Antwort auf mind. eine Karte

Zur Datenerhebung wurden zwei Pin-Wände bereitgestellt E für die Emotionen und A für die daraus folgende Aktionen. Die Aufgabe war wieder eine Perspektivübernahme durch die Teilnehmer.

Insgesamt haben sich 36 Personen an der Fallstudie beteiligt. Um Fehlantworten zu vermeiden, wurden zunächst die Frage zur Emotion gestellt und per Kärtchen beantwortet. Jeder Teilnehmer konnte mehrere Karten abgegeben und an die Pinwand anbringen. Danach wurden die Kärtchen an der Pinwand „A" für Aufgaben angebracht.

12.10.3 Auswertung der Fallstudie 2

0	Beschreibung	2,78	Kategorie	Anzahl N
1	ausgegrenzt	2,78	Angst*	1
2	ausgenutzt	2,78	Angst*	1
3	Demotiviert	2,78	Angst*	1
4	enttäuscht	5,56	Angst*	2
5	Ersetzt	2,78	Angst*	1
6	Erzürnt	2,78	Angst*	1
7	Fassungslos	2,78	Angst*	1
8	Frustration	2,78	Angst*	1
9	Hass	2,78	Ärger	1
10	hilflos	2,78	Ärger	1
11	hintergangen	11,11	Ärger	4
12	Minderwertig	2,78	Ärger	1
13	Nicht wertgeschätzt	2,78	Ärger	1
14	Sprachlos	2,78	Ärger	1
15	Traurig	2,78	Ärger	1
16	Trotz	2,78	Ärger	1
17	Überflüssig	5,56	Ärger	2
18	Übergangen	11,11	Ärger	4
19	unbedeutend	2,78	Ärger	1
20	Vergessen	2,78	Ärger	1
21	Verraten	5,56	Ärger	2
22	Verständnissvoll Akzeptanz	2,78	Ärger	1
23	Verzweifelt	2,78	Ärger	1
24	vom Kopf gestossen	2,78	Ärger	1
25	Wut	8,33	Ärger	3
	Gesamt	100,00		36

Tabelle 19 detaillierte Darstellung der Emotionen (Gefühle) (Quelle: eigene Darstellung)

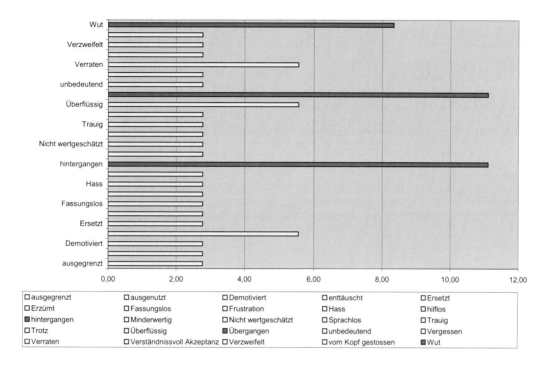

Abbildung 49 grafische Darstellung der Emotionen (Quelle: eigene Darstellung)

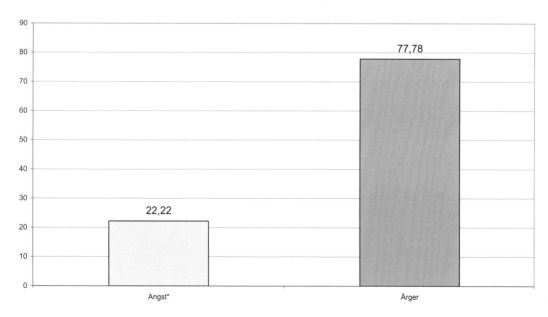

Abbildung 50 Emotionen zusammengefasst (Quelle: eigene Darstellung)

Aktivität	N	30	3,33 3333	Kategorien	An
Arbeitslosengeld beziehen	1	3,33		Flucht	1
Kündigen	3	10		Flucht	3
Neue Motivation Kraft suchen - Neue Ziele	1	3,33		Flucht	1
Neuen Job suchen (Teilzeit)	1	3,33		Flucht	1
Beschweren	3	10		Kampf	3
Betriebsrat einschalten	5	16,7		Kampf	5
Chef zur Rede stellen	9	30		Kampf	9
Meinen Wert zeigen	1	3,33		Kampf	1
Rechtlicher Hintergrund	1	3,33		Kampf	1
Selbstbewusst gezielte (wichtige) Aufgaben übernehmen	1	3,33		Kampf	1
Streit anzetteln	1	3,33		Kampf	1
Wieder in die Position drängen	1	3,33		Kampf	1
Akzeptieren	1	3,33		Stillhalten	1
Ignorieren und weiter machen	1	3,33		Stillhalten	1
Gesamt	30	100			30
Kategorien		Anz	3,33		
Flucht		6	20,00		
Kampf		22	73,33		
Stillhalten		2	6,67		
Gesamt		30	100		

Tabelle 20 Ergebnisse der Aktivitäten mit einer Zusammenfassung zu Kategorien (Quelle: eigene Darstellung)

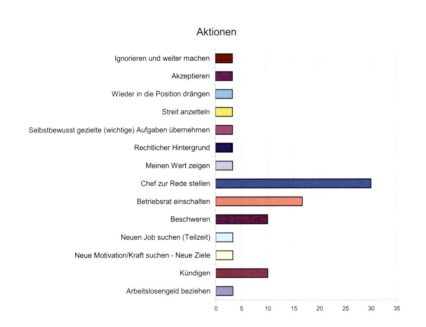

Abbildung 51 Darstellung der Einzeltätigkeiten (Einzelaussagen) (Quelle: eigene Darstellung)

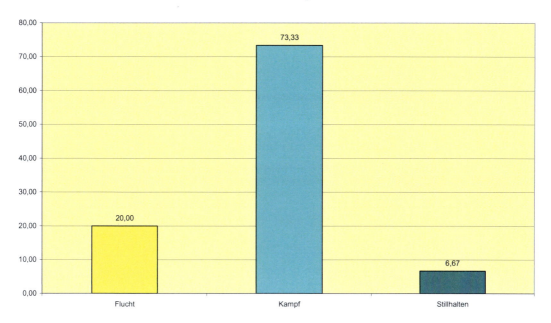

Abbildung 52 Darstellung der Aktionen als Bewältigungsstrategien (Quelle: eigene Darstellung)

12.10.4 Zusammenfassung der zusätzlichen Ergebnisse und Gesamteinordnung

Die Auswertung der beiden vorgestellten Fallstudien wurde detailliert vorgenommen und dann den Emotionen zugeordnet. Wie zu sehen ist, spiegeln die Ergebnisse die getätigten Aussagen zu Stress und Emotionen wieder. Dies bedeutet, dass Emotionen eine maßgebliche Rolle bei der Reaktion auf Stress (Copying) spielen. Je bedrohlicher sich die Situation für eine Person darstellt, desto stärker wirken die Emotionen und die Reaktion in Form der Bewältigungsstrategie. In den vorgestellten Fallbeispielen kam es sicherlich auch darauf an wie intensiv die einzelnen Teilnehmer sich mit der Person identifizieren konnten, d. h. deren Perspektive sie übernommen haben. Das Ziel diese Auswertung hier einzuführen war zu zeigen, dass Situationen, die Erwartungen oder persönliche Planungen negativ beeinflussen können oder könnten, interpersonelle Konflikte hervorrufen. Diese rufen bei den betroffenen Arbeitspersonen Emotionen hervor, die zu Stress führen. Die dadurch ausgelöste Bewältigungsstrategie (Copying) soll den Stress auflösen.

Dies wurde bereits durch die Analyse der Interviews dargestellt und durch die Fallstudien weitgehend bestätigt. Nachstehend soll die Stressbewältigung aus Sicht der Interviewten beschrieben werden.

12.11 Strategien zur Stressbewältigung

Die Handlungsstrategien, die eine Führungsperson dann anwendet, wenn ein Misserfolg eintritt, oder einzutreten droht und Stress auftritt (siehe oben) werden hier als Bewältigungsstrategien bezeichnet. Prinzipiell stehen den Menschen von ihrer Evolution her das Verhalten zur Verfügung, das auch den anderen Säugetieren zur Verfügung steht, nämlich Kampf auf der einen und Flucht auf der anderen Seite. Letztlich werden aber die Handlungsstrategien angewendet, die eine Führungsperson im Laufe der Sozialisation gelernt hat, um ihre Ziele zu erreichen. Sie werden ausgewählt durch die Stärke der Emotion, die den Stress ausgelöst hat und dem Kontext, in dem dies geschieht.

Dabei muss beachtet werden, wie die Führungsperson mit der Verantwortung umgeht. Die Führungsperson trägt immer die Verantwortung, auch für die Handlungen der Geführten. Dies ist auch hier der Fall. Dies bedeutet aber nicht, dass die Führungsperson sich dieser Verantwortung auch immer bewusst ist und sie übernimmt. Es gibt die Möglichkeit, dass die Führungsperson, den Geführten die Schuld am Misserfolg gibt, sich selbst, weil Kontrolle ein Teil der Führungsaufgabe darstellt oder die Verantwortung auf andere abschiebt. Eine weitere Strategie ist der Umgang mit den Ergebnissen, also die Analyse wie es zu einer Abweichung kommen konnte, als Rationalisierung des Misserfolgs. Eine weitere Möglichkeit, die keine Führungsstrategie darstellt, ist das „aus dem Feld gehen" wenn es zu Konflikt oder Frustration und damit zu entsprechenden Emotionen kommt. Das Ergebnis ist hier letztlich ein Rollenwechsel, entweder durch Delegation der Verantwortung oder Übernahme einer neuen Aufgabe und damit einer neuen Rolle.

12.11.1 Interpretation der Bewältigungsstrategie

Bei der Bewältigungsstrategie handelt es sich um einen komplexen Prozess. Der Auslöser (auslösendes Ereignis) ist das Ergebnis eines Reflexionsprozesses, dessen Grundlage entweder die planerische Auseinandersetzung mit einer Zielerreichungsstrategie (kann das Ziel überhaupt erreicht werden) oder ein tatsächliches Ergebnis aus einer Aufgabendurchführung (ist das Ziel erreicht worden) ist. Es soll bei der Interpretation dargestellt werden, wie Führungspersonen dann bei der Durchführung der Aufgaben reagieren, wenn Probleme auftreten, die einen Erfolg in Frage stellen. Die Auslöser sind dabei Frustration oder Konflikt und die damit verbundenen Emotionen. Letzten Endes kann man Frustration und Konflikt, als Stressfaktor ansehen und mit Lazarus die so entstandenen Emotionen den Bewältigungsstrategien zu Grunde legen.

Da bei den Interviews weder direkt nach Konflikten, Frustrationen oder Emotionen gefragt wurde, wurden diese anhand der Antworten interpretiert. Die Stärke der Emotionen, bemisst sich nach der Sozialisation im Laufe des Berufes (Berufsentwicklung) und dem Rollenverständnis der Führungsperson.

Die Unterteilung wurde deshalb in persönliche Strategien, Strategie der engen Führung und Strategie der kooperativen Führung (zu beiden Strategien siehe 0) vorgenommen, weil die persönlichen Strategien als Bewältigungsstrategien zu sehen sind, die nicht die Geführten tangieren. Bei den Substrategien hiervon handelt es sich um den Umgang mit den Ergebnissen und den Umgang mit der Verantwortung. Bei den Führungsstrategien handelt es sich zunächst um die von einer Führungsperson angewandte Handlungsstrategie, um die Geführten zur gewünschten Zielerreichung zu veranlassen. Sie werden erst dann zu Bewältigungsstrategien, wenn Stress auftritt und daraufhin entweder mehr Macht ausgeübt (Aggression) oder Vertrauen gewährt wird.

Der Umgang mit den Ergebnissen zeigt an, wie die Führungsperson die Führungsergebnisse für sich selbst verarbeitet. Dabei werden die Abweichungen so erklärt, dass der Misserfolg dem Vorgesetzten gegenüber begründet oder relativiert wird. Eine weitere Möglichkeit besteht darin, die Struktur des Unternehmens für den Misserfolg verantwortlich zu machen, aber es kann auch aus den Fehlern gelernt werden. Bei allen Befragten geht es darum, den durch die neuartige Situation erzeugten Stress zu bewältigen. Die neuartige Situation besteht darin, dass der Erfolg erwartet wurde, aber der Misserfolg eingetreten ist. Der Stress ist mit der Emotion Furcht verbunden, wobei die Furcht darin besteht, die Konsequenzen für den Misserfolg zu tragen. Je nach Bedeutung des Misserfolgs, können die Konsequenzen in einem Gespräch mit dem Vorgesetzten aber auch in Problemen für die zukünftige Karriere bestehen. Da die Stärke der Emotion mit der Führungsperson zusammenhängt (Berufsentwurf, Positionsverständnis), ergeben sich die unterschiedlichen Subprozesse.

Auf jeden Fall liegt die Verantwortung für das Ergebnis, aus einer Aufgabendurchführung bei der Führungsperson. Zu interpretieren ist jetzt, wie die Führungspersonen im Misserfolgsfall zu ihrer Verantwortung stehen. Dabei kommen zwei Möglichkeiten, allerdings in verschiedenen Varianten in Betracht, nämlich die Übernahme der Verantwortung, oder die Zuweisung der Verantwortung an die Geführten oder andere z. B. Kollegen etc. Der Auslöser für diese Bewältigungsstrategie ist der Ärger, entweder über sich selbst oder über die Geführten. Der Umgang mit der Verantwortung liegt auch hier in der „Persönlichkeit" der Führungsperson.

Ein typisches Beispiel, welches hier noch aufgegriffen werden soll, wird mit „Aufgeben" bezeichnet, was Kurt Lewin (1982), aus dem Feld gehen genannt hat. Das kann auch als „aus der Verantwortung gehen" interpretiert werden. Dies bedeutet für eine Führungsperson, die in einen Konflikt zwischen persönlichen und Unternehmenszielen gerät, wobei hierunter auch die Unternehmenswerte und –regeln zu verstehen sind, sich zurückziehen wird. Aus den Interviews sind einige Beispiele von verschiedenen Arten des Aufgebens ersichtlich. Hierbei handelt es sich einmal um den Unternehmenswechsel, dann um den Positionswechsel und letztlich ein Aufgeben des persönlichen Ziels, was ebenfalls einem „aus dem Feld gehen gleichkommt. Auch hier liegt

das Verhalten in der Persönlichkeit und der Situation begründet. Wobei sich das „Aufgeben" im ersten Fall durch die gesamte Berufszeit erstreckt, während bei den beiden anderen Beispielen es sich „nur" um eine Episode im Berufsverlauf handelt. Gemeinsam ist allen, dass sie eine Konfliktlösung nicht für möglich gehalten haben und deshalb resignierten.

Die nächsten beiden Bewältigungsstrategien beziehen sich auf das Führungsverhalten (siehe 0) der Führungspersonen und wurden oben unter enger oder kooperativer Führung, zusammengefasst. Dabei soll hier kein Führungsstil beschrieben werden, sondern vielmehr ein Führungsverhalten, welches durch einen Misserfolg ausgelöst wird. Bezogen wird der Misserfolg nicht auf die eigene Person und ihren persönlichen Zielen, sondern auf die Geführten, die durch ihr Verhalten, persönlichen Ziele torpedieren.

Die Strategie der engen Führung ist von Machtausübung geprägt. Dies beginnt mit der Entscheidung, welche Ziele verfolgt werden sollen und der Durchsetzung derselben. Dabei wird die Entscheidung von Führungspersonen getroffen und die Geführten werden gezwungen diese zu akzeptieren. Der Auslöser dieses Prozesses ist die Furcht vor dem Versagen, einhergehend mit dem Positionsverlust. Deshalb wird nicht nur auf die Positionsmacht verwiesen, sondern diese tatsächlich exekutiert, in dem Mitarbeiter, die nicht den neuen Anforderungen entsprachen, freigesetzt wurden.

Ein weiterer Prozess innerhalb der vorgenannten Strategie ist die Zielabsicherung durch Zielverteilung und einer genauen Aufgabenbeschreibung. Den Geführten wird ein enger Rahmen vorgegeben, um etwaige Abweichungen schnell zu sehen, damit rechtzeitig eingegriffen werden kann. Der Rahmen wird an das Wissen und Können der Mitarbeiter angepasst. Auch hier wird die Positionsmacht eingesetzt, damit die Vorgaben eingehalten werden. Der Auslöser dieses Führungsverhaltens ist ebenfalls Furcht vor Versagen. Diese Furcht basiert auf früheren Erfahrungen im Rahmen der Sozialisation im Beruf. Auch hier wird den Anweisungen Nachdruck verliehen, mit dem Hinweis auf drohende Konsequenzen, d. h. auf die Positionsmacht verwiesen.

Der dritte mögliche Prozess ist das Durchführen von Kontrollen. Dabei kann unterschieden werden zwischen den institutionalisierten Kontrollen, die in die Struktur eingebaut sind, wie z. B. elektronische Planungssysteme oder Kontrollen, die von der Führungsperson vorgenommen werden. Beide sind Möglichkeiten der Machtausübung. Zum einen handelt es sich um strukturelle Macht, wenn regelmäßige Rückmeldung zum Aufgabenstatus in einem IT-System erfasst und ausgewertet wird und zum anderen handelt es sich um Positionsmacht, aus der heraus die Führungsperson in einem persönlichen Gespräch einen Statusbericht anfordert. Der Auslöser für die strukturelle Kontrolle ist von System vorgegeben und hängt nicht von der Befindlichkeit der Führungspersonen ab, sondern von den Unternehmensregeln, die zu befolgen sind. Der Auslöser für die „persönliche" Kontrolle ist in der Führungsperson begründet. Es ist auch hier die Furcht, das Ziel nicht zu erreichen und dadurch auch persönlich Ziele nicht erreichen zu können. Je schlecht die Erfahrungen aus früheren Aufgaben ist, desto restriktiver und enger werden die Kontrollen durchgeführt.

Im letzten Prozess der „engen Führungsstrategie" wird das Durchführen von Sanktionen beschrieben. Wobei persönliches Eingreifen in den Ablauf auch als Sanktion gesehen wird. Bei den Sanktionen handelt es sich um negative Sanktionen, die dann durchgeführt werden, wenn das Ziel nicht oder nicht planungsgemäß erreicht wurde. Bei dem Eingreifen soll verhindert werden, dass ein Arbeitsprozess nicht ordnungsgemäß durchgeführt wird. Wenn das Eingreifen nicht reicht, wird zu anderen Machtmitteln gegriffen. Wie auch beim Eingreifen, kommt es auf die Führungsperson als auch auf die Situation an, die eine negative Sanktion notwendig macht. So reichen die angeführten Sanktionen von einem Eintrag in die Personalakte bis zur Versetzung oder zur Kündigung. Wie die angeführten Sanktionen, so sind auch die emotionalen Auslöser vielfältig. Sie reichen von Ärger über Wut bis zur Furcht um die eigene Position.

Die andere Möglichkeit der die verschiedenen Prozesse unter eine Strategie zu subsumieren, ist die Zusammenfassung zu einer Strategie der „kooperativen Führung". Diese Aussage bedeutet, dass die Führungsprozesse nicht auf Macht, sondern auf Vertrauen beruhen. Es handelt sich daher um eine Zusammenarbeit auf Vertrauensbasis. Dies bedeutet zunächst, dass die Geführten zu den Führungspersonen Vertrauen haben müssen. Dieses Vertrauen sich zu erarbeiten, ist die Aufgabe der Führungspersonen. Dabei ist die Kommunikation der Ziele oder der Strategie und auch das Erklären eine vertrauensbildende Maßnahme. Die Geführten müssen wissen wohin das Unternehmen entwickelt werden soll. Ebenso wichtig ist es, dass die Geführten wissen, dass die Führungsperson ihnen vertraut. Dies kann dadurch geschehen, dass den Geführten Aufgaben zugeordnet werden, die eine Herausforderung darstellen und an denen sie wachsen können. Auch der Prozess der Vertrauensbildung dient dazu, die gesetzten Ziele zu erreichen, nur ist der Auslöser nicht Furcht, sondern Hoffnung. Es geht darum den Konflikt zwischen den Führungspersonen und den Geführten auf verschiedenen Ebenen zu lösen.

Im nächsten Prozess wird die Art und Weise beschrieben, wie die Ziele von oben nach unten verteilt werden, damit alle Mitarbeiter letztlich am Unternehmensziel mitarbeiten, um gemeinsam den Erfolg zu erringen. Dieser Prozess wird von Konflikten zwischen den Führungspersonen und Geführten begleitet, weil es unterschiedliche Meinungen über den Inhalt und den Lösungsweg der Aufgabe gibt (Aufgabenkonflikt). Die Lösung besteht darin sowohl das „Was" als auch das „Wie" mit den Miterbeitern zu diskutieren und so ein gemeinsames Verständnis zu erzielen. Dabei kommt es auch darauf an, dass die Kommunikation über das Ziel nicht nur in eine Richtung, nämlich von oben nach unten verläuft, sondern auch den umgekehrten Weg nimmt.

Zuletzt soll hier dargelegt werden, wie die Kooperation zwischen Führungspersonen und Geführten auf der besprochenen Vertrauensbasis durchgeführt wird. Dabei ist der offene Umgang miteinander von Bedeutung, der sowohl für die Führungspersonen als auch für deren Mitarbeiter, den Geführten, wichtig ist. Dieser „offene" Umgang bedingt auch, dass Probleme angesprochen und gemeinsam gelöst werden. Dies gilt nicht nur für die Führungsperson und deren Mitarbeiter, sondern auch für die Geschäftsleitung, die in diesen Kooperationsprozess eingebunden ist, besser noch sich einbindet. Die kooperative Führungsstrategie ist sowohl in der Persönlichkeit der Führenden als auch an die Unternehmenskultur gebunden, was bedeutet, dass die Geschäftsleitung des Unternehmens als Vorbild fungieren muss. Auch bei der „kooperativen Führungsstrategie" kommt es auf den Erfolg an und auf die Bewältigung der auftretenden Konflikte.

12.11.2 Wirkung der Bewältigungsstrategie

Die identifizierten Führungsstrategien (Strategie der engen Führung (SeF), Strategie der kooperativen Führung (SkF)) werden unter Einfluss des Stresses, ausgelöst durch die Emotionen, zu Bewältigungsstrategien, die dazu dienen das anvisierte Ziel trotz des bisherigen Misserfolges doch noch zu erreichen und gleichzeitig die Emotionen bei der Führungsperson abzubauen.

Da der Stressaufbau durch Konflikt und Frustration (siehe oben) im professionellen Umfeld stattfindet, nämlich bei der Bearbeitung von Arbeitsaufgaben bezieht sich die Bewältigungsstrategie ebenfalls darauf. Das bedeutet, dass die durch Stress erzeugten Emotionen nicht ungefiltert die Bewältigungsstrategien auslösen, sondern dass sowohl der Berufsentwurf als auch das Rollenverständnis dämpfend darauf einwirken.

Der Berufsentwurf wirkt sich insofern dämpfend aus, weil sich durch die berufliche Sozialisation nicht nur die Fach-, Methoden- und Sozialkompetenzen herausbilden, sondern auch Persönlichkeitsmerkmale entwickelt. Es wird z. B. emotionale Stabilität, als auch Werte und Normen in Verbindung mit der Berufsausübung entwickelt, die sich dann mäßigend auf die Bewältigungsstrategie auswirken. Die in ihrer Urform entweder den Kampf oder die Flucht bewirkt. Deshalb kommt es weder zu Gewaltausbrüchen als Kampfgeschehen noch zu einer kopflosen Flucht.

Gleiches gilt für das Rollenverständnis, welches auch die Erwartungen des Unternehmens und damit auch die Unternehmenswerte und –normen beinhaltet, die ebenfalls dämpfend auf die Bewältigungsstrategie einwirken.

Als Beispiel soll die Frustrations-Aggressions-Theorie dienen, wonach Frustration Aggression auslöst, sofern die Umgebung die Aggression nicht negativ beeinflusst. Wenn sich die Aggression durch Kampf auf der einen und Flucht auf der anderen Seite darstellen lässt, dann kann man die beschriebenen Bewältigungsstrategien wie folgt einordnen:

Kampf←---→ Flucht
SeF←-------------------------------→**SkF**←-------------------------→aus dem Felde gehen

SeF = Strategie der engen Führung, SkF = Strategie der kooperativen Führung

Dabei liegen die Bewältigungsstrategien zwischen Kampf auf der einen und Flucht auf der anderen Seite. Das Ende der Pfeile stellt jeweils eine extreme Ausprägung dar. Bei der „Strategie der engen Führung" ist in der linken Position die Machtausübung am größten. Sie nimmt immer mehr ab, bis zur Strategie der kooperativen Führung und mündet in der rechten Position in das „aus dem Felde gehen". Hier ist auch keine Kooperation mehr möglich.

Bei der Frustrations-Aggression-Theorie wird durch die Aggression, die Frustration abgebaut. Bei der oben beschriebenen Bewältigungsstrategie soll das Ziel erreicht oder die Furcht vor eine Sanktion abgebaut werden.

Aus den so gewonnen Informationen soll nun eine Hypothese entwickelt werden, die zur Beantwortung der Forschungsfrage führt. „Was *bedingt den Einsatz von Macht oder Kooperation, wenn sie (die Führungsperson) den Eindruck hat, dass die gewünschten Ergebnisse nicht erzielt und dadurch auch persönliche Ziele nicht erreicht werden?*"

12.11.3 Vorläufige Hypothese: Stressbewältigung im professionellen Lebensraum

Nachstehend soll anhand der verschiedenen Kategorien und deren Einfluss auf die Forschungsfrage, nämlich der Reaktion der Führungsperson auf einen vermuteten, erkennbaren oder eingetretenen Misserfolg, eine erste Hypothese aufgestellt werden, die anhand nachstehender Grafik verdeutlicht wird. Diese Hypothese, zusammen mit der detaillierten Beschreibung der Domänen (siehe 0), bildet die Grundlage für die Analyse der Ergebnisse im nächsten Kapitel.

Berufsentwurf und Rollenverständnis sind die Grundlage der Führungsarbeit. Das bedeutet, dass die Führungsarbeit die Schnittstelle zwischen dem technisch sozialen System Unternehmung (Rolle) und dem psychischem System Person (Berufsentwurf) ist. Diese wurde oben als Rollenscript bezeichnet und beschrieben (siehe 0). Die Führungsperson als Mitglied des Unternehmens trifft die Entscheidungen, wie die Aufgaben durchgeführt werden sollen, so, wie es ihr Rollenverständnis anhand der Erwartungsbündel und der Unternehmens-Regeln zulässt und auf Grund der Erfahrung aus ihrer beruflichen Sozialisation, die sich im Berufsentwurf manifestieren. Damit kann die Führungsarbeit (Führungshandeln), als eine Funktion der Person und Ihrer Umwelt (Situation) bezeichnet werden. Dies wurde in Punkt (0), mit der Beschreibung des Lebensraums von Kurt Lewin, welcher die Grundlage dieser Hypothese darstellt, dargelegt. Die Prozesse der Führungsarbeit (-handeln) und die Kontrolle der Ergebnisse sind in Absatz 0 dargestellt. Die Beschreibung (siehe führt aus, dass die Führungsperson auf Grund der Arbeitsteilung die Arbeitsaufgabe auf verschiedene Geführte verteilt und die zurück gemeldeten Teilergebnisse überprüft. Bei einem positiven Ergebnis wird die nächste Aufgabe vergeben.

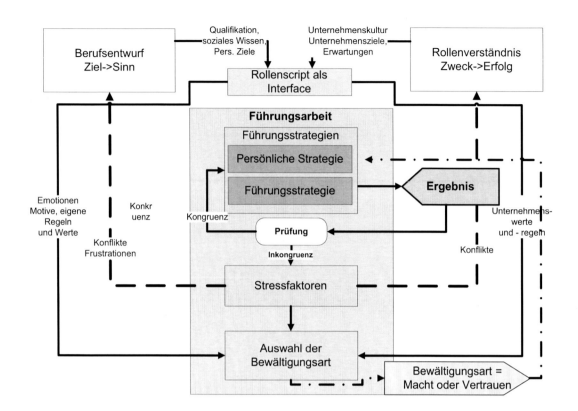

Abbildung 53 grafische Darstellung einer vorläufigen Hypothese zum professionellen Lebensraum (Quelle: eigene Darstellung)

Ist das Ergebnis negativ, es stellt dann einen Misserfolg dar, und es kommt zu Frustration und/oder Konflikt (Stressoren), weil Hindernisse den Weg zum Gesamterfolg verstellen und der damit nicht sicher ist oder nicht sichergestellt werden kann.

Die Stärke der, durch die Stressoren, ausgelösten Emotionen und die Wahl der Bewältigungsart wird zum einen durch die Persönlichkeit der Führungsperson bestimmt, die sich aus der Sozialisation ergibt und aus den Normen und Werten des Unternehmens und der Art wie diese Internalisiert wurden. Die Persönlichkeit der Führungsperson als Ergebnis der beruflichen Sozialisation, wird durch die Kategorie „Berufsentwurf" und die Normen und Werte des Unternehmens durch die Kategorie „Rollenverständnis" beschrieben.

Die Auswahl der Bewältigungsart hängt von der Persönlichkeitsstruktur der Führungsperson ab und von, den ihr zur Verfügung stehenden Handlungsstrategien, die sich in ähnlichen Situationen als erfolgreich herausgestellt haben. Diese, für die Person in dieser Situation „richtige" Bewältigungsart wird angewandt. Diese wirkt auf die Auswahl der Handlungsstrategie ein, entweder durch Verstärken des Machtpotenzial oder des Vertrauenspotenzials.

Das Ergebnis der Durchführung wird wieder überprüft. Ist das Ergebnis jetzt positiv und das Hindernis beseitigt (überwunden) und damit auch der Stress, wird keine weitere Bewältigungsart veranlasst. Ist das Ergebnis negativ, was bedeutet, dass das Hindernis nicht oder nicht vollständig beseitigt ist, wird eine neue Bewältigungsart ausgewählt und die entsprechende Handlungsstrategie durchgeführt, die auf eine geänderte Situation zutrifft.

Zunächst kann hier festgestellt werden, dass die Stärke der Emotionen in Verbindung mit der Persönlichkeitsstruktur der Führungsperson in diesem Falle sein Aggressivitätspotenzial (hoch oder niedrig) einen Einfluss auf die Wahl der Handlungsstrategie, in Form einer engen oder kooperativen Führung bzw. „persönlichen Strategie", haben. Dabei spielt es eine Rolle, welches persönliche Verhältnis die Führungsperson zu den Geführten, den Vorgesetzten oder Kollegen hat. Handelt es sich hier um ein vom Vertrauen getragenes, oder um ein bestimmendes. Diese Faktoren sind unabhängige Variablen, die auf die abhängige Variable „Bewältigungsart" einwirken.

Neben den oben genannten, unabhängigen, Variablen beeinflusst auch die Unternehmenskultur mit ihren Normen und Werte, das Verhalten der Führungsperson gerade dann, wenn Emotionen, verursacht durch Stress, ins Spiel kommen. Dieser Einfluss wird durch das Rollenverständnis der Führungsperson beschrieben. Es beinhaltet die Werte, Normen und Regeln in Form der Pflichten, die eine Rolle zugeordnet werden. Hierbei handelt es sich um die moderierende Variable, die entweder dämpfend oder verstärkend wirkt. Dadurch wird eine Bewältigungsstrategie ausgewählt, die zwischen enger und kooperativer Führung liegt.

Wie aus Abbildung 53 ersichtlich ist wirkt diese auf das Arbeitsverständnis ein mit dem Ziel, das Hindernis, welches zum Stress und zu den dadurch verursachten Emotionen geführt hat, zu beseitigen und damit auch die Emotionen. Hierbei handelt es sich um einen kybernetischen Prozess, der so lange aktiv ist, bis das Hindernis beseitigt ist. Dies bedeutet auch, dass in jedem Durchlauf wieder eine andere Bewältigungsstrategie ausgewählt wird, die ebenfalls zwischen Macht und Kooperation angesiedelt ist. Es ist möglich, dass dieselbe Person sowohl macht- als auch kooperationsbezogen agiert.

12.11.4 Zusammenfassung der vorläufigen Ergebnisse

Nachstehend sollen die Kernaussagen der Ergebnisse zusammengefasst werden.

1. Durch berufliche Sozialisation wird bei Arbeitspersonen der Berufsentwurf angelegt. Dies führt dazu, dass motivationale Schemata gespeichert werden, die die Grundlage der beruflichen Handlungsstrategie bilden (Siehe 6). Ausschlaggebend ist dafür die Motivstruktur, die entweder annähernd oder vermeidend ausgeprägt sein kann. Durch die Ausführung der Handlungsstrategien sollen diese beruflichen Bedürfnisse, nämlich die Erfüllung der persönlichen Ziele, befriedigt werden. Das gelingt nur, wenn die gewählten Handlungsstrategien erfolgreich sind.

2. Durch die Übernahme einer Führungsrolle, werden von verschiedenen Rollensendern Erwartungen an die Führungsperson gerichtet, die es zu erfüllen gilt, um nachhaltigen Erfolg zu erzielen. Diese Erwartungen sind die Vorgaben der Rollensender[52]. Das Rollenverständnis gibt an, wie die Person die Rollen ausfüllen kann und will.

3. Berufsentwurf und Rollenverständnis bestimmen zusammen das Rollenscript (siehe 0), als Interface (Schnittstelle) zwischen Person, Rolle und dem tatsächlichen Arbeitshandeln der Person. Es ist das Drehbuch, wie die Rolle „gespielt" werden kann. Es bestimmt den Ablauf verschiedener, motivationaler Schemata, bezogen auf eine bestimmte Situation. Dieses Script verändert sich im Laufe des Lebens, weil sich sowohl Berufsentwurf als auch Rollenverständnis ändern, d. h. an geänderte Situationen anpassen.

4. Führungsarbeit besteht darin die Unternehmensziele zusammen mit den Geführten und Kollegen umzusetzen. Dabei können zwei generelle Strategien unterschieden werden, die persönlichen Strategien, die angewendet werden, um die Ziele gegenüber den Vorgesetzten oder Kollegen durchzusetzen und die Führungsstrategien, die angewendet werden, um die Unternehmensziele zusammen mit den Geführten zu erreichen. Dies bedeutet, dass die Strategien variabel eingesetzt werden. Beide Strategien sollten zu dem gewünschten Ergebnis führen.

---

[52] Rollensender sind: Unternehmen, Kollegen, Geführte

5. Das Ergebnis der Führungsstrategie wird von der Führungsperson daraufhin überprüft, ob mit diesem auch die vorgegebenen Ziele erreicht und somit die beruflichen Bedürfnisse erfüllt wurden. Wenn dies der Fall ist, wird ein neues Ziel oder werden neue Ziele angestrebt. Wird das Ziel nicht erreicht, werden Inkongruenz Signale (negative Emotionen) zu Stressfaktoren.

6. Die Stressfaktoren wie z. B. Angst, Furcht, Wut etc. lösen Stress aus, mit den bekannten und bereits oben beschriebenen Symptomen. Dieser wirkt zurück sowohl auf den Berufsentwurf als auch auf das Rollenverständnis der Führungsperson. Dadurch wird das Rollenscript entsprechend angepasst und stellt somit die motivationalen Schemata, für die neue Situation, bereit. Die Führungsstrategie wird unter dem Stresseinfluss zur Bewältigungsstrategie.

7. Die Umsetzung einer bestimmten Bewältigungsstrategie wird durch die Stressfaktoren bestimmt. Sie legen die Bewältigungsart fest. Die Bewältigungsstrategie ist die emotionale Antwort der Führungsperson, auf den bei ihr, ausgelösten Stress, berücksichtig aber gleichzeitig die Rollenbelange. Die Bewältigungsart wirkt auf die Führungsstrategie und bestimmt, ob diese in Richtung „Machtausübung" oder „Kooperation" verstärkt wird.

8. Durch die Ausführung der Bewältigungsstrategie, werden der Stressfaktoren und damit die Bewältigungsart verändert. Der Stress-Bewältigungsprozess ist ein kybernetischer Prozess, der die Wiederholungsschleife so lange durchläuft, bis das gewünschte oder zumindest ein zufrieden stellendes Ergebnis erzielt und der Stressfaktor oder die Stressfaktoren abgeklungen sind. Danach wird ein neues Ziel ausgewählt.

Um die Forschungsfrage zu beantworten, bildet diese Zusammenfassung die Grundlage. Aus diesen Informationen soll auf Grund von organisationspsychologischen Erkenntnissen abgeleitet werden, ob die Annahmen, die zu einer vorläufigen Hypothese führen, die Forschungsfrage zu beantworten. Dies auch vor dem Hintergrund einer viablen (intelligenten) Organisation und den zukünftigen Hausforderungen (siehe 5) für Führungspersonen. Dazu wird jetzt die Führungsperson ins Visier genommen und der Lebensraum und die jeweilige Situation, die den Stress auslöst, beschrieben. Dies geschieht detailliert im nächsten Kapitel.

13 Ausarbeitung einer organisationspsychologischen Hypothese

Im letzten Kapitel wurde aus den durchgeführten Interviews eine vorläufige Hypothese beschrieben, die zur Beantwortung der Forschungsfrage führen könnte. Diese sollte nach organisationspsychologischen Gesichtspunkten detailliert werden. Grundlage der weiteren Überlegungen ist der theoretische Rahmen und die bisher erarbeiten Kenntnisse.

Zum Schluss folgt die Diskussion der methodischen Vorgaben und der Faktoren, die einen Einfluss auf den Forschungsprozess haben. Daran schließt sich die Erläuterung der Praxisrelevanz der vorgelegten Ergebnisse, wobei im letzten Schritt mögliche, darauf aufbauende Forschungsfragen, besprochen werden.

13.1 Grundlagen der Hypothese

Im theoretischen Teil wurde die Systemtheorie mit der Feldtheorie von Kurt Lewin verknüpft, um letztlich den Lebensraum der Führungsperson als „professionellen Lebensraum" beschreiben und analysieren zu können (siehe hierzu 0).

Dabei wurden die Faktoren herausgearbeitet, die für die Forschungsfrage relevant sind, um zu erklären, unter welchen Bedingungen eine Führungsperson bei drohendem oder eingetretenem Misserfolg zu Machtstrategien oder zu kooperativen Strategien greift, um die Folgen abzuwenden (siehe hierzu 0).

Das Führungshandeln ist der Ausgangspunkt der Überlegungen. Deshalb wurden die Führungsprozesse im ersten Schritt anhand von Interviews rekonstruiert und dargestellt (siehe Punkt 0). Diese Prozesse beschreiben die einzelnen Schritte der Führungsperson, um die ihr zugeordneten Aufgaben zu erfolgreich zu bearbeiten. Da es jedoch nicht um die Prozesse an sich, sondern um das Verhalten der handelnden Personen bei der Realisierung geht wurden aus den durchgeführten und analysierten Interviews, wurden folgende Kategorien herausgearbeitet:

- ➢ Berufsentwurf
- ➢ Rollenverständnis
- ➢ Führungsarbeit
    - o Hindernisse (Barrieren) auf dem Weg zum Ergebnis
    - o Bewältigungsarten

Dadurch, dass sich diese Kategorien aus den geführten Interviews und aus der jahrelangen Beobachtung von Führungspersonen auf vielen Unternehmensebenen, herauskristallisiert haben, kann davon ausgegangen werden, dass es sich hierbei um die Beschreibung von Bewusstseinsinhalten handelt, die eine wesentliche Wirkung auf das Führungshandeln haben.

Diese wurden im Punkt 0 als Hypothesenkonzept der „Stressbewältigung im professionellen Lebensraum" in einen Zusammenhang gestellt und beschrieben.

Diese Beschreibungen dienen als Grundlage zur Beantwortung der Forschungsfrage: „Was bedingt den Einsatz von Macht oder Kooperation, wenn Führungspersonen den Eindruck haben, dass persönliche Ziele nicht erreicht werden?"

Da die Informationen noch zu allgemein sind, um die Forschungsfrage zu beantworten, werden nachstehend die maßgeblichen Variablen aus den Kategorien destilliert, um die Hypothese weiter zu detaillieren und daraus die Antwort abzuleiten. Als theoretische, sozialpsychologische Grundlage dient die Feldtheorie, als Systemtheorie, wie zuvor beschrieben (siehe 0).

Die Frage, die sich jetzt stellt, ist: „Welchen Einfluss haben die herausgearbeiteten Kategorien auf das Führungshandeln?" Dazu sollen nachstehend die Einflussfaktoren auf das Führungshandeln aus den vorgestellten Informationen abgeleitet werden. Der Lebensraum wird zu einem professionellen Lebensraum der Führungsperson, weil Führungspersonen und ihr Führungshandeln im Mittelpunkt dieser Betrachtungen stehen.

13.1.1 Beschreibung des Führungsraums

Mit der Definition des Führungsraumes beziehe ich mich auf die Feldtheorie von Kurt Lewin (1982), der dabei folgende Punkte heraushebt:

„1. Die Möglichkeiten einer Feldtheorie heißen: a) das Verhalten muss aus der Gesamtheit der zugleich gegebenen Tatsachen abgeleitet werden; b) diese zugleich gegebenen Tatsachen sind insofern als ein "dynamisches Feld" aufzufassen, als der Zustand jedes Teil dieses Feldes von jedem anderen Teil abhängt. Der erste Satz a) enthält die Behauptung, dass auch der Gegenstand der Psychologie vielfältig ist, dass auch der Gegenstand der Psychologie vielfältig ist, so dass die von ihm gegebenen Beziehungen nicht ohne den Begriff des Raumes dargestellt werden können" (Lewin, 1982, S. 65). Dieser Raum müsste als „ein psychologischer Raum behandelt werden...Allenthalben wir anerkannt, dass dieser „Lebensraum" die

Person und die psychologische Umwelt einschließt" (Lewin, 1982, S. 66). Ähnliches gilt auch für den Satz b)..." welche die Reaktion nicht einem Einzelreiz zuordnet..., sondern einem „Reizschema", das Ziel und Triebreize[53] einschließt. Im Prinzip wird allgemein angenommen, dass das Verhalten(V) der Person(P) und der Umwelt(U) darstellt: V=F(P,U), und dass P und U in dieser Formel wechselseitige abhängige Größen sind" (Lewin, 1982, S. 66) Die Abkürzungen rechts vom Gleichheitszeichen in Klammern sind die Platzhalter für die unabhängigen Variablen[54], deren Inhalt, letztlich den Wert der abhängigen Variablen links vom Gleichheitszeichen beeinflusst. Modelliert wird nun ein psychologischer Raum in dem gilt (Lewin, 1982):

Der Lebensraum und deren Handeln stellen sich wie folgt dar:

V(FP) = F (Funktion von):

- Operationsmanagement
- Führungsperson als Beobachter,
- Realisierung durch geführte Personen,
- sonstige handelnde Personen

Dabei stellt das Operationsmanagement stellvertretend die Struktur des technosozialen Systems als dar und der Rest sind die handelnden Personen. Wobei das „technosoziale System" die Umwelt der handelnden Personen bildet und vice versa. Sie sind strukturell gekoppelt.

Damit wird der Führungsraum als ein technisch-soziales Handlungssystem definiert. Es ist viabel in dem Sinne, dass die erzielten Ergebnisse rückgekoppelt werden und zu einer Änderung der Aufgaben führen. Nachstehend wird dies näher detailliert.

13.2 Leistungserbringung und Führung im VMS und seinen Umwelten

Die nachstehend beschriebenen Struktureinheiten (SE) des viablen Managementsystems (VMS) mit ihren Umwelten ist der professionelle Lebensraum der betrachteten Führungsperson (FP) und schließt diese mit ein (Lewin, 1982). Wie bereits unter

---

[53] Triebreize meint hier Bedürfnisse bzw. Motivationen (der Verfasser).

[54] Was ich hier als Variablen bezeichne, bezeichnet Lewin als Vektoren d. h. gerichtete Kräfte. Ich habe hier die in der Psychologie allgemein übliche Bezeichnung gewählt, auch weil sich diese mit der Informationsverarbeitung besser verträgt.

0 detailliert beschrieben wandelt sich das von Luhmann (1984) beschriebene soziale System in ein techno-soziales System.

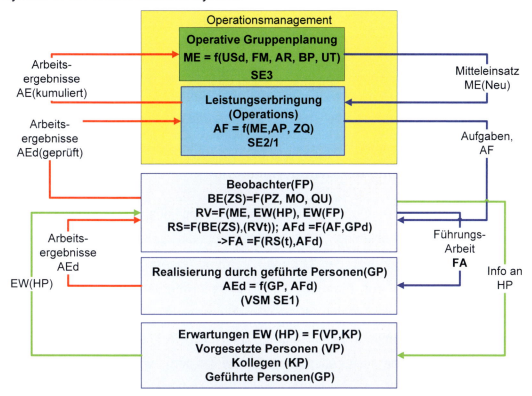

Abbildung 54 die Führungsperson als Beobachterin (Quelle: eigene Darstellung)

Das bedeutet, dass im Zuge der digitalen Transformation die technischen Systeme die Tendenz haben, die psycho-sozialen Systeme zurückzudrängen bzw. zu dominieren. Im Rahmen des Studienthemas soll hier nicht die Digitalisierung an sich betrachtet werden, sondern es geht um die Auswirkung von auftretenden Problemen bei der Leistungserbringung auf Personen in techno-sozialen Systemen (Organisationen).

Obige Abbildung zeigt die Struktur der Leistungserbringung im Rahmen des „viablen System-Managements (VMS)" und die dabei involvierten Personen als Umwelten des techno-sozialen Systems. Während die Darstellung in Abbildung 8 sich auf die Kommunikation zwischen den Systemeinheiten bezieht und deshalb Informationen zu den Geschäftsprozessen ausgetauscht werden, kommen jetzt die Personen als Umwelt des Unternehmens ins Spiel die „technischen Daten" werden um persönliche Daten erweitert.

Es wird gezeigt, dass alles „Geplante" in einem Unternehmen durch Personen realisiert werden muss. Deshalb wird hier das Ergebnis einer vorhergehenden Planung (Strategie (US), Finanzmittel (FM), Zuordnung von Funktionen zu Rollen (AR), Struktur der Geschäftsprozesse (BP), Unternehmenstechnik (UT) sowie Personen, die die Arbeit durchführen, die Arbeitspersonen (AP) und die Erwartung an der Arbeitsausführung (ZQ) als vorhanden vorausgesetzt. Die daraus resultierenden Funktionen werden nachstehend definiert und detailliert.

13.2.1   Beschreibung der Gruppenplanung

Ausgangspunkt ist das Operationsmanagement, das aus dem VSM (bei der Leistungserbringung Abbildung 16) übernommen, die Leistung plant und den ermittelten Mitteleinsatz ME der Gruppe zuordnet (Operative Gruppenplanung). Wobei die Grundlage der Planung den Teil der Unternehmensstrategie (USd) beinhaltet, dessen Ziel (Teilziel) durch Gruppe erreicht werden soll sowie die dazugehörigen Finanzmittel (FM = Budget). Die Rollen (AR) stellen die Verbindung zu den Rolleninhaber (Arbeitspersonen) und den von ihnen betreuten Geschäftsprozessen (BP) sowie der dazugehörigen Unternehmenstechnik (UT) her. Damit ist der Mitteleinsatz beschrieben, d. h. die Ressourcen, die der Zielerreichung zur Verfügung stehen, **ME** = F (**US**d, **FM, AR, BP, UT**). Der Mitteleinsatz ist eine Funktion der zuvor beschrieben Variablen und damit von ihnen abhängig. Eine Änderung dieser Variablen ergibt eine Änderung des Mitteleinsatzes. Die Strukturen und Funktionen hierzu sind im VSM der Struktureinheit SE3 zugeordnet.

13.2.2   Beschreibung der Leistungserbringung

Der zugewiesene Mitteleinsatz (ME) bildet die Grundlage der Aufgabendefinition **AF = F (ME, AP, ZQ).** Diese ist eine Funktion aus Mitteleinsatz für die Inhaber der definierten Arbeitsrollen (AR), nämlich die Personen (**AP**) sowie Dauer und erwartete Qualität (**ZQ**) der Aufgaben, die innerhalb einer Gruppe erledigt werden müssen, um das Ziel zu erreichen. Diese Aufgaben werden den Arbeitspersonen (**AP**) zugeordnet, die so zu geführten Personen (**GP**) werden. Die geführten Personen gehören sowohl zu den Umwelten der Unternehmung als auch zu denen der Führungsperson und sind mit diesen strukturell gekoppelt.

Die Aufgaben sind somit eine Funktion der zuvor beschrieben Variablen und damit von ihnen abhängig. Eine Änderung dieser Variablen ergibt eine Änderung der Aufgaben. Die Strukturen und Funktionen hierzu sind im VSM der Struktureinheit SE2 zugeordnet. Das Ergebnis der Bearbeitung ist die Aufgabenplanung (AF) und Zuordnung an die Arbeitspersonen (AP).

13.3 Die Führungsperson als Beobachterin

Wie bereits oben angeschnitten (siehe 0) werden Aussagen über das System stets vom Beobachter getroffen. „Er ist eine Person und damit ein lebendes System. Alles was lebende Systeme kennzeichnet, kennzeichnet auch ihn. Der Beobachter betrachtet gleichzeitig den Gegenstand, den er analysiert und die Welt, in der dieser Gegenstand sich befindet" (Maturana 2000, S. 25). Damit wird auch die Gruppe, als System von der Führungsperson „beobachtet", weil ein Teil deren Lebensraums (siehe 0) ist, in welchem sie, zusammen mit anderen Personen, die an sie gerichteten Erwartungen erfüllt. Sie beobachtet ihre Umwelt aber auch sich selbst, dadurch wird sie zugleich zu einer Beobachterin 2. Ordnung (Beobachterin, die die Beobachterin beobachtet). Die Frage ist: „Was ist die Voraussetzung der Führungsperson, um die, von ihr geführten, Personen zu beobachten und was sind die Folgen dieser Beobachtung?" Zunächst wird die Umwelt beobachtet.

13.3.1 Beobachtungen der Führungsperson

Die Aufgabe der Führungsperson ist den erwarteten Beitrag zu Zielerreichung des Unternehmens zusammen mit den geführten Personen zu leisten, was bedeutet, die der Gruppe zugeordneten Aufgaben (AF) in der vorgesehenen Zeit, der vorgesehenen Qualität (ZQ) zu erledigen. Dabei sind die in der Unternehmenspolitik festgelegte Werte und Normen, speziell die der Menschführung zu beachten.
Diese Arbeitsaufgaben der Gruppe (AF) werden durch den Mitteleinsatz, den zugeordneten geführten Personen (GP) und den Zeit- und Qualitätsvorgaben (ZQ) definiert **AFd** = f(**ME, GP, ZQ**). Die Arbeitsaufgabe stellt somit die Grundlage für das Handeln der einzelnen geführten Person (**GP**) dar und beinhaltet auch die Erwartungen des Unternehmens an diese, als Rolleninhaberin (**RO**). Diese Aufgaben beinhalten somit auch einen distinkten Teil der Unternehmensstrategie.

Die Führungsperson als Beobachterin beobachtet die mit der Durchführung betrauten Mitarbeiter (GP), die ihrerseits psychische Systeme sind. Beobachtung wird von Heinz von Foerster (1985) als Feststellen eines Unterschiedes definiert. Um einen Unterschied festzustellen, muss es der FP möglich sein ein Referenzkriterium zu konstruieren, welches es ihr ermöglicht einen Soll-Ist-Vergleich anzustellen. Sie muss den Zustand, der in der Gegenwart „ist" mit einem gewünschten Zustand in der Zukunft vergleichen. Dies ist umso schwerer, als es sich hierbei oftmals um Prozesse handelt, die noch keine Endergebnisse vorzuweisen haben, die dann anhand des Prozessstandes in die Zukunft interpoliert werden müssen. Oder wenn anhand des geplanten Zieles und der zur Verfügung stehenden Mitarbeiter die Erreichbarkeit des Zieles festgestellt werden muss. Hier soll noch kurz beschrieben werden, wie dies einer Beobachterin möglich ist.

Zu dem Problem des „Feststellen eines Unterschiedes" schreibt Willke (1999): „Das Bemerken von Unterschieden setzt nicht nur Unterschiede, sondern auch ein „Bemerken" voraus, also eine Instanz, die in der Lage ist, ein Vorher/Nachher, ein Dies/Jenes, ein So/Anders zu unterscheiden. Wer kann das? Anscheinend nur eine Einheit, die fähig ist, über den Kunstgriff eines Gedächtnisses Zustände festzuhalten, an denen gemessen sich etwas als vergleichsweise anders feststellen lässt" (Willke, 1999; S. 14). Die Grundlage der Beobachtung der Führungsperson ist die Erfüllung verschiedener Erwartungen an ihre Rolle, ihre Erwartung an sich selbst, d. h. ihre persönlichen Ziele im Zusammenhang mit ihrer Rollenposition und an die ordnungsgemäße Aufgabendurchführung der geführten Personen. Dazu müssen diese Informationen in den Strukturen des Gehirns als eine Einheit gespeichert sein. Wobei Struktur abspeichern meint, dass in den Gedächtnissystemen Informationen und Verhaltensweisen abgespeichert werden. Dabei werden auch emotionale Aspekte mit abgelegt.

13.3.2 Berufsentwurf als mentale Schnittstelle zum Bewusstsein

Das Bewusstsein stellt ein solches System dar, das als autobiografisches Gedächtnis auch über ein berufsspezifisches Teil-Bewusstsein verfügt und somit auch über die Fähigkeit Unterschiede zwischen Ergebnissen und Erwartungen festzustellen.

Der Berufsentwurf ist eine Teilmenge des Lebensentwurfs der Person. Der Berufsentwurf (BE) beinhaltet persönlichen Ziele (PZ), die die Person mit Hilfe der beruflichen Fertigkeiten zu erreichen sucht, sowie die Motive (MO) und die entsprechenden Qualifikationen und Berufserfahrungen (QU), erworben durch die Berufsentwicklung, aber auch die erlernten Zielerreichungsstrategien (ZS). Die Führungsperson hat sich diese Strategien im Laufe der beruflichen Sozialisation angeeignet, weil sich diese als erfolgreich zum Erreichen der persönlichen und der Unternehmensziele, herausgestellt haben. Wobei die Motive, je nach Sozialisationsverlauf entweder eine aufsuchende oder eine vermeidende Tendenz aufweisen können. Dementsprechend wird der Berufsentwurf als Struktur abgespeichert (siehe 0). Nach Grawe (2004) kann man diese, gespeicherten, Verhaltensweisen als motivationale Schemata bezeichnen. Es handelt sich um Bewusstseinsinhalte. Diese Inhalte werden autobiographisch abgespeichert und stehen der Kognition bei Bedarf zur Verfügung.

Es kann somit gesagt werden: **Berufsentwurf BE(ZS) = F(PZ, MO, QU).**

Wobei PZ, MO, QU für die Gedächtnisinhalte stehen, die den Berufsentwurf mental abbilden. BE(ZS) sind die Zielerreichungsstrategien (motivationale Schemata), die der Person, zur Erreichung der beruflichen Ziele zur Verfügung stehen.

13.3.3 Führungsaufgabe

Die Rolle bündelt die Erwartungen (EW), die das Unternehmen (AR (siehe oben)), UT[55]) = AFd und die handelnden Personen (GP, VP, KP) = EW (HP)[56] an die Rolle und somit die Führungsperson stellen. Die Rolle **(RO) = F(AFd), EW(HP))**.

Das Rollenverständnis beinhaltet eine Teilmenge der Unternehmensziele, die erfüllt werden sollen. Dabei werden auch die Erwartungen, der Führungsperson an die Rolle, mit bedacht. Diese Erwartungen werden von der Führungsperson übernommen, entsprechend emotional bewerten und in den Gedächtnissystemen abgespeichert. Es handelt sich hierbei ebenfalls um Bewusstseinsinhalte, die jedoch, entgegen der Bewusstseinsinhalte des Berufsentwurfs mit anderen Personen des Bereichs geteilt werden, aber ohne die emotionale Bewertung, die jede Person für sich selbst vornimmt. Man kann dies einen Teil, des Unternehmensbewusstseins nennen. Das **Rollenverständnis RV = F (RO), EW(FP)** gibt somit die

---

[55] Die Erwartungen der Unternehmenstechnik (UT) bedeutet, dass mit dem Einsatz einer flächendeckenden Unternehmenstechnik, jede Rolle den Einsatz und die Handhabung dieser Technik beherrschen muss. Gemeint ist hier speziell die Informationstechnologie (IT). Dies wird durch den Mitteleinsatz (Ressourceneinsatz zur Zielerreichung) dargestellt.
[56] HP = handelnde Personen

Rollenanforderungen wieder, wie sie einer bestimmten Führungsperson bewertet sind und von den Bewusstseinsprozessen zur Verfügung gestellt werden.

Sowohl der Berufsentwurf (BE), als auch das Rollenverständnis sind die unabhängigen Variablen, die die Führungsarbeit, als abhängige Variable, beeinflussen. Sie bilden zusammen die Schnittstelle, das Rollenscript. Das ist letztlich der Zugriff auf die Gedächtnissysteme der Führungsperson, der es ihr ermöglicht auf die, in der jeweiligen Führungssituation benötigten motivationalen Schemata, aber auch die benötigten Kenntnisse und Unternehmenserwartungen zuzugreifen, um die beruflichen Bedürfnisse befriedigen zu können im Einklang mit den Vorgaben des Unternehmens und der Beteiligten. Das Rollenscript (RS) stellt die Bewusstseinsinhalte zur Verfügung, die die Führungsperson braucht, um die entsprechende Führungsstrategie auszulösen und so die gestellten Aufgaben, in einer bestimmten Situation, zu lösen. Wobei die auslösende Situation durch das Rollenscript **RS = F(BE(ZS)), (RV))** zum Zeitpunkt **t)** dargestellt wird. Das bedeutet, dass eine bestimmte handelnde Person, in einer bestimmten Rolle und einem bestimmten Rollenverständnis die Zielerreichungsstrategie auswählt, die sich in ähnlichen Situationen bewährt hat.

Deshalb gilt jetzt **Führungsarbeit: FA = F(RS(t))**.

13.3.4 Auswahl der Führungsstrategie

Die zuvor beschriebenen Personen (GP, VP, KP) sowie das Unternehmen als solches (AR, UT) haben Erwartungen an die spezielle Führungsrolle. Sie sind damit Rollensender. Gleiches gilt auch für die Führungsperson. Auch sie hat Erwartungen an die Rolle bezüglich ihres Berufsentwurfs. Diese Erwartungen bestehen in der erfolgreichen Durchführung der ihrer Rolle zugeordneten Aufgaben.

Neben dem „technischen" Aspekt der Informationsweitergabe, muss die Führungsperson noch die Erwartungen anderer involvierten Personen beachten (EW(HP). Diese Eigenschaft des Führungsraums (-systems) bedingt die Art des Handelns einzelner und somit auch der Führungsperson.

Wie beschrieben findet die Führungsarbeit in dem professionellen Lebensraum der Person statt, der durch die beschriebenen Zielvorgaben aufgebaut wird. Da es sich bei der Betrachtung um eine Führungsperson handelt, die zusammen mit den Geführten ein Ziel erreichen soll, müssen die Teilergebnisse mit dem Gesamt-Ziel verglichen werden, um bei einer Zielverfehlung rechtzeitig eingreifen zu können. Die Viabilität des Führungsraumes (System) liegt darin, dass die Ergebnisse zusammengefasst, bewertet und daraufhin der Mitteleinsatz (ME) neu bestimmt wird, was letztlich sich auch auf die Aufgaben (AFd) und die Führungsarbeit (FA) auswirkt. Die Kontrolle der Teilergebnisse erfolgt regelmäßig (siehe hierzu 0).

Den Erfolg, den es zu erreichen gilt, wird in den Unternehmenszielen, allgemein und in den Zielen des Führungsbereiches speziell, festgelegt. Es sind die Aufgaben, die aus den Zielen abgeleitet sind und sich in den Erwartungen manifestieren. Voraussetzung ist, dass die Führungsperson den Erfolg auch
haben und die Erwartungen, die an sie gerichtet sind, erfüllen will (wovon in der Studie ausgegangen wird).

Da eine Person nur das wahrnehmen kann, was sie kennt wird sie die Zielerreichung planerisch vorwegnehmen und analysieren, ob es Probleme bei der Realisierung gibt und wie ihnen beizukommen ist. Aus der Aufgabenstellung, nämlich ob die Führungsperson selbst eine Teilaufgabe lösen muss oder ob die gesamte Durchführung delegiert wird kann, ergeben sich zwei prinzipielle Strategien, da es sich um verschiedene Erwartungen handelt, die an die Führungsperson gestellt werden.

Die Unterscheidung zwischen der persönlichen (PS) und der Führungsstrategie (FS) wird durch die Erwartungen an die Rolle getroffen. Daher gilt **RV(PS[57]) = F(AFd), EW(FP), EW(VP, KP)** und **RV(MS[58]) = F(AFd), EW(GP), EW(FP)**. Dies bedeutet, dass sich die Führungsperson bei der Auswahl der Führungsstrategie nach der Situation richtet, die von ihr selbst (FP) und der Umwelt (U) zum Zeitpunkt „t" bestimmt wird, womit der Bezug zum Lebensraum nach Kurt Lewin (1982) V = F(P, U) hergestellt wird.

Daraus ergeben sich zunächst zwei Strategien: **FS(MS) = F(BE(ZS), RV(MS))** und **FS(PS) = F(BE(ZS), RV(PS))**. Die Führungsarbeit muss beide Strategien integrieren deshalb **FA = F(FS(MS), FS(PS)),** wobei die Führungsperson die Strategie auswählt, die die jeweilige Führungssituation erfordert.

Die Führungsarbeit, als Handlungssystem, ist auf ein Ziel (Z) ausgerichtet, als Teil der Unternehmensstrategie. Wobei sich Z aus den Unternehmenszielen und den persönlichen Zielen zusammensetzt (siehe oben). Dabei wird eine Kraft (K+) aufgewendet die auf das Ziel **(Z)** gerichtet ist, wobei eine Spannung **(s)** aufgebaut

---

[57] PS = persönliche Strategie,
[58] MS = Mitarbeiter bezogene Strategie

wird, die vom Aufforderungscharakter (Valenz) des Zieles abhängig ist. Valenz (**Va**) = **F(s, Z)**. Diese Kraft bedeutet die Aufgaben so zu bearbeiten, wie dies das Wissen und Können der Führungsperson zulässt.

Was die Führungsperson benötigt ist der Erfolg, der dann eintritt, wenn das Ergebnis des Führungshandeln den angestrebten Zielen entspricht. Die Kraft(K) entspricht somit Führungsverhalten AV. Erfolg (ER) ist somit die Kraft **(AV) (+) Z** (die auf Z zielt).

Die Zielerreichung ist neben anderen Motiven ein Quasi-Bedürfnis und erzeugt eine Spannung (s), die bei der Zielerreichung wieder auf 0 sinkt.

13.3.5   Hindernisse bei der Realisierung

Bei der Zielvorstellung entsteht ein Spannungsfeld, wobei die Spannung einem „Quasi-Bedürfnis (Motivation)" entspricht. Dieses Spannungssystem beeinflusst das Handeln und Denken bis zur Zielerreichung.

Zwischen den Erwartungen, gestellt an die Rolle und den persönlichen Zielen kann ein Konflikt entstehen, genau dann, wenn die FP meint, das Ziel nicht oder noch nicht erreichen zu können. Es wird eine Barriere (Behinderung der Zielerreichung (BZ)) aufgebaut, die der Kraft (AV) entgegensteht. Kraft **(BZ) (-) Z** (von Z weg).

Diese Barriere ist nur teilweise real, nämlich dann, wenn eine Teilaufgabe zu einem Misserfolg geführt hat, also das Ergebnis nicht mit dem geplanten Ziel übereinstimmt. Sonst handelt es sich um eine mentale Barriere, die darin besteht, dass die Handlungsmöglichkeiten durchgespielt werden und das Ziel als problematisch oder unerreichbar erscheint. Dabei können theoretisch zwei Möglichkeiten bestehen:

a) die Aufgabe wird für schwer lösbar gehalten, weil eine solche Aufgabe noch nie gelöst wurde, weil die Aufgabe zeitkritisch ist oder weil bereichsübergreifend gearbeitet werden muss,

b) zum Bearbeiten der Aufgabe fehlen geeignete Personen bzw. das Wissen zur Bearbeitung der Aufgabe ist bei den geführten Personen nicht oder noch nicht vorhanden.

c) Exkurs: durch außerplanmäßige Ereignisse (wie Unternehmensschieflage, digitale Transformation, Convid19-Pandemie) treten Ängste (siehe 0) bei den betroffenen Arbeitspersonen auf, die Pkt. a) und b) enthalten.

Durch die Barriere (BZ) wird in FP die Spannung (s), die durch das Aufgabenverständnis aufgebaut wurde, weiter gesteigert.

Zielerreichung unterscheidet sich vom Ergebnis dadurch, dass die Zielerreichung mit dem Erfolg zusammenfällt, und zwar genau dann, wenn mit der Zielerreichung auch das subjektive Anspruchsniveau befriedigt wird, wobei das subjektive Anspruchsniveau, in den persönlichen Zielen zu sehen ist.

13.3.6 Stress durch Hindernisse bei der Realisierung

Die Möglichkeit ein geplantes Ziel nicht zu erreichen, also den Erwartungen nicht zu entsprechen und damit die Spannung nicht abbauen zu können, erhöht den Druck auf die Person und löst Frustration aus. Dadurch entstehen Emotionen (Furcht, Wut, Ärger).

Diese Emotionen bewirken eine Kraft, die die Führungsperson eine Führungshandlung durchführen lassen, um das „bedrohte" Ziel doch noch zu erreichen. Da es sich um eine Führungshandlung handelt, sind andere handelnden Personen (HP) involviert, bei welchen eine Verhaltensänderung induziert werden soll. Bei der Führungshandlung handelt es sich jetzt um eine Bewältigungsstrategie, die angewandt wird, um Emotionen abzubauen und das Ziel doch noch zu erreichen.

Die Emotionsstärke bestimmt auch die Intensität des Stresses und ist der Auslöser für die Art der Bewältigungsstrategie, die ebenso abhängig von der gegebenen Situation ist. Es stellt sich die Frage, welche Führungsstrategie im Stressfall als Bewältigungsstrategie ausgewählt wird. Dies wird nachstehend, der Wichtigkeit halber ausführlich beschrieben.

13.3.7 Auswahl der Bewältigungsstrategie

Die Interview-Ergebnisse deuten auf eine positive Beziehung zwischen Emotionsstärke und Machtgebrauch hin. Allerdings kann angesichts der weiteren Feldkräfte nicht auf eine direkte Kausalität geschlossen werden. Wenn man dem Gedanken der Autopoiese folgt, wird klar, dass Menschen generell Handlungen bevorzugen, die ihrem Selbstbild entsprechen. Auch dies zeigt sich in den Befunden. Jene Interviewpartner, deren persönlicher Führungsstil als direktiv beschrieben werden kann, tendieren eher zur Machtstrategie als ihre konsensorientierten Kollegen. Dies entspricht nicht nur dem Autopoiese-Prinzip, sondern lässt sich auch Dissonanz theoretisch begründen (Festinger, 1957). Eine zögerliche, abwartende und die geführten Mitarbeiter, einbeziehende Strategie wäre dem Selbstbild des "erfolgreichen Machers" abträglich. Neben diesen moderierenden Einflüssen, die dem systemtheoretisch begründeten Autopoise-Prinzip entsprechen, zeigte sich ein weiterer, systemtheoretisch deutbarer Effekt: Die Organisationskultur eines Unternehmens wirkt ähnlich autopoietisch wie das Selbstbild einer Person. Wenn Führungskräfte das drohende Scheitern einer für sie persönlich wichtigen Zielerreichung befürchten, und sie subjektiv den inneren Impuls zum Machteinsatz spüren, wirkt eine konsensorientierte Organisationskultur hemmend, während eine direktiv orientierte Kultur die Wahrscheinlichkeit des harten Durchgreifens erhöht, das damit zur Stabilisierung der Kultur beiträgt.

Es sind mehrere Systeme, in diesem Fall psychische Systeme, zu einem sozialen System verknüpft. Wobei die Führungsperson (FP) als ein System zu sehen ist, welches gegenüber anderen Systemen, abgeschlossen ist und sich ständig selbst verändert (Autopoiese). Verbunden ist dieses System (FP) durch Kommunikation (Informationsverarbeitung) mit den anderen Systemen und ist somit Teil eines sozialen Systems. Die Information, die mitgeteilt wird, ist das Ergebnis eines vorhergehenden Prozesses. Diesem Ergebnis wird dann vom Empfänger Sinn zugeschrieben. Diese Sinnzuschreibung führt zu der Entscheidung, ob und wie gehandelt werden soll. In diesem Fall handelt es darum, dass durch die Kraft (BZ) (-) Z, die Spannung (s) im System (FP) erhöht wird, weil sie der Kraft AV (+) Z entgegensteht. Die Spannung im System steigt und die Emotion ebenfalls, und zwar in dem Maße, wie sich das Ziel weiter entfernt und somit die Distanz (d) zunimmt.

Es treten Stressoren auf (Emotionen), die zu Stress führen. Die Führungsperson sucht nun eine Handlungsmöglichkeit, die es ihr ermöglicht das Ziel doch noch zu erreichen und somit den Stress zu reduzieren. Sie sucht nach einer Bewältigungsstrategie.

Die Auswahl einer solchen Handlungsstrategie erfolgt durch Rückgriff auf die Verhaltensmöglichkeiten der Führungsperson, d. h. es wird nach einem Verhalten gesucht, das sich bereits in der Vergangenheit in ähnlichen Situationen bewährt hat und sich auf diese Situation übertragen lässt (Assimilation). Wenn die Erfahrung nicht angepasst werden kann, weil sie den vorhandenen Erfahrungen zu sehr widerspricht, ist eine grundlegende Veränderung des vorhandenen Schemas notwendig, eine Akkommodation, wenn es dem Individuum auch weiterhin gelingen soll mit seiner Umwelt sinnvoll, im Sinne einer Zielerreichung, zu interagieren. Wenn auch die Akkommodation der Führungsperson nicht möglich ist (siehe Strunk + Schiepek, 2006), dann wird sie wahrscheinlich aus dem Feld gehen.

Der Rückgriff auf frühere Verhaltensmuster wird auch in einigen Interviews deutlich. Hier wird auf frühere Erfahrungen mit Mitarbeiter zurückgegriffen oder auf frühere Organisationsstrukturen, die aber in der aktuellen Situation nicht vorhanden sind. Es musste erst gelernt werden, mit der neuen Situation umzugehen (Akkommodation).

Nachstehende Grafik (Abbildung 55) fügt den Zielerreichungsprozess der Führungsperson mit dem emotional-kognitiven System (Schützwohl, 2002) zusammen, um die Entstehung der Emotionen innerhalb von Führungshandlung darzustellen. Sie zeigt detailliert auf wann und wie eine Führungsperson erkennt, ob die Ziele erreicht wurden oder im Verlaufe des Prozesses erreicht, werden können, oder nicht sowie die Reaktion auf diese Erkenntnis

13.3.8   Machtausübung als Realisierungsstrategie

Um das Thema Macht zu betrachten, wird nun die handelnde Person (HP) wieder eingeführt. Handelnde Personen können alle Personen außerhalb von FP sein, also GP, aber auch Vorgesetzte oder Kollegen. Der Führungsraum **FR (FP)** ist vom Machtbereich (Machtraum) des Unternehmens umschlossen.

Die Systeme in einem sozialen System sind dann strukturell voneinander abhängig, wenn das eine System (FP) in dem anderen System (HP[59]) einen Zustandswechsel herbeiführen kann. FP hat die Macht in HP einen Zustandswechsel zu induzieren. Die Veränderung, die in FP nötig ist, um HP zu beeinflussen, steht in keiner Beziehung zur Beeinflussung in HP (Grad der Veränderung).

Dies kann man auch in Bezug auf die induzierten Kräfte anstatt auf die Veränderung ausdrücken. Dies liest sich dann wie folgt: Macht von FP → HP = FP/HP = max. Kraft die FP in HP induzieren kann. Man kann auch das führende System als Haupt (FP) und das geführte als Werkzeug (HP) bezeichnen. Daraus ergibt sich Macht (FP/HP) > Macht (HP/FP). Dies bedeutet, je größer die Macht (FP/HP) ist, desto leichter ist es in dem geführten System, die gewünschte Veränderung zu erzeugen (siehe hierzu auch 0).

---

[59] Hier wurde bewusst HP (handelnde Personen) und nicht GP (geführte Personen), weil es sich auch um Kollegen und Vorgesetzte handeln kann auf die Macht ausgeübt wird.

Die Möglichkeit eine Veränderung zu erzeugen, hängt ab von der induzierten Kraft K(i) und der hemmenden Kraft K(h), wobei gilt K(i) > K(h). Dabei wird K(i) dem führenden System (FP) und K(h) dem geführten System (HP) zugeschrieben. Die induzierte Kraft ist eine einwirkende Kraft. Sie entspricht nicht den Bedürfnissen, bewirkt aber eine Bewegung, wobei Bewegung, das Auslösen eines Prozesses meint. Die Kraft zu einer Veränderung, kann in einem selbstreferenziellen System nur durch Kommunikation[60] induziert werden, da das induzierende System keine Möglichkeit zur direkten Einwirkung hat.

In den durchgeführten Interviews hat sich herausgestellt, dass auch hier eine Kraft induziert wird, um drohenden Misserfolg zu begegnen. Dies geht so weit, dass die Führungsperson ihr Machtpotenzial ausnutzt, um in den Verantwortungsbereich der Geführten einzugreifen, wenn diese keinen Vorschlag zu Problemlösung unterbreiten wollen oder nicht können. Die induzierte Kraft besteht im Eingreifen.

Kräfte können aus personalen oder biographischen Bedingungen entspringen oder von anderen Personen induziert werden. Im Falle des hier betrachteten professionellen Lebensraums einer Führungsperson (FP) sind die Erwartungen (EW), die von verschiedenen Seiten an die Führungsperson herangetragen werden, gemeint.

Für die Beantwortung der Forschungsfrage muss noch beschrieben werden wie eine Führungsperson erkennt, ob Ziele überhaupt erreichbar sind, ob Aufgaben erreicht werden können oder ein Ergebnis als Erfolg oder Misserfolg zu werten ist. Die Führungsperson beobachtet als Beobachter der 1. Ordnung ein psychisches oder soziales System. Ein psychisches System dann, wenn er es mit einer anderen Person, der/des Geführten zu tun hat, ein soziales System, wenn er es mit einer Gruppe zu tun hat.

13.3.9 Prüfung von Zielen und Ergebnissen

Die Führungsperson nimmt kontinuierlich wahr, ob ihre geplanten Ziele erreicht oder verfehlt wurden. Bei dieser Analyse wird das geplante Ziel mit dem Ergebnis verglichen, um festzustellen, ob es sich um einen Erfolg oder um einen Misserfolg handelt. Hier spielt nicht nur das unten aufgezeigte Delta als Differenz von Ziel und

---

[60] Unter Kommunikation wird sowohl soziale als auch technischen Kommunikation verstanden

Ergebnis eine Rolle, sondern auch das Anspruchsniveau, welches an die Leistung gerichtet ist (Lück, 2001).

Diesen Prozess bezeichnet Grawe (2004) in Übereinstimmung mit Powers (1973) als Kontrolltheorie und die Informationen hierzu als Inkongruenz Signale, die mit negativen Emotionen einhergehen (Grawe, 2004; S. 189).

In der Auswertung hat sich gezeigt, dass die organisationalen Motive (Macht-, Leistungs- und Anschlussmotiv) bei den befragten Führungspersonen, sowohl als annähernde als auch vermeidende Tendenz (siehe Punkt 0) vorhanden sind. Ja nach dem, ob die annähernden oder vermeidenden Ziele nicht erreicht werden, ergibt sich als Resultat annähernde oder vermeidende Inkongruenz. Behindern sich annähernde und vermeidende Tendenzen gegenseitig, ergeben sich Konflikte. Dies wird von Grawe (2004) als Diskordanz bezeichnet. Inkongruenz und Diskordanz sind bei der Betrachtung der Führungshandlung besonders wichtig, „weil sie mit der Aktivierung wichtiger, motivationaler Ziele verbunden sind, und die Aktivierung wichtiger Ziele geht immer mit starken Emotionen einher" (Grawe, 2004; S. 190). Da die Führungsperson auf den Erfolg angewiesen ist sind sowohl Inkongruenz als auch Diskordanz von starken Emotionen begleitet, was wiederum zur Inkonsistenz führt und somit zu Stress.

Wie sich aus der Analyse der Interviews ergibt, beschäftigen sich 11,3 % der Nennungen mit Diskordanz und 10,6 % mit Inkongruenz.

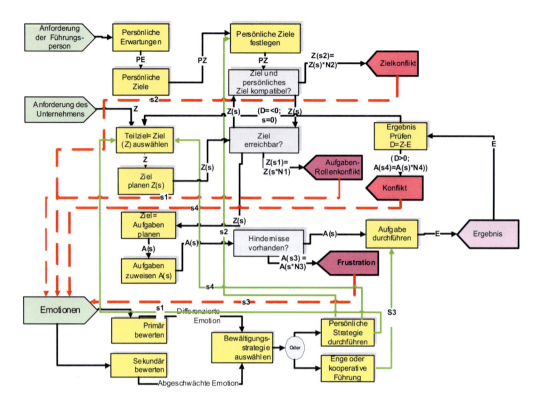

Abbildung 55 Prozesse zur Auslösung der Bewältigungsstrategie (Quelle: eigene Darstellung)

Vorherige Grafik soll beispielhaft die verschiedenen Unterscheidungen verdeutlichen. Bei den Unterscheidungen werden jeweils die in grau unterlegten Fragen durch die Führungsperson beantwortet. Wenn die Fragen mit „nein" beantwortet werden, handelt es sich um Diskordanz. Bei der Überprüfung des Ergebnisses handelt es sich um Inkongruenz, wenn D>0 ist, wenn das Ziel durch das Ergebnis nicht ganz erreicht wird.

Nachstehend wird die Grafik tabellarisch beschrieben. Wobei zu bedenken ist, dass bei dieser Darstellung die Emotionsverarbeitung ausgelassen wurde. Sie ist bereits unter Punkt 0 detailliert beschrieben und soll hier nicht wiederholt werden. Die nachstehende Tabelle dient dazu, einen Überblick über die Grafik zu erhalten.

Nr.	Haupt-prozess	Unter-prozess	Hindernis	Konflikt	Bewältigungs-strategie
1	Ziel bearbeiten				
1.1		Teilziel auswählen (Teilziel = Ziel (Z))			
1.2		Ziel planen			
1.3		Ziel erreichbar?	nein:	Aufgaben/Rollen-konflikt Z(s1)= Z(s*N1)	wirkt mit Z(s1) auf Auswahl eines neuen Teilziels ein, bis neues Teilziel gefunden ist, dann Z(s1) = Z(s)
			Ja: weiter mit 2.4	Spannung = Z(s)	
2	persönliches Ziel berücksichtigen				
2.1		persönliche Erwartungen prüfen			
2.2		persönliche Ziel prüfen			
2.3		persönliches Ziel festlegen			
2.4		Ziel und persöniches Ziele kompatibel?	nein:	Zielkonflikt Z(s2) = Z(s =N2)	wirkt mit Z(s2) darauf hin, die Kompatibilität zwischen PZ und Z herzustellen. Ist dies geschehen, dann Z(s2) = Z(s)
			ja: weiter mit 3.1	Spannung = Z(s)	
2.5		Ergebnis überprüfen; Diffrenz = Ziel - Ergebnis (D = Z-E)	D >0, Ziel nicht erreicht	Aufgabenkonflikt A(s4) = A(s*N4)	Da bereits einige relevante Prüfungen durchgeführt wurden. Muss der gesamte Prozess nochmals überprüft werden. Dies geschieht mit der Spannung Z(s4) und beginnt mit 1.1

Nr.	Haupt-prozess	Unter-prozess	Hindernis	Konflikt	Bewältigungs-strategie
			D = <0, Ziel erreicht, weiter mit 1.1	Spannung Z(s) = 0	
3	Aufgaben durchführen				
3.1		Aufgaben planen			
3.2		Aufgaben zuweisen			
3.3		Aufgaben-Hindernisse erkennten?	Ja: weiter mit 3.1	Frustration: A(s) = A(s*N3)	wirkt mit A(s3) darauf hin, die Aufgaben-Hindernisse zu beseitigen. Ist dies geschehen, dann A(s3) = Z(s)
			nein:	Spannung = A(s)	
3.4		Aufgabe durchführen	weiter mit 2.5		

Tabelle 21 Beschreibung der Prozesse zur Bewältigungsstrategie als tabellarischer Ablaufplan (Quelle: eigene Darstellung)

Die Grafik (Ablaufplan) und die dazugehörige tabellarische Beschreibung zeigen, wie die Führungsperson, über verschiedene Prozessschritte, Hindernisse erkennt und welche Reaktion darauf erfolgt, nämlich die Erhöhung der Spannung in der Führungsperson, was zu Emotionen führt. Der Faktor N, um den die Spannung erhöht wird setzt sich zusammen aus der Kraft (BZ) (-) Z, die gegen die Zielerreichung gerichtet ist, aus den persönlichen Zielen und aus der entsprechenden Motivlage (siehe 0). Er gibt die Stärke der Emotionen an.

13.3.10 Stressbewältigung durch kommunikatives Handeln

Die Emotionen führen zu Stress und dieser zu einer Coping- bzw. Bewältigungsstrategie, die zu einer Auflösung oder teilweisen Auflösung der Emotionen führt. Die Stärke und Art dieser Bewältigungsstrategie wird durch die Stärke der Emotion vorgegeben, durch die Werte und Normen der Führungsperson (siehe Berufsentwurf) und wird durch die vorgegebenen Werte und Normen des Unternehmens (siehe Rollenverständnis) moderiert. Deshalb ist es möglich, dass die Emotionen nicht oder nur teilweise aufgelöst werden. Dies kann ebenso bedeuten, dass es dann zu unvorhersehbaren Reaktionen durch die Führungsperson kommen kann.

Die Strategien, die von der Führungsperson eingesetzt werden, sind kommunikative Handlungen, da Gewaltanwendung, auch bei Machtausübung, prinzipiell ausgeschlossen ist. Eine kommunikative Handlung besteht darin, die betreffenden Personen durch Kommunikation zu beeinflussen. Weil es sich bei den angesprochenen Personen um psychische Systeme handelt, ist keine andere Möglichkeit vorhanden als kommunikative Beeinflussung (siehe 0) weil Gewaltanwendung ausgeschlossen ist.

Die Auswahl wird durch das „kognitiv-motivational-emotive System (siehe 0) dargestellt und auf die Fragestellung, welche Bedingungen Machtausübung oder Kooperation veranlassen, wenn persönliche Ziele nicht erreicht wurden, angepasst (. Danach wird nach dem Modell (vom Autor überarbeitet) als eine Grundvoraussetzung festgelegt, ob persönliche Ziele betroffen sind (primäre Bewertung), was auch Einfluss auf die Emotion hat (siehe 0 und 0 bezüglich Stressoren) und der Verantwortlichkeit (sekundäre Bewertung) der Person. Die Verantwortlichkeit der Person, ergibt sich daraus, dass sie eine Führungsposition einnimmt (siehe 0). Deshalb ist die die Führungsperson für die erfolgreiche Zielerreichung verantwortlich. Die Frage wann bei Misserfolg Macht eingesetzt oder kooperiert wird, soll nachstehend detailliert beantwortet werden.

13.4 Beantwortung der Forschungsfrage

Aus obiger Beschreibung geht hervor, dass unter bestimmten und näher definierten Umständen Emotionen entstehen, die die Entscheidung für eine der Bewältigungsstrategien wahrscheinlich werden lassen. Diese Umstände oder Bedingungen werden nachfolgend dargestellt. Dies dient zur Beantwortung der Führungsfrage: „Was bedingt den Einsatz von Macht oder Kooperation, wenn Führungspersonen den Eindruck haben, dass persönliche Ziele nicht erreicht werden?"

13.4.1 Definition der Bedingungen

Die Bedingungen, die zu einem Einsatz von Macht- oder Kooperationsstrategien führen, wurden oben grafisch dargestellt und eingehend beschrieben, wann es zu einem drohenden Misserfolg kommen kann und wie sich die Emotionen, bedingt durch die steigende Spannung, aufbauen. Die Frage, die noch zu beantworten ist, welche Faktoren den Einsatz von Macht und welche den von Kooperation, bedingen. Dabei beruht die Strategie der engen Führung auf Macht, während die Strategie der kooperativen Führung auf Vertrauen zu den Geführten besteht. Nachstehende Tabelle fasst die einzelnen Strategien mit den untergeordneten Prozessen zusammen. Die Führungsstrategie wurde um den Hauptprozess „aus dem Feld gehen" erweitert und die Subprozesse Aufgeben und Rationalisieren wurden darin integriert. Verantwortung delegieren wurde als Machtprozess identifiziert und Verantwortung übernehmen als kooperativer Prozess ausgewiesen.

Strategie	enge Führung	kooperative Führung	aus dem Feld gehen
Teilprozess	Verantwortung delegieren	Verantwortung übernehmen	Rationalisieren
Antriebsart	Macht	Kooperation	Selbstbezug
Mittelpunkt des Denkens	der Unternehmenserfolg	die Aufgabe	das Ich
Rollenverständnis	Akzeptanz	Distanz	Diskrepanz
realisiert als Sprachspiel	Diskussion, Anweisung,	Diskurs	Verlautbarung
im Konflikt	Wettbewerb	Zusammenarbeit	Rückzug
phylogenetisch	Kampf		Flucht

Tabelle 22 Zusammenfassung der Bewältigungsstrategien (Quelle: eigene Darstellung)

13.4.2 Bewältigungsart als Moderatorenvariable der Führungsstrategie

Die Ausübung von Macht wird gesteuert durch die Führungsperson selbst, bedingt durch die berufliche Sozialisation und den damit verbundenen Berufsentwurf sowie das Unternehmensumfeld, zusammengefasst im Rollenverständnis. Die Macht wird umso stärker ausgeübt, je weniger diese durch Normen und Werte negativ sanktioniert werden und umso öfter eine solche Strategie von der Führungsperson in der Vergangenheit erfolgreich angewandt wurde. Die Art der Machtausübung wird gesteuert durch die Machtmotive der Führungsperson, weil ein Motiv „energetisiert, orientiert und Verhalten selektiert, das für seine Befriedigung relevant ist"

(McClelland 1980, 1987 nach Heckhausen 2010 S. 237). Deshalb muss auch das Machtmotiv mit in Betracht gezogen werden. Wobei sich das Machtmotiv in Hoffnung auf Kontrolle und Furcht vor Kontrollverlust äußert.

Bei der Auswertung der Interviews hat sich gezeigt, dass Führungspersonen mit Hoffnung auf Kontrolle, die Machtausübungsprozesse vorziehen, die von vornherein einen Misserfolg ausschließen sollen und die Zielerreichung absichern während Führungspersonen mit Furcht vor Kontrollverlust eher die Durchführung kontrollieren werden, um einen Misserfolg rechtzeitig auszuschließen, oder Eingreifen und Sanktionen verhängen, wenn die Rollenposition bedroht ist.

Auch die Strategie der kooperativen Führung (Kooperation) wird durch die Führungsperson ausgelöst (siehe oben).

Wenn das Ergebnis des Führungshandelns, nicht der Zielvorstellung entspricht, kommt es wie zuvor bereits geschrieben, zu Stress, weil die Spannung nicht ab, sondern zunimmt.

Während bei der „engen Führung" der Auslöser des Spannungsanstiegs sowohl im Konflikt als auch in der Frustration liegen kann, handelt es sich bei der „kooperativen Führung" eher um den Konfliktfall. Hierbei handelt es sich um Konflikte, die daraus entstehen, dass ein Ziel nicht erreichbar ist oder mit dem persönlichen Ziel kollidiert. Dies bedeutet, dass hier die Führungsperson die „Geführte" ist und es daher sinnvoll ist zu kooperieren. Gleiches gilt für die Kooperation mit Kollegen. Auch hier ist die Machtausübung nicht Ziel führend. Bei der „kooperativen Führung dominiert das Leistungsmotiv mit Furcht vor Misserfolg und das Anschlussmotiv mit Hoffnung auf Anschluss. Den Erfolg, den die Führungsperson braucht, sucht sie mit Kooperation zu erreichen. Deshalb will sie jetzt bereits im Vorfeld das Vertrauen der Geführten gewinnen, um die Ziele mit deren Hilfe zu erreichen und sie früh in die Aufgabendurchführung einbinden.

Die Emotion als Stressor kann als moderierende Variable aufgefasst werden, die auf die abhängigen Variablen der Führungsstrategie (siehe oben) einwirkt und so Machtausübung oder Kooperation verstärkt bzw. initiiert. Die Führungsstrategie wird nun zur Bewältigungsstrategie.

13.4.3 Emotionsabbau durch Bewältigungsstrategien

Wie in Kapitel 0 beschrieben und in Abbildung 55 dargestellt geht es bei den aufgezeigten Bewältigungsstrategien darum, die durch Stress entstanden Emotionen abzubauen. Dieser Ansatz wurde bei der Beschreibung der „kognitiv-motivational-relationalen" Theorie von Lazarus (0) dargelegt. Daraus geht auch hervor, dass die Handlungsstrategien zwei Ziele verfolgen; die Probleme, durch welche die Emotionen entstanden sind zu beseitigen und dadurch die Emotionen abzubauen. Dies bedeutet, dass die Emotion in dem Maße abnimmt, wie die gewählte Bewältigungsstrategie dazu geeignet ist, das geplante Ziel zu erreichen.

Für diese Betrachtung sind zwei Stressoren maßgeblich, nämlich Frustration und Konflikt (0 und 0). Daraus ergeben sich zunächst die Reaktionen Aggression für Frustration und Kooperation und Wettbewerb für Konfliktbearbeitung. Für beide ergibt sich eine Bewältigungsstrategie, die zwischen Kampf auf der einen und Flucht auf der anderen Seite schwankt.

Daraus geht weiterhin hervor, dass die Situation, nämlich die äußeren Einflüsse, für die Entstehung der Emotionen und gleichzeitig aber auch für Ausprägung der Bewältigungsart zuständig ist. Wobei sich die gewählte Bewältigungsstrategie zwischen Macht und Kooperation bewegt. Zunächst soll das Modell näher erläutert werden.

Die Emotion entsteht durch äußere Einflüsse, wenn diese die Zielerreichung behindern. Dies ist die klassische Definition von Frustration, einer Unterart von Stress. Dies geschieht dann, wenn die Führungsarbeit als Kraft angesehen wird, der eine Gegenkraft als Barriere (Hindernis) entgegensteht. Je nachdem wie wichtig das Ziel ist, welchen Wert (Valenz) es für die Führungsperson hat, wird die Stärke der Emotion ausfallen. Die Emotion wird als Spannung angesehen, die durch das Hindernis, welches die Zielerreichung unmöglich macht, nicht zurückgesetzt werden kann. Die Spannung wird erhöht, und zwar je nach dem Wert, den das Ziel für die Führungsperson hat. Je wichtiger das Ziel, welches nicht erreicht werden kann, desto größer ist die Spannung und die damit Stärke der einhergehenden Emotion.

Durch die Bewältigungsstrategie kann sowohl Macht ausgeübt als auch Kooperation angestrebt werden. Bewältigungsstrategien sind Sprachspiele (siehe 0) bei welchen es letztlich um „Gewinnen oder Verlieren" geht. Die Führungsperson will in dieser kommunikativen Auseinandersetzung „gewinnen".

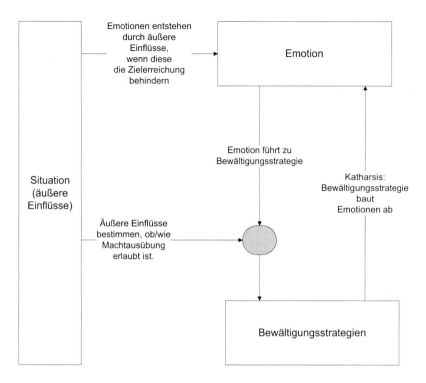

Abbildung 56 schematische Darstellung der Hypothese zur Bewältigungsart als Moderator (angelehnt an Strunk + Schiepek 2006, S. 125)

Durch das Sprachspiel soll das Hindernis überwunden und der Erfolg abgesichert werden, sodass die Emotion aufgelöst wird. Mit der Zielerreichung wird die Spannung und somit die Emotion auf „Null" gesetzt. Das bedeutet, dass die Bewältigungsstrategie kybernetisch abläuft, wobei die auslösende Emotion sich mit der Zielerreichung verringert. Sie kann in diesem Zyklus verschiedene Ausprägungen annehmen.

Die Situation bestimmt, inwieweit es der Führungsperson möglich ist, die gewählte Bewältigungsstrategie durchzuführen. Das Rollenverständnis der Führungsperson geht in die Situation ein. Das heißt je nachdem ob die Führungsperson die Rolle distanziert betrachtet, sie akzeptiert oder eine Rollendiskrepanz vorhanden ist, werden auch die Unternehmenswerte und –normen übernommen und ausgeführt. Wenn man davon ausgeht, dass dem Unternehmen daran gelegen ist, die Ziele auf jeden Fall zu erreichen.

Es ist möglich, die Intensität der Bewältigungsstrategie auf das Aggressionspotenzial der Führungsperson zurückzuführen. Das bedeutet, dass die Stärke der Emotion, Aggression bei der Führungsperson freisetzen kann (siehe 0). Der Zustand emotionaler Erregung, führt je nach der Erfahrung, die die Führungsperson in ihrer beruflichen Sozialisation, gemacht hat zu verschiedenen Verhaltensweisen. Führungspersonen, deren aggressives Verhalten in der Vergangenheit belohnt wurde, werden sich in einer solchen Situation aggressiv verhalten. Andere werden zu einer anderen Bewältigungsstrategie greifen, eventuell um Hilfe bitten oder eine andere Art der Problemlösung wählen. Dies bedeutet, dass der beschriebenen Berufsentwurf und die so entwickelten beruflichen Strukturen für die Auswahl der Bewältigungsstrategie maßgeblich ist.

Kooperation wird von Vertrauen getragen, welches die Führungsperson den Geführten entgegenbringt und das sich im Laufe der Sozialisation aufgebaut hat. Kooperation ist davon abhängig inwieweit die Führungsperson bereit ist in Vorleistung zu treten. Die Funktionsweise der Kooperation wurde im Rahmen der Darlegungen in Kapitel 0 beschrieben. Als Beispiel wurde das Gefangenendilemma angeführt. Dies soll zeigen, dass Vertrauen die Grundlage einer Kooperation ist.

In der Sozialisation, speziell in der beruflichen lernt die Person sowohl mit der Macht als auch mit Kooperation umzugehen, was bedeutet, dass eine Führungsperson sowohl die eine als auch die andere Strategie wählen kann.

13.4.4 Die Auswahl der Bewältigungsstrategie

Nachstehend werden die Bedingungen, die für die Auswahl der Bewältigungsstrategie in einer Entscheidungstabelle (ETAB[61]) zusammengefasst, die die Voraussetzung für die Beantwortung der Forschungsfrage: „Was bedingt den Einsatz von Macht oder Kooperation, wenn Führungspersonen den Eindruck haben, dass persönliche Ziele nicht erreicht werden?"

13.4.4.1 Faktoren für den Einsatz von Macht oder Kooperation

Es wurde bereits ausführlich beschrieben, welchen Einfluss die Situation und die Emotion auf die Bewältigungsstrategie haben. So löst die Situation zum einen die Emotion aus und moderiert auf der anderen Seite die Stärke der Bewältigungsart und damit der Bewältigungsstrategie. Die Faktoren, die hierfür als unabhängige Variable fungieren, werden nachstehend beschrieben.

---

[61] ETAB = Entscheidungstabelle wird bei der Beschreibung von Kontrollstrukturen (Algorithmen) eingesetzt.

Valenz der Ziele beschreibt den Aufforderungscharakter, den die Ziele für die Führungsperson haben. Mit Ziel ist sowohl das Unternehmensziel gemeint als auch das persönliche Ziel, die zusammen die Valenz ausmachen. Die Valenz beschreibt, wie wichtig das Ziel für die Führungsperson ist.

Barriere ist das Hindernis, welches der Zielerreichung gegenübersteht. Es kann eine Zielverlegung sein oder ein Konflikt. Die Höhe der Barriere beschreibt inwieweit die Zielerreichung verhindert wird.

Die Funktion hierzu lautet: Die Stärke der Emotion **E = F (Va, B)**. Hierbei handelt es sich um den Stressor, d. h. das Ereignis, welches den Stress auslöst (siehe hierzu Absatz 0 und die Beschreibung einer späteren Untersuchung zur Auslösung von Stress siehe Absatz 0).

Erlernte Aggressivität (eA) beschreibt inwieweit die Person, die vorhandene Aggressivität (angeboren) in Laufe der Sozialisation (allgemein und beruflich), gelernt hat zu unterdrücken.

Distanz zu den Geführten (DA) meint die emotionale Distanz zwischen der Führungsperson und den Geführten. Die Größe dieser Distanz zeigt an, ob die Führungsperson eher egozentrisch oder alterozentrisch handelt, was bedeutet bei einer engen Distanz handelt sie eher fremdbezogen, die Bedürfnisse der Geführten berücksichtigend. Bei einer weiten Distanz handelt sie demnach eher ichbezogen. Demnach kann der Schluss gezogen werden, dass eine enge Distanz ein Vertrauensverhältnis anzeigt, während eine weite Distanz dafürsteht, den eigenen Zielen Vorrang einzuräumen. Hierfür lautet die Funktion: Der Durchsetzungswille **D = F(eA, DA)**

Daraus ergibt sich die Stärke der Bewältigungsstrategie **BS = F (E, D)**, Wobei man sich noch einmal die oben gemachte Aussage ins Gedächtnis rufen muss, dass bei hohem Stress, der eine körperliche Bedrohung darstellt, der Mensch evolutionstheoretisch, gelernt hat entweder mit Flucht oder mit Kampf zu reagieren. Dies bedeutet eine schwache Ausprägung der unabhängigen Variablen (E, D) und damit eine schwache Ausprägung der abhängigen Variablen (BS) führt zu „aus dem Felde gehen" und eine starke zum Einsatz von Macht. Eine mittlere Ausprägung führt zu Kooperation. Die moderierenden Variablen aus dem Rollenverständnis sind noch nicht berücksichtigt.

Rollendistanz: Die Führungsperson wird sich aus Vernunftgründen entscheiden, welche Strategie ausgewählt wird. Hierbei kommt es nicht so sehr auf die Durchsetzung, sondern auf die Möglichkeit der Erfolgserzielung an. Es wird davon ausgegangen, dass die Führungsperson in dieser Rolle mit max. 75% auf die strukturelle Macht zurückgreift.

Rollenidentifikation (Akzeptanz): Die Führungsperson wird sich so entscheiden, wie sie glaubt, dass es im Sinne des Unternehmens sei. Sie wird in emotionsgeladenen Situationen auch dann Druck ausgeübt, wenn es nicht nötig ist. Hier wird davon ausgegangen, dass die Führungsperson immer die maximale Macht anwendet.

Rollendiskrepanz: Die Führungsperson wird sich so entscheiden, wie sie glaubt, dass es für sie das Beste sei. Wenn es nichts zu gewinnen gibt wird sie aus dem Feld gehen, aber dort Macht einsetzen, wo die Valenz des Zieles hoch ist.

13.4.5 Aufbau der Tabelle

Die Bedingungen, die zu der Entscheidung führen sind in der Tabelle 17 in Zeile-Nr. 1-4 aufgeführt. Wobei die Zeilen 1 und 2 die Höhe der Emotionen darstellen, indem der Wert des Ziels, als Valenz dargestellt, variierbar ist. Dies bedeutet die Valenz des Zieles ist entweder niedrig (N) oder hoch (H). Die Barriere steht für das Hindernis, das sich in den Weg stellt. Auch hier kann gewählt werden, zwischen hoch (H) oder niedrig (N). Wobei hoch bedeutet, dass der Misserfolg bereits eingetreten ist oder eintreten könnte.

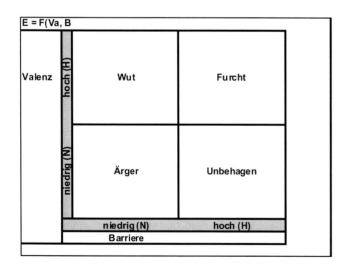

Abbildung 57 Portfolio zur Funktion E = F(Va, B) (Quelle: eigene Darstellung)

Die in Zeile - Nr. 3 aufgeführte „erlernte Aggressivität" zeigt inwieweit die Person im Laufe der beruflichen Sozialisation gelernt hat, durch aggressives Auftreten ein Ziel zu erreichen, wobei hier davon ausgegangen wird, dass Frustration und auch Konflikt Aggressivität hervorruft und die Unternehmenskultur ein solche Verhalten akzeptiert. Ein solches Verhalten kann man auch als Kampfgeist bezeichnen. Dabei soll hier die Aggressivität in dem Sinne gebraucht werden, inwieweit eine Person willens und in der Lage ist in Sprachspielen zu siegen (Durchsetzungsvermögen). Wobei der Siegeswille maßgeblich ist, d. h. der Wille sich und seine Meinung durchzusetzen. Ist die erlernte Aggressivität nicht vorhanden oder schwach ausgeprägt, so steht bei Sprachspielen nicht das Siegen, sondern der Kompromiss oder Konsens mit den Mitarbeitern im Vordergrund. Angaben hoch (H) oder niedrig (N), wobei eine gewisse Aggressivität immer vorhanden ist.

Da Vertrauen (Zeile - Nr. 4) die Grundlage der Kooperation darstellt (siehe oben), wird auch das erlernte Vertrauen als Bedingung für die Entscheidung mit hinzugezogen. Hierbei handelt es sich darum, ob eine Person gelernt hat Vertrauen in die Geführten, aber auch in die Kollegen und Vorgesetzten zu haben oder ihnen eher zu misstrauen. Dies wird beschrieben als Distanz zu den Geführten d. h. je enger die Distanz, desto größer das Vertrauen und auch die Hoffnung auf Anschluss. Eine hohe Distanz soll nicht Misstrauen, sondern auf eventuelle Angst vor Zurückweisung hindeuten. Hier bedeutet c (= close) eine enge Distanz somit ein großes Vertrauen und f (=far) eine weite Distanz, also weniger Vertrauen. Distanz (DA) bedeutet wie die Führungsperson anderen Arbeitspersonen gegenübersteht. Die englische Beschreibung wurde gewählt um eine Verwechslung eng = E mit Emotion = E zu vermeiden.

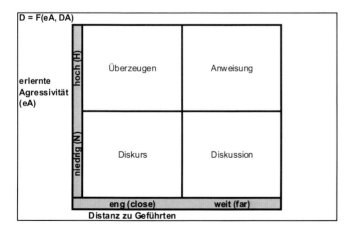

Abbildung 58 Portfolio zur Funktion D = F(eA, DA) (Quelle: eigene Darstellung)

13.4.5.1 Zu Anwendung kommende Bewältigungsstrategien

Aus obiger Beschreibung der Faktoren und der dazugehörigen Funktionen lässt sich die Funktion zur Bewältigungsstrategie **BS = F(E, D)** ableiten und ein entsprechendes Portfolio der zum Ansatz kommenden Bewältigungsstrategien darstellen.

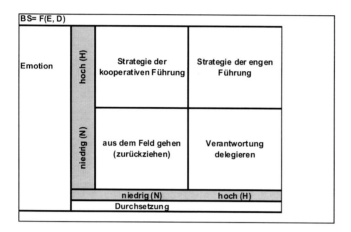

Abbildung 59 Portfolio zur Funktion BS = F (E, B) (Quelle: eigene Darstellung)

In der Entscheidungstabelle sind die drei Bewältigungsstrategien, nämlich Strategie der engen Führung (Macht), Strategie der kooperativen Führung (Kooperation) und „aus dem Felde gehen" (Flucht), aufgeführt (Zeile 7-15). Die Teilprozesse wurden, wie in Tabelle 11 dargestellt in die Hauptprozesse integriert. Auch dies geschah, um die Entscheidungstabelle übersichtlich zu gestalten.

Der Prozess „Verantwortung delegieren", wird in der Tabelle durch den Prozess „Strategie der kooperativen Führung dargestellt.

13.4.5.2 Rollenverständnis als moderierende Variable (Röm. III – V)

Wie oben beschrieben wird das Rollenverständnis als die moderierende Variable angesehen. Bei der Auswahl der Bewältigungsstrategie wirkt sie als ein Faktor der je nach Verständnisart, gem. Tabelle 16 entweder verstärkt oder vermindert.

Rollenverständnis (RV)	Distanz	Akzeptanz	Diskrepanz
Entscheidungsart	rational	im Unternehmensinteresse	oportunistisch

Tabelle 23 Entscheidungsart im Hinblick auf das Rollenverständnis (Quelle: eigene Darstellung)

Die moderierende Variable zeigt an inwieweit die Führungsperson, die strukturelle Macht zu nutzen bereit ist. Unter struktureller Macht wird die potenzielle Macht verstanden, die der Führungsperson mit der Rollenposition verliehen wurde. Diese Macht kann sie einsetzen oder darauf verzichten.

Wie bereits oben durch die Funktion **BS = F (E, D)** wird die Führungsperson demnach Macht ausüben, wenn die Emotion hoch und ihre Durchsetzungsstärke im oben genannten Sinne hoch ist. Allerdings muss hierbei auch die Umwelt beachtet werden, die als abhängige Variable auf die Bewältigungsstrategie einwirkt. Somit ergibt sich für das Führungshandeln unter den beschriebenen Umständen **BS = F (E, D, RV),** was bedeutet, dass die Auswahl der Bewältigungsstrategie und damit der Einsatz von Macht oder Kooperation auch von dem Rollenverständnis und somit von den Unternehmenswerten, -regeln und –normen abhängt.

Die Auswahl des jeweiligen Bewältigungsprozesses ist pro Rollenart dargestellt.

NR	Führungsperson	A	B	C	D	E	F	G	H	I	J	K	L	M	N	O	P
I	Emotion = f(Va, B)																
1	Valenz des Zieles (Va f(s, Z))= F (PZ, ZU)	N	H	N	H	N	H	N	H	N	H	N	H	N	H	N	H
2	Barriere (B = K-); BZ = F(UO, UR, UK, UT, EW (hP))	H	H	H	H	N	N	N	N	H	H	H	H	N	N	N	N
II	Durchsetzungsstärke = f(eA, DA)																
3	erlernte Aggressivität (eA)	N	N	H	H	N	N	H	H	N	N	H	H	N	N	H	H
4	Distanz zu Geführten (DA)	c	c	c	c	c	c	c	c	f	f	f	f	f	f	f	f

Tabelle 24 Entscheidungstabelle zur Ermittlung der Bewältigungsstrategie (Quelle: eigene Darstellung)

Beschreibung:

N = niedrig

H = hoch

c = eng (enges Verhältnis zwischen Führungsperson und Geführten)

f = weit (ein eher distanziertes Verhältnis zwischen Führungsperson und Geführten)

Obige Tabelle ist ein Modell, um zu zeigen, von welchen Faktoren der Einsatz von Macht oder eine Kooperation abhängig ist. Um eine genaue Vorhersage machen zu können, wie sich eine Person in einer konkreten Situation entscheiden wird und welche Optionen sie wahrnimmt, müsste man die zuvor beschrieben Faktoren exakt messen können. Dies ist zurzeit noch nicht möglich, zumal sich die Faktoren ständig ändern können.

Die Tabelle 23 Entscheidungsart im Hinblick auf das Rollenverständnis (Quelle: eigene Darstellung zeigt, dass das Rollenverständnis (RV) als Moderationsvariable einen verstärkenden oder einen dämpfenden Einfluss auf die Auswahl der Bewältigungsstrategie hat. Dies beschreibt den Einfluss der Unternehmenskultur auf das Verhalten der Führungspersonen.

Nachstehende Grafik zeigt, wie sich eine Führungsperson unter Stress verhält. Die obigen Variablen wurden mit selbst erdachten Messzahlen unterlegt, um bildhaft zu zeigen, wie sich die Bewältigungsstrategie unter Stresseinfluss, verändert.

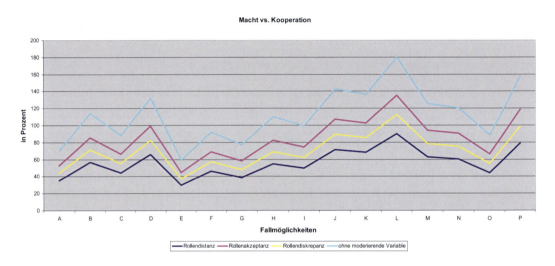

Abbildung 60 grafische Darstellung der Bewältigungsstrategie bei Änderung verschiedener Variablen und unter, Einfluss der Moderatorenvariable Rollendistanz, -diskrepanz, -akzeptanz. (Quelle: eigene Darstellung)

Dabei wurden die Variablen wie folgt belegt:

Führungsperson	A	B	C	D	E	F	G	H	I	J	K	L	M	N	O	P
	1	2	3	4	5	6	7	8	9	10	11	12	13	14	15	16
Emotion = f(Va, B)	43,5	87,0	43,5	87,0	32,5	65,0	32,5	65,0	43,5	87,0	43,5	87,0	32,5	65,0	32,5	65,0
Durchsetzungsstärke = f(eA, DA)	27,00	27,00	45,00	45,00	27,00	27,00	45,00	45,00	55,80	55,80	93,00	93,00	93,00	55,80	55,80	93,00
Emotionsfaktor	70,5	114,0	88,5	132,0	59,5	92,0	77,5	110,0	99,3	142,8	136,5	180,0	125,5	120,8	88,3	158,0
Faktor Rollendistanz	0,5	0,5	0,5	0,5	0,5	0,5	0,5	0,5	0,5	0,5	0,5	0,5	0,5	0,5	0,5	0,5
Rollendistanz	35,25	57	44,25	66	29,75	46	38,75	55	49,65	71,4	68,25	90	62,75	60,4	44,15	79
Faktor Rollenakzeptanz	0,75	0,75	0,75	0,75	0,75	0,75	0,75	0,75	0,75	0,75	0,75	0,75	0,75	0,75	0,75	0,75
Akzeptanz	52,88	85,5	66,38	99	44,63	69	58,13	82,5	74,475	107,1	102,38	135	94,125	90,6	66,225	119
Faktor Rollendiskrepanz	1,25	0,85	0,65	0,85	0,65	0,85	0,65	0,85	0,65	0,85	0,65	0,85	0,65	0,85	0,65	0,85
Diskrepanz	44,06	71,25	55,31	82,5	37,19	57,5	48,44	68,75	62,063	89,25	85,313	112,5	78,438	75,5	55,188	98,8
Fallmöglichkeiten	A	B	C	D	E	F	G	H	I	J	K	L	M	N	O	P
Rollendistanz	35,25	57	44,25	66	29,75	46	38,75	55	49,65	71,4	68,25	90	62,75	60,4	44,15	79
Rollenakzeptanz	52,88	85,5	66,38	99	44,63	69	58,13	82,5	74,475	107,1	102,38	135	94,125	90,6	66,225	119
Rollendiskrepanz	44,06	71,25	55,31	82,5	37,19	57,5	48,44	68,75	62,063	89,25	85,313	112,5	78,438	75,5	55,188	98,8
ohne moderierende Variable	70,5	114,0	88,5	132,0	59,5	92,0	77,5	110,0	99,3	142,8	136,5	180,0	125,5	120,8	88,3	158,0

Tabelle 25 Belegung der Variablen der Bewältigungsstrategien (Quelle: eigene Darstellung)

13.5 Antwort auf die Forschungsfrage:

„Was bedingt den Einsatz von Macht oder Kooperation, wenn Führungspersonen den Eindruck haben, dass persönliche Ziele nicht erreicht werden?"

Es ist davon auszugehen, dass bei einer Führungsperson die berufsbedingten persönlichen Ziele darin bestehen den größtmöglichen Erfolg zu haben und damit die geplanten Unternehmensziele zu erreichen. Sie haben somit einen hohen Aufforderungscharakter (Valenz) und damit eine hohe Spannung. Die Spannung ist das was man bei Führungspersonen unter „Druck stehen" nennt. Diese Spannung wird noch durch die Erwartungen der verschiedenen Anspruchsgruppen erhöht. Das ist auch bei den Interviews auch verschiedentlich zum Ausdruck gekommen.

Diese Spannung wird erhöht, wenn ein Hindernis, den Weg zum Ziel verlegt und Stress entsteht. Als Stressoren wurden Konflikt und Frustration erkannt. Dadurch erhöht sich wiederum die Spannung und somit die entstehende Emotion.

Wie oben ausgesagt, erlernt die Führungsperson im Laufe der allgemeinen und der beruflichen Sozialisation Strategien, die es ihr ermöglicht, die geplanten Ziele zu erreichen. Dies beruht zum einen in der erlernten Aggressivität, was bedeutet, dass die vorhandene Aggressivität so verändert wird, wie es nötig ist, um sich durchzusetzen. Zur Bestimmung dieses Durchsetzungsvermögens ist es wesentlich, welches Verhältnis die Führungsperson in der Sozialisation zu anderen Personen (Vorgesetze, Kollegen, Geführte, andere Stakeholder) entwickelt. Hier bedeutet ein enges Verhältnis, dass die Führungsperson ein vertrauensvolles Verhältnis (alterozentriert) und bei einem weiten ein eher ichbezogenes Verhältnis (egozentriert) aufbaut. Das Durchsetzungsvermögen setzt sich aus beiden Variablen zusammen (siehe Abbildung 59).

Bei Stress sucht der Mensch nach einer Bewältigungsstrategie (siehe 0). Dies gilt auch für Führungspersonen. Hierbei besteht in der Bewältigungsstrategie die Möglichkeit, die Umwelt so zu beeinflussen, dass das geplante Ziel doch noch erreicht wird. Bei der Umwelt handelt es sich um soziales System, in welches von außen nicht eingegriffen werden kann, deshalb wird über Kommunikation die Beeinflussung vorgenommen. Dabei handelt es sich um die Sprachspiele, die der Führungsperson zu Verfügung stehen und die Macht oder Kooperation (und deren Unterarten) beinhalten (siehe 0).

Dabei muss noch in Betracht gezogen werden, inwieweit die Organisation (Unternehmen) die Ausübung von Macht oder Vertrauen zulässt. Hierbei handelt es sich um die strukturelle Macht, die in dem Rollenverständnis verkörpert wird.

Zusammengefasst bedeutet **BS = F (E, D, RV)**, die Führungsperson wird umso eher Macht anwenden, je stärker die Emotion bei einem drohenden Misserfolg, je größer der Durchsetzungswille ist und je mehr die Unternehmenskultur ein entsprechendes Verhalten zulässt bzw. sogar nahelegt. Das gewählte Sprachspiel ist auf Durchsetzung der eigenen Vorstellung ausgerichtet. Ist die Emotion zwar groß, aber die Durchsetzungswille eher niedrig tendiert sie zu einer Bewältigungsstrategie, die auf Kooperation ausgerichtet ist, vorausgesetzt die Unternehmenskultur lässt dies zu. Das dazugehörige Sprachspiel stellt die Überzeugung der Kommunikationspartner in den Mittelpunkt.

13.5.1 Nachbemerkung

Wenn man Führungsperson und Rollenverständnis als Kontrollparameter betrachtet, die auf den Ordnungsparameter wirken (Bewältigungsstrategie), dann ist die Möglichkeit gegeben, dass zu einem Zeitpunkt zwei Emotionen, die sich gegenseitig beeinflussen, wirken können. Dies kann in Anlehnung an Lyontard[62] (1986) und unter Zugrundelegung des Grundmodells der Synergetik beispielhaft erklärt werden (Beispiel wurde auf eine Führungsperson umgemünzt). Der Ordnungsparameter einer Führungsperson ist ein hoher Grad von erlernter Aggressivität, ihr Wachstum führt zur Wut als Kontrollparameter. Der zweite Kontrollparameter ist die Furcht vor Sanktionen. Dies führt dazu, dass die Machtausübung verringert, wird was aus dem Felde gehen bedeutet. Wenn aber beide Kontrollparameter steigen, wird das Verhalten der Führungsperson unvorhersehbar und zwischen Machtausübung und aus dem Felde gehen schwanken. Das System ist instabil. Die Führungsperson wird vielleicht Schreien und sich im nächsten Moment zurückziehen. Deshalb ist eine Vorhersage über das Verhalten von Menschen und in diesem Fall von Führungspersonen schwierig bis unmöglich, weil nicht alle Variablen bekannt sind.

---

[62] Lyontard (1986) bezieht das Beispiel auf einen aggressiven Hund (Lyontard1986, S. 170-171)

13.6 Reflexion der Datengrundlage und Forschungsmethode

Aus wissenschaftlicher Sicht stehen der qualitative und der quantitative Ansatz gleichberechtigt nebeneinander. Im Rahmen dieser Arbeit wurde der qualitative Ansatz gewählt, weil die Frage der Absichten und Ziele der Teilnehmer von zentraler Bedeutung sind (Gegenstand der Untersuchung). Diese Untersuchung zielte auf die direkte Erfahrung von Menschen in ihrer unmittelbaren, tagtäglichen Umgebung (Erkenntnistheoretische Orientierung). Der Beobachter begibt sich in das Erlebnissystem der „Akteure", um die Situation der Teilnehmer mit- und nachzuerleben (Bezugssystem). Die befragten Personen werden zum Partner und legen ihr Verständnis von dem Zielerreichungsprozess und ihre eigenen Erlebnisse und Empfindungen im Rahmen der Untersuchung offen (Rolle der Teilnehmer). Die Erfahrungen der Personen und Ihr Verhältnis zu anderen Teilen des Unternehmens und der Außenwelt, lassen sich am besten nachvollziehen, wenn die Mitarbeiter ihre Erfahrungen selbst beschreiben und daraus Sinn ziehen (Datenerhebungsverfahren und Datenanalyse). Gadamer sieht dies ähnlich, wenn er schreibt: „Der Mensch lässt sich nicht von einem sicheren Blickpunkt eines Forschers aus beobachten, und es ist ausgeschlossen, ihn auf den Gegenstand einer evolutionstheoretischen Wissenschaft zu reduzieren und von da aus zu verstehen" (Gadamer, 1996, S. 37).

Bei der Untersuchung kam es darauf an, aus der Befragung heraus die Forschungsfrage zu erfassen, um sie dann auch beantworten zu können. Deshalb wurde bei den ersten Interviews auf eine Frageliste komplett verzichtet. Erst im späteren Verlauf wurde diese eingesetzt, um biographische Daten, die zunächst nicht erhoben wurden (Berufsausbildung, Berufserfahrung etc.) nicht zu vergessen, weil sie für die Ausarbeitung des Berufsentwurfs wichtig waren. Wichtig war es zunächst eine authentische Aussage darüber zu erhalten, wie eine Führungsperson, die ihr zugewiesenen Ziele zu erreichen versucht und wie sie bei Misserfolg denkt, empfindet und handelt.

Als Vorgehensweise wurde die „grounded theory" gewählt (siehe hierzu Kapitel 0), die als Rahmenwerk zur Datenerhebung und Auswertung sowie für die Generierung Theorien diente. Die Interviews wurden paraphrasiert. Diese Paraphrasen wurden in Klassen zusammengefasst. Bei der Zusammenfassung der Klassen zu Kategorien, war dann das Kodier-Paradigma (Strauss und Corbin 1990) eine Unterstützung.

Damit wurde der Rahmen entwickelt, in welchem sich die professionelle Lebenswelt der Befragten darstellt.

Wie bereits im Kapitel 0 beschrieben, bestehen aufgrund der unterschiedlichen Zielsetzungen zwischen quantitativer und qualitativer Forschung grundsätzliche Unterschiede hinsichtlich der zugrunde gelegten Qualitätskriterien. Im Rahmen quantitativer Forschung werden wissenschaftliche Studien anhand der Gütekriterien „Reliabilität, Objektivität und Validität" bewertet. Bei der qualitativen Forschung sind die Gütekriterien an der Transparenz und Erhebung eines möglichst umfassenden Bildes des realen Feldes orientiert. Dabei besteht dahin gehend Konsens, dass sich qualitative Untersuchungen an den Kernkriterien subjektive Nachvollziehbarkeit, Indikation des Forschungsprozesses, empirische Verankerung, Limitation, Kohärenz, reflektierte Subjektivität und Relevanz orientieren sollten (Steinke, 2008). Bei der vorliegenden Untersuchung wurde besonderen Wert auf die subjektive Nachvollziehbarkeit gelegt. Durch ständigen Einbezug relevanter Textstellen und die Herleitung der erfolgten Interpretationen sollte eine möglichst große Transparenz des Forschungsprozesses hergestellt werden.

Es ist dem Autor aber bewusst, dass verschiedene Faktoren die Ergebnisse der vorliegenden Untersuchung beeinflusst haben. Hierzu zählt die Auswahl der Befragten. Es hat sich herausgestellt, dass es ungleich schwieriger war, nach der ersten Auswertung der Interviews noch weitere Interviewpartner zu finden. Von den ausgewählten und angesprochenen Führungspersonen haben es einige dann abgelehnt ein Interview zu geben, als die Frage nach der Zielerreichungsstrategie gestellt wurde, obwohl sie die eigentliche Forschungsfrage nicht kannten. So wurden verschiedene Gründe genannt unter anderem auch das enge Zeitkontingent, ohne auf das Angebot einzugehen, die Befragung am Abend oder Wochenende durchzuführen. Letztendlich war es aber dann doch die Furcht davor sich einem Fremden gegenüber zu offenbaren, die zu einer Absage führte.

Code	Organisation	Rolle	Rolleposition	Jahr	Grund
ALG	Verbundgruppe	Vorstandsvorsitzender	1. Führungsebene	2012	keine Zeit
MAN	Immobilien	Inhaber	1. Führungsebene	2012	fürchtet Publizität
MEP	Maschinenbau	Geschäftsführer	1. Führungsebene	2012	keine Zeit
MAS	Maschinebau	Inhaber	1. Führungsebene	2012	keine Zeit
STG	Personalberatung	Partnerin	2. Führungsebene	2013	ohne Grund
LOR	Salesmanager	Führungskraft	2. Führungsebene	2012	keine Zeit

Tabelle 26 Liste der abgesagten Interviewanfragen (Quelle: eigene Darstellung)

Dies hat dazu geführt, dass, ein sukzessives Vorgehen aus Datensammeln, Kodieren, Formulieren von Diskussion theoretischen Memos und erneutem Datensammeln, wie von Strauss (1987) vorgeschlagen, nur schwer realisiert werden konnte.

Die Datenerhebung erfolgte methodisch nur über die Interviewführung und durch den Autor selbst. Wenn gleich versucht wurde, Interviewer-Effekte zu vermeiden, kann nicht ausgeschlossen werden, dass das Antwortverhalten der Befragten durch den Fragenden beeinflusst wurde.

Es ist ebenfalls nicht auszuschließen, dass die Interviewteilnehmer im Rahmen dieser Untersuchung durch die Fragen des Autors für die Probleme bei der Zielerreichung überhaupt erst sensibilisiert worden sind. Weil nur ein allgemeines Thema, nämlich die strategische Zielerreichung vorgegeben wurde, ist es denkbar, dass die Befragten im Laufe des Interviews eigene Hypothesen über das Ziel der Untersuchung entwickelt haben und dann entsprechend diesen Vermutungen antworteten. Dabei ist es denkbar, dass nicht offensichtliche Motive und Ziele einen Einfluss auf die Aussagen hatten.

Es könnte problematisch sein, dass zum Teil größere Zeitspannen zwischen den ausgesagten Sachverhalten und dem Interview lagen, so dass die Erklärungen nachträglich aus dem Gedächtnis heraus konstruiert wurden und deshalb nicht so wiedergegeben wurden, wie sie sich ursprünglich zugetragen haben.

Diese vorgenannten Einflussfaktoren auf die durchgeführte Datenerhebung sind zwar denkbar, was allerdings nicht heißen soll, dass diese auch bei der vorliegenden Untersuchung tatsächlich wirksam waren. Bei der Interviewdurchführung wurde auf eine neutrale Wortwahl geachtet. Dabei wurde vermieden verbale oder auch nonverbale Rückmeldungen zu geben, damit Erinnerungsfehler nicht durch eine solche Beeinflussung behoben wurden. Wenn Erinnerungslücken vorhanden sind, können diese durch Folgeinformationen durch den Interviewer geschlossen werden, was zu einer falschen Erinnerung führt. Dies kann durch das Formulieren offener Frage, wie hier geschehen, vermieden werden. Im Rahmen einer wissenschaftlichen „Qualitätssicherung" wurden die Ergebnisse mit entsprechend ausgebildeten Freunden diskutiert (siehe hierzu auch Surma 2012).

13.7 Ergänzung der Datenerhebung und Forschungsschwerpunkt 2016 - heute

Diese Untersuchung wurde bereits 2011 begonnen und 2016 aus gesundheitlichen Gründen unterbrochen. In den Jahren 2010 – 2019 habe ich an der Hochschule Aschaffenburg, jetzt technische Hochschule Aschaffenburg Vorlesung zu Qualitätssicherung von IT-Projekten (SAP-Einführung), Unternehmensethik und Organisationspsychologie, sowie praxisorientierte Vorlesungen (PLV) zur sozialen Kompetenz (-2016) als Lehrbeauftragter gehalten. Die Ergebnisse auf verschiedenen Befragungen im Bereich Veränderungsmanagement habe ich in die Studie integriert (siehe 0) so weit, diese Aufschluss für das Führungsverhalten geben.

Die Auswertung der Daten erfolgte im Rahmen einer Moderation, die wie folgt ablief:
1. Einrichten des Moderationsraums
    a. Aufstellen der Pinwände und des Flipcharts
    b. Verteilen des Schreibmaterials
    c. Verteilen der Karten
2. Präsentation der Fallstudie
3. Beschreibung der Teilnehmeraufgaben
4. Stellen der Fragen
5. Nach jeder Frage wurden von den Teilnehmern die Antworten an die Pinwand angebracht
6. gemeinsames Erstellen der Kategorien aus den Antworten
7. Zusammenfassung der Antwort nach Kategorien
8. Dokumentation des Ergebnisses

Ziel der Aufgabe war die Perspektivübernahme der Teilnehmer, d. h. sie sollten sich in die Lage der betroffenen Personen einfühlen und eigenständige Erarbeitung der Antwort auf die Fragestellung geben. Sich in die Situation anderer Personen einzufühlen, halte ich für eine soziale Kernkompetenz von zukünftigen Führungspersonen, die deshalb auch bei den Vorlesungen geübt wurden.

Man kann sich die Vorgehensweise als eine Ergänzung der „grounded theory" vorstellen. Es werden keine Interviews geführt, sondern nur Fragen gestellt, aber keine Antworten vorgegeben. Daher handelt es sich um eine qualitative Erhebung, die als Moderation angelegt, zu schnellem Ergebnis führte.

Bei Beginn der Studie waren die Auswirkungen der digitalen Transformation auf die Organisationsstruktur der Unternehmen und dadurch auch auf das Führungsverhalten nicht absehbar. Deshalb habe ich die Studie um die Kapitel (siehe 0), (siehe 0) und (siehe 5) ergänzt. Diese Daten werden ebenfalls in die Führungspraxis integriert.

14 Ergebnissen für die Führungspraxis

Die Diskussion über Führungspersonen ist im allgemeinen Bewusstsein ständig präsent. Das Bild, das von ihnen vermittelt wird, ändert sich von Medium zu Medium. Sicher gibt es Auswüchse sowohl bei der Gehaltsgestaltung als auch beim öffentlichen Auftreten. Dabei stehen aber immer die Führungspersonen im Mittelpunkt des öffentlichen Interesses, die, sowohl in der Wirtschaft, aber auch in anderen Institutionen, solche Positionen bekleiden, die auch von öffentlichem Interesse sind.

Führungspersonen sind deshalb so interessant, weil Arbeitspersonen einem Herrschaftsverhältnis unterliegen, und zwar in dem Moment, in dem sie einen Arbeitsvertrag abschließen, weil sie mit diesem die Herrschaft über sich selbst an das Unternehmen delegieren. Hierbei handelt es sich um eine Delegation von unten nach oben.

Bei der Untersuchung wurden deshalb Führungspersonen befragt, die in mittleren Unternehmen als Geschäftsführer oder Bereichsleiter ihrer Führungsaufgabe nachgehen und nicht im Fokus des medialen Interesses stehen. Außerdem bilden Führungspersonen in mittleren Positionen die Mehrzahl, sodass die Ergebnisse einer so ausgerichteten Untersuchung wesentlich interessanter für die Geführten, die Führenden und für die Unternehmen sind.

Diese Daten wurden im Zeitverlauf ergänzt durch Daten, die sich aus Befragung von Studierenden ergaben, die aber ein praktisches Beispiel zur Grundlage hatten (siehe 0).

14.1 Relevante Fragen für Unternehmen

Für Unternehmen und deren Führungsgremien, die auf gute Führungspersonen angewiesen sind, ist es deshalb wichtig, die Zusammenhänge zu kennen, die zur Machtausübung führen, weil diese im Verhältnis zu den Geführten ebenfalls zu Konflikten und Frustrationen führen, besonders im Rahmen der Kontrolle und Anweisungen. Dies führt dazu, dass die Leistung absinkt und die Unzufriedenheit innerhalb der Arbeitspersonen zunimmt. Deshalb ist für die Unternehmen sinnvoll eine Unternehmenskultur zu entwickeln, die Werte und Normen beinhaltet, die von gegenseitigem Respekt getragen sind und diese auch zu realisieren. Dazu werden Führungspersonen benötigt, die diesen Vorgaben auch genügen.

Neben den fachlichen Qualifikationen und Methodenwissen, muss bei einer Neueinstellung auch auf die Persönlichkeitswerte und Motive geachtet werden. Hierbei sind solche Persönlichkeitswerte wie Stressresistenz und Altruismus stärker in den Fokus zu stellen. Dies deshalb, weil es zu Bewältigungsstrategien kommen wird und dann eher die Kooperation als die Machtausübung im Vordergrund stehen sollte. Wobei hier nicht vergessen werden soll, dass es sich bei einem Unternehmen um ein techno-soziales System handelt mit dem Ziel, Gewinn zu erwirtschaften deshalb muss auch die Leistungsmotivation der Führungsperson mit einbezogen werden. Selbstverständlich ist auch, dass Führungspersonen nur solche Ziele zugewiesen bekommen, die sie zusammen mit den von ihnen Geführten auch erreichen können, wobei die Messlatte zwar hoch, aber nicht zu hochgelegt, werden soll, weil sonst auch der Leistungswilligste frustriert wird. Selbstverständlich sollte auch sein, dass die Unternehmensleitung die gleiche Wertschätzung entgegenbringt, die sie von ihren Führungspersonen erwartet.

14.2 Relevante Fragen für Führungspersonen

Obwohl schon seit Jahren die Belastungen von Führungspersonen bekannt sind und auch thematisiert werden, z. B. mit dem Schlagwort „Managerkrankheit" (Herzinfarkt) hat sich in der letzten Zeit erst die wahre Bedrohung durch Stress herausgestellt. Wie oben dargestellt wirkt sich Stress nicht nur auf die physische Gesundheit (Herzinfarkt) sondern auch auf die psychische (Depression, Burn-Out) aus. Der Grund hierfür sind die aus Stresssituationen herrührenden Emotionen, die durch Bewältigungsstrategien (Coping) verarbeitet werden. Diese Bewältigung ist nicht immer ausreichend.

Der Grund für Stress kann prinzipiell darin gesehen werden, dass Führungspersonen ein immer größeres Arbeitspensum mit den gleichen oder weniger Mitarbeiter erledigen müssen und die Kostenoptimierung wie ein Damoklesschwert über ihren Köpfen hängt. Das hat zur Folge, dass immer häufiger Stress auftritt und Bewältigungsstrategien immer unwirksamer werden. Wie soll sich die Führungsperson nun verhalten? Sie muss sich mit der Situation an ihrem Arbeitsplatz auseinandersetzen und überlegen, wie es zu dem Stress kommt und wie sie ihn bewältigt. Dabei müssen auch die persönlichen Ziele (Karriere etc.) überdacht werden. Da sie zwischen dem Unternehmen und den Geführten vermitteln muss (Sandwichposition), muss sie überlegen, ob die Ziele, die ihr gesetzt werden, auch erreichbar sind, oder welche Barrieren dabei bestehen. Ziele die nicht, oder nicht wie vorgeschrieben, erreichbar sind müssen mit den Vorgesetzten diskutiert werden, um einen Konsens zu finden. Ziele, die die Führungsperson setzt, sollten mit den Geführten ebenfalls diskutiert werden, sowohl was Inhalt als auch was Ablauf angeht und hierbei muss auf die fachliche Kompetenz, der Geführten, Rücksicht genommen werden.

Dabei ist es als Führungsperson wichtig, den Geführten die gleiche Wertschätzung entgegenzubringen, die sie selbst von ihren Vorgesetzten erwartet.

Hier soll der Teamgedanke noch aufgegriffen werden. Es muss klar sein, dass eine Führungsperson immer weniger ihre Ziele selbst erreichen kann, sondern dass Teamarbeit die Grundlage des Führungserfolgs ist. Wobei Teamarbeit bedeutet, gemeinsam an einer Problemlösung zu arbeiten. Da eine Führungsperson in der heutigen Arbeitswelt, speziell was Wissensarbeit anbelangt, nicht über die fachlichen Qualifikationen verfügen kann, alle Probleme selbst zu lösen, muss sie über die benötigten sozialen Kompetenzen wie Kommunikationsfähigkeit, Konfliktfähigkeit und Teamfähigkeit verfügen, um den Führungserfolg zu erreichen Soweit diese nicht vorhanden sind, müssen sie durch entsprechende Maßnahmen entwickelt werden.

Diese Maßnahmen dienen auch zum Abbau von Konflikten und Frustration, sind aber nicht ausreichend. Wichtig ist, dass sich die Führungsperson in ihrer Situation bewusst ist, dass Körper und Geist gefordert sind und sie sich einen sportlichen Ausgleich in der Freizeit sucht, um richtig abzuschalten. Es darf nicht vergessen werden, dass sich mittlerweile Depression zu einer Volkskrankheit entwickelt. Laut einer Meldung im Aschaffenburger Main-Echo vom 29.01.2015 sind zwischenzeitlich 31 Millionen Menschen von Depressionen betroffen. Viele geben an, dass das Leben in den letzten drei Jahren „stressiger" geworden ist. Diese Zahl wird sich wegen der aktuellen Situation (Corona-Epidemie 2020/21) und der damit einhergehenden Änderung der Arbeitsorganisation (Homeoffice) nach oben verändern.

14.3 Relevante Fragen für die Geführten

Die Geführten sind diejenigen, die von Machtausübung oder *Kooperation* betroffen sind. Dabei ist es für sie unerheblich, ob es sich hierbei um eine Bewältigungsstrategie handelt oder nicht. Wie oben bereits ausgeführt haben sie durch den Arbeitsvertrag und Zugehörigkeit zum Unternehmen die Herrschaft über sich selbst, für die Arbeitszeit, an das Unternehmen delegiert. Dies bedeutet aber nicht, dass das Unternehmen mit der Arbeitsperson beliebig verfahren kann.

Außerdem ist die Arbeitsperson als Geführte einem ähnlichen Stress ausgesetzt wie die Führungsperson. Auch hier führen ständige Optimierungsprozesse zu einem größeren Arbeitsanfall und damit zu einem erhöhten Druck, der ebenfalls zu Frustration, Konflikten und damit zu Stress und Emotionen führt. Da die Bewältigungsstrategien der Geführten nicht untersucht wurde, kann nur gemutmaßt werden, dass es sich hierbei um Flucht in Krankheit, innere Kündigung oder Kündigung handeln könnte. Dabei handelt es sich um das, was Lewin (1992) als „aus dem Felde gehen" bezeichnet hat.

Eine Kurzuntersuchung im Rahmen meiner Vorlesungsreihe[63] über soziale Kompetenz an der Hochschule Aschaffenburg hat für Stresssituationen in „Change" Situationen folgendes ergeben. Die Emotionen Furcht, Wut, Unsicherheit standen immer an erster Stelle. Dadurch entstand eine allgemeine Demotivation. Bei der Frage, was in dieser Situation zu tun sei, wurden sowohl „aus dem Felde gehen" (als Suche nach einem neuen Arbeitsplatz) als auch Kampf (in diesem Fall um den Arbeitsplatz) genannt. Da man bei einer überraschenden, aufgezwungenen Änderung von einer Machtsituation sprechen kann, dürfte das, obwohl es sich hierbei um keine repräsentative Umfrage handelt, tendenziell zutreffend sein. Dies bedeutet, dass die Geführten ihre Möglichkeit nutzen, um eigene Bewältigungsstrategien zu entwickeln. Dabei wäre zunächst das Gespräch mit ihrer Führungsperson, ein Gespräch mit dessen Vorgesetzten, zusammen mit der Führungsperson zu suchen oder den Betriebsrat hinzuziehen. Es darf nicht vergessen werden, dass Machtausübung seitens des Vorgesetzten bei den Geführten ebenso zu Depressionen führen kann, wie bei den Führenden.

---

[63] Hierbei handelt es sich um eine PLV (praxisorientierte Lehrveranstaltung), die an der Hochschule Aschaffenburg im SS2013, SS2014 und WS 2014-2015 durchgeführt wurde. Inhalt war die Darstellung der sozialen Kompetenz anhand eines Fallbeispiels über ein „Notleidendes" Unternehmen. Die Studierenden sollten die Perspektive der Mitarbeiter übernehmen und gemeinsam eine Emotionskarte erstellen.

14.4 Ausblick und weiterer Forschungsbedarf

Bereits bei der methodischen Reflexion wurde beschrieben, dass ein etwaiger Einfluss auf das Untersuchungsergebnis nicht ausgeschlossen werden kann. Deshalb bedarf es weiterer Untersuchungen, die bei dem Ergebnis ansetzen und Fragen zu den Motiven der Befragten, die auch einen Einfluss auf Machtausübung oder Kooperation haben, aber in den Interviews nicht zu Sprache gekommen sind, weil sie den Befragten nicht bewusst waren. Des Weiteren wurde der Einfluss der Unternehmenskultur auf die Bewältigungsstrategien nicht genau untersucht. Der Einfluss der Organisationsstrukturen sowie der Unternehmenskultur auf das Verhalten von Führungspersonen ergibt sich aus der Formel $V = F(P, U)$. Wobei U = Unternehmensumwelt insgesamt bedeutet. Dies bedeutet aber nur, dass die Unternehmensumwelt als Moderatorenvariable in Frage kommt. Diesen Einfluss näher zu untersuchen und daraus entsprechende Strategien zu entwickeln, wie Stress durch Frustration und Konflikte insgesamt reduziert werden könnte, wäre sicherlich sinnvoll.

Des Weiteren wurde nur der Druck und die dadurch entstehenden Emotionen bei den Führungspersonen thematisiert. Dem gleichen Druck sind auch die geführten Personen ausgesetzt. Da sie auf Grund ihrer Position keine Macht ausüben können, in dem hier definierten Sinne bleibt ihnen als Machtoption nur der Widerstand. Das Ergebnis einer solchen Untersuchung wird der Inhalt einer neuen Studie.

Abschließen will ich Surma (2012) zitieren, die die Aufgaben der Arbeits- und Organisationspsychologie auf den Punkt bringt: „Als angewandte psychologische Disziplin ist das Erkenntnisinteresse der Arbeits- und Organisationspsychologie aber nicht nur grundlagen-, sondern insbesondere anwendungs- und praxisbezogen. […] Denn arbeits- und organisationspsychologische Erkenntnisse sollten zugleich Problemlösungen für die reale Arbeitswelt bereitstellen. Dies setzt allerdings voraus, dass sich der Untersuchungsgegenstand der Arbeits- und Organisationspsychologie auch an den Problemen aus der Praxis orientiert und diese möglichst realitätsnah abgebildet werden. Die Vertreter des interpretativen Paradigmas gehen davon aus, dass jegliches Verhalten in sozialen Kontexten eingebettet und das Handeln ein prinzipiell unabgeschlossener interpretativer Prozess ist, der folglich nur insoweit von Dritten als Handlung verstanden werden kann, wie es die projektiven Interpretationen der Beobachter erlauben" (Surma 2012, Seite 248).

Zu Abschluss noch ein Wort von Maturana (2000) „Alles was gesagt wird, wird von einem Beobachter gesagt" (Maturana 2000, Seite 25).

In diesem Sinne kann die ganze Untersuchung als das Werk des Autors als Beobachter gelten, der die Handlungen so erklärt, wie er sie verstanden hat. Sicherlich könnte ein anderer Beobachter zu anderen Ergebnissen kommen.

15 Anlage

15.1 Beispielhafte Zusammenfassung eines Interviews

Ausgangssituation ist ein codiertes Interview. Jede Codierung bildet eine Zeile in einer XLS-Tabelle. Anhand dieses Interviews soll die Auswertung nachvollziehbar dargestellt werden. Die Tabelle ist durchnummeriert. IP gibt an um welchen Interview-Partner es sich handelt. Die Zeilen-Nr. gibt an auf welche Zeile im Interview sich bezieht. Zusammenfassung ist das Attribut, welches sich auf die Klasse bezieht. Klasse bezieht sich auf Kategorie und die Position gibt die Position innerhalb der Kategorie an.

15.2 Tabellarische Darstellung des Interviews

Nr.	IP	Zeilen-Nr.	Zusammenfassung	Klasse	Kat	Pos
1	BUJ	1	Lehre und Studium konsequent auf den späteren Beruf ausgerichtet.	Studium	BE	10
2	BUJ	2	Erste Erfahrungen im geplanten Beruf gesammelt.	Erfahrung	BE	12
3	BUJ	3	Wechsel auf die erste Führungsposition in einem mittelständischen Konzern.	Führungsposition	BE	14
4	BUJ	4	Wechsel zu einem anderen mittelständischen Konzern mit einem erweiterten Verantwortungsbereich.	Karriere	PZ	18
5	BUJ	8	Das nächste Ziel wäre nach dem Bereichsleiter nun die Geschäftsleitung oder Vorstand, wobei es noch nicht klar ist, ob dies im jetzigen Unternehmen machbar ist.	Karriere	PZ	18

Nr.	IP	Zeilen-Nr.	Zusammenfassung	Klasse	Kat	Pos
6	BUJ	59	Das Ziel ist eine kaufmännische Geschäftsführung	Karriere	PZ	18
7	BUJ	2a	Folgerichtiger Wechsel, um den ersten Karriereschritt zu machen. Dabei auch Erfahrungen bei Software-einsatz zur Unterstützung der Geschäftsprozesse	Karriere	PZ	18
8	BUJ	59a	Noch einmal in eine gleichartige Rolle zu wechseln, macht keinen Sinn. Das Ziel besteht in dem nächsten Karriereschritt.	Karriere	PZ	18
9	BUJ	59b	Der nächste Karriereschritt ist die kaufmännische Geschäftsleitung und die Rolle wird angestrebt.	Karriere	PZ	18
10	BUJ	7	Das persönliche Ziel ist, sich in dem fachlichen Umfeld weiterzuentwickeln, das durch den bisherigen Werdegang vorgegeben ist.	P-Erwartung	PE	19
11	BUJ	5	Es wird die Geschichte und Organisation des Unternehmens beschrieben, um die Bedeutung der besetzten Rolle zu unterstreichen.	Rollenposition	RO	20
12	BUJ	6	Beschreibung der Holding-Tätigkeit für die gesamte Gruppe (Konzern). Dabei wird auch die Kooperation mit den Kollegen (Peers) angedeutet.	Rollenposition	RO	20
13	BUJ	9	In der jetzigen Führungsrolle werden zwei Bereiche mit 21 Mitarbeitern verantwortet. Wobei die	Rollenposition	RO	20

Nr.	IP	Zeilen-Nr.	Zusammenfassung	Klasse	Kat	Pos
			Führungsperson sich ausgelastet fühlt und nicht weiß, ob eine Weiterentwicklung möglich ist.			
14	BUJ	37	Die Bereichsziele sind meist fachliche Themen	Zielbeschreibung	ZB	40
15	BUJ	13	Es werden für die einzelnen Bereich Ziele festgelegt, die qualitativ und terminlich festgelegt werden.	Zielfestlegung	ZF	41
16	BUJ	10	Das Führungskonzept wird als situatives Führen beschrieben, was bedeutet, dass entsprechend der gegebenen Situation geführt wird.	Zielerreichung	FA	43
17	BUJ	34	Durch regelmäßige Weiterbildung im fachlichen Bereich, durch alle Beteiligten wird die Zielerreichung, auch bei schwierigen Fragen, abgesichert.	Zielerreichung	FA	43
18	BUJ	23a-24a+48a	Zwischenziele werden abgefragt, um den Status der Aufgabenbearbeitung festzustellen.	Zielerreichung	ZE	43
19	BUJ	14	Die Jahresziele werden je nach Situation gewichtet.	Zielverteilung	ZV	45
20	BUJ	15/16	Die Jahresziele werden fachlich auf die Bereiche verteilt.	Zielverteilung	ZV	45
21	BUJ	17	Die Einzelziele werden von den Unternehmenszielen abgeleitet. Diese Ziele werden den Mitarbeiter in einem Mitarbeitergespräch mitgeteilt.	Zielverteilung	ZV	45
22	BUJ	22	Die Einzelziele werden von den Unternehmenszielen abgeleitet. Diese Ziele werden den Mitarbeiter,	Zielverteilung	ZV	45

Nr.	IP	Zeilen-Nr.	Zusammenfassung	Klasse	Kat	Pos
			in einem Mitarbeitergespräch mitgeteilt.			
23	BUJ	35	komplexe Aufgabenstellung, mit verschiedenen Themen, von übergreifender Natur.	komplexe Aufgabe	AK	52
24	BUJ	55	Komplexität der Aufgabenstellung, die sich aus dem Ziel ergeben, werden herausgehoben.	komplexe Aufgabe	AK	52
25	BUJ	14a	komplexe Aufgabenstellung, mit verschiedenen Themen, von übergreifender Natur.	komplexe Aufgabe	AK	52
26	BUJ	55a	Die Aufgabe ist technisch anspruchsvoll und thematisch komplex.	komplexe Aufgabe	AK	52
27	BUJ	28	komplexe Aufgabenstellung, mit verschiedenen Themen, von übergreifender Natur.	komplexe Aufgabe	AK	52
28	BUJ	3a	Die Verantwortlichkeit bezieht sich auf fachliche Leitung der Abteilung und auf fachlich-verantwortliche Projektmitarbeit bei einer Softwareeinführung.	Verantwortung	AV	56
29	BUJ	53	Ein Ziel ist gut getroffen, wenn die Aufgaben qualitativ gut und zum richtigen Zeitpunkt erledigt sind.	Erfolg	E	61
30	BUJ	40-41/44	Wenn die Mitarbeiter, die Führungsperson nicht von der Richtigkeit ihres Vorschlags überzeugen können, dann entscheidet die Führungsperson, über die Vorgehensweise.	Entscheidung	FE	61

Nr.	IP	Zeilen-Nr.	Zusammenfassung	Klasse	Kat	Pos
31	BUJ	45/47	Wenn die Diskussion über die richtige Vorgehens-weise unfruchtbar ist oder zu lange dauert, entscheidet die Führungsperson über die Vorgehensweise.	Entscheidung	FE	61
32	BUJ	26	Bei manchen bereichsüber-greifenden Zielen ist die Führungshoheit gegeben.	Entscheidung	FE	61
33	BUJ	39	Wenn die Mitarbeiter, die Führungsperson nicht von der Richtigkeit ihres Vorschlags überzeugen können, dann entscheidet die Führungsperson, über die Vorgehensweise.	Entscheidung	FE	61
34	BUJ	57	Bei bereichsüber-greifenden Zielen, wird die Terminverzögerung der Geschäftsleitung und den Kollegen mitgeteilt.	Misserfolg	ME	62
35	BUJ	24	Eine Zielverfehlung sieht man vorher schon	Misserfolg	ME	62
36	BUJ	51a/58	Die Abweichungen müssen detailliert analysiert werden, um die Probleme zu erkennen.	Misserfolg	ME	62
37	BUJ	35a	Durch regelmäßige Weiterbildung im fachlichen Bereich, durch alle Beteiligten wird die Zielerreichung, auch bei schwierigen Fragen, abgesichert.	MA-Entwicklung	MD	64
38	BUJ	27	Bei bereichsüber-greifenden Zielen ist man auf Informationen von anderen Bereichen angewiesen.	Abstimmung	BA	70
39	BUJ	26a/27a/28c/33a	Es handelt sich um eine Aufgabe, die mehrere Bereiche	Abstimmung	BA	70

Nr.	IP	Zeilen-Nr.	Zusammenfassung	Klasse	Kat	Pos
			betrifft und wo Abstimmung notwendig ist.			
40	BUJ	28a/b	Bei der Zusammenarbeit mit anderen Bereichen, wird erwartet, dass Ergebnisse rechtzeitig vorgelegt werden.	Abstimmung	BA	70
41	BUJ	54a	Es handelt sich um eine Aufgabe, die mehrere Bereiche betrifft und wo Abstimmung notwendig ist.	Abstimmung	BA	70
42	BUJ	29	Bei bereichsübergreifenden Zielen, wird bei Terminverzögerung der Geschäftsleitung mitgeteilt, die dann auf die Kollegen einwirken soll.	Abstimmung	BA	70
43	BUJ	51	Die Abweichungen müssen detailliert analysiert werden, um die Probleme zu erkennen.	Ergebnisbarrieren	BE	72
44	BUJ	14b	Die Komplexität der Aufgabe wurde unterschätzt und der dadurch entstehende zeitliche Aufwand.	Ergebnisbarrieren	BE	72
45	BUJ	25a/58a	Die Aufgabe ist technisch anspruchsvoll und thematisch komplex.	Ergebnisbarrieren	BE	72
46	BUJ	52	Die Komplexität der Aufgabe wurde unterschätzt und der dadurch entstehende zeitliche Aufwand.	Fehleinschätzung	BF	73
47	BUJ	50	Die Erwartungen, die in die Geführten gesetzt wurden, waren nicht richtig, die Aufgabendurchführung hat nicht den Erwartungen entsprochen.	Konflikt	KO	75

Nr.	IP	Zeilen-Nr.	Zusammenfassung	Klasse	Kat	Pos
48	BUJ	30	Bei Terminverzögerungen in bereichsübergreifenden Projekten, werden die neuen Prioritäten von der Geschäftsleitung festgelegt	Anweisung	MA	81
49	BUJ	10a	Wenn die Geführten mehr Informationen oder Anweisungen benötigt, um die Aufgabe durchführen zu können, müssen die Anweisungen gegeben werden.	Anweisung	MA	81
50	BUJ	50a	Die Führungsperson macht ganz klare Vorgaben, die eingehalten werden müssen, weil sonst Konsequenzen drohen.	Anweisung	MA	81
51	BUJ	57a	Die Entscheidung der Geschäftsleitung wird umgesetzt.	Anweisung	MA	81
52	BUJ	58b	Bei einer Terminverzögerung wird die Geschäftsleitung vor die Entscheidung gestellt, wie weiter verfahren wird.	Machtdemonstration	MD	84
53	BUJ	48b/49a	Die Führungsperson macht ganz klare Vorgaben, die eingehalten werden müssen, weil sonst Konsequenzen drohen.	Sanktion	MS	86
54	BUJ	23	Die Ziele werden diskutiert.	Diskussion	DS	90
55	BUJ	38/42	Die Mitarbeiter sollen die fachliche Durchführung der Aufgabe vorschlagen. Der Vorschlag wird diskutiert.	Diskussion	DS	90
56	BUJ	37a-37b	Bei verschiedenen Meinungen, wie das Ziel erreicht werden kann, muss man sich	Diskussion	DS	90

Nr.	IP	Zeilen-Nr.	Zusammenfassung	Klasse	Kat	Pos
			auf eine Vorgehensweise einigen.			
57	BUJ	32/43/46	Der Umgang unter- und miteinder ist offen.	Kommunikation	KO	91
58	BUJ	36a	Bei bereichsübergreifenden Zielen wird die Entscheidung gemeinsam mit den Kollegen getroffen.	Konsens	KS	92
59	BUJ	12/ 10b	Wenn nicht klar ist, wie das Ziel erreicht werden kann, bzw. die Aufgabe durchführt, dann kann es sinnvoll sein, kooperativ zu führen.	Konsens	KS	92
60	BUJ	36	Bei bereichsübergreifenden Zielen wird die Entscheidung gemeinsam mit den Kollegen getroffen.	Konsens	KS	92
61	BUJ	38a/42a	Bei verschiedenen Meinungen, wie das Ziel erreicht werden kann, muss man sich auf eine Vorgehensweise einigen.	Konsens	KS	92
62	BUJ	25	Um die Termine einzuhalten, wird bei bereichsübergreifenden Zielen mit den anderen Kollegen zusammengearbeitet.	Zusammenarbeit	ZR	93
63	BUJ	54	Es arbeiten mehrere Personen an einer Aufgabe.	Zusammenarbeit	ZR	93
64	BUJ	25b	Um die Termine einzuhalten, wird bei bereichsübergreifenden Zielen mit den anderen Kollegen zusammengearbeitet.	Zusammenarbeit	ZR	93
65	BUJ	26b	Um die Termine einzuhalten, wird bei bereichs-übergreifenden Zielen mit den anderen Kollegen	Zusammenarbeit	ZR	93

Nr.	IP	Zeilen-Nr.	Zusammenfassung	Klasse	Kat	Pos
			zusammengearbeitet.			
66	BUJ	33	Bei Abweichen oder Terminverzögerungen wird gemeinsam festgelegt, wie die Ziele erreicht werden können.	MA-Beteiligung	MT	94
67	BUJ	32a	Ein Statusbericht über den Stand der Aufgabe, wird ohne nachfragen müssen, erwartet.	MA-Beteiligung	MT	94
68	BUJ	18	Den Mitarbeitern wird ermöglicht, die Priorität der Bereichsziele zu verändern, wenn es mit dem Gesamtziel harmoniert.	MA-Beteiligung	MT	94

Tabelle 27 Beispielhafte Darstellung eines kodierten Interviews
(Quelle: eigene Darstellung)

16 Nachweise

16.1 Literaturnachweis

Nr.	Autor	Jahr	Titel	Verlag	Ort
1	Abels, Heinz	2009	Einführung in die Soziologie Band 1	VS Verlag für Sozialwissen-schaften/GWV Fachverlage	Wiesbaden
2	Barfknecht, Peter	2015	Change Management bei der IT-Umstellung	IGEL-Verlag	Hamburg
3	Bartho, Richard P und Ku, Nani D.	1981	Regression unter Streß auf früher gelerntes Verhalten. Aggression und Frustration als Psychologisches Problem. Bl. S 123-132 (1969)	Wissenschaftliche Buchgesell-schaft	Darmstadt
4	Breuer, Franz	1998	Theoretische und methodologische Grundlinien unseres Forschungsstils in: Selbstreflexivität und Subjektivität im Forschungsprozess	ebook	Münster
5	Brüsemeister, Thomas	2000	Qualitative Forschung	West-deutscher Verlag	Wiesbaden
6	Charmaz, Kathy	2006	Constructing Grounded Theory. A practical guide through qualitative analysis.	Sage	London
7	Cropley, A. J. (2002)	2002	Qualitative Forschungsmethoden.	Verlag Dietmar Klotz	Eschborn
8	Damasiio, Antonio R.	2005	Der Spinoza-Effekt	Ullstein Buchverlage	Berlin
9	Dixit, Avinash K., Nalebuff, Barry J.	1997	Spielktheorie für Einsteiger; strategische Know-How für Gewinner	Schäffer-Poeschel Verlag	Stuttgart
10	Dörner, Dietrich	1974	Die kognittive Organisation beim Problemlösen	Hans Huber	Bern
11	Drucker, Peter F.	2000	Die Kunst des Managements	Econ	München
12	Drucker, Peter F.	2007 5. Auflage	Was ist Management?	Econ	Düsseldorf
13	Drucker, Peter F.	1972	Praxis des Managements	Econ	Düsseldorf
14	Duncker, K	1935	Zur Psychologie des produktiven Denkens	Springer-Verlag	Berlin
15	Festinger, Leon	1957	Theorie der kognitiven Dissonanz	Verlag Hans Huber	Bern-Stuttgart-Wien

Nr.	Autor	Jahr	Titel	Verlag	Ort
16	Fischer, Lorenz; Wiswede, Günter	2002	Grundlagen der Sozialpsychologie	Oldenbourg Wissenschafts-verlag	München
17	Foerster, von, Heinz	1993	Wissen und Gewissen	Suhrkamp Verlag	Frankfurt/M
18	Foucault, Michel	2005	Analytik der Macht	Suhrkamp Verlag	Frankfurt/M
19	Gadamer, Hans-Georg	1996	Der Anfang der Philosophie	Reclam jun. GmbH	Stuttgart
20	Glaser, Barney G., Strauss, Anselm L.	1998	Grounded Theory	Huber Verlag	Bern
21	Glasersfeld, Ernst von	1997	Radikaler Konstruktivismus	Suhrkamp Taschenbuch Wissenschaft	Frankfurt/M
22	Glasl, Friedrich	2009	Konfliktmanagement. Ein Handbuch für Führungskräfte und Berater	Haupt	Bern
23	Gomez, Dr. Peter	1978	Die kybernetische Gestaltung des Operations Managements	Haupt	Bern und Stuttgart
24	Grawe, Klaus	2004	Neuropsychotherapie	Hogrefe	Göttingen
25	Haken, Hermann; Haken-Krell, Maria	1997	Gehirn und Verhalten	Deutsche Verlags-Anstalt	Stuttgart
26	Heckhausen, Heinz	1989	Motivation und Handeln	Springer -Verlag	Berlin Heidelberg New York
27	Heckhausen, Heinz/Heckhausen Jutta	2010	Motivation und Handeln	Springer -Verlag	Berlin. Heidelberg
28	Hege, Marianne	1998	Feldtheorie und Systemtheorie. Die Dynamik der Selbststeuerung. S 39-52.	Westdeutscher Verlag	Wiesbaden
29	Heinze, Th.	1975	Handlungsforschung im pädagoischen Feld	Juventa	München
30	Hirsch-Kreinsen	2014			
31	Hirsch-Kreinsen, Hartmut	2014	Wandel von Produktionsarbeit "Undustrie 4.0" - Sozialogisches Arbeitspapier Nr. 38/2014	Technische Universität Dortmund	Dortmund
32	Hube, Gerhard	2005	Beitrag zur Beschreibung und Analyse von Wissensarbeit	Von der Fakultät Maschinenbau der Universität Stuttgart	Stuttgart
33	Keuth, Herbert	2000	Die Philosophie Karl Poppers	Mohr Siebeck	Tübingen
34	Kornadt, Hans-Joachim	1981	Aggession und Frustration als psychologisches Problem (Band I/II)	Wissenschaftliche Buchgesell-schaft	Darmstadt
35	Krotz, Friedrich	2005	Neue Theorien entwickeln,	Herbert von Halem Verlag	Köln

Nr.	Autor	Jahr	Titel	Verlag	Ort
36	Lamnak, Siegfried	2005	Qualitative Sizialforschung	Beltz Verlag	Weinheim, Basel
37	Lay, Rupert	2015	Konstruktivismus	Kindle Edition	eBook
38	Lay, Rupert	1989	Philosophie für Manager	ECON Verlag Gmbh	Düsseldorf
39	Lay, Ruppert	1996	Ethik für Manager	Econ-Verlag	Düsseldorf
40	Lazarus, R. S.	1999	Stress and emotion: A new synthesis	Free Association Books.(1. publ.).	London:
41	Lazarus, Richard S.	1966	Psycholocial Stress and the Coping Process	McGraw-Hill Book Company	New York
42	Lazarus, Richard S. und Launier, Raymond	1981	Streßbezogene Transaktionen zwischen Person und Umwelt. Stress: Theorien, Untersuchungen, Maßnahmen. BL. S. 213-259 (1978)	Huber Verlag	Bern
43	LeDoux, Joseph	2003	Das Netz der Persönlichkeit	Patmos Verlag	Düsseldorf und Zürich
44	Legewie, H. .	1987	Interpretation und Validierung biografischer Interviews. In G. Jüttemann & H. Thomae (Hrsg.), Biographie und Psychologie	Springer -Verlag	Berlin
45	Lewin, Kurt	1982	Werkausgabe, Band 4 Feldtheorie	Klett-Cotta	Stuttgart
46	Lewin, Kurt	1969	Grundzüge der topoliischen Psychologie	Huber Verlag	Bern
47	Locke, Karen	2001	Grounded Theory im Managemen Research	SAGE Publication Ltd.	London
48	Lück, Helmut E.	2001	Kurt Lewin	Belz-Verlag	Weinheim und Basel
49	Luhmann, Niklas	1984 2. Auflage. 1987	Soziale Systeme. Grundriß einer allgemeinen Theorie		Frankfurt/M
50	Luhmann, Niklas	2003 3. Auflage	Macht	Lucius & Lucius	Stuttgart
51	Luhmann, Niklas	1997	Die Gesellschaft der Gesellschaft	Suhrkamp-Verlag AG	Berlin
52	Luhmann, Niklas	2002	Einführung in die Systemtheorie	Carl-Auer-Systeme Verlag	Heidelberg
53	Luhmann, Niklas	1964 bzw. 1972	Funktionen und Folgen formaler Organisation	Ducker & Humblot	Berlin
54	Lyotard, Jean-Francois	1986	Das potmoderne Wissen	Böhlau	Graz; Wien
55	Malik, Fredmund	1984	Strategie des Managements komplexer Systeme	Paul Haupt Verlag	Bern, Stuttgart
56	Malik, Fredmund	1993	Systemisches Management, Evolution, Selbstorganisation	Paul Haupt Verlag	Bern, Stuttgart

Nr.	Autor	Jahr	Titel	Verlag	Ort
57	Mann, Michael	1994	Geschichte der Macht	Campus-Verlag	Frankfurt/M
58	Markowitsch, Hans J./Welzer, Harald	2005	Das autobiographische Gedächtnis	Klett-Cotta	Stuttgart
59	Maturana, Humberto R.	2000	Biologie der Realität	Suhrkamp Verlag	Frankfurt/M
60	Mayring, Philipp	2002	Einführung in die qualitative Sozialforschung	Beltz Verlag	Weinheim und Basel
61	McClelland, D. C.	1985	Human Motivation	Scott, Foresman and Co.	Glenview, Ill.
62	Miller Neal E.	1981	Die Frustration-Aggressions-Hypothese. Aggression und Frustration als Psychologisches Problem. Bl. S 63-69 (1941)	Wissenschaft-liche Buchgesell-schaft	Darmstadt
63	Miller, Neal E.	1981	Agression und Frustration als psychologisches Problem	Wissenschaft-liche Buchgesell-schaft	Darmstadt
64	Nerdinger, Friedmann W., Blickle, Gerhard, Schaper, Niclas	2011	Arbeits- und Organisationspsychologie	Springer Medizin Verlag GmbH	Berlin Heidelberg
65	Neuberger, Oswald	2002	Führen und führen lassen	Lucius & Lucius	Stuttgart
66	Pfiffner, Dr. Martin	2020	Die dritte Dimension des Organisieren	Springer-Verlag	Hiedelberg
67	Popper, Karl R.	1994	Objektive Erkenntnis	Hoffmann und Campe	Hamburg
68	Reichertz, Jo	2003	Die Abduktion in der qualitativen Sozialforschung	Leske + Budrich	Opladen
69	Resch, Martin	1988	Die Handlungsregulation geistiger Arbeit. Bestimmung an Analyse geistiger Arbeitstätigkeiten in der industriellen Produktion.	Verlag Hans Huber	Bern
70	Ropohl, Günter	2009	Systemtheorie der Technik	Universitätsverlag	Karlsruhe
71	Rosenstiel, Lutz von	2002	Organisationspsychologie: Person und Organisation	Kohlhammer	Stuttgart
72	Sartre, Jean-Paul	1993 8. Auflage 2002	Das Sein und das Nichts	Rowohlt-Taschenbuch-Verlag	Reinbek b. Hambur
73	Schemer, Silke	2007	Kooperation trotz Statusunterschied	Eigenverlag Krimonologische Zentralstelle e. V	Wiesbaden
74	Schmalt, Heinz-Dieter, Sokolowski, Kurt; Langens, Thomas	2010	Das Mutli-Motiv-Gitter für Anschluzss Leistung und Macht (MMG). Manual	Pearson Assessment & Information GmbH	Frankfurt/M
75	Schneider, H.-D.	1977	Sozialpsychologie der Machtbeziehungen	Enke	Stuttgart

Nr.	Autor	Jahr	Titel	Verlag	Ort
76	Schützwohl, Achim	2002	Die kognitive Emitionstheorie von Richard S. Lazarus. Retrieved January, 20, 2014	Universität Bilefeld	Bielefeld
77	Schwaninger, Adan	2000			
78	Searle, John R.	2006	Geist: Eine Einführung	Suhrkamp Verlag	Frankfurt/M
79	Selye, Hans	1981	Geschichte und Grundzüge des Stresskonzepts. Stress: Theorien, Untersuchungen, Maßnahmen. Bl. S. 163-187 (1976b)	Huber Verlag	Bern
87	Seyle, Hans	1977	Stress; Lebensregeln vom Entdecker des Stress-Syndroms	Rowohlt-Taschenbuch-Verlag	Hamburg
80	Simon, Fritz B.	2006	Einführung in Systemtheorie und Konstruktivismus	Heidelberg	Carl-Auer-Verlag
81	Stachura, Elisabeth	2011	Der neurobiologische Konstruktivimus	Südwestdeutscher Verlag für Hochschulschriften	Stuttgart
82	Steinke, I.	2008	Gütekriterien qualitativer Forschung. In U. Flick; E. von Kardorff & I. Steinke (Eds.), Qualitative Forschung. Ein Handbuch (pp. 319-331)	Rowohlt-Taschenbuch-Verlag	Reinbek b. Hambur
83	Strauss, Anselm L. & Corbin, Juliet	1990	Basiscs of qualitativ research: Grounded theory procedured and techniques	Sage	Newbury Park
84	Strunk, Schiepek	2006 1. Auflage	Systemische Psychologie	Elsevier GmbH	München
85	Surma, Silke	2012	Selbstwertmanagement Psychische Belastung im Umgang mit schwieirgen Kunden	Gabler Verlag	Wiesbaden
86	Theis, Roberts	2019	Hans Jonas: Etappen seines Denkweges (Essentials)	Springer Faachmeiden	Wiesbaden
87	Thomae, Hans	1988	Das Individuum und seine Welt	Verlag für Psychologie Dr. C. J. Hogrefe	Göttingen
88	Ulich	2011			
89	Ungeheuer G. FeU 3.86	1986	Einführung in die Kommunikationstheorie	FernUniversität Hagen Fachbereich Erziehungs- und Sozialwissenschaften	Hagen

Nr.	Autor	Jahr	Titel	Verlag	Ort
90	Wiendieck, Gerd	1994	Arbeits- und Organisationspsychologie	Quintessens	Berlin-München
91	Wiendieck, Gerd, Schüchter, W., Regnet E.	2003	Selbst- und Sozialkompetrenz, Kurseinheit 2, Moderation und Konfliktmanagement	FernUniversität Hagen Fachbereich Kultur und Sozialwissenschaften.	Hagen
92	Wilke, Helmut	1996	Systemttheoriel Einführung in die Grundproblematik	UTB Lucius & Lucius	Stuttgart
93	Willke, Helmut	2006	Systemtheorie I: Grundlagen	Lucius & Lucius	Stuttgart
94	Willke, Helmut	1999	Sysemtheorie II: Interventionstheorie	Lucius & Lucius	Stuttgart
95	Wiswede, Günther	1977	Rollentheorie	Verlag W. Kohlhammer	Berlin Köln Mainz
96	Wittgenstein, Ludwig	2001	Philosophische Untersuchungen	Suhrkamp	Frankfurt/M
97	Zimbardo P., Gerrig R.	1999	Psychologie	Springer -Verlag	Berlin-Heidelberg

16.2 Bildnachweis

Titelbild: Hierbei handelt es sich um den Abdruck einer Collage mit dem Titel: „Neurologie und Seele". Geschaffen von Alfred Redwitz, Aschaffenburg